"十二五"国家重点图书出版规划项目

中国社会科学院创新工程学术出版资助项目

总主编：金 碚

U0681458

经济管理学科前沿研究报告系列丛书

THE FRONTIER RESEARCH REPORT ON
DISCIPLINE OF
TOURISM ECONOMICS

金 准 主 编
张金山 赵雅萍 李春颖 赵 鑫 副主编

旅游经济学学科前沿研究报告

经济管理出版社
ECONOMY & MANAGEMENT PUBLISHING HOUSE

《经济管理学科前沿研究报告》
专家委员会

主　任： 李京文

副主任： 金　碚　黄群慧　黄速建　吕本富

专家委员会委员（按姓氏笔划排序）：

方开泰	毛程连	王方华	王立彦	王重鸣	王　健	王浦劬	包　政
史　丹	左美云	石　勘	刘　怡	刘戒骄	刘　勇	刘伟强	刘秉链
刘金全	刘曼红	刘湘丽	吕　政	吕　铁	吕本富	孙玉栋	孙建敏
朱　玲	朱立言	何　瑛	宋　常	张　晓	张文杰	张世贤	张占斌
张玉利	张屹山	张晓山	张康之	李　平	李　周	李　晓	李子奈
李小北	李仁君	李兆前	李京文	李国平	李春瑜	李海峥	李海舰
李维安	李　群	杜莹芬	杨　杜	杨开忠	杨世伟	杨冠琼	杨春河
杨瑞龙	汪　平	汪同三	沈志渔	沈满洪	肖慈方	芮明杰	辛　暖
陈　耀	陈传明	陈国权	陈国清	陈　宪	周小虎	周文斌	周治忍
周晓明	林国强	罗仲伟	郑海航	金　碚	洪银兴	胡乃武	荆林波
贺　强	赵顺龙	赵景华	赵曙明	项保华	夏杰长	席酉民	徐二明
徐向艺	徐宏玲	徐晋涛	涂　平	秦荣生	袁　卫	郭国庆	高　闯
符国群	黄泰岩	黄速建	黄群慧	曾湘泉	程　伟	董纪昌	董克用
韩文科	赖德胜	雷　达	廖元和	蔡　昉	潘家华	薛　澜	魏一明
魏后凯							

序 言

为了落实中国社会科学院哲学社会科学创新工程的实施，加快建设哲学社会科学创新体系，实现中国社会科学院成为马克思主义的坚强阵地、党中央国务院的思想库和智囊团、哲学社会科学的最高殿堂的定位要求，提升中国社会科学院在国际、国内哲学社会科学领域的话语权和影响力，加快中国社会科学院哲学社会科学学科建设，推进哲学社会科学的繁荣发展具有重大意义。

旨在准确把握经济和管理学科前沿发展状况，评估各学科发展近况，及时跟踪国内外学科发展的最新动态，准确把握学科前沿，引领学科发展方向，积极推进学科建设，特组织中国社会科学院和全国重点大学的专家学者研究撰写《经济管理学科前沿研究报告》。本系列报告的研究和出版得到了国家新闻出版广电总局的支持和肯定，特将本系列报告丛书列为"十二五"国家重点图书出版项目。

《经济管理学科前沿研究报告》包括经济学和管理学两大学科。经济学包括能源经济学、旅游经济学、服务经济学、农业经济学、国际经济合作、世界经济、资源与环境经济学、区域经济学、财政学、金融学、产业经济学、国际贸易学、劳动经济学、数量经济学、统计学。管理学包括工商管理学科、公共管理学科、管理科学与工程三个学科。工商管理学科包括管理学、创新管理、战略管理、技术管理与技术创新、公司治理、会计与审计、财务管理、市场营销、人力资源管理、组织行为学、企业信息管理、物流供应链管理、创业与中小企业管理等学科及研究方向；公共管理学科包括公共行政学、公共政策学、政府绩效管理学、公共部门战略管理学、城市管理学、危机管理学、公共部门经济学、电子政务学、社会保障学、政治学、公共政策与政府管理等学科及研究方向；管理科学与工程包括工程管理、电子商务、管理心理与行为、管理系统工程、信息系统与管理、数据科学、智能制造与运营等学科及研究方向。

《经济管理学科前沿研究报告》依托中国社会科学院独特的学术地位和超前的研究优势，撰写出具有一流水准的哲学社会科学前沿报告，致力于体现以下特点：

（1）前沿性。本系列报告能体现国内外学科发展的最新前沿动态，包括各学术领域内的最新理论观点和方法、热点问题及重大理论创新。

（2）系统性。本系列报告囊括学科发展的所有范畴和领域。一方面，学科覆盖具有全面性，包括本年度不同学科的科研成果、理论发展、科研队伍的建设，以及某学科发展过程中具有的优势和存在的问题；另一方面，就各学科而言，还将涉及该学科下的各个二级学科，既包括学科的传统范畴，也包括新兴领域。

（3）权威性。本系列报告由各个学科内长期从事理论研究的专家、学者主编和组织本领域内一流的专家、学者进行撰写，无疑将是各学科内的权威学术研究。

（4）文献性。本系列报告不仅系统总结和评价了每年各个学科的发展历程，还提炼了各学科学术发展进程中的重大问题、重大事仵及重要学术成果，因此具有工具书式的资料性，为哲学社会科学研究的进一步发展奠定了新的基础。

《经济管理学科前沿研究报告》全面体现了经济、管理学科及研究方向本年度国内外的发展状况、最新动态、重要理论观点、前沿问题、热点问题等。该系列报告包括经济学、管理学一级学科和二级学科以及一些重要的研究方向，其中经济学科及研究方向15个，管理学科及研究方向45个。该系列丛书按年度撰写出版60部学科前沿报告，成为系统研究的年度连续出版物。这项工作虽然是学术研究的一项基础工作，但意义十分重大。要想做好这项工作，需要大量的组织、协调、研究工作，更需要专家学者付出大量的时间和艰苦的努力，在此，特向参与本研究的院内外专家、学者和参与出版工作的同仁表示由衷的敬意和感谢。相信在大家的齐心努力下，会进一步推动中国对经济学和管理学学科建设的研究，同时，也希望本系列报告的连续出版能提升我国经济和管理学科的研究水平。

金 碚

2014 年 5 月

目　录

第一章　旅游经济学学科 2011 年国内外研究综述

第一节　基本研究背景——重置的全球旅游经济格局

2008 年爆发的国际金融危机没有逆转全球化的发展总趋势，却从实力消长、经济平衡和治理体系等多重意义上对当代世界经济文化格局产生了重大影响。在此过程中，发达国家与发展中国家间经济实力的消长显著，以"金砖四国"为代表的新兴经济大国的全球影响力趋于上升，世界经济的分工体系也发生了重大变化。在旧的分工体系格局中，美国等发达国家为主要消费市场、新兴国家为全球制造基地、资源富裕国家为全球初级产品提供者的垂直分工体系特征明显。危机爆发后，全球价值链环节发生重置，发达国家努力吸引制造业活动回归本土，新兴经济体则积极谋求全球价值链中的中上游地位。新兴经济体通过收购发达国家的技术资源、市场渠道或品牌团队，组成价值链高端环节在外、低端环节在内的反向结构，全球价值链治理者易主。[①] 在这其中，旅游业等天然具有垂直分工和水平分工相混合特点的产业在全球新的分工体系中的特征日趋明显，全球旅游经济格局为之一新。新的全球旅游经济格局具有以下四大鲜明特征。

一、亚太驱动的全球旅游经济新格局

从总体局面看，全球旅游新格局正逐步形成，世界旅游业进入新的全球化红利期。近 24 年全球旅游格局的最大变数和亮点在亚太地区，世界旅游组织（UNWTO）将世界划分为五大板块，分别为欧洲地区、亚太地区、美洲地区、非洲地区和中东地区。通过分析 1990~2013 年 24 年的旅游业发展总体格局可以看出，欧洲板块正日趋成熟，无论是在旧的全球旅游分工体系还是在新的全球旅游分工体系中，它都发挥着中枢性作用。但随着亚太市场的持续增长，世界旅游发展格局正进入大变局时代。1990~2013 年，亚

---

① 张幼文，徐明棋. 开放升级的国际环境——国际格局变化与全球化新趋势 ［M］. 上海：上海社会科学出版社，2013.

太在全球板块中的份额从 12.9% 增长到 22.8%，与此相比，欧洲从 60.2% 下降到 51.8%，美洲从 21.4% 下降到 15.4%，非洲和中东尽管增长率不低，但由于在全球份额中所占比例有限，其增长对全球旅游格局的影响尚比较小。总体而言，近 24 年全球旅游格局的最大变数和亮点在亚太地区。

二、中等收入国家旅游经济全面崛起

中等收入国家在世界旅游格局中的份额猛增是非常重要的旅游经济现象。从国家收入的视角看，世界银行将全球经济体划分为高收入国家、中等收入国家、低收入国家。研究不同经济体的国际旅游收支总和（以各经济体国际旅游收入和国际旅游支出之和计算）可以发现，1995~2012 年，高收入国家在全球所占份额的降低和中等收入国家的显著增长同步发生：一方面，高收入国家所占比例从 86% 的绝对优势份额降低到 73%；另一方面，中等收入国家从 13% 的份额猛增到 26%。从增长率的角度看，全球国际旅游增长的主要引擎来自中等收入国家。1995~2012 年，高收入国家国际旅游收入年均增长率为 2.7%，中等收入国家为 6.2%，低收入国家为 6.9%；高收入国家国际旅游支出年均增长率为 2.2%，中等收入国家为 8.6%，低收入国家为 6.9%；高收入国家国际旅游收支总和年均增长率为 2.5%，中等收入国家为 7.2%，低收入国家为 6.0%。

三、全球各国旅游经济状况显著分化

在新的旅游经济格局下，各国旅游经济状况显著分化，其分化程度大大高于世界经济的分化。以 2012 年美国国际旅游收入为基准，美国一国的国际旅游收入占到世界的 15.4%，其他国家的国际旅游收入和美国相比均有很大差距，只有 11 个国家的国际旅游收入能达到或高于美国的 15%，只有法国和西班牙两个国家的国际旅游收入能达到美国的 30%。世界国际旅游收入排名前 5 国总的国际旅游收入占世界的 33.4%，前 10 国总的国际旅游收入占世界的 49.5%，前 50 国占世界的 88.4%；从尾部看，世界国际旅游收入排名后 100 国的总收入加起来占世界的比例为 7%。以旅游收入衡量，没有可能形成世界银行按国民收入统计的高收入国家、中等收入国家和低收入国家的梯队，在高旅游收入国家和低旅游收入国家之间存在着陡峭的"断崖"。

此外，高旅游收入国家/地区的格局也已发生变化，比较 1995 年和 2012 年国际旅游收入排名前 10 的国家/地区：1995 年中国大陆、中国澳门、中国香港、泰国均不在 10 强之列，而 2012 年这些国家/地区均已进入 10 强之列。东亚国家/地区的强势入围是国际旅游板块的重大事件。以 2005 年不变美元价折算，全球有 71 个国家年均增长率超过了 5%。从各国国际旅游收入的增长率来看，增长率和份额之间存在着明显的逆相关关系，世界十大国际旅游收入增长最快的国家/地区基本上都为旅游小国/地区。

四、世界旅游经济的分工结构发生重大变化

通过研究 50 强国家旅游跨区域流动可以勾划出世界旅游经济的分工结构。从国际旅游业的分工体系来看，2012 年 50 强国家跨板块国际旅游达到 1883 万人次，其中非洲占 6.16%，美洲占 17.23%，南亚占 2.87%，欧洲占 41.02%，亚太占 23.74%，中东占 8.97%。在国际分工体系上，欧洲、亚太、美洲三个板块占据了更重要的位置，南亚板块相对游离于世界旅游分工体系之外。

比较 1995 年和 2012 年的世界旅游分工体系基本格局，亚太位势的大幅上升和美洲位势的大幅下降是重要变化：1995 年美洲在跨板块国际游客中所占比重为 25.05%，到 2012 年下降到 17.23%，同期亚太从 19.27% 增长到 23.74%；世界旅游分工体系中欧洲、美洲两个板块占世界跨板块国际旅游人次由 1995 年的 68.32% 下降到 2012 年的 58.25%，亚太、中东、非洲、南亚四个传统的边缘板块在分工体系中的位势都在上升，世界旅游版图变得越来越多元化，各板块相对独立的水平分工体系正在形成。

总体而言，在新的全球分工体系中，世界各国的旅游需求和供给对接更为紧密，旅游业的板块间水平分工和板块内的混合分工正在形成，由以中国等"金砖国家"驱动的旅游新兴国家的旅游产业发展和升级正推动全球旅游要素流动和要素组合的变化，全球旅游价值链亦随之变化，世界旅游业进入新的全球化红利期，板块革新、交流、互动成为世界旅游业发展的新动力。在此背景下，旅游经济学研究呈现出新的发展图景。

第二节　2011 年的旅游经济学研究格局

新的经济格局带来新的研究格局，2011 年的旅游经济学研究格局呈现如下特征。

一、亚太研究界随着旅游业地位的提升逐步成为主流的研究力量

随着亚太旅游的崛起，针对亚太地区的旅游业研究成为旅游经济学研究特别重要的一个方面。亚太本土的研究者因其对当地的了解，能够发现真实而重大的问题从而进行长时段、近距离的研究，亚太研究界因而成为旅游经济研究圈中的主流研究力量。从 2011 年的旅游经济学研究来看，亚太学者包括中国学者、澳大利亚学者、日本学者、韩国学者、新西兰学者等，都紧紧围绕本土与世界、发展与保护、产业和事业、城镇化和旅业业发展等旅游经济学的重要问题展开研究，其观察对象、研究方法、思维方式、掌握材料等方面都与传统欧美学者有一定的不同，因而成为旅游经济研究圈中独特的新力量。

二、发展中国家旅游经济成为研究热点

随着发展中国家旅游业的兴起，发展问题成为旅游经济学的研究热点，这一方面带来研究地域的扩大，大量的发展中国家被纳入旅游经济学研究的视野中来；另一方面也带来了研究视角的转移，旅游业因何发展、如何谋发展、如何保持发展、如何避免发展过程中的各种陷阱和问题及发展所带来的负面影响等，都成为研究的热门话题，旅游业的研究更多地和发展经济学联系在了一起。在此过程中，针对变化的研究超过了针对状态的研究，在全球化变局下，非常明显的情形是传统的针对状态的研究主流逐步让位于针对变化的研究主流，"变"成为研究的主流关键词。

三、旅游研究突破国度，全球视野的旅游研究兴起

在新的旅游经济学全球化格局下，旅游经济学更多地站在全球高度研究发展问题，更多的学者开始关注全球旅游新的分工体系，关注世界旅游产业的双边和多边合作，关注研究全球贸易格局下的旅游业出境、入境和国内三大市场的关系；研究旅游跨国公司作为世界经济运行的微观载体的运行模式和发展特点，研究国家竞争格局中的旅游经济发展，研究政府部门在全球化背景下的功能变化，研究国际机构协调在旅游经济中起的特殊作用；比较各洲、各国、各经济体旅游业发展特点、经验和问题。旅游经济研究的全球化趋势是近年旅游研究不变的热点。

四、中外旅游经济学研究呈现一定程度的分野

比较中外旅游经济学的研究，可以发现其呈现一定程度上的分野，具体包括：①国外旅游经济学研究更多关注旅游需求问题，而中国旅游研究者更为关注旅游产业问题和旅游政策问题；②国外旅游经济学研究更多地从研究中推演旅游经济学的一般规律，而中国旅游研究者更多地关注如何解决中国的现实发展问题；③国外旅游经济界对经济相关的衍生领域的研究兴趣超过了国内研究者。这样的分野与中国旅游业和经济整体的发展阶段相关，也与中国旅游业的现实研究需求相关。

第三节　旅游经济学年度研究热点及主要理论

2011年的旅游经济学研究的重点问题比2010年更为集中，有八组研究的热点问题，包括：

问题一：旅游业的增长之源是什么？即旅游业因何而发展，特别是旅游需求的结构和变化研究。

问题二：旅游业带来什么样的效益？即旅游业有何好处。

问题三：如何促进旅游业的发展？即旅游业如何发展。

问题四：旅游业有何特点？即旅游产业本身是如何形成的，有何结构，与其他产业是什么关系。

问题五：旅游业如何推动国家崛起？即旅游业和国家竞争力有何关系。

问题六：技术如何改造旅游业？即新的技术会给旅游业带来什么样的影响。

问题七：旅游业国际格局有何变化？即国际旅游新的分工体系是何样貌。

问题八：国际金融危机对旅游业有何影响？即对危机后效应的观察。

在这样的八组问题下，2011 年旅游经济学研究的主要理论和发现包括以下五个方面：

一、旅游需求研究

旅游需求的研究为旅游经济学研究的重中之重。研究旅游需求从何处来、以何种规模来、以何种方式释放、不同时期的演变动态、因何种因素而改变，是通过研究分析指导实际的重要途径。2011 年，各国学者从不同的角度研究旅游需求。

谢彦君（2011）以旅游需求为核心重新梳理界定了旅游学，努力在一个明晰的框架里建立起旅游学研究的概念和理论系统，出版了重要的研究专著《基础旅游学》（第三版）。该研究首先用分析的方法探讨旅游现象的本质规律性及其表现在不同层次上的特征，从内核的角度对旅游加以界定；其次继续用这种方法研究推动旅游活动发生和运动的内在构成因素，从静止的角度对这些因素的内涵和特征予以解剖；再次在分析的维度中加入了时间因素，但仍然仅保持在对个体旅游者旅游活动发生及运动过程的关注上；最后试图通过综合的方法对大众旅游现象的运动特点、外部效应进行考察，并自然地引申出对旅游现象加以规范、引导和管理的结论。

对于人均 GDP 达到 3000 美元是否是出国旅游跃升的"门槛"，中国的旅游学术界存在着不同的意见。张凌云等（2011）通过对近半个世纪美国旅游业的实证分析，证明了这一"国际经验"的普适性，事实上，美国的出国旅游发展走势与人均 GDP、汇率、CPI 和经济政策等诸多宏观经济因素相关，人均 GDP 只是其中的一个重要影响因素。1967 年，美国人均 GDP 达到了 4000 美元以上，出国旅游花费出现了较快的增长。但如扣除物价因素，这一数值约相当于 2008 年的 26000 美元，而美国的出国旅游自 20 世纪 90 年代以来，一直以跨越大西洋和太平洋的中远程旅游为主，人均旅游花费较高。

Christer Thrane 等（2011）以挪威为研究对象，通过假设旅游消费与停留时间和旅游团队规模之间存在非线性关系，从而对大多数研究所默认的结论进行检验。实证结果表明，停留时间与旅游消费之间存在着积极的关系，但关系强度不断减弱；旅游团队规模与旅游消费之间存在着凸性（U 形）关系。

Alison E. Lloyd 等（2011）从顾客感知价值的角度对中国香港本地居民和游客的购物差异进行了评估，研究了两个顾客群体的顾客感知价值及其对零售绩效的影响。结果显示，中国香港的本地顾客和外来旅游购物者的顾客感知价值的驱动因素存在着显著差异。研究结果对零售商和今后该领域的研究都具有较大的启示。

周文丽（2011）以历年旅游统计数据为基础，从经济学的视角对 1994~2008 年中国城乡居民国内旅游消费规模、消费水平、消费率、消费倾向及消费结构等特征进行了较全面的统计分析。研究认为，城乡居民国内旅游消费规模不断扩大，但仍主要表现为出游者人数的扩张；城乡居民国内旅游消费水平逐步提高，城镇居民属于同步型消费，农村居民属于轻度早熟型消费；提高农村居民收入占 GDP 的比重对于提高其国内旅游消费率作用较大，但提高城镇居民国内旅游平均消费倾向对于提高其国内旅游消费率作用更大；城乡居民国内旅游消费结构逐渐趋于合理，但非基本消费比重依然较低，消费层次还主要停留在观光游览和探亲访友等基础层次上。

Aaron Schiff 等（2011）对新西兰的旅游需求弹性进行了研究，估算了 16 组不同的国际旅游者的新西兰旅游需求弹性。研究分组是根据游客来源国、访问目的和旅行方式进行的，采用时间序列方法对每一个分组的国际旅游需求人次和停留期间的旅游消费弹性进行分析。研究发现，到达目的地后的消费价格弹性相对较高。与其他客源国相比，亚洲市场无论是在到访人次，还是在到达目的地后的消费上，都有较高的价格弹性。研究还分析了汇率变化对新西兰国际旅游消费的影响，并讨论了该研究对管理实践的启示。

李享等（2011）出版的《旅游出行方式研究：消费行为视角》从消费行为视角，通过各种定性、定量研究的相关方法，着重于旅游者的出行行为研究，描述旅游者在各种旅游出行方式中的出行状态、习惯、偏好、需求等行为特征，进而探究其影响因素。在行为科学、统计学、经济学、管理学的理论基础上，建构旅游出行方式研究的基本框架。具体包括消费行为视角的旅游出行方式研究、国外旅游出行方式研究、短途旅游出行方式研究、自主旅游出行方式研究、公共交通旅游出行方式研究、不同群体旅游出行方式行为特征研究等。

王丽华等（2011）出版的《城市旅游影响研究：基于居民感知视角》系统地总结了居民旅游影响感知的研究进展及相关研究理论，并对本研究进行理论假设；并做了城市居民感知现状及影响因素的定性及定量分析。研究基于社会抽样调查，对居民感知逐层深入分析，确定居民感知及差异的影响因素，进而对其形成机理进行探讨。

二、旅游产业经济研究

1. 旅游产业链研究

黄常锋等（2011）以 2007 年全国 135 个部门的投入产出表为基础，根据投入产出方法中的直接消耗系数和列昂惕夫（Leontief）逆阵来识别我国旅游业的"后向关联"产业；根据产品分配系数和戈什（Ghosh）逆阵来识别其"前向关联"产业；并确定我国旅游产业链。实证研究发现，中国旅游产业链并非呈"链状"结构，而是表现出"网状"结构，鉴于此，该文章提出构建中国"旅游产业网"的发展思路，并对中国旅游业的发展提出相应的对策建议。

张鹏顺（2011）的专著《旅游产业集群形成与发展机制研究》研究了旅游产业集群理论的演进、旅游产业集群的内涵与分类、旅游产业集群的形成机制与优势、旅游产业集群的组织治理等方面的内容。

朱易兰（2011）出版的《旅游企业跨国经营程度测量实证研究》主要通过运用层次分析法（AHP），分析和评价了当前6种具有代表性的企业跨国经营程度测量模型的研究内容和完备程度。该研究发现：旅游企业跨国经营程度测量方面的研究目前尚处于起步和探索阶段，研究内容和研究方法有待进一步分析与探讨，且结合典型旅游企业进行的实证研究较少；对于旅游企业跨国经营程度的比较，尤其是不同地区、不同业务类别和不同年份的比较，则尚未展开。

2. 旅游产业的增长源泉

Mario Holzner（2011）对"荷兰病"对旅游依赖型国家的威胁进行了实证研究。研究收集了134个国家1970~2007年的数据，分析了在一个跨国环境下，旅游业与经济增长之间的长期关系，并通过人均GDP面板数据模型来对研究结果进行检验，结果显示荷兰病的威胁并不存在。相反，旅游依赖型国家并不面临着真实汇率扭曲和逆工业化，其经济增长率要比一般经济体的增长率高。物质资本投资如交通基础设施投资与旅游投资互补。

史蒂芬·弗朗兹等（2011）对国际旅游需求对旅游依赖型的小经济体经济增长的影响进行了研究。该研究设计了一个动态模型并进行了实证检验，研究结果显示，旅游需求量的增加给经济体带来了转型动力，使得经济持续增长，贸易量不断增加。在实证检验中，研究者采用计量经济学方法对安提瓜和巴布达1970~2008年的数据进行了检验，通过协整分析来验证经济增长变量、国际旅游收入和实际汇率之间的长期关系，实证结果验证了理论。

Larry A. Nelson等（2011）用计量的方法研究了1993~2007年美国内陆和夏威夷的游客数量不断缩减的内在原因，时间序列和横截面分析均显示，州内生产总值、机票价格等是最重要的预测变量。

翁钢民（2011）出版的《旅游业促进经济增长机理、创新模式与整合战略研究》运用协整检验、Granger因果检验、脉冲响应函数分析和方差分解分析等方法，研究了我国旅游业发展与经济增长之间的关系。研究从旅游业的乘数效应、产业关联和波及效应、经济贡献程度等方面，分析探讨了旅游业对国民经济增长的促进作用，并重点分析了旅游业促进经济增长的动力系统和动力效果，构建了旅游业促进经济增长的动力机制模型。

3. 旅游业态研究

Myung-Ja Kim等（2011）研究了感知信任对旅游电子商务的影响，旨在分析哪些因素影响着旅游电子商务的可信度、满意度和忠诚度。该研究采用结构方程模型来研究不同外生变量（导航功能、感知安全和交易成本）和中间变量（信任和满意）之间的关系，并以忠诚度作为独立变量。该研究委托一个互联网调查公司通过在线平台共发放了340份问卷来收集相关数据，结果显示，导航功能和感知安全对信任具有显著的积极影响，交易成本对信任没有任何影响，满意度对信任具有积极影响，进而影响着顾客忠诚。研究认为，顾客满意度影响着顾客信任，而信任是顾客对在线旅游产品和服务形成忠诚的重要影响因素。

李晓莉（2011）在对广州市 10 家代表性旅行社的负责人进行半结构性深度访谈的基础上，运用内容分析的方法，提炼出现阶段中国奖励旅游经营的特征与面临的共性问题，主要有：对奖励旅游的内涵认知，国内更关注旅游成本的来源而不是活动的激励效果；购买方消费习惯不成熟、目的性不强、交易中平等沟通意识不够；奖励旅游中间商提供的产品创意性不强、组织结构不适应，管理科技含量低且与买方关系结合方式不稳定；供应商与中间商合作不稳定、服务灵活性不强且对目的地支持的依赖程度高。该研究进一步指出，在中国传统文化下，重集体主义的奖励理念影响了消费意识；旅游业自身的结构性障碍及多重委托—代理下的旅行社供应链地位不稳定造成行业的无序竞争与产品质量的难以控制；政府促进下的行业管理组织的成立是规范经营的重要途径。

旅游地产是另一重要的旅游业态。宋丁（2011）出版的《旅游地产及东部华侨城实践》以东部华侨城发展为例，研究了旅游地产的发展模式、旅游地产的投资模式、旅游酒店开发的主要类型、旅游地产开发中的酒店投资盈利策略、开发旅游住宅需面对的若干问题等。

4. 旅游产业效应研究

赵磊（2011）以中国为例研究了旅游发展能否减小城乡收入差距这一关键问题。他利用中国 1999~2008 年分省动态面板数据的系统广义矩估计（SYS-GMM）方法对此进行了实证检验。实证结果显示，中国旅游发展能够显著减小城乡收入差距。旅游发展减小城乡收入差距的影响机制主要表现为旅游发展与农村人均实际收入具有显著的正向关系，而与城镇人均实际收入之间关系则不显著，研究还发现，旅游发展与全国人均收入水平存在显著的正向关系。除此之外，财政分权在旅游发展对城乡收入差距影响关系中起负向调节作用；城市化在旅游发展对城乡收入差距影响关系中起正向调节作用；人均收入水平在旅游发展对城乡收入差距影响关系中的负向调节作用基本可以忽略。

刘晓欣等（2011）对中国旅游产业关联度及其宏观经济效应进行了测算，论文利用 2002 年和 2007 年的中国投入产出表资料，对中国旅游产业的产业关联度、宏观经济效应及其变化情况进行了分析。结果表明，旅游业有较高的后向产业关联度，对国民经济有较大拉动作用，且拉动作用日益增强，但旅游业内生增长动力不足；旅游产业属于劳动密集型产业，其产品主要用于消费，因而具有较强的就业效应和较高的消费效应。因此，应大力发展旅游业，加强旅游业基础设施建设，拓展旅游消费，以推动国民经济发展。

刘长生（2011）利用一般均衡理论，以图解分析法分析旅游产业快速发展对旅游目的地所产生的福利效应。研究显示，旅游产业快速发展对旅游目的地 GDP 增长率有显著的积极影响，推动了社会福利水平的提升，但对旅游目的地 CPI、居民实际收入、工农业等相关产业发展、收入分配、社会治安、生态环境等有显著的消极影响，又在一定程度上降低了当地居民的社会福利，其最终影响取决于积极影响与消积影响的"双向均衡"。同时，以中国四个世界自然与文化双遗产旅游区为实证研究对象验证了这种"双向均衡"社会福利效应的存在性。该研究为我国不同旅游目的地旅游产业的产业定位与可持续发展的政策制定提供了一定的借鉴。

5. 旅游产业政策研究

马波（2011）研究了中国旅游投资的"潮涌现象"。文章基于"潮涌现象"的一般机理，探讨旅游业"潮涌现象"发生的基本逻辑及特殊性，认为中国旅游业曾经发生过局部的投资"潮涌"，并通过对旅游供需形势的预判，对中国旅游业发生全面"潮涌现象"提出预警。旅游业"潮涌现象"的预防，以转变政府旅游职能为关键，以优化旅游发展基本模式为根本。

杨欢等（2011）对我国各地区旅游业产业地位进行了研究，对战略性新兴产业、战略性支柱产业以及支柱产业的概念和相互关系进行了辨析，采用2009年人均创造的旅游收入和旅游业增加值占GDP的百分比两项指标，通过五区间分类法考察了我国各省市区旅游业的地位。结合五区间分类法的分类结果，选择典型区域，讨论并总结了我国各地区旅游业的发展方略。各个地区在发展旅游业的过程中应采取不同的对策，旅游资源丰富、生态环境脆弱或市场区位良好的地区，完全有必要把旅游业建设成为战略性支柱产业。

刘世明等（2011）基于汶川地震后四川旅游的实证，研究灾后旅游市场的赢回策略。该研究指出，严重的自然灾难发生后，灾难地景区虽然采取了诸多措施以重新赢回游客，但是这些策略是否有效，在现有的文献中尚缺乏实证研究。该研究在灾后游客流失原因与旅游意愿关系研究的基础上，引入了安全策略、价格策略、体验策略、情感策略，并实证检验了四项赢回策略对灾后流失原因和旅游意愿关系的影响。

邹统钎（2011）出版的《北京创建世界最佳旅游目的地城市的差距诊断与战略对策》，为北京创建世界最佳旅游目的地提出了政策建议。

李开宇等（2011）的《城市化进程中的城郊乡村旅游发展研究》提出，中国城市化飞速发展，已经对社会经济各领域产生了深刻影响。城市化进程既促进了乡村旅游发展，也对基于"乡村性"的乡村旅游发展提出了难题，"乡村性"的缺失导致乡村旅游景区和产品呈现出不断异化的特征。"十二五"期间，城市化将成为带动经济增长的重要动力，因此旅游业要配合国家区域发展总体战略，推动旅游产品多样化发展，推进城市周边休闲度假带建设，完善乡村度假休闲产品。该研究以保持乡村性特色为根本出发点，研究城市化进程中乡村旅游发展面临的用地竞争、社区发展、产品异化等问题，探讨城乡休闲产品体系下的乡村旅游产品开发与空间组织、城乡空间一体化下的乡村旅游地域功能重构、地域文化传承下的乡村旅游产品开发、乡村旅游社区发展与治理等问题，具有一定的现实意义。

6. 旅游产业的总体研究

张辉等（2011）出版的专著《中国旅游产业发展模式及运行方式研究》，从总体层面研究了中国旅游产业，该书较多地引入了制度经济学的分析框架，以中国旅游产业转型的历史背景作为分析基础，对旅游产业发展模式及运行方式的诸多方面进行了较为全面的论述，既探讨了旅游产业定位、旅游调控机制、旅游产品创新、旅游市场秩序等旅游业实践中的重要问题，同时又结合区域旅游合作、旅游企业"走出去"战略、散客化等新的发展趋势进行了分析，为我国旅游产业的研究构建了一个较为完整的体系和框架。

三、区域与城市经济视角的旅游经济学研究

保继刚等（2011）在总结和评价已有城市旅游分析思路和框架的基础上，提出了基于层次与等级的城市旅游供给分析框架。新的分析框架强调了旅游供给层次和旅游城市等级的重要性，特别是确定了层次与等级之间的重要程度，适用于比较城市研究，具有良好的理论张力。该文以苏州、黄山和桂林为例，具体应用和检验了该分析框架，并解释了三市城市旅游发展方式的差异：苏州城市功能和地位的提升促进了城市旅游向结构性增长方式转变；黄山单一的城市功能结构严重制约着城市旅游向新的发展方式转变；桂林拥有良好的经济基础，产业发展呈现多元化，具备城市旅游发展方式转变的基础条件，但仍需要在城市旅游核心要素和旅游形象上做相应的调整。该论文指出，发展方式的转变依赖于相应的基础条件，并不是所有旅游城市都具备。城市旅游的发展方式是多样化的，以旅游为单一核心产业的城市旅游发展方式也具有合理性和可行性。基于层次和等级的城市旅游供给分析框架，能够解释城市旅游的发展演变，比较不同城市旅游发展的差异，为城市旅游发展方式的研究提供帮助。

陈刚强等（2011）研究了中国区域旅游规模的空间结构与变化，运用 GIS 环境下的空间分析技术，探讨了近年来中国区域旅游规模的空间结构及变化。研究发现，中国旅游规模的空间分布总体上具有较强的正空间集聚性，且存在不断增强的趋势。局部区域的空间集聚表现了较强的规律性，并以人口地理分界线为临界区域，沿主要铁路干线发展，且空间扩散作用具有不断增强的趋势。东中西部及主要城市地区之间的空间差异明显，但区域之间及其内部的空间差距在不断缩小，区域旅游规模的空间结构不断得到优化。这在一定程度上体现了中国区域旅游规模的空间结构明显受旅游资源条件、交通条件及经济发展水平等因素的影响。文章的分析可为国家旅游空间规划与开发及相关政策的制定等提供理论上的借鉴。

高乐华等（2011）在建立城市化发展水平评价指标体系和旅游产业集群识别模型的基础上，对山东省城市化发展水平和旅游产业集群进行了评价与识别。研究根据构建出的城市化与旅游产业集群耦合评价模型，对山东省城市化与旅游产业集群系统的耦合态势进行了分析，并进一步探讨了山东省城市化与旅游产业集群耦合发展机制。

四、世界经济视角的旅游经济学研究

1. 旅游国际贸易

赵东喜（2011）研究了人民币汇率与中国入境旅游需求的关系，研究选择 2006~2010

年中国入境旅游 13 个主要客源国的季度数据，建立面板计量模型，分析了汇改以来中国汇率浮动对中国入境旅游外国人需求的影响。结果表明，中国入境旅游外国人需求、观光休闲旅游需求的汇率弹性为正，统计上显著，前者小于后者，但都小于 1。以会议/商务、探亲访友、服务员工等为目的的入境旅游外国人需求对汇率敏感度较小，统计上不显著。此外，在入境旅游总需求与观光休闲模型中，前一期的入境旅游外国人需求对当期需求有显著影响。同时，在两种模型中，均显示韩国、日本、印度尼西亚有较高的"自发"旅华需求，而法国、英国的这一需求则较低。

2. 世界政治经济局势对旅游业的影响

宋海岩等（2011）研究了金融危机对中国香港酒店客房需求的影响，研究分析了 9 个主要客源国的居民对 4 种不同类型的酒店客房的需求。实证研究结论显示，影响中国香港酒店需求最重要的因素包括旅游客源市场的经济发展水平（用收入水平来衡量）、客房价格和口碑效应。根据测算，由于财务/经济危机的影响，甲级高端酒店和中等酒店客房的需求量在 2009 年是负增长，而乙级高端酒店客房的需求量在经历了 2008 年的下降后，2009 年有所增长。危机对宾馆客房的需求量影响是最小的。从 2010 年开始，总体需求量开始逐年上升。

五、其他衍生领域的研究

旅游经济学的研究具有很强的衍生性，如环境、气候、社会、文化、企业管理等，均可用经济学的手法去研究，产生了大量的旅游经济的衍生研究领域。

1. 旅游经济管理领域

Umut Avci 等（2011）探讨了土耳其的旅游经济管理状况。作为一个发展中国家，土耳其的旅游企业采用四种不同的战略定位，该研究分析了它们的财务和非财务绩效是否有所不同。研究结果表明，采用不同战略定位的企业，无论是在财务还是在非财务绩效上的表现均存在差异。一般来说，探索者的绩效要高于防御者，而分析者的绩效与防御者旗鼓相当。这项研究的结果表明，在发展中国家，旅游企业在面临这两种战略定位的选择时，大可不必紧张，因为两者的财务绩效是不相上下的。宏观环境的变化和公司的特定因素似乎对旅游企业战略定位和它们的绩效均能产生影响。对这些因素进行细致的分析可以帮助发展中国家的旅游企业提高绩效。

2. 文化旅游领域

季玉群（2011）出版的《旅游业经济：文化协同论》主要从经济文化协同动作的视角，将旅游管理研究建立在一种对旅游活动广义的，尤其是对人的全面发展的意义的理解之上，建立了符合其经济—文化一体化特性的学科框架。

3. 旅游生态领域

安应民等（2011）出版的《旅游产业生态管理系统构建研究》就旅游产业生态管理系统的概念与内涵、系统模型、支撑体系、市场与预警体系、运行机制、协调机制及其与自然生态系统、经济生态系统、社会生态系统的协同问题进行了比较全面的论述，形成在理论与实践方面的相关研究成果。

4. 民族旅游领域

王兆峰（2011）出版的《民族地区旅游扶贫研究》分析了民族地区旅游扶贫的作用、意义，民族地区旅游扶贫存在的问题以及旅游市场潜力；对民族地区旅游扶贫的动力机制、旅游利益相关者的利益保障机制、合作机制、协调机制等进行分析；总结分析了民族地区旅游扶贫的十大模式，进而对民族地区旅游扶贫效益进行分析，提出了民族地区旅游扶贫开发的八大战略。

孙丽坤（2011）出版的《民族地区文化旅游产业可持续发展理论与案例》论述了发展文化旅游产业的基础理论、民族地区丰富的文化旅游资源，基于创意理念的民族文化旅游产品策划、民族文化旅游形象创意，民族地区非物质文化遗产的持续开发、生态博物馆与新农村建设中的民族村寨发展，民族地区文化生态旅游的开发与保护，以及延边朝鲜族自治州文化旅游可持续发展等。

第四节　趋势和展望

一、格局变化：新兴经济体旅游经济研究走上前台

随着世界旅游产业分工体系和价值链的变化，新兴经济体的旅游经济现象、问题、发展和对策逐渐成为当前旅游经济研究的全球热点，无论是从国内外顶级旅游经济期刊的研究选题、作者来源以及举办的各种学术研讨会，到世界旅游组织、世界旅游业理事会等国际组织的研究报告，还是现实媒体的舆论关注，以及各国政府的政策关注，其注目点都从传统的欧美板块往外拓展，新兴经济体的旅游经济研究，在一定程度上成为产、学、研三个圈子的共同关注领域，"变"取代了"不变"成为当前旅游经济研究的主要环境。其中，中国旅游经济的研究变得越来越有全球价值，中国旅游研究者的研究也因此越来越多地走上国际舞台，全球旅游经济研究渴求对中国的研究，也渴求来自中国的研究，甚至是代表中国的研究，这为未来中国学者的发展提供了最好的平台。

二、视野变化：广义旅游经济学研究崛起

从研究的视野来看，旅游经济学者越来越具有广阔的研究视角，这是现实的问题决定的，也是旅游经济学科发展的必然路径。传统的旅游经济学研究的发展内核正包裹在"科技、人文和环境"三重外衣之内，变得越来越复杂、越来越深邃，也越来越深入现

实世界和研究对象的本质之中。视野的交叉、研究方法的多元，带来的是学科的新框架和大发展。

三、框架变化：多学科交叉推动

从研究框架看，一方面是经济学主流的研究发现迅速融入旅游经济学的研究中去，旅游经济学前所未有地体现出研究的前沿性，甚至旅游经济现象还在一定程度上成为主流经济学研究的重要观察对象；另一方面是管理、地理、文化、社会、心理、生态等多方面的前沿学科不断和旅游经济学研究发生交叉融合的关系，旅游经济学的发展逐步进入多学科交叉推动的阶段，带来越来越多的细分领域和方向。

四、维度变化：理论研究、本体研究、对策研究交相辉映

在旅游经济学研究的维度上，一是理论研究的进一步深化，相关理论工具越来越具有解释力；二是旅游本体研究的深化，旅游研究的现实问题不断衍生交叉变化；三是对对策研究的需求越来越高，各国各级政府都越来越需要专业的旅游经济对策研究，映射出当前旅游政策研究机构、人员和研究内容的不足。理论研究、本体研究和对策研究交相辉映，反映出当前旅游经济学的发展图景。

第二章　旅游经济学学科 2011 年期刊论文精选

第一节

中文期刊论文精选

我国各地区旅游业产业地位与发展定位研究 *

杨　欢　吴殿廷　王三三

【摘　要】本文对战略性新兴产业、战略性支柱产业以及支柱产业的概念和相互关系进行了辨析，采用 2009 年人均创造的旅游收入和旅游业增加值占 GDP 的百分比两项指标，通过五区间分类法考察了我国各省市区旅游业的地位。结合五区间分类法的分类结果，选择典型区域，讨论并总结了我国各地区旅游业的发展方略。各个地区在发展旅游业的过程中应采取不同的对策，旅游资源丰富、生态环境脆弱或市场区位良好的地区，完全有必要把旅游业建设成为战略性支柱产业。

【关键词】旅游业；战略性支柱产业；产业地位

随着我国产业结构的不断完善，旅游业以其投资小、回报率高、污染低的优势在我国社会经济发展中扮演着越来越重要的角色。为旅游而进行的各种生产和服务活动日益成为城市经济繁荣的重要因素。国家旅游局在制定"十一五"旅游业发展规划中提出了把旅游业培育成为国民经济重要产业的目标，我国很多城市更将旅游业作为国民经济的"支柱产业"、"先导产业"或"第三产业的主要行业"。2009 年 12 月，国务院常务会议讨论并原则通过了《关于加快发展旅游业的意见》，首次提出将旅游行业培育成国民经济的战略性支柱产业。

Elliot 认为，旅游业是一个集政治、经济和社会各方面于一体的部门，在政府部门、非政府机构和商业部门的参与下，旅游业决策的制定被赋予了独有的特征。许多发展中国家将发展旅游业定位为一项全局性的产业，这是有局限性的。我国地域广阔，内部差异显著，各地区一方面要积极响应国务院号召，加快旅游业发展步伐；另一方面也要实事求是，准确把握旅游业在当地经济社会发展中的地位，切不可盲目跟风，把区域经济引入歧

---

* 作者：杨欢（1988—），女，苗族，贵州贵阳人，硕士研究生，研究方向为区域经济。通讯作者：吴殿廷（1958—），男，辽宁大连人，教授，博士生导师，研究方向为区域分析与规划，E-mail：wudianting@bnu.edu.cn。
本文引自《人文地理》2011 年第 5 期。

途。旅游业具有很多不同于其他行业的特征，旅游业的本质特征决定了将旅游业定位于战略性支柱产业必须十分谨慎。本文首先对战略性新兴产业（先导产业）、战略性支柱产业（主导产业）以及支柱产业的概念和相互关系进行了辨析，用五区间分类法对我国各地区的旅游业地位进行了划分，最后选择典型区域进行讨论并总结了我国各地区旅游业的发展方略。

1 战略性产业、战略性支柱产业以及支柱产业的概念及其相互关系

战略性产业有广义和狭义之分。广义的战略性产业是指在国民经济体系中占有重要地位，对国计民生、国家经济安全和军事安全有重大影响的产业，是国家要重点发展的产业。战略性产业具有全局性、长远性、动态性和政策导向性等特性。狭义的战略性产业即指先导产业或战略性新兴产业，是以生态经济、知识经济和就业经济为基础的经济模式，是促进经济转型、追求绿色 GDP、应对能源与气候变化趋势、解决全球就业危机等问题的路径。

支柱产业是指在国民生产总值中所占比重最大，具有稳定而广泛的资源和产品市场的产业，它具有较强的前向和后向关联作用。发展支柱产业的主要目的是为国家提供更多的积累和消费，增强经济实力。一般认为，支柱产业的产值应该达到总产值的 8%以上。战略性支柱产业是指在国民经济中发展速度较快，对整个经济起引导和推动作用的产业，介于支柱产业和战略性产业（先导产业）之间，实际上即主导产业。主导产业的增加值应达到 GDP 的 5%~8%。

从三个产业的内涵来看，战略性支柱产业的定位介于战略性产业和支柱产业之间（见图 1），发展趋势较好的产业就可能被划为"战略性产业"，增长速度和发展现状达到一定水平的"战略性产业"才适合建设为"战略性支柱产业"。建设"战略性支柱产业"的目标，是通过国家政策的支持，建设新的"支柱产业"，增强国家的经济实力。我国提出将旅游业建设为战略性支柱产业，意在通过加强对旅游业的投资，推动旅游业的发展，最终将旅游业培养成国民经济中重要的支柱产业。

对于我国而言，旅游业在拉动经济增长、推动绿色经济发展方面的作用举世瞩目。同时，旅游业不仅是一种产业，更是一种推动社会前进的力量。日本曾经通过改变国内旅游政策来扩大内需，在大萧条时期对经济复苏起到了显著的作用。旅游业不是技术含量较高的先导产业或战略性新兴产业，但在当前就业压力大、碳排放瓶颈约束强的大背景下，把旅游业作为战略性产业并努力将其培育成国民经济的战略性支柱产业，是必要的，也是重要的。

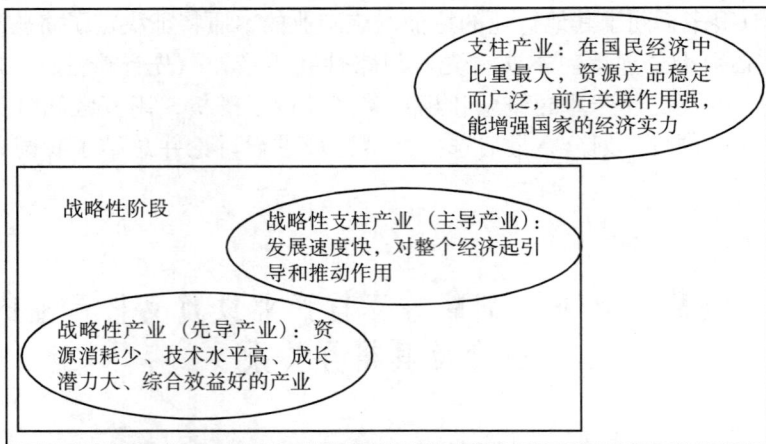

图 1 战略性产业、战略性支柱产业与支柱产业的相互关系

能否通过投资使旅游业从战略性支柱产业成长为支柱产业，是判断将旅游业建设为战略性支柱产业是否有意义的依据。通过我国各地区旅游业当前地位的考察，结合各地区的实际情况能够判断投资旅游业的价值，即将旅游业培养成战略性支柱产业的可行性，为我国各地区旅游业的发展提出建议。

2 我国各地区旅游业当前地位的考察

从全国范围内和地区尺度上研究旅游业发展状况的成果很多：王娟采用 43 个与旅游业相关的指标对我国省域旅游业竞争力综合定量进行了评价，划分出了旅游业竞争力强势区、次强区、中游区、次弱区和弱势区。曹新向通过构建区域旅游产业发展的潜力评价指标体系，运用因子分析法，借助 SPSS 统计分析软件，从旅游业产业发展的角度出发，对我国 31 个省、市、自治区旅游业发展潜力的差异进行了量化研究。划分旅游业的地位对于我国旅游业的发展而言具有重要的意义，尤其是在国家出台将旅游业建设成战略性支柱产业的政策以后，旅游业的地位应该受到更加广泛的关注。本文选择人均旅游收入和旅游业增加值占 GDP 的百分比作为指标，运用五区间分类法，对我国各地区旅游业地位进行划分，并结合 GIS 手段，将五区间分类结果进行了空间表达。

2.1 人均旅游收入与旅游业增加值占 GDP 比重的对比

从对酒店标准的统计开始，定量指标被推崇为政府管理的有效手段。描述旅游业地位的指标，一般用旅游收入与 GDP 之比。该指标简单明了，数据容易获取。考虑到 GDP 衡量的是国民收入的净增加值，用旅游业增加值占 GDP 的百分比替代旅游收入占 GDP 的百分比作为衡量指标。应该注意的是，旅游业增加值与 GDP 之比高不一定该地区旅游业就发达，例如，贵州的旅游业增加值占 GDP 的比重很高，2009 年已超过 15%，而同年浙江该比例不到 9%，但该年贵州人均创造的旅游收入不足 2500 元，而浙江该指标却超过了5000 元。从直观的数据上看，要准确描述旅游业发展态势，既要考虑旅游业增加值占 GDP 的相对比例，也要考察人均创造的旅游收入。

综合以上情况，本文选择人均旅游收入及旅游业的增加值占 GDP 的百分比作为衡量指标，考察 2009 年各地区旅游业的地位。根据相关研究，对照旅游业净产值与 GDP 的比例关系，将各地区旅游总收入与 GDP 的百分比按 75% 的比率换算成旅游业增加值占 GDP 的百分比，[①] 结果如表 1 所示。

表 1　2009 年我国各地区人均旅游收入和旅游业增加值占 GDP 的百分比

地区	人均旅游收入（元）	旅游业增加值占 GDP 的百分比（%）	地区	人均旅游收入（元）	旅游业增加值占 GDP 的百分比（%）
贵州	2120.14	15.44	安徽	1482.47	6.77
北京	13915.1	15.07	江西	1524.34	6.62
上海	11710.15	11.21	湖南	1716.31	6.31
辽宁	5151.89	10.97	吉林	2119.65	5.98
天津	8378.39	10.26	广东	3183.62	5.83
云南	1773.64	9.86	湖北	1756.08	5.81
海南	2450.26	9.6	黑龙江	1698.64	5.68
山西	2604.13	9.1	西藏	1132.64	5.58
浙江	5103.67	8.62	山东	2589.36	5.43
江苏	4913.51	8.26	内蒙古	2524.08	4.71
重庆	2459.71	8.08	甘肃	731.45	4.27
四川	1799	7.8	青海	1079.31	4.17
河南	2091.96	7.64	新疆	862.03	3.26
陕西	2035.9	7.05	河北	1002.22	3.07
福建	3122.75	6.94	宁夏	849.33	2.94
广西	1443.57	6.78	全国	2745.55	7.42

注：全国的"人均旅游收入"及"旅游业增加值占 GDP 的百分比"分别是各省数据的人口权重和 GDP 权重加权计算后的结果；旅游业增加值是按旅游业总收入增加值率 75% 推算出来的。

资料来源：各省市国民经济和社会发展统计公报、各地区统计年鉴、政府工作报告，旅游政务网、统计局网站等相关网站。

分别计算"人均旅游收入"和"旅游业增加值占 GDP 的百分比"两组变量的变差系数（Coefficient of Variation），得到 $CV_1 = 0.996$，$CV_2 = 0.413$，可见，地区之间人均旅游收入的差异较大。2009 年我国旅游业的状况存在显著的差异，人均旅游收入已突破万元的

---

① 根据 2005 年的投入产出表进行推算，金融保险业的净产值率最高，达到 61.53%，假定旅游业净产值率比金融保险业更高，为 75%。

地区与人均旅游收入低于 800 元的地区同时存在。地区人均旅游收入最大值（北京）是人均旅游收入最小值（甘肃）的 19 倍。旅游业增加值占 GDP 的比重高于 15% 的地区与低于 3% 的地区同时存在。一般说来，人均创造的旅游业总收入较高的地区，都是经济比较发达的东部地区，如北京、上海、天津人均创造的旅游业收入分别是 13915.1 元、11710.15 元和 8378.39 元；人均创造的旅游业总收入较低的地区都是位置偏远、旅游资源一般、经济尚落后的地区，如甘肃、宁夏、新疆，人均创造的旅游收入不足千元。

若按旅游业增加值占 GDP 比重<5%、介于 5%~8%、>8% 来作为先导产业、主导产业和支柱产业的标准，全国 31 个省市地区中，旅游业已经成为支柱产业的地区包括贵州、北京、上海、辽宁、天津、云南、海南、山西、浙江、江苏、重庆 11 个地区；旅游业正处在主导产业阶段的地区包括四川、河南、陕西、福建、广西、安徽、江西、湖南、吉林、广东、湖北、黑龙江、西藏和山东 14 个地区；旅游业尚处在先导产业阶段的地区包括内蒙古、甘肃、青海、新疆、河北和宁夏 6 个地区。全国旅游业整体上处在主导产业阶段。

应该注意的是：第一，旅游业增加值占 GDP 的比重相近的区域，人均旅游收入存在极大的不同。如北京（旅游业增加值占 GDP 的比重为 15.07%）和贵州（旅游业增加值占 GDP 的比重为 15.44%）的人均旅游收入比值为 6.56。由此可见，仅用一个指标不能够充分说明旅游业的地位。第二，各地区的统计数据与全国的统计数据接不上口，地区累计数据及其所占比例，比全国数据大得多。例如，根据表 1 中的数据，计算得到的全国人均旅游总收入是 2745.55 元，而《中国统计年鉴》上公布的数据是 971.05 元，两者相差 1774.5 元，前者是后者的近 3 倍；旅游业总收入占 GDP 的比重是 9.90%，而国家统计局公布的数据却是 3.78%。本文认为，国家旅游局汇总的数据大体可靠，各地区的数据普遍存在虚报夸大和重复计算的成分，但这两项数据的相对高低，不会有太大的差别。根据全国数据反推各地区的旅游业地位，大体上是：贵州、北京等 11 个地区的旅游业处在主导产业地位；其他各地区的旅游业都处在先导产业阶段，全国整体上处在先导产业阶段。把旅游业培育成战略性支柱产业（主导产业）的目标有望在 2015 年即"十二五"期末实现。

2.2 2009 年我国旅游业地位的五区间分类

借助波士顿矩阵（BCG Matrix）的思想，将我国旅游业划分成五个区间。五区间分类意在用人均旅游收入以及旅游业增加值占 GDP 的比重将我国各地区旅游业地位区分开来，评价我国各地区的旅游业地位（见图 2）。由于全国的人均旅游收入以及旅游业增加值占 GDP 的百分比这两个指标分别是对各省数据按人口权重和 GDP 权重加权计算后的结果，因此，全国的"人均旅游收入"与"旅游业增加值占 GDP 的百分比"两个指标可以看成是我国旅游业发展的平均水平。用 2745.55 元和 7.42% 把我国旅游业划分为四个区间，假设区间的振幅为 15%（根据模拟结果，振幅为 15% 的时候效果较好），按 $2745.55 \times (1-15\%) < x < 2745.55 \times (1+15\%)$，即 $2333.72 < x < 3157.38$ 和 $5\% < y < 8\%$ 的标准，划出第五区间。属于第五区间的地区代表我国旅游业发展的平均水平。

图中分别给出了五个区间旅游业的不同特点。

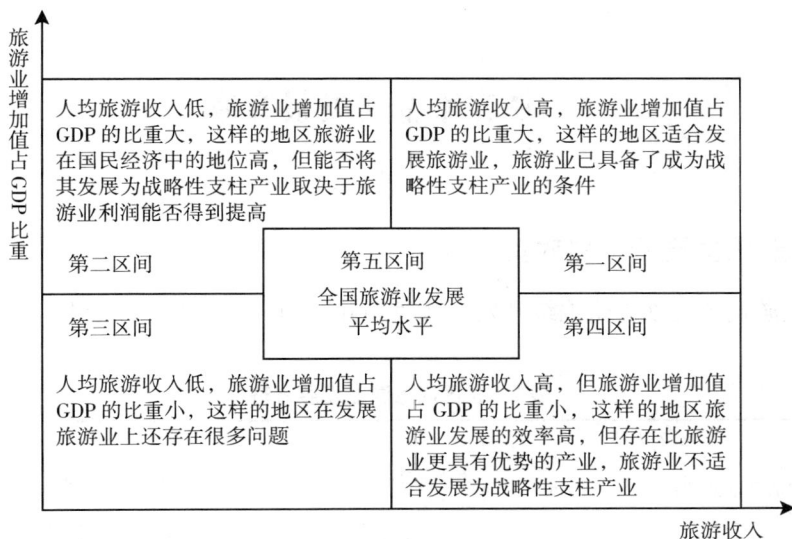

图 2　我国旅游业五区间分类体系

五区间分类结果如图3所示，位于第一区间的地区分别是北京、上海、天津、辽宁、浙江、江苏6个地区。位于第二区间的分别是贵州、云南、海南、重庆、四川、山西和河南7个地区。位于第三区间的分别是陕西、吉林、广西、安徽、江西、湖南、湖北、黑龙江、西藏、甘肃、青海、新疆、河北、宁夏和内蒙古15个地区。只有1个地区，即广东位于第四区间。位于第五区间的是福建和山东2个地区。

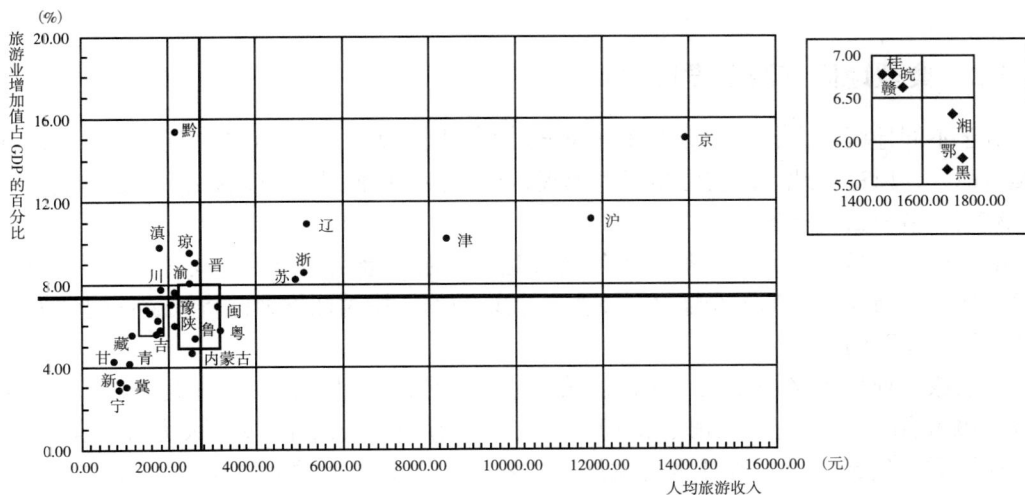

图 3　2009年我国各地区旅游业地位评价区间

3　地方旅游业发展方略

3.1　旅游业发展的一般对策

各区间旅游业的发展方略围绕开发的特色和开发的力度两个方面展开（见表2）。

表2　各区间旅游业发展方略

区间	发展方略	备注
第一区间	增加开发的特色	重视旅游亮点的开发，考虑开展游轮旅游等新型旅游方式，实现海陆统筹
第二区间	转变发展方式，增强开发力度	完成从依赖资源的旅游到依赖开发的旅游的过渡，完善旅游基础设施，提升旅游服务质量，提高旅游消费的比例
第三区间	因地制宜，统筹特色开发，加快发展旅游业	对于经济欠发达、旅游开发刚刚起步的地区而言，旅游业发展应该求精不求大，加大对旅游业的投资，打造精品旅游、特色旅游 对于工业化已有一定规模、旅游开发相对滞后的地区而言，依托工业化提供的经济基础，加大对旅游业的投资和开发，发展"大旅游"，通过产业间的相互促进，推动旅游业的发展
第四区间	适度开发	工业制造业作为地方经济的支撑产业是现状也是趋势，对旅游业的开发应当遵循适度原则
第五区间	合理开发	对旅游业进行合理的开发，增强旅游业竞争力

3.2　典型地区旅游业发展方略

对于不同地区而言，旅游业的发展应该采取不同的方式，下面本文将从五个区间中选择典型地区，以这些地区的实际情况为模板，提出各个区间旅游业发展的相关方略。

3.2.1　第一区间地区

第一区间地区的特点可以概括为经济发达、旅游业繁荣。第一区间包括北京、上海、天津、辽宁、浙江和江苏6个地区。此处以北京为例，探讨此类地区将旅游业建设为"战略性支柱产业"的对策。

北京旅游业发展经历了几个阶段。第一阶段：依靠其特有的历史文化景观，如长城、故宫、颐和园、香山、什刹海、前门等景点吸引游客。第二阶段：大力开发郊区旅游业，在怀柔、密云、延庆等地大力发展以"农家乐"为代表的乡村旅游。第三阶段：加大对主题旅游的投入，开发创意产业旅游。一方面，以主题公园等新鲜元素吸引游客，如将"农家乐"与"水果主题公园"等项目相结合。2008年奥运会作为主题旅游的一种形式，把北京旅游业推向了新的高潮，体育赛事引导下的旅游引起了新的关注。另一方面，创意产业园旅游给北京的旅游业发展增添了生机，798 等文化创意产业园同样吸引了大批游客。

北京的旅游业从依靠资源到依靠开发，转变了发展方式，取得了显著的效益。目前，第一区间的地区旅游业发展状况与北京类似，旅游业的发展主要依赖于对旅游项目的开发。重视旅游亮点的开发，尤其是旅游文化街区、旅游节庆和旅游文化演出等将是未来旅游业发展的重要方向。上海、天津、辽宁、浙江、江苏五个地区还具有沿海优势，应借助便利的交通条件和自身经济的优势，考虑发展游轮旅游等新型旅游方式，实现旅游业的海陆统筹。

3.2.2 第二区间地区

位于第二区间的地区分别是贵州、云南、海南、重庆、四川、山西和河南 7 个地区。除河南和四川外，这个区间其他地区的旅游业增加值占 GDP 的比重都大于 8%，也就是说这些地区的旅游业已经达到了通常意义上的支柱产业的水平，但这些地区开发旅游业的效率并不显著，人均旅游收入还很低。这些地区是我国旅游资源最丰富的地区，具有巨大的潜力。①西南地区的旅游业很大程度上仍然是依赖自然资源，旅游开发中的生态问题突出。要提高旅游业开发的效率，首先要转变旅游业发展方式，大力改善交通条件，增强国内外游客的可达性。②与西南地区不同，山西和河南的旅游资源大多为人文旅游资源，打造人文旅游线路、建设经典旅游品牌、加强重点旅游地的开发将是这些地区的发展方向。③目前海南岛旅游业大部分依赖当地的自然资源和海景风光，旅游业利润比较低。旅游业是海岛的主要经济引擎，国际上很多海岛都将旅游业定位为地区的支柱产业并取得了显著的成效。美国的夏威夷岛、印度洋的马尔代夫群岛等"国际旅游岛"①的开发为海南将旅游业建设成战略性支柱产业提供了最直接的参考。经济特区重在投资，旅游岛重在消费，通过消费带动经济增长是建设旅游岛的前提。海南省"离岛免税"购物政策已经获批，这表明在海南，通过消费带动旅游发展已经政策化。另外，举办国际赛事、发展游轮经济等相关措施是"国际旅游岛"走向世界的必经之路，也是海南将旅游业发展为"战略性支柱产业"的选择。

3.2.3 第三区间地区

第三区间地区包括陕西、吉林、广西、安徽、江西、湖南、湖北、黑龙江、西藏、甘肃、青海、新疆、河北、宁夏和内蒙古 15 个地区。这些地区位于五区间分类的双低值区，可以分为两类：

（1）经济欠发达、旅游开发刚刚起步的地区。这类地区（包括西藏、青海和新疆）的经济基础比较薄弱，旅游业发展的起点比较低，生态比较脆弱，工业发展受到制约。这些地区的旅游业处于战略性产业即先导产业阶段，需要借助增加投资和政策引导来完成。2010 年 2 月召开的中央第五次西藏工作座谈会提出将西藏旅游业定位为"跨越式发展的

---

① 国际旅游岛是指在特定的岛屿区域内，以扩大旅游业开放为重点，对外实行以"免签证、零关税、放航权"为主要特点的旅游开放政策，推进旅游服务的国际化进程，以成为具有特色和极具影响力的国际旅游度假胜地。

战略性支撑产业"，提"支撑"而不是"支柱"，进一步说明了西藏旅游业还无法承担"支柱产业"的角色，充分体现了战略性产业即先导产业这一过渡阶段对于这些地区旅游业的建设和发展的重要性。对于经济欠发达、旅游开发刚刚起步的地区而言，旅游业发展应该求精不求大，加大对旅游业的投资，打造精品旅游、特色旅游才是这些地区旅游业发展的方向和目标。另外，西藏、青海和新疆等地的生态环境比较脆弱，在进行旅游开发时一定要注意保护当地的生态环境，真正做到旅游业的可持续发展。

（2）工业化已有一定规模，旅游开发相对滞后的其他地区。这类地区旅游业潜在的效益并没有被完全发挥出来。以甘肃为例，甘肃旅游业发展面临总体规划滞后，交通制约严重；旅游开发程度低，行业人才匮乏；资源整合难度大，市场促销力度小等问题。这些地区旅游开发滞后的症结在"开发"上，只有加大旅游业的开发力度，通过"大旅游"产业体系的建设，即依托以旅游业为先导产业的多种前向和后向产业的有机结合和相互促进，推动地方经济的发展。对于第三区间内工业化已有一定规模、旅游开发相对滞后的地区而言，需要依托工业化提供的经济基础，加大对旅游业的投资和开发，发展"大旅游"，通过产业间的相互促进，推动旅游业的发展。

3.2.4　第四区间地区

第四区间地区旅游业开发的效率很高，但是旅游业在整个经济体系中所占的比重不大。此区间只包含一个地区，即广东。广东是我国工业最发达的地区，2009 年，广东的工业产值达到了 17254.04 亿元，居全国第 1 位，IT 产业、服装制造业等行业在全国乃至全世界都有重要的地位，这些产业比旅游业具有更强的竞争力，更能拉动经济的发展。在市场自我调节的过程中，这些产业正占据着更为重要的地位。在这样的形势下，旅游业的作用相对较小，不能替代制造业成为战略性支柱产业。此类地区应该把投资重点放在工业升级改造特别是高新技术产业上。

3.2.5　第五区间地区

第五区间与另外四个区间存在一定程度的交叉，单独划分第五区间，目的是为了反映我国旅游业现状的平均水平。第五区间包括两个地区——福建和山东。处于第五区间的地区都是旅游资源禀赋不差的地区，在新的经济增长形势下，找准旅游业发展方向，加大对旅游业的投资力度，对旅游业进行优化开发，将旅游业建设成战略性支柱产业是完全有可能的。

4　结　论

国务院将旅游业定位成我国国民经济的"战略性支柱产业"，是对旅游业地位的充分肯定。我国的旅游业发展迅速，但各地区的旅游业发展情况存在很大的差异。全国要把旅游业建设成为战略性支柱产业，不能要求所有的地区也都把旅游业建设成为当地的战略性支柱产业。必须遵循地域分异规律和地域分工原理，尊重地方战略部署，有序推进旅游战略性支柱产业建设。本文以两个指标——人均旅游收入和旅游业增加值占 GDP 的百分比为依据，通过五区间分类法对各地区旅游业产业地位进行了简单的划分，提出了各区间旅游业发展的战略定位。

（1）位于第三区间的 15 个地区旅游业大多处于战略性产业即先导产业阶段，但这些地区要么是旅游资源非常独特（西藏、新疆和青海），要么是旅游市场特别巨大（黑龙江、陕西和河北等），把旅游业作为重要的战略性产业加以培育是必要的，但暂时还难以成为支柱产业。

（2）位于第二区间的 7 个地区要改变旅游业的发展方式，加大对旅游业的开发力度；在摆脱对资源依赖的基础上，才能突破旅游业的发展瓶颈。

（3）位于第一区间的北京、上海、辽宁、浙江等地区，"十二五"期间适合将旅游业发展为战略性支柱产业。

（4）位于第四区间的广东，旅游业的相对地位不高，制造业和其他现代服务业地位还有不断攀升的势头，旅游业目前还不能替代这些产业成为当地的战略性支柱产业。

（5）位于第五区间的福建和山东两个地区，代表了我国旅游业的平均水平，在出口受阻、碳排放瓶颈制约的特殊情况下，必须对旅游业进行合理开发，并努力将其打造成为当地经济的重要产业。

参考文献

［1］马小宁. 旅游业与城市经济——以迈阿密为例［J］. 生产力研究，2009（22）：175-177.

［2］周玲强. 旅游产业整合提高竞争力研究——以浙江为例［M］. 北京：航空航天出版社，2005.

［3］路倩雯. 旅游业跃升为战略性支柱产业［EB/OL］. 人民日报海外版，http：//www.china-up.com/newsdisplay.php？id=1253163，2009-12-04.

［4］Elliot J. Tourism：Politics and Public Sector Management［M］. Lon-don，New York：Routl edge，1997.

［5］Cevat Tosun and C. L. Jenkins. Regional Planning Approaches to Tour-ism Development：The Case of Turkey［J］. Tourism Management，1996，17（7）：519-531.

［6］岳胜男. 从旅游产业内涵及特征的角度选择旅游产业地位衡量指标的理论初探［J］. 科教文汇，2008（3）：127.

［7］李江，和金生. 区域产业结构优化与战略性产业选择的新方法［J］. 现代财经，2008，28（8）：69-73.

［8］许正中，高常水. 后危机背景下先导产业发展路径探析［J］. 中国软科学，2009（11）：19-24.

［9］王家新. 论支柱产业的概念界定与选择方法［J］. 财贸研究，1995（4）：70-71.

［10］Freya Higgins Desbiolles. More Than an "Industry"：The Forgotten Power of Tourism as a Social Force［J］. Tourism Management，2006，27（6）：1192-1208.

［11］Akira Soshiroda. Inbound Tourism Policies in Japan from 1859 to 2003［J］. Annals of Tourism Research，2005，32（4）：1100-1120.

［12］王娟. 中国省域旅游业竞争力综合定量评价［J］. 人文地理，2006，22（3）：78-82.

[13] 曹新向. 中国省域旅游业发展潜力的比较研究 [J]. 人文地理，2007，23（1）：18-22.

[14] David Airey, King Chong. National Policy-makers for Tourism in China [J]. Annals of Tourism Research，2010，37（2）：295-310.

[15] 吴青兰. 旅游业产业地位评价体系研究 [J]. 旅游论坛，2009，2（8）：530-534.

[16] 吴殿廷等. 把旅游业建设成为战略性支柱产业的必要性、可能性及战略对策 [J]. 中国软科学，2010（9）：1-7.

[17] 吴殿廷等. 区域经济学（第二版）[M]. 北京：科学出版社，2009.

[18] 付金华. 昌平新建三大水果主题公园 [EB/OL]. http://www.bjd.com.cn/bjxw/bjqx/zwgk/200908/t20090820_536153.htm，2009-08-20.

[19] 干海波，吴必虎，卿前龙. 重大事件对旅游目的地影响研究——以奥运会对北京的影响为例 [J]. 中国园林，2008（11）：22-25.

[20] 王芳. 对海陆统筹发展的认识和思考 [J]. 国土资源，2009（3）：33-35.

[21] Mark P. Hampton, John Christensen. Competing Industries in Is-lands—A New Tourism Approach[J]. Annals of Tourism Research，2007，34（4）：998-1020.

[22] 乔宇静，胡文君. 马尔代夫旅游模式对海南省国际旅游岛建设的启示 [J]. 热带农业工程，2009，33（2）：57-59.

[23] 计金标. 对《国务院关于加快发展旅游业的意见》的高端解读 [J]. 北京第二外国语学院学报，2010（1）：1-8.

[24] 杨伟容，陈海鹰. 海南"国际旅游岛"空间结构分析与优化 [J]. 旅游研究，2009，1（12）：15-18.

[25] 张天顺，卢海峰，莫兴邦. 甘肃旅游业立体开发模式新构想 [J]. 丝绸之路，2009（8）：51-53.

[26] 董锁成，等. 甘肃省旅游业发展定位与战略模式研究 [J]. 开发研究，2007（2）：86-91.

The Reserch of The Statue and Developing Orientation of Tourism in Different Regions in China

Yang Huan   Wu Dianting   Wang Sansan

Abstract：The policy, which the State Council put forward, suggesting that tourism should be built into a strategic pillar industry has been responded actively in different regions. Considering the reality of different regions in our country, strategies to build tourism into a strategic pillar industry in different regions have been demonstrated. China is on the way of industrialization and urbanization，and manufacturing industry，electronic information industry and high technology industry are important industries which support the rapid development of national economy. However, under the tough conditions of export obstacle, employment pressure and serious carbon emission, speeding up the development of tourism has special meaning. As industrial structure in China goes more and more maturely, tourism plays as a more and more important role with its superiority of less investment, higher rate of return and lower pollution. Some activities that associated with tourism have become the key aspects to develop economy. The target that tourism should be developed into an important industry of national economy has been put forward by National Tourism Administration in China. Some cities in China have made tourism pillar industry, forerunner industry or important industry of tertiary industry in their plans. The suggestion to speed up the speed of development in tourism is approved of by routine conference of The State Council and it's the first time that tourism is suggested to be built in to a strategic pillar industry. Many developing countries make tourism planning as an overall planning, which has its drawbacks. China is a large country with 31 regions except Hong Kong, Taiwan and Macau, and the 31 regions have differences in developing tourism; we should have a discreet attitude towards the true situation about tourism. The article makes a distinction in the concepts and relationships among strategically new industry, strategic pillar industry and pillar industry. "5 section classification" method is used to classify the statue of tourism. Typical examples in each 5 sections are selected to describe detail developing tactics and by this way, we can get the basic common tactics in making policies in tourism and this is the main purpose in this article.

Key Words: Tourism; Strategic Pillar Industry; Industrial Statue

中国旅游产业关联度测算及宏观
经济效应分析 *
——基于 2002 年与 2007 年投入产出表视角

刘晓欣 胡晓 周弘

【摘　要】文章利用 2002 年和 2007 年的中国投入产出表资料，对中国旅游产业的产业关联度、宏观经济效应及其变化情况进行了分析。结果表明，旅游业有较高的后向产业关联度，对国民经济有较大的拉动作用，且拉动作用日益增强，但旅游业内生增长动力不足；旅游产业属于劳动密集型产业，其产品主要用于消费，因而具有较强的就业效应和较高的消费效应。因此，应大力发展旅游业，加强旅游业基础设施建设，拓展旅游消费，以推动国民经济发展。

【关键词】投入产出；产业关联；宏观经济效应；旅游业

一、引言

旅游产业涉及面较广，旅游业的发展不仅能够满足人们需求，提升生活质量，而且能够带动其他产业的发展，旅游业已成为国民经济的重要增长点，甚至成为一些地区的支柱产业。因此，认清旅游产业与其他产业之间的结构关系以及分析旅游产业对国民经济产生的宏观效应意义重大，认识到发展旅游业的重要性和紧迫性，同时发现旅游业所面临的制约因素，以利于加快我国旅游产出的发展，提升旅游消费效应，促进经济增长。

* 本研究受国家旅游局项目（09TACG027）资助。

作者：刘晓欣（1960—），女，江西人，教授，博士生导师，研究方向为投入产出、金融统计、宏观经济，E-mail：liuxiaoxin@nankai.edu.cn。胡晓（1975—），男，湖南人，博士研究生，研究方向为宏观经济、虚拟经济，E-mail：huxiao18@126.com。周弘（1982—），男，河北人，博士研究生，研究方向为宏观经济、虚拟经济。

本文引自《旅游学刊》2011 年第 3 期。

关于旅游产业的关联度和对国民经济的影响，国内外有较多文献对此进行了研究。富兰克林（Frechtling）和道格拉斯（Douglas）等以华盛顿特区为例，使用地区投入产出模型分析游客消费的乘数效应，认为旅游业相对于其他行业具有较高的产出能力和劳动创收能力，并以此为依据提出了有关政策建议。宋增文利用 2002 年中国投入产出表数据，分析了中国旅游业的直接关联产业和完全关联产业，结果表明，中国旅游业的产业关联具有广泛的波及影响作用、相对较强的前向带动作用。张华初、李永杰使用 2002 年的中国投入产出表数据，通过计算分析消耗系数、资本装备系数、感应度系数和影响力系数，得出了旅游业对国民经济的推动作用远大于受到国民经济发展后的拉动作用以及我国旅游消费还有很大增长空间等结论。卡尔维尼（Calviny）和麦克斯（Max）以 1999 年橄榄球世界杯和 2000 年爵士节作为研究背景和实例，分析了旅游消费对美国各地区经济发展的不同影响。

已有研究为本文的研究提供了一些思路，但也存在一些需要拓展的地方。首先，缺乏比较研究，一般是利用一年的投入产出表进行静态分析，不能揭示旅游业与其他产业之间的结构比例关系的变动情况；其次，很少有研究利用投入产出表结合消费、投资、出口、就业等指标对旅游产业发展对宏观经济的作用进行综合分析研究。本文利用 2002 年和 2007 年的中国投入产出表资料，分别测算和分析旅游业的产业关联指标，反映旅游产业关联的变化情况，同时结合旅游业消费、就业、投资等相关指标来分析旅游产业发展的宏观经济效应，为政府制定产业政策、宏观调控提供参考。

二、理 论 分 析

（一）产业关联分析

投入产出表能够深刻揭示产业之间的技术关联关系。产业关联是指国民经济中各产业之间投入与产出、供给和需求之间的内在关系，其实质就是产业之间相互需求和供给的关系，以及技术依赖并相互促进的关系。

1. 后向关联

后向关联是从投入角度考虑旅游业与其他部门的关联影响，指该产业对那些向其供应产品或服务作为其中间消耗的产业或部门的影响。后向关联指标包括直接后向关联指标和完全后向关联指标。直接后向关联指标采用直接消耗系数来表示，系数的大小反映了该产业对相应产业或部门直接带动作用的强弱，其计算公式为：

$$a_i = \frac{x_{ij}}{X_j}(i,\ j = 1,\ 2,\ \cdots,\ n) \tag{1}$$

其中，a_{ij} 表示 j 部门每生产一个单位的实物量需直接消耗 i 部门实物量的大小，x_{ij} 表示生产第 j 部门产品对第 i 部门产品的消耗量，X_j 表示生产第 j 部门产品的各部门的总投入。

完全后向关联指标采用完全消耗系数来表示，该指标的大小表示本产业或部门对相应产业或部门的综合拉动作用的强弱，该系数矩阵的计算公式为：

$$B = (I - A)^{-1} - I \tag{2}$$

B 中的元素 b_{ij} 为 j 部门提供一个单位最终产品对 i 部门的完全消耗系数，A 为直接消耗矩阵，I 为单位矩阵。

2. 前向关联

前向关联是从产出角度来说明旅游业对其他部门的关联影响，是某产业对那些将本产业的产品或服务作为中间投入的部门的影响。反映前向关联的指标包括直接前向关联指标和完全前向关联指标。直接前向关联指标采用直接分配系数来表示，该指标是从产业角度来分析产业之间的直接技术经济联系，其含义是某产业或部门生产的产品分配给另一个产业或者部门作为中间产品直接使用的价值在该种产品的总产值中的比例，反映该产业对其他相应产业或部门的支撑作用，其计算公式为：

$$h_{ij} = \frac{x_{ij}}{X_i + M_i} (i = 1, 2, \cdots, n; j = 1, 2, \cdots, n, n+1, \cdots) \tag{3}$$

其中，h_{ij} 表示直接分配系数，x_{ij} 表示第 i 部门提供给第 j 部门最终使用的货物或服务的价值量，$X_i + M_i$ 表示第 i 部门货物或服务的总供给量（国内生产 + 进口）。

完全前向关联指标采用完全分配系数来表示，它是一个从产出方向分析产业之间的直接和间接技术经济联系的指标，其经济含义是：某产业或部门每一个单位增加值通过直接或间接联系需要向另一个产业或部门提供的分配量，它包含了总产出的直接分配和全部间接分配的数量，反映了该产业或部门对其他部门的全部贡献程度。该系数矩阵的计算公式为：

$$W = (I - H)^{-1} - I \tag{4}$$

W 中的元素 w_{ij} 为 i 部门单位总产出直接分配和全部间接分配给 j 部门的数量，即完全分配系数，H 为直接分配系数矩阵，I 为单位矩阵。

3. 影响力、感应度及综合关联度

产业影响力反映了某一产业的最终产品变动对整个国民经济总产出变动的影响能力，这种影响能力表现为该产业对国民经济发展的推动能力，以影响力系数表示。影响力系数是某产业的影响力与国民经济各产业影响力的平均水平之比，它反映了某一产业对国民经济发展影响程度大小的相对水平，计算公式为式（5）。系数大于 1 表示该产业的发展对国民经济的推动能力大于平均水平，其对国民经济发展有较大的促进作用，小于 1 表示该产业的发展对国民经济的推动能力低于平均水平，对经济发展的促进作用相对较小。

$$\delta_j = \frac{\sum_i l_{ij}}{\frac{1}{n} \sum_j \sum_i l_{ij}} (i, j = 1, 2, 3\cdots, n) \tag{5}$$

δ_j 为 j 部门影响力系数，l_{ij} 为列昂惕夫逆矩阵的对应元素，$\sum\limits_i l_{ij}$ 为 j 部门的影响力水平。

产业感应度反映了国民经济各产业变动后使某一产业受到的感应能力，这种感应能力表现为该产业受到国民经济发展的拉动能力，以感应度系数表示。感应度系数是某产业的感应度与国民经济各产业感应度的平均水平之比，计算公式为式（6）。系数大于 1 表示该产业受到国民经济的拉动作用较强，小于 1 则表示该产业受到国民经济的拉动作用相对较弱。

$$\phi_i = \frac{\sum\limits_j l_{ij}}{\frac{1}{n} \sum\limits_j \sum\limits_i l_{ij}} (i, j = 1, 2, 3\cdots, n) \tag{6}$$

ϕ_i 为 i 部门感应度系数，l_{ij} 为列昂惕夫逆矩阵的对应元素，$\sum\limits_j l_{ij}$ 为 i 部门的感应度水平。

综合关联度系数是其影响力系数和感应度系数的算术平均值，反映该产业对整个国民经济的综合影响能力。

（二）宏观经济效应分析

投入产出表不仅深刻揭示了产业之间的技术关联关系，而且还可以反映各个产业对整个宏观经济的不同影响，因此本文在揭示旅游业与其他产业之间的关联关系的基础上，来分析旅游业的宏观经济效应。

1. 就业效应

就业效应衡量产业发展对就业的带动作用，也说明该产业的劳动密集型程度，以一个部门的总投入中劳动投入所占的比重来衡量，该比重越高说明该行业对于劳动力需求越大，就业效果也就越明显。测量就业效果的具体指标包括直接劳动报酬系数和完全劳动报酬系数。其中，第 j 部门的直接劳动报酬系数的计算公式为：

$$a_{vj} = v_j / X_j (j = 1, 2, \cdots, n) \tag{7}$$

v_j 为第 j 部门的劳动者报酬，X_j 表示生产第 j 部门产品的各部门的总投入。

完全劳动者报酬系数矩阵为：

$$B_v = A_v (I - A)^{-1} \tag{8}$$

其中，A_v 为直接劳动报酬系数向量。

2. 产业投资效应

产业投资效应指产业对投资的吸引力和促进作用，投资吸引力大小的最直接衡量指标之一就是产业内的投资回报率。产业经营效果衡量产业的经营绩效，经营绩效一方面能够说明产业内现有投资的收益状况，另一方面能够评价产业对潜在投资的吸引力。产业经营效果用直接营业盈余系数来进行衡量，因此，以直接营业盈余系数来衡量产业的投资效应，直接营业盈余系数的计算公式为：

$$a_{mj} = m_j / X_j (j = 1, 2, \cdots, n) \tag{9}$$

其中，m_j 表示 j 部门的营业盈余，直接营业盈余系数是产业的营业盈余占总投入的比重，该指标能够反映出产业实际经营状况的变化情况。指标越高，经营效果越好，有较好的投资回报率，对投资有较大的吸引力和较强的促进作用，说明产业具有较强的投资效应。

3. 消费效应、出口效应

产品消费效应、出口效应衡量产业对消费、出口的影响效果，分别用最终消费系数、出口系数来表示，下面为两项指标的一般计算公式：

最终消费系数计算公式：

$$c_i = \frac{C_i}{Y_i} (i = 1, 2, \cdots, n) \tag{10}$$

其中，c_i 表示第 i 部门的最终消费系数，C_i 为第 i 部门提供的产品和服务用于消费的部分，Y_i 表示第 i 部门的总产品。系数越大，表明总产品用于消费的部分越多。

出口系数计算公式为：

$$e_i = \frac{E_i}{Y_i} (i = 1, 2, \cdots, n) \tag{11}$$

其中，e_i 表示第 i 部门的出口系数，E_i 表示第 i 部门提供的产品和服务为国外消费者所消费的部分，Y_i 表示第 i 部门的总产品。系数越大，表明总产品用于出口的部分越多。

三、中国旅游业产业关联及宏观经济效应实证分析

(一) 数据处理

2002 年的投入产出表包含了 122 个部门，2007 年的投入产出表包含了 135 个部门。为了研究的需要，对部门进行归类合并，归类合并遵循两个原则：重点突出原则和三次产业划分原则。广义的旅游包含食、住、行、游、购、娱六大要素活动，然而把食、住、行、购、娱完全归为旅游业也不完全合乎实际，因此完全准确地统计广义旅游业所涉及的活动难度较大。基于此，本文研究的旅游业指狭义的旅游业，即依据国家投入产出表中对旅游业的定义来设定研究范围。同时，为了体现旅游业与食、住、行、购、娱等活动的紧密联系，本文把第三产业中的住宿业、餐饮业、娱乐业、批发零售业、运输业分别作为单独的部门，且与投入产出表保持一致。其他部门的归类合并情况如下：把金融业（银行、证券及其他金融活动）、保险业、租赁业和房地产业合并为一个广义的金融业部门，剩下的第三产业部门合并为其他服务业部门；把第一产业合并为广义的农业部门；把第二产业

中的建筑部门独立出来为单独的建筑部门，把第二产业中除去建筑部门后的部门合并为工业部门。归类合并后的部门为 11 个。在此基础上，把 2002 年和 2007 年的投入产出表分别合并为 11 个 部门的投入产出表。合并后的部门具体见表 1。

表 1　合并后的部门类别及说明

部门序号	部门名称	部门说明
01	农业	包含农业、林业、畜牧业、渔业以及农、林、牧、渔服务业 5 个部门
02	工业	广义工业部门（简称工业）：根据国家统计局对于工业的划分标准及部门分类，将投入产出表中所有属于工业部门的行业全部合并，数据全部加总
03	建筑业	包括房屋和土木工程建筑业、建筑安装业、建筑装饰业以及其他建筑业，与原投入产出表中的建筑业部门保持一致
04	金融业	包含金融业（银行、证券及其他金融活动）、保险业、租赁业和房地产业 4 个部门
05	住宿业	指有偿为顾客提供临时住宿的服务活动，包括旅游饭店、一般旅馆和其他住宿活动，与原投入产出表中的住宿部门一致
06	餐饮业	指在一定场所，对食物进行现场烹饪、调制，并出售给顾客主要现场消费的服务活动，包括正餐服务、快餐服务、饮料及冷饮服务和其他餐饮服务，与原投入产出表中的餐饮部门一致
07	娱乐业	包括室内娱乐活动、游乐园、休闲健身娱乐活动和其他娱乐活动，与原投入产出表中的娱乐部门一致
08	批发零售业	指商品在流通环节中的批发活动和零售活动，包括批发业和零售业，与原投入产出表中的批发零售部门一致
09	旅游业	指为社会各界提供商务、组团和散客旅游的服务，包括向顾客提供咨询、旅游计划和建议、日程安排、导游、食宿和交通等服务的行业部门，与投入产出表中的旅游部门一致
10	运输业	包含铁路旅客运输业、铁路货运业、道路运输业、城市公共交通运输业、水上运输业、航空旅客运输业、航空货运业、管道运输业、仓储业以及邮政业共 10 个部门
11	其他服务业	包含第三产业中除去上述已划分出去的行业之后的全部服务业部门

（二）中国旅游产业关联度测算及分析

通过前面的理论分析和合并后的 11 个部门投入产出表，对中国旅游产业关联度的衡量指标进行测算。

1. 后向关联和前向关联

从表 2 中的后向关联系数可以看出，旅游业有较高的消耗系数，说明旅游业对上游产业的拉动能力较强，有较大的后向关联度，这与已有大多数文献的研究结论基本一致。2007 年，旅游业直接消耗系数较大的部门为运输、餐饮和住宿业，说明旅游业对这些部门的直接带动作用较大，旅游业的发展能有力地带动这些产业的发展。从完全消耗系数也可以看出，除工业部门外，系数值排在前列的依次是运输业、餐饮业和住宿业，说明旅游业对这些部门以及与这些部门相关的部门的综合带动作用较强。通过比较 2002 年和 2007 年的消耗系数，可以发现，不管是直接消耗系数还是完全消耗系数，旅游业对工业、住宿业、运输业、餐饮业、娱乐业、其他服务业以及金融业的消耗系数都有较大程度的提高，说明旅游业的发展对这些产业或部门的带动能力越来越大。从总的直接消耗系数来看，2007年旅游业每产出10000元，需要直接消耗中间投入6834元，相比2002年的4579元提高了49.25%，说明旅游业对上游产业的拉动能力有较大幅度的提高，后向关联度越来越大。

表2　旅游业与各行业后向关联及前向关联测算结果

部门	后向关联系数				前向关联系数			
	直接消耗系数		完全消耗系数		直接分配系数		完全分配系数	
	2002年	2007年	2002年	2007年	2002年	2007年	2002年	2007年
农业	0.0007	0	0.0456	0.0808	0.0002	0.0028	0.0063	0.0159
工业	0.0280	0.0536	0.3903	0.8782	0.0051	0.0646	0.0744	0.3475
建筑业	0.0072	0.0001	0.0181	0.0049	0	0.0197	0.0154	0.0577
金融业	0.0204	0.0588	0.0570	0.1183	0.0069	0.0067	0.0141	0.0181
住宿业	0.0457	0.1230	0.0544	0.1409	0.0064	0.0009	0.0079	0.0026
餐饮业	0.0654	0.1369	0.0775	0.1611	0.0016	0.0019	0.0067
娱乐业	0.0004	0.0036	0.0011	0.0060	0.0036	0.0087	0.0041	0.0098
批发零售业	0.0036	0.0021	0.0361	0.0344	0	0.0058	0.0089	0.0194
旅游业	0.0770	0.0753	0.0839	0.0825	0.0770	0.0753	0.0839	0.0825
运输业	0.1633	0.1689	0.2231	0.2348	0.0024	0.0113	0.0081	0.0260
其他服务业	0.0462	0.0611	0.0857	0.1353	0.1105	0.1263	0.1393	0.1744
总计	0.4579	0.6834	—	—	0.2121	0.3237	—	—

对于前向关联，总的说来，旅游业的前向关联度比较低。比较表2中2007年和2002年的前向关联系数数据，尽管旅游业与其他产业的前向关联有一定程度的提高，但从总的直接分配系数可以看出，2007年总的直接分配系数只有0.3237，这说明旅游业对其他产业发展的支撑作用不明显，这是由旅游产业本身的特点所决定的，旅游行业的产品主要用于直接消费，而不是作为中间投入。

总的说来，旅游业的后向关联大于前向关联，说明旅游业发展对其他产业的拉动能力大于旅游业对其他产业发展的支撑作用。

2. 影响力系数、感应度系数、综合关联系数

从表3的计算结果可以看出，不管是2007年的数据，还是2002年的数据都显示，旅游业的影响力系数大于感应度系数，说明旅游业对于整个国民经济的推动作用要大于其本身受到国民经济发展后的拉动作用，这与大多数已有文献的研究结果基本一致。2007年，旅游产业的影响力系数大于1，即影响力大于所有产业的平均水平，说明旅游产业对国民经济发展有较大的推动能力，而且2007年的影响力系数大于2002年的影响力系数，增加幅度为21%，说明旅游业对国民经济发展的推动作用在加强。从感应度系数来看，旅游业的感应度系数远远低于全国的平均水平，说明国民经济发展对旅游产业的拉动作用较弱，而且2007年的感应度系数低于2002年的感应度系数，说明国民经济发展对旅游产业的拉动作用在下降。需要说明的是，感应度系数的下降并不说明旅游业没有随国民经济

的发展而发展，它只表明旅游业在国民经济中地位的相对下降，而近年来旅游业在不断发展壮大。旅游业感应度系数下降的原因可能比较复杂，需要进一步研究，本文认为可能的原因之一是由于旅游业具有投资周期长、容易受到外部冲击而具有脆弱性等特点，尽管旅游业有较强的产业拉动能力和对国民经济有较大的推动作用等优势，但人们对旅游业的重视程度还不够，旅游业的发展力度小于其他一些行业。随着我国经济增长方式的转变，这一现象将会有所改观。从综合关联系数来看，尽管 2007 年的系数大于 2002 年的系数，旅游业在整个经济中的影响能力在提高，但是应当看到，旅游业在整个经济中的综合影响力还比较低。

表 3　产业影响力系数、感应度系数和综合关联系数测算结果

部门	影响力系数		感应度系数		综合关联系数	
	2002 年	2007 年	2002 年	2007 年	2002 年	2007 年
农业	0.8558	0.8210	0.9624	0.8330	0.9091	0.8270
工业	1.2391	1.3249	4.2690	5.1638	2.7541	3.2444
建筑业	1.2946	1.3289	0.5281	0.3990	0.9114	0.8640
金融业	0.7411	0.6246	0.7910	0.7055	0.7660	0.6650
住宿业	1.0378	1.0276	0.4961	0.4629	0.7669	0.7453
餐饮业	1.0707	1.0922	0.5369	0.5107	0.8038	0.8014
娱乐业	1.0001	0.9663	0.4354	0.3857	0.7178	0.6760
批发零售业	0.9098	0.7800	0.7803	0.5620	0.8451	0.6710
旅游业	0.8823	1.0678	0.4677	0.4121	0.6750	0.7399
运输业	0.9973	0.9939	0.8730	0.7580	0.9352	0.8760
其他服务业	0.9713	0.9728	0.8601	0.8074	0.9157	0.8901

（三）中国旅游业宏观经济效应分析

1. 就业效应

从表 4 的数据可以看出，旅游业的劳动报酬系数较大，在 11 个部门中排在前列，这在一定程度上说明了旅游业是劳动力密集型产业，对就业的带动作用相对较强。比较 2002 年和 2007 年的劳动报酬系数数据可以发现，很多行业的劳动报酬系数，不管是直接劳动报酬系数还是完全劳动报酬系数，都在下降。旅游业的劳动报酬系数则在提高，旅游业直接劳动报酬系数和完全劳动报酬系数的提高均说明了劳动投入在旅游业总投入中所占比重的增加，这也从另一方面表明：越发展旅游业，就越能改善社会的就业状况。

表 4　就业效果测算结果

部门	直接劳动报酬系数		完全劳动报酬系数	
	2002 年	2007 年	2002 年	2007 年
农业	0.4659	0.5559	0.6864	0.7673
工业	0.1146	0.0750	0.4293	0.3850

部门	直接劳动报酬系数		完全劳动报酬系数	
	2002 年	2007 年	2002 年	2007 年
建筑业	0.1386	0.1181	0.4933	0.4104
金融业	0.1677	0.1405	0.2981	0.2354
住宿业	0.1440	0.1852	0.3811	0.4037
餐饮业	0.1404	0.0847	0.4478	0.3806
娱乐业	0.1985	0.1072	0.4240	0.3102
批发零售业	0.2283	0.1453	0.4268	0.2917
旅游业	0.1921	0.1967	0.3876	0.4529
运输业	0.2120	0.1252	0.4340	0.3267
其他服务业	0.3144	0.2755	0.5252	0.4736

2. 投资、消费和出口效应

从表 5 可以看出，2007 年旅游业的营业盈余系数较低，除农业外，仅高于住宿业，说明旅游业的经营效果较差，投资回报率较低。比较 2002 年和 2007 年的数据，在此期间营业盈余系数下降了 75.9%，说明中国旅游业的经营状况在恶化，投资回报率下降。旅游业的投资周期长，旅游消费市场较容易受到各种突发事件的影响，造成旅游行业投资风险较大。因而，旅游业较低的回报率对潜在投资的吸引力在减弱，从而也会影响与旅游产业后向关联度高的产业的投资。

表 5 产业投资、消费和出口效应测算结果

部门	营业盈余系数		最终消费系数		出口系数	
	2002 年	2007 年	2002 年	2007 年	2002 年	2007 年
农业	0.0702	0	0.3719	0.2352	0.0166	0.0136
工业	0.0754	0.0754	0.1166	0.0750	0.1465	0.1577
建筑业	0.0607	0.0723	0	0.0149	0.0037	0.0065
金融业	0.2285	0.3167	0.3966	0.3474	0.0015	0.0025
住宿业	0.1432	0.0358	0.0857	0.0328	0.1406	0.1604
餐饮业	0.1593	0.2316	0.5570	0.4713	0.0248	0.0238
娱乐业	0.0759	0.2386	0.2145	0.1307	0.3467	0.1581
批发零售业	0.0638	0.2673	0.1756	0.2687	0.1478	0.1390
旅游业	0.2547	0.0613	0.6237	0.6354	0.1645	0.0843
运输业	0.1012	0.2056	0.1422	0.1243	0.0994	0.1243
其他服务业	0.0877	0.1056	0.6948	0.6319	0.0485	0.0519

从表 5 可以看出，与其他行业相比较，2002 年和 2007 年旅游业的最终消费系数都处于较高水平，旅游业每 10000 元的总产品中分别有 6237 元（2002 年）和 6354 元（2007 年）用于消费，消费占总产出的比重超过 60%。这说明旅游业总产出中大部分用于消费，

大力发展旅游业是刺激消费需求的重要手段。

旅游业的出口系数分别为 0.1645（2002 年）和 0.0843（2007 年），数值有所下降，说明中国的旅游服务虽对国外游客具有一定的吸引力，但国内旅游消费仍占据主导地位，其系数下降表明国内旅游消费主导地位的上升，拓展旅游业国际市场潜力和空间较大。

四、主要结论与政策思路

（一）主要结论

（1）旅游业对其他产业的拉动作用强于对其他产业的支撑作用，且拉动和支撑作用都在增强。旅游业对国民经济的推动作用大于国民经济发展对旅游产业的促进作用，推动作用在逐步提高，而国民经济发展对旅游业发展促进作用较小并呈下降趋势，而且旅游业的投资效应较弱，这都说明了旅游业内生性增长动力不足。

（2）旅游业属于典型的劳动密集型的服务性产业，其发展能够改善社会的就业状况。同时，旅游产业劳动报酬系数较高，也说明旅游业的发展能够改善资本报酬和劳动报酬之间的比例关系，促进社会公平。

（3）发展旅游业能够提高消费率，改善消费和储蓄之间的比例关系。旅游业提供的产品主要用于消费，进行旅游消费的人群基本上都是高收入群体，而对高收入群体来说，基本消费已经满足，很难有提升的空间。因此，发展旅游业能够提升高收入群体的消费水平，从而提高整个经济社会的消费率。

（4）当前中国旅游业经营效果较差，投资回报率较低，且经营状况持续恶化。因此，旅游业对投资的吸引力可能在减弱，旅游业的可持续发展受到挑战。

（二）政策思路

（1）树立主动出击的思维观念，摒弃传统的坐、等、靠发展思路。旅游业内生性发展动力不足，因此，要主动出击，加快旅游业的发展，进一步完善旅游产业发展规划，制定合适的产业发展政策，引导资金向旅游业注入，真正地把旅游业作为潜在的支柱产业来培育，以推动国民经济的快速发展。

（2）加强基础设施建设，为旅游产业发展提供有力保障。旅游产业的发展需要其他产业的投入，特别是需要运输、餐饮和住宿业等基础性行业的发展来为旅游业的发展提供支撑和保障。因此，需要加强基础设施的建设，改善旅游业发展的硬环境；同时，需要改善旅游业发展的软环境，规范旅游业市场秩序，培养旅游业专业人才，特别是外向型人才。

（3）积极拓展旅游消费需求，加强对旅游资源的开发。中国历史悠久，地域辽阔，旅游资源丰富，有很多的旅游资源都还没有被开发出来，需要从专业的角度对这些潜在旅游资源进行开发，形成新的旅游消费增长点。当前，我国旅游产品整体设计存在重大缺陷，产品结构不能适应产业目标消费群体的需要，旅游企业要从旅游产品开发、宣传、包装、定价等方面进行合理策划，以满足不同层次的消费者对旅游产品的需求。此外，还应重视对国外市场的开发，提高旅游业的国际竞争力。

参考文献

［1］Frechtling, Douglas C., Horvsth E. Estimating the Multiplier Effects of Ttourism Expenditures on a Local Economy Through a Regional Input-output model ［J］. Journal of Travel Research，1999，37（4）：324-332.

［2］宋增文. 基于投入产出模型的中国旅游业产业关联度研究 ［J］. 旅游科学，2007（2）：7-12.

［3］张华初，李永杰. 中国旅游业产业关联的定量分析 ［J］. 旅游学刊，2007（4）：15-19.

［4］Jones C., Mundy M. Evaluating the Economic Benefits from Tourism Spending Through Input-output Frameworks：Issues and Cases ［J］. Local Economy，2004，19（2）：117-133.

［5］国家统计局国民经济核算司. 2002 年中国投入产出表 ［M］. 北京：中国统计出版社，2006.

［6］国家统计局国民经济核算司. 2007 年中国投入产出表 ［M］. 北京：中国统计出版社，2009.

An Analysis of the Measurement of Correlation of China's Tourism Industry and Macroeconomic Effects
——Based on the Perspective of Input-output Tables in 2002 and 2007

Liu Xiaoxin　　Hu Xiao　　Zhou Hong

Abstract：The paper, by using the materials of China's input-output tables in 2002 and 2007, makes an analysis of the industrial correlation, macroeconomic effects of China's tourism industry and their changing situation. The results show that tourism industry boasts of higher backward industrial correlation and exerts higher pulling effect on national economy. The pulling effect is increasingly stronger, but the inherent growth power of tourism industry is not sufficient. Tourism industry belongs to labor-intensive one and its product is mainly for consumption with stronger employment effect and higher consumptive effect. Therefore, we should develop tourism industry vigorously, foster the construction of infrastructure and expand tourism consumption so as to promote the development of national economy.

Key Words：Iinput-output；Industrial Correlation；Macroeconomic Effect；Tourism Industry

中国旅游业"潮涌现象"的预警与预防*

马　波

【摘　要】文章基于"潮涌现象"的一般机理，探讨旅游业"潮涌现象"发生的基本逻辑及特殊性，认为中国旅游业曾经发生过局部的投资"潮涌"，并通过对旅游供需形势的预判，对中国旅游业发生全面"潮涌现象"提出预警。旅游业"潮涌现象"的预防，以转变政府旅游职能为关键，以优化旅游发展基本模式为根本。

【关键词】"潮涌现象"；旅游业；产能过剩；预防

1　"潮涌现象"的提出与解释

作为经济术语，"潮涌现象"是林毅夫教授于 2007 年率先提出的。他认为：处于快速发展阶段的发展中国家，在产业升级时，企业所要投资的是技术成熟、产品市场已经存在、处于世界产业链内部的产业，企业很容易对新的、有前景的产业产生共识，容易出现许多企业的投资像波浪一样，一波接着一波涌向相同的某个产业；在每一波开始出现时，每个企业对其投资都有很高的预期，金融机构在"羊群行为"的影响下也乐意给予这些投资项目金融支持，但是等到每个企业的投资完成后，不可避免地将会出现产能严重过剩、企业大量亏损破产、银行呆坏账急剧上升的严重后果。

全球金融风暴出现之后，包括中国在内的诸多经济体都明显暴露出产能严重过剩的问题，对"潮涌现象"的跟进研究增多。胡楠指出，流动性过剩的存在是"潮涌现象"发生的条件之一。陈刚研究了"潮涌现象"、产业风险和金融风险之间的传导机理以及政府部门的应对策略。万光彩等认为，投资"潮涌"在短期内会加剧通胀，在长期会诱致通缩。

---

* 该文为作者在第十五届全国区域旅游开发学术研讨会上的主题发言，有修改。

作者：马波（1966—），男，陕西绥德人，博士，教授，博士生导师，主要从事旅游产业经济、区域经济、旅游文化学研究，E-mail：mabo6605@vip.sina.com。

本文引自《旅游学刊》2011 年第 1 期。

林毅夫、巫和懋、邢亦青进一步建立数学模型探讨"潮涌现象"与产能过剩的形成机制，模型的基本性质是：①当企业实际数目较大时，会发生产能过剩；②此时各企业实际生产产量较小，产能利用不足；③随着企业个数增多，市场竞争加剧，价格下降；④随着企业数目增多，企业销售收益下降；⑤企业可能亏损破产。行业外部环境对产能过剩的影响则表现为：①随着建厂成本的增加，产能过剩的可能性增加；②随着价格弹性的增加，产能过剩的概率增加；③对行业前景更好的共识会使产能过剩更可能发生。

综合上述研究成果，"潮涌现象"发生的一般机理如图1所示。

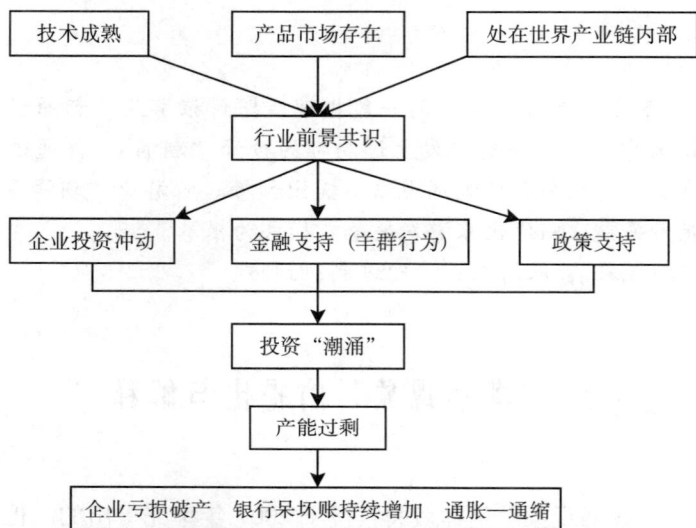

图1 "潮涌现象"发生的一般机理

需要指出的是，"潮涌现象"是基于包括中国在内的发展中国家投资"潮涌"剧烈的现实而提出的。"潮涌现象"与产能过剩联系在一起，并可能对物价、就业、经济增长等宏观经济表现产生影响。该理论并不否定"个体的理性投资"；相反，认为"对产业前景的正确预知并达成共识"是"潮涌现象"发生的缘起，因此，"潮涌现象"在一定程度上独立于行业外部条件和周期波动。

2 旅游业"潮涌现象"发生的基本逻辑及特殊性

理论界对"潮涌现象"的具体关注多集中在钢铁、水泥、电解铝等基础产业，鲜有对服务业的分析。迄今为止，尚未有人把"潮涌现象"同旅游业联系在一起。相反的是，政府、旅游学界和业界共同呼吁加大旅游投资的声音越来越高。但是，如果冷静思考，不难发现，在我国，旅游业同其他产业一样存在发生"潮涌现象"的逻辑可能（见图2）。

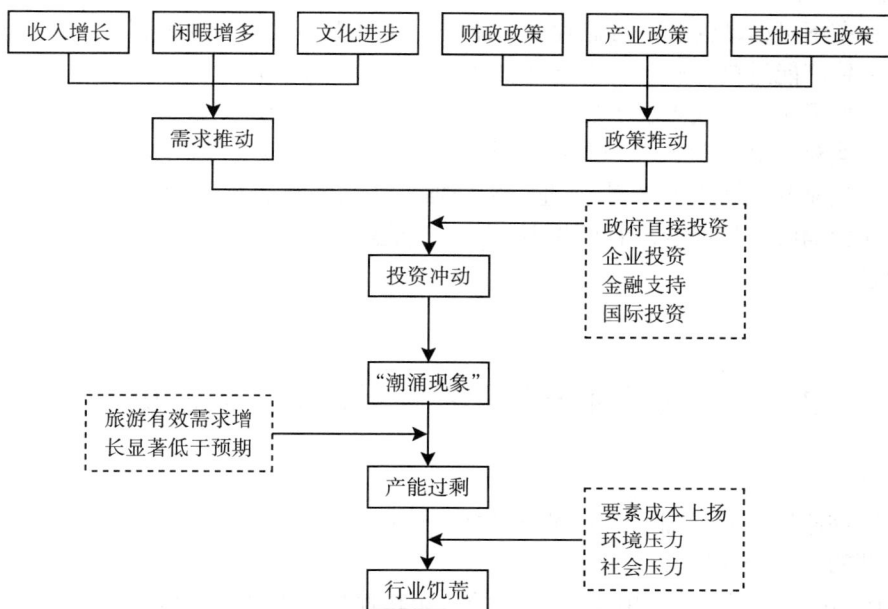

图2 旅游业"潮涌现象"发生的基本逻辑

首先，旅游业具备技术成熟、产品市场已经存在、处在世界产业链内部三个发生"潮涌现象"的基本条件。旅游业是经济发展和社会进步的必然产物，从长期来看，旅游需求的增长是确定无疑的，因此，企业很容易对旅游产业前景产生正确共识。由于旅游业能够创造经济、社会、文化、环境等多方面的积极效应，在产业结构亟须转型升级的经济服务化、全球化时代，政府会对旅游业寄予更高的期待，必然给予旅游业各种政策上的支持，这样就使全社会对旅游产业前景的共识变得更加强烈和坚定。

在发展中国家，一般把经济增长视为政府的主要职能，干预和直接参与经济发展的程度较高，不当的政策和管理方式助推了"潮涌现象"的发生。在我国，由于土地国有制度，多数旅游资源具有公共属性，政府在旅游业发展中长期扮演着主导者角色，形成了特殊的"旅游业政府主导模式"。在这种模式下，政府介入旅游业的程度越来越高：一方面，出于对地区形象、工作业绩的追求，政府对旅游业的直接投资不仅是可能的，而且是必需的；另一方面，政府对招商引资呈现极度的渴望，通过种种优惠条件吸引国有企业、民间资本和国际资本进入旅游业，投资"潮涌"由此而生。可以说，政府的全面介入是"潮涌现象"在旅游业发生的一个特殊原因。

作为成长型产业和战略性产业，旅游业需要适度超前发展，需要重视投入，甚至在某些特定的阶段出现相对过剩也是合理的，或者说是难以避免的。但是，并不能据此认为"潮涌现象"与旅游业无关。只能说，在人们的知觉上，在时间维度上，旅游业对"潮涌现象"有较大的宽容度。"潮涌现象"是同产能过剩联系在一起的，旅游业是否出现投资"潮涌"最终要靠"供需关系"来判定，这就使得对旅游需求的预判进入了研究的范畴。旅游产品具有不可移动性和不可储存性，旅游企业对市场波动高度敏感，总量矛盾和结构矛盾都会导致产能过剩。旅游需求具有复杂性、波动性和多样性特点，定性预测易，而定量预测难，如果旅游有效需求明显低于投资者的预期，产能过剩就会成为事实，行业饥荒在所难免。当然，如果投入品（包括劳动力）价格上扬，以及环境压力、社会压力加大，产能过剩和行业饥荒发生的概率会进一步增加。还需指出，旅游业"潮涌现象"一旦出现，其负面影响将是长期的，而且并不局限于产业经济一隅，有可能导致严重的环境问题和社会问题。

3 中国旅游业曾经发生过局部的"潮涌现象"

在上述理论认识的基础上，回溯中国旅游业发展的历史，可以发现，中国旅游业曾经发生过局部的"潮涌现象"：

（1）在 20 世纪 80 年代初中期，受入境旅游快速发展的诱导，国内主要旅游城市饭店投资密集，到 80 年代后期至 90 年代初期，诸多城市出现了饭店过剩，客房价格和出租率双双暴跌，形成行业性饥荒，并对饭店业的利润率和产业素质形成长期的负面影响。1993~1998 年，全国饭店平均出租率逐年下降，利润率表现出同样的趋势，以致 1998 年全行业亏损，全国房价下降了 136%，平均出租率下降了 3%。

（2）由于深圳锦绣中华的成功所带来的轰动性的示范效应，以及巨大的经济利益的诱惑，20 世纪 90 年代，中国各地如雨后春笋般地涌现出各种各样的主题公园。据不完全统计，截至 2002 年，全国累计开发主题公园 2500 多个，投资金额达到 3000 亿元；这些主题公园 70% 亏损，20% 持平，只有 10% 盈利，最终像推倒的多米诺骨牌一样，纷纷歇业倒闭。2010 年 9 月，中国旅游协会在江苏常州召开中国主题公园峰会，再次证实规模庞大的中国主题公园产业"面临着题材重复甚至模仿抄袭、创意水准低下、规划设计水平较低、管理不善、运转不佳等问题"。

（3）20 世纪 90 年代中期以来，中国各地举办的节庆活动风起云涌。迄今，我们无法准确得知全国究竟有多少节庆活动，有专家估计，中国的节庆活动数以万计。但是我们知道，各地的节庆多为政府发起和操办，多数不算经济账，而勉强维持、惨淡经营。《河南商报》2010 年 11 月 11 日报道，河南省委书记卢展工在多个场合批评各地官办节庆活动多、效果差，提到某市一年搞了 20 多个活动，群众反映强烈。其实，类似的情况在很多地区普遍存在，河南的反思应当唤起更多省市的觉醒。

也许我们能够联想到更多相关的例子，如 12 个国家旅游度假区在 20 世纪 90 年代初仓促上马，但到今天多数名存实亡；近年来大型旅游演艺产品开发受到热捧，但多数面临严峻的市场考验……

事实上，部分学者已经注意到了旅游业过度投资的问题，并将原因归于政府。邹统钎将 20 世纪 90 年代中国饭店业经营绩效逐年下降的原因归纳为 5 条，其中 3 条属于投入失控，2 条属于消费相对下降，认为供给总量过剩是根本原因。张晓振指出，地方政府只是单方面地看到主题公园的利益空间，而忽视了本地发展主题公园的客观条件，最终政府的宏观调控不得力、行业内部管理混乱，导致本地区主题公园重复建设、缺乏个性，引发恶性竞争。保继刚认为，对于中国主题公园的盲目投资扩张，地方政府起到了推波助澜的作用，政府行为色彩浓重实际上也是主题公园投资失败的重要因素。

4 对中国旅游业"潮涌现象"广泛发生的预警

着眼未来，观察现实，兼顾历史，笔者认为，中国旅游业有广泛发生"潮涌现象"的可能，需要及时警示，防患于未然。

首先，国内对旅游产业前景的"共识"达到了前所未有的高度，"潮涌现象"发生的舆情基础已经相当成熟。21 世纪以来，中央政府对旅游业的重视程度日渐提高，至全球金融危机爆发，我国经济发展的主线转向"转方式，扩内需，调结构"之后，旅游业的地位开始凸显。2009 年 12 月，国务院颁布《关于加快发展旅游业的意见》，把旅游业定位为"国民经济的战略性支柱产业和人民群众更加满意的现代服务业"，意味着发展旅游业成为国家战略、人民呼声和政府使命。加之海南建设国际旅游岛的国家区域发展战略出台，旅游业迅速成为全国的热点，国内各个省、市、自治区几乎都把旅游业确定为重点发展的支柱产业，甚至是主导产业，并且呈现出"一把手"亲自抓的趋向。于是，市、县乃至乡镇级党委、政府普遍看好看重旅游业，大有你追我赶、争先恐后的势头。

其次，政府强烈追求投资拉动，深度介入项目开发，旅游投资"潮涌"有所显现。国家对旅游业的总体定位的科学性是毋庸置疑的，各地政府对旅游业的重视本是好事，加大对旅游基础设施建设、旅游人才培养以及旅游宣传促销的投入也符合科学发展的要求。令人担忧的是，地方政府过分追求投资拉动（在本质上旅游业是需求推动型产业），普遍深度介入旅游项目开发，形式包括直接投资、授意有政府背景的开发公司投资、为大企业进入旅游领域提供投资担保和各种优惠条件（以获得土地使用权为中心）等。舆论导向和政府行为叠加在一起，对旅游投资市场产生强大刺激，人们视旅游业为当下最佳的致富选择，从而对外部环境做出极为乐观的判断，导致忽略自身所得信息的"跟风"行为，投资"潮涌"由此而生。

再次，旅游投资来源分散，不规范，缺乏宏观调控。林毅夫等指出，行业实现的总产能与总需求的关系依赖于实际的企业数目，产能过剩来源于企业投资建厂时对行业中其他投资状况（具体化为企业实际数目）的不确知，难以互相协调，于是只能在期望意义上决策建厂。当企业实际数目较大时，行业会出现产能过剩，致使每个企业可实际生产的产量较小，产能利用不足，甚至入不敷出而造成企业破产。在笔者的观察中，当下国内的旅游投资，不仅来源非常分散，而且很不规范，部门之间不协调，地区之间无统筹，前期论证普遍不够充分，准入门槛弹性很大。由于投资分散并且不规范，缺乏及时、准确的整体信息，投资者很可能低估涌入的规模，低估的偏误将引发更激进的投资决策。由于旅游项目开发需要一定周期（如饭店、主题公园的建设），时间因素的影响可能使得投资潮涌更加难以避免。

最后，旅游需求的增长具有不确定性，有效需求有可能被高估。如前所述，旅游业"潮涌现象"的发生最终表现为总产能显著大于总需求，或者是供需之间存在明显的结构矛盾。尽管有理由坚信旅游需求增长是一种趋势，但是也不能否认，在特定阶段旅游需求的增长具有不确定性，因为影响旅游需求的因素多而复杂，对旅游需求增长的量甚至是方向性的预判难以做到准确。问题是一旦形成"行业前景良好的社会共识"，投资者对不确知的市场信息的主观估计常常可能偏高，包括高估旅游者数量和旅游者的消费水平。针对当前的旅游开发热潮，笔者认为，需要就"十二五"时期我国旅游业发展的不利条件做出冷静判识，包括：①尽管拥有旅游政策利好，但是国民经济发展进入调整期，增长速度会放慢，同时，通胀压力的存在对大众旅游消费将产生负面影响。②尽管中国人口基数巨大（这常常是旅游投资的重要理由），但是因为收入差距大（有研究认为中国的基尼系数有可能继续走高），旅游有效市场的规模远小于人们的想象，平均旅游消费水平也不会陡然提高。③入境旅游增长面临多种挑战，而出境旅游将持续增长，对国内旅游需求产生"挤出效应"。④伴随政府改革的深化，政府消费（在旅游消费中所占的比重不容小觑）存在减少的可能。⑤即使旅游需求依旧快速增长，但因为旅游消费具有明显的季节性和空间集中性，也不会支持过量的和分散的旅游投资，而快速发达的交通体系将导致更大空间范围内的旅游企业竞争。⑥旅游企业面临要素成本尤其是人力成本上扬的压力，这对传统的经验型管理模式构成严峻挑战。

基于以上简短的分析，笔者认为，全国性的旅游投资"潮涌"已露端倪，而未来旅游有效需求的增长有可能显著低于当下投资市场的预期，因此有必要对中国旅游业"潮涌现象"提出预警，亟须开展有针对性的预防研究。

5 中国旅游业"潮涌现象"的预防

通过分析"潮涌现象"的成因及其在旅游业内的特殊表现，可以看出，预防旅游业"潮涌现象"的发生，关键在于转变地方政府的旅游职能，根本在于转变旅游发展的基本模式。

5.1 转变政府旅游职能

（1）适度节制"投资拉动"。同其他产业一样，旅游业发展也存在"推—拉机制"。虽然不能简单地否定投资拉动功能，但在本质上旅游业属于需求推动型产业，投资拉动的功效是有限的，如果脱离了市场需求，政府的投资拉动则有害无益。旅游业是综合性产业，对地方经济和社会文化既有带动性，也有依赖性，它可以成为地区经济转型的战略性产业，但在绝大多数地方并不是基础产业，即使需要超前发展，也必须适度，否则就会因"木桶原理"的存在而导致社会浪费。在旅游业发展中政府的角色不可或缺，但是若政府直接投资营利性项目、主导旅游产品开发则有可能引发投资"潮涌"，导致市场扭曲，有损公平和效率法则。建议一些地方政府有效节制"投资拉动"的内在冲动，避免出现只求短期政绩、不管身后洪水滔天的错误行为。

（2）规范管理投资项目。在出现旅游业前景良好的"社会共识"之际，政府应当加强旅游投资项目管理，规避"潮涌"风险。首先，要设立统一的旅游投资管理机构，避免因政出多门而导致的重复建设和无序开发（在现实中这样的例子不胜枚举）。其次，要对投资项目的可行性进行专业审查评估，设立技术门槛，避免不合理的项目进入市场。再次，要严格实行大型投资项目向上一级旅游管理机构的申报制度，避免地区之间的重复建设和恶性竞争。最后，要严厉控制查处违规违法投资行为，保证尽量多的企业和项目处于合法、规范的体系中。

（3）增强总量信息服务职能。林毅夫等指出，"与个别企业或金融机构相比，政府对于行业内的企业总数目、供需情况、产能利用率及投资、信贷等总量信息具有信息优势；同时，总量信息的收集具有典型的外部性，应当作为政府服务来提供"，提出政府应当"建立信息发布服务制度，发挥政府的总量信息优势，并着手建立识别、评估产能过剩的体系"。这个解释和建议非常适合具有综合性的旅游业。在旅游业大发展的背景下，各级政府旅游部门应当积极、及时、详尽地收集和发布相关信息，提示产能过剩风险，缓解投资者因信息不完全和协调困难引发的投资偏误，更好地发挥市场资源配置的基础性作用，保证旅游业的健康持续发展。

（4）加强产业结构和产业组织调整。旅游业有诸多分支，分支之间存在量和质的关联，形成旅游业内部的结构关系，旅游业的产能过剩既可以表现为总量过剩，也可以表现为结构性过剩（包括产品结构失衡），因此预防"潮涌现象"需要产业结构政策的配合。在发挥总量信息服务优势的同时，政府应当及时判断旅游业的"长板"和"短板"，利用多种手段（如新加坡实行的"牌照制"）抑"长"补"短"，实现均衡发展。同时要积极优化旅游产业组织，支持旅游企业集团化发展，通过提高集中度逐步加大市场进入的规模经济壁垒，抑制投资"潮涌"。

5.2 转变旅游发展基本模式

（1）从超前发展转向嵌入发展。由于从入境旅游起步，中国旅游业在早期就确立了超前发展的基本策略，旅游经济呈现出相对于本土社会经济的"游离性"。20世纪90年代中期，国内旅游得到鼓励和支持，由于国内需求巨大，供给短缺明显，旅游业超前发展的思路不仅继续沿用，而且有所加强。进入21世纪，旅游业的供需关系发生了质的改变，总体上呈供大于求的格局，但是超前发展的思想依旧根深蒂固，旅游经济的游离程度不降反增，表现为严重超越地方社会经济能力的投资水平和对超大人工项目以及"高端"项目的盲目追求。仅在笔者有限的接触范围内，投资额达几十亿元甚至上百亿元的拟建旅游项目竟然大量出现在县级行政区里，资本密集的主题景区、旅游度假区纷至沓来，号称"超五星"的奢华饭店、面向富豪阶层的各种俱乐部受到广泛青睐。无须讳言，同发达国家相比，中国的旅游业具有强烈的"项目情结"，重带动、重规模、重建设，在总体上显得很"硬"，人工化色彩浓重，很多地区门票价格越来越高，旅游经济沦为门票经济。鉴于中国已成世界经济大国，国内旅游市场同入境旅游市场的二元结构大大式微，旅游业短缺问题在总体上已得到解决，笔者认为，应当摒弃旅游业超前发展的传统模式，转向嵌入式发展，即把旅游经济主动嵌入社会经济体系，重利用、重环境、重配套，依赖自然和文化遗产，挖掘城乡社会资源，强调产业融合，突出旅游附加价值。这种转变不仅能够有效地遏制投资"潮涌现象"，而且有助于真正发挥旅游业的"催化"功能和综合带动作用，实现可持续发展的目标。

（2）从分散发展转向区域发展。旅游业在本质上是需求推动型产业，其布局应该是由市场决定的，而不是计划先验的。由于行政区的存在和地方政府主导力量的强大，中国旅游业的发展长期表现出地区分割的特点，空间结构因而支离破碎，重复建设屡见不鲜。政区壁垒早已受到多方诟病，但是破解并不容易。当前，国家大力倡导区域统筹发展观，并且密集出台了一系列的区域发展战略，国家旅游局着力推进旅游业配合区域发展战略工作，为区域旅游提供了基础保障。另外，随着交通条件的迅速改善，尤其是城际快速交通体系的规划建设，区域旅游会得到市场力量的强大支持，封闭的、分割的、分散的地方中心主义将无以立足。区域发展模式取代地方分散发展模式，有益于旅游投资的规范、集中和协调，能够有效预防"潮涌现象"。当然，这个过程不会一蹴而就，促进旅游生产要素自由流动、深入探讨区域旅游发展机制、建立跨行政区的旅游业规划管理平台等对应措施是十分必要的。

（3）从鼓励竞争转向追求有效竞争。这是针对旅游业总体管理目标而言的。在解决了供给短缺问题之后，中国旅游业面临的主要任务是促进产业转型升级，提高产业素质，建设世界旅游强国。分析历年的中国旅游统计数据，可以发现，同旅游接待规模增长率、旅游业固定资产增长率等规模性指标相比，旅游行业的利润率、平均劳动生产率等质量性指标提升缓慢。运用产业经济学理论可知，出现这种现象与市场结构有关——旅游业的市场集中度过低，原子型的市场结构导致企业过度竞争、资源配置低效。旅游产业的升级不仅指产品结构升级，更重要的是实现产业组织升级。因此，旅游业管理的总目标应当从规模增长阶段的鼓励竞争转向效益增长阶段的追求有效竞争，产业政策的制定应更多考虑支持企业规模的扩大和规模企业在行业中的比重。前已述及，这样的转变意味着行业进入门槛的提高，能够降低"潮涌现象"发生的概率。

（4）从经验管理转向知识管理。这是针对旅游业管理方式而言的。显然，只有实现管理方式的转变，上述三个方面的转变才有可能真正实现。在经验管理模式下，路径依赖、投资盲从、模仿复制、低水平重复、粗放管理等种种弊端都难以避免，资本会拥有绝对的支配地位。知识管理以人才为本，指向对研究、教育、培训和创新的切实重视，对投资"潮涌"有阻抑效应，这是不需细论的。

6 结 论 与 讨 论

6.1 初步的结论

（1）"潮涌现象"是基于对发展中国家经济实践的长期观察而提出的，它有很强的针对性、解释力和应用价值，适用于对中国旅游业的分析研究。

（2）在基本逻辑层面，旅游业"潮涌现象"发生的特殊性体现在：①政府的直接投资或对投资拉动的过度追求是极其重要的成因；②对有效旅游需求增长的过高预期放大了"潮涌现象"；③投入品价格，尤其是劳动力价格上扬会加剧旅游业产能过剩；④旅游业"潮涌现象"的负面影响会进一步扩散到社会和环境领域。

（3）中国旅游业曾经发生过局部的投资"潮涌"和结构性的产能过剩，目前存在出现普遍的"潮涌现象"的可能，需要引起高度警惕。

（4）预防旅游业"潮涌现象"的关键在于转变政府旅游职能，同时需要从根本上扭转旅游业发展的基本模式，包括建立嵌入模式、区域模式、有效竞争模式和知识管理模式。

6.2 进一步的讨论

（1）对中国旅游业"潮涌现象"的预警、预防研究，是中国旅游业可持续发展研究的应有内容之一。

（2）由于缺乏相关统计数据，本文对中国旅游业"潮涌现象"的预警研究，采用的是观察加理论推演的方法。如果能够得到即时、翔实的旅游投资统计，进一步的研究应当向数量分析方向发展。

（3）对旅游业"潮涌现象"的理论研究亟须深入，尤其需要探查其发生和传导的微观层面的机理。

（4）中国旅游业"潮涌现象"的预防研究，涉及诸多旅游业的根本性问题，限于主题和篇幅，本文论述从简。尽管如此，仍可提出一些具体的政策建议，如今后一段时间，政府仍需高度重视入境旅游的发展；亟须改进旅游统计和信息管理技术；要积极倡导旅游知识经济，旅游产、学、研一体化的引领者应当是政府和旅游企业，而非高校和学术机构。

参考文献

［1］林毅夫. 潮涌现象与发展中国家宏观经济理论的重新构建［J］. 经济研究，2007（1）：126–131.

［2］胡楠. 从流动性过剩看中国经济的"潮涌现象"［J］. 合作经济与科技，2008（11）：6–7.

［3］陈刚. 基于投资"潮涌现象"的金融分析及对策研究［D］. 华侨大学硕士学位论文，2009.

［4］万光彩，陈璋，刘莉. 结构失衡、潮涌现象与通胀—通缩逆转［J］. 数量经济技术经济研究，2009（12）：3–18.

［5］林毅夫，巫和懋，邢亦青. "潮涌现象"与产能过剩的形成机制［J］. 经济研究，2010（10）：4–19.

［6］邹统钎，谢永健. 总量相对过剩时期的中国饭店业发展战略［J］. 社会科学家，2000，15（3）：45–49.

［7］张晓振. 中国主题公园存在的问题及发展对策［J］. 经济研究导刊，2009（12）：148–149.

［8］徐万佳. 我国已有主题公园 2500 多个［N］. 中国旅游报，2010–09–22（1）.

［9］专家：我国节庆活动层次不一　类型多样　数以万计［EB/OL］. http：//politics.people.com.cn/GB/1026/11404275.html，2010–04–19.

［10］保继刚. 中国主题公园的发展反思及国际主题公园进入中国的透视［J］. 风景园林，2005（2）：26–30.

An Early Warning and Prevention on "Wave Phenomenon" in China's Tourism Industry

Ma Bo

Abstract：Based on the general mechanism of "wave phenomenon", the paper discusses the basic logic and peculiarity about the occurrence of this phenomenon in tourism industry. The author believes that there once occurred partial "wave phenomenon" in tourism investment. Through the prediction of tourist supply and demand, the paper lodges an early warning to prevent overall "wave phenomenon" that might occur in China's tourism industry. To prevent this phenomenon, it is imperative to transform the tourism functions of the government as the key and optimize the basic mode of tourism development as the fundamentals.

Key Words：Wave Phenomenon；Tourism Industry；Excessive Capacity；Prevention

基于投入产出模型的旅游产业关联度
分析研究 *

卢　璐　宋保平　张　毓　郭艳芳

【摘　要】本文运用投入产出模型，以最新出版的 2007 年中国投入产出表为依据，从投入结构、产出结构、中间需求率、中间投入率等指标计算中测度中国旅游产业，定量分析中国旅游业与国民经济其他产业之间的前向关联关系和后向关联关系，揭示当前旅游业与其他产业之间的内在结构和相互影响程度，为国民经济的发展协调提供一定的量化依据。

【关键词】投入产出；旅游业；产业关联

一、引　言

旅游经济是国民经济的重要组成部分，与国民经济其他很多产业部门存在着互相依存、互相关联的关系，同时，旅游对于地区经济的影响已经成为评价地区旅游业可持续发展的一个至关重要的指标体系。对于旅游经济效应的研究方法有描述性定性分析、乘数分析、灰色关联分析、投入产出分析和卫星账户分析等。投入产出（Input-output）模型是综合性较强、分析内容较为全面的旅游经济分析工具，它能够对国民经济各部门之间、地区之间、社会再生产各领域之间的比例关系进行分析。闫敏利用 1992 年中国投入产出表研究了旅游业与工业化之间存在的关联关系，李江帆等（2001）运用投入产出法分析了广东

---

* 作者：卢璐（1986—），女，土家族，湖南常德人，陕西师范大学研究生，研究方向为旅游规划与景区管理。宋保平（1955—），男，汉族，陕西宜川人，陕西师范大学旅游管理系主任、硕士生导师，研究方向为旅游规划与景区管理。张毓（1985—），女，汉族，安徽宿州人，陕西师范大学旅游管理专业 2008 级研究生，研究方向为生态旅游与可持续发展。郭艳芳（1984—），女，汉族，河南焦作人，陕西师范大学旅游管理专业 2008 级研究生，研究方向为旅游规划与景区管理。

本文引自《北京第二外国语学院学报》2011 年第 3 期。

省旅游业与其他经济部门的产业关联和波及关系，张帆等（2001）研究了秦皇岛市旅游产业对国民经济的贡献及产业关联，潘建民等（2003）测算了旅游业对广西国民经济的贡献。此外，张华初（2007）、宋增文（2007）、王燕（2008）、戴斌（2005）、黎洁（2009）分别利用中国和各地2002年投入产出表对区域的产业关联和效应做了相应研究，崔峰（2010）利用2005年浙江投入产出延长表对浙江省旅游产业做了相关研究。

　　旅游业是世界经济增长的新引擎。随着全球经济的复苏，中国旅游业是复苏快、持续发展能力强、对世界经济贡献很大的产业，但笔者搜索中国期刊网，很少发现定量分析中国旅游产业经济的相关研究。本文利用最新出版的2007年中国投入产出表，运用投入产出模型定量分析和明确了与旅游产业关联的主要产业类型，揭示了当前旅游业与其他产业之间的内在结构关系。

二、数据的来源及说明

　　本文采用的数据来源于《中国2007年投入产出表》，共涉及国民经济的135个部门。因为旅游研究需要，本文首先将中国135个经济部门投入产出表重新整理改编为包括旅游业的42个产业部门，然后根据此表对旅游产业做定量分析。本文中的旅游业指为社会各界提供商务、组团和散客旅游服务，包括向顾客提供咨询、旅游计划和建议、日程安排、导游、食宿和交通等服务的部门。价值指标为人民币2007年的价格。

　　旅游业的产业关联主要表现为两个方式：一为后向关联，就是通过需求联系与其他产业部门发生的联系；二为前向关联，是指通过供给联系与其他产业部门发生的关联。

三、旅游业与其后向关联产业的关联度分析

　　从旅游业的投入结构角度考虑，旅游产业部门为了进行生产需要从各产业（包括本产业）购进中间产品，以及使用生产要素支付费用。它以中间产品的投入形式反映旅游产业与各个产业部门之间生产技术上的联系和产业结构的变动，这种生产技术上的联系包括直接关联关系和完全关联关系，是通过直接消耗系数和完全消耗系数来表征的。

　　1. 旅游业与其后向关联产业的直接关联度分析

　　直接关联度是度量某产业在生产运行过程中与其他产业的直接技术经济联系程度的指标，反映该产业因直接消耗而对其他产业产生的拉动和影响作用。产业间的直接关联度可由直接消耗系数表示。直接消耗系数是指第 j 部门在产品生产中消耗第 i 部门的产品量占第 j 部门总产品量的比值，计算公式为：

$$a_j = x_{ij}/X_j(ij = 1, 2, 3, \cdots, n) \tag{1}$$

直接消耗系数的变动不仅可相应地反映旅游相关产业结构的变动，同时也为旅游经济结构比例的合理调整和促进旅游经济发展提供了重要依据。

表 1　旅游业对各产业部门的直接消耗系数和完全消耗系数

产业部门	直接消耗系数	完全消耗系数	产业部门	直接消耗系数	完全消耗系数
住宿和餐饮业	0.25991080	0.30565000	交通运输设备制造业	0.00026885	0.04335600
交通运输及仓储业	0.16870469	0.22794820	其他制造业	0.00025261	0.00367970
旅游业	0.07534097	0.08239700	燃气生产供应业	0.00021650	0.00240370
金融保险业	0.05692641	0.11296700	邮政业	0.00019232	0.00261450
石油加工、炼焦及核燃料加工业	0.04004423	0.10790310	教育	0.00019187	0.00360130
文化体育和娱乐业	0.00671441	0.01279780	卫生社会保障和社会福利业	0.00017804	0.00190744
租赁和商务服务业	0.00465155	0.02750070	公共管理和社会组织	0.00016131	0.00051140
造纸印刷及文教用品制造业	0.00345784	0.03387060	水的生产和供应业	0.00016003	0.00355860
食品制造及烟草加工业	0.00344412	0.11009460	非金属矿物制品业	0.00013499	0.01117565
批发零售业	0.00206830	0.03105300	建筑业	0.00012357	0.00514500
服装皮革皮毛羽毛及其制品业	0.00184754	0.01119880	煤炭开采和洗选业	0.00007074	0.01696900
信息传输计算机服务和软件业	0.00137751	0.01535654	纺织业	0.00004941	0.01926473
化学工业	0.00127398	0.08764110	石油和天然气开采业	0.00004077	0.07606600
房地产业	0.00121265	0.01475500	通用专用设备制造业	0.00001467	0.03285267
电力、热力的生产供应业	0.00077299	0.07813700	科学研究事业	0.00001440	0.00185210
综合技术服务业	0.00058533	0.00517482	金属制品业	0.00000737	0.01420600
通信设备、计算机及其他电子设备制造业	0.00049519	0.02669983	农业	0.00000000	0.04127100
其他社会服务业	0.00040677	0.01953160	金属矿采选业	0.00000000	0.00992480
电气机械及器材制造业	0.00039676	0.02515640	非金属矿采选业	0.00000000	0.00355950
仪器仪表及文化办公用机械制造业	0.00031918	0.00822750	金属冶炼及压延加工业	0.00000000	0.05518310
木材加工及家具制造业	0.00031905	0.00720190	废品废料	0.00000000	0.00673970

资料来源：根据中国 2007 年投入产出表整理。

从表 1 的中国旅游业 2007 年的直接消耗系数来看，按照旅游业每生产一个单位的产品需直接消耗各产业的产品量，将各个行业分为三类。

（1）产品被旅游业直接消耗较多的产业。这些产业和旅游业有较密切的直接后向联系，如住宿和餐饮业，交通运输及仓储业，金融保险业，石油加工、炼焦及核燃料加工业的直接消耗系数均超过了 0.04，说明旅游业每生产 1 万元的旅游产品对这些产品的直接消耗均在 400 元以上，对它们的直接依赖和牵引作用最大。

（2）产品被旅游业直接消耗较少的产业。这些产业对旅游业的直接消耗系数在 0.00001~0.01 之间，如文化体育和娱乐业、租赁和商务服务业、造纸印刷及文教用品制造业、食品制造及烟草加工业等，说明旅游业对它们的依赖和牵引作用较小。另外，旅游消费结构中，旅游购物、娱乐、邮电通信等消费称为非基本旅游消费，是衡量一个国家旅游业发达水平的重要标志。从表中可以看出，旅游业每1万元的产出只能拉动文化体育和娱乐业67.14元，批发零售业20.68元，邮政业1.92元，表明我国的非基本旅游消费是偏低的，旅游消费结构不尽合理。

（3）对旅游业的中间投入为零的产业。如农业、金属矿采选业、金属冶炼及压延加工业等，说明这些产业与旅游业的直接后向关联度为零。

2. 旅游业与其后向关联产业的完全关联度分析

完全消耗系数是投入产出分析的另一个基本系数，是一个从投入角度分析产业之间直接和间接技术经济联系的指标。一个产业或部门在生产过程中的直接消耗和全部的间接消耗之和构成了该产业的完全消耗。完全消耗系数不同于直接消耗系数，它是指某部门每生产一单位的最终产品所直接和间接消耗各部门产品价值的总和。计算公式为：

$$B = (I - A) - 1 - I \tag{2}$$

由表1可知：①旅游业对其他行业的完全消耗系数中，有5个部门超过了0.1，分别是住宿和餐饮业（0.30565000），交通运输及仓储业（0.22794820），金融保险业（0.11296700），食品制造及烟草加工业（0.11009460），石油加工、炼焦及核燃料加工业（0.10790310）。说明旅游业与以上5个产业的完全关联度很高，对其有很强的依赖关系，即每生产万元价值的旅游产品需要分别消耗3056.50元住宿和餐饮业，2279.48元交通运输及仓储业，1129.67元金融保险业，1100.95元食品制造及烟草加工业，1079.03元石油加工、炼焦及核燃料加工业的中间投入。②旅游业与很多产业无直接关联度，但间接作用即完全关联度却十分显著，以农业为例，旅游业对其直接消耗系数为0，但完全消耗系数为0.04127100，说明农业的发展对促进旅游业发展有较强的间接拉动作用。③旅游业对住宿和餐饮业、交通运输及仓储业的直接消耗系数和完全消耗系数在排序上没有变化，说明它们对旅游业无论是直接还是间接的投入都很大，旅游业在很大程度上依赖于这两个行业的发展。

四、旅游业与其前向关联产业的关联度分析

前向关联是指某产业对那些将本产业的产品或服务作为生产资料的产业的影响。从供给角度考虑，在旅游产业与其他产业的投入产出关系中，旅游产业产品或服务在各个产业生产的分配额或分配系数直接反映了旅游产业与其前向关联产业的关联作用。分配额越大，说明旅游业对其他产业产生的拉动作用和供给影响作用越大，产业之间的依存关系越密切。

1. 旅游业与其前向关联产业的直接关联度分析

旅游业与其前向关联产业的直接关联度可由直接分配系数表示，直接分配系数是从产出角度分析产业之间直接技术经济联系的指标，其经济含义是，某产业或部门产品分配给另一个产业或部门作为中间产品直接使用的价值占该种产品总产出的比例。通过直接分配系数可以知道旅游产品的流向和比重，从而了解旅游业的发展受其他产业的影响和制约程度，有利于调整和制定旅游业的发展规划。旅游业的直接分配系数越大，说明其他产业对旅游业的直接需求越大，旅游业的直接供给推动作用越明显。计算公式为：

$$r_{ij} = x_{ij}/(X_i + M_i) \quad (i = 1, 2, \cdots, n; j = 1, 2, \cdots, n, n+1, \cdots, n+q) \qquad (3)$$

当 $j = 1, 2, \cdots, n$ 时，x_{ij} 为第 i 部门提供给第 j 部门中间使用的货物或服务的价值量；当 $j = n+1, \cdots, n+q$ 时，x_{ij} 为第 i 部门提供给第 j 部门最终使用的货物或服务的价值量；q 为最终使用的项目数；M 为进口；$X_i + M_i$ 为 i 部门货物或服务的总供给量（国内生产 + 进口）。

从表 2 可以看出，在 42 个部门中，与旅游业直接前向关联度密切的产业仅有 6 个（直接分配系数大于 0.002），其中交通运输及仓储业与住宿和餐饮业是旅游业的主要直接供给对象，其次是食品制造及烟草加工业、金融保险业。这说明旅游产业的发展会直接促进交通运输业和住宿餐饮业的繁荣，同时有效地直接推动食品制造及烟草加工业、金融保险业、其他社会服务业等产业的发展。

表 2　旅游业对各产业部门的直接分配系数和完全分配系数

产业部门	直接分配系数	完全分配系数	产业部门	直接分配系数	完全分配系数
旅游业	0.07534097	0.08239700	通用专用设备制造业	0.00091350	0.00135052
交通运输及仓储业	0.00864097	0.01167226	综合技术服务业	0.00086186	0.00191034
住宿和餐饮业	0.00649696	0.03348803	批发零售业	0.00079404	0.00174824
食品制造及烟草加工业	0.00327454	0.00427631	通信设备、计算机及电子设备制造业	0.00078537	0.00105219
金融保险业	0.00228008	0.00941281	邮政业	0.00065441	0.00580758
其他社会服务业	0.00213919	0.00362153	石油加工、炼焦及核燃料加工业	0.00056646	0.00831103
交通运输设备制造业	0.00202470	0.00213402	非金属矿物制品业	0.00045102	0.00079549
造纸印刷及文教用品制造业	0.00189831	0.00368176	其他制造业	0.00042302	0.00096597
电力、热力的生产和供应业	0.00169081	0.00402827	服装皮革毛皮羽毛及其制品业	0.00040401	0.00100585
文化体育和娱乐业	0.00154642	0.00586679	金属矿采选业	0.00035706	0.00261983
化学工业	0.00145713	0.00229461	非金属矿采选业	0.00034664	0.00150012
信息传输计算机服务和软件业	0.00136007	0.00248516	石油和天然气开采业	0.00025761	0.01294955
仪器仪表及文化办公用机械制造业	0.00128098	0.00273689	电气机械及器材制造业	0.00022993	0.00150376
金属冶炼及压延加工业	0.00124307	0.00146613	科学研究事业	0.00020900	0.00218009
租赁和商务服务业	0.00121922	0.00378799	建筑业	0.00011974	0.00013315
房地产业	0.00116275	0.00162107	教育	0.00011515	0.00044741

产业部门	直接分配系数	完全分配系数	产业部门	直接分配系数	完全分配系数
金属制品业	0.00111440	0.00130240	卫生社会保障和社会福利业	0.00008259	0.00027837
木材加工及家具制造业	0.00110668	0.00106334	燃气生产和供应业	0.00006323	0.00352052
纺织业	0.00110294	0.00124105	废品废料	0.00005935	0.00250576
煤炭开采和洗选业	0.00098963	0.00285582	公共管理社会组织	0.00004885	0.00005248
农业	0.00093892	0.00137018	水的生产和供应业	0.00004034	0.00490015

资料来源：根据中国 2007 年投入产出表计算。

2. 旅游业与其前向关联产业的完全关联度分析

完全分配系数是一个从产出方向分析产业之间的直接和间接技术经济联系的指标，其经济含义是，某产业或部门每一个单位增加值通过直接或间接联系需要向另一个产业或部门提供的分配量。其计算公式为：

$$W = (I - H) - 1 - I \tag{4}$$

完全分配系数反映了 i 部门对 j 部门直接和通过别的部门间接的全部贡献程度。旅游业的完全分配系数越大，说明旅游业对其他产业的推动作用越大，旅游业与其他产业的前向完全关联度越高。由公式（3）和公式（4）可计算出其直接分配系数和完全分配系数，如表 2 所示。

从表 2 可以看出，在 42 个产业部门中，与旅游产业有密切的前向完全关联关系的产业部门共有 7 个（大于 0.005），其中，住宿和餐饮业、石油和天然气开采业、交通运输及仓储业、金融保险业与旅游业的直接关联关系显著密切。同时，旅游业对第二产业和第三产业的影响较大，说明旅游产品和服务主要提供给第二、第三产业作为中间产品使用，旅游业对第二、第三产业的发展具有积极意义。对旅游业与其前向关联产业直接关联度和完全关联度的分析表明：①尽管旅游业对所有产业来说都是不可或缺的生产要素，它的发展几乎对各行各业都有供给推动力作用，但这种推动力有大有小。②同后向关联的分析结果相似，产业之间的间接作用影响着产业关联度的大小、相互关联密切的产业类型的多寡和位次。

五、旅游业的中间投入与中间需求

1. 中间投入率

旅游业中间投入率是指旅游业在一定时期（通常为一年）生产过程中的中间投入与总投入之比。它反映的是旅游业总产值中从其他产业购进中间产品的比重。由于旅游产业的附加价值率与中间投入率之和恒等于 1，因此，旅游业的中间投入率越高，其附加价值率就越低，说明该产业对上游产业的依赖程度越大，带动能力越强。计算公式为：

$$F_j = \frac{\sum_{i=1}^{n} x_{ij}}{x_j} (j = 1, 2, 3, \cdots, n) \tag{5}$$

其中，F_j 为中间投入率，$\sum_{i=1}^{n} x_{ij}$ 为某产业生产过程中的中间投入，x_j 为某产业总投入。根据公式（5）和公式（6），可计算并绘制中间投入率和中间需求率图（见图1）。旅游业的中间投入率为 0.6834245，表明我国旅游业的总产出中约有68%来自中间投入，约有32%来自产业增加值，属于中间投入较大而附加值低的产业。即在很大程度上，我国旅游业需要其他产业的产品作为中间投入的生产要素，故属于国民经济中的后续产业部门，具有较强的产业关联性，所以，发展旅游业会拉动相关产业的发展。

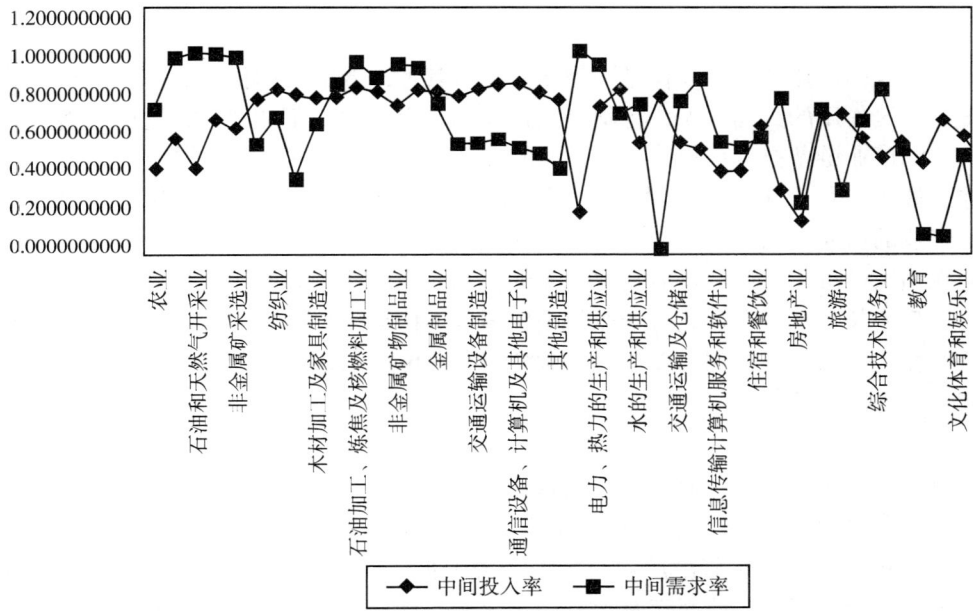

图1 旅游业对各产业部门的中间投入率和中间需求率

2. 中间需求率

中间需求率是指国民经济对某产业产品的中间需求量之和与全社会对这一产品的总需求量（中间需求量+最终需求量）之比。由于一个产业的产品不是作为中间产品就是作为最终产品，因而某产业的中间需求率越高，它的最终需求率就越低。计算公式为：

$$G_i = \frac{\sum_{i=1}^{n} x_{ij}}{(\sum_{i=1}^{n} x_{ij} + Y_i)} \tag{6}$$

$\sum\limits_{i=1}^{n}x_{ij}$ 为各产业部门对第 i 产业部门的中间需求之和，Y_i 是第 i 产业部门的产品最终需求量。

由图 1 可知，旅游业中间需求率为 0.310182，即旅游业的产品有约 30% 被用作国民经济各产业部门的生产要素，约 70% 被当作最终产品投入居民消费或被区外消费，该水平在国民经济 42 个部门中排第 38 位，属于中间需求率较小的产业部门。这说明我国旅游业的产品以最终使用为主，即主要流向了提供消费资料的第三产业部门，这与我国旅游业对第三产业的直接分配系数、完全分配系数都位居 42 个部门前列是相一致的。

六、结 论

旅游产业的产业链之所以长是因为旅游业对其他产业的后向拉动、前向推动以及其中的直接、间接作用的共同结果，特别是间接作用产生的影响不能忽视，这些因素共同使得旅游产业的产业链条拉得更长，旅游产业的发展对国民经济的波及面增大。

在总体上，尽管旅游产业对国民经济诸多产业的后向拉动力和前向推动力都比较大，但旅游产业的后向关联产业类型中大于 0.002 的有 10 个，多于前向关联产业类型（7 个），这表明在国民经济中旅游产业对其他产业的拉动作用大于推动作用，我国旅游产业发展是一种拉动型增长方式。促进旅游产业与国民经济的协调发展首先应当考虑旅游产业与其后向关联产业之间的发展比例，以避免在旅游产业高涨时出现重复建设和资源浪费，在旅游产业起步时形成资源约束瓶颈。

在结构上，国民经济中有一半左右的产业与旅游产业的关联程度高于平均关联度水平，且有些产业的与旅游产业是环向关联的，即与旅游产业既前向关联又后向关联，旅游产业与各产业之间的相互作用较为复杂。

结构分析表明，尽管旅游产业对国民经济中很多产业都有需求拉动力或供给推动力，但这种力量对于不同的产业而言有大有小，无论是后向关联链条还是前向关联链条，旅游产业的发展只显著地影响着少数几个产业，因此，在制定产业政策、促进产业间协调发展时需要重点考虑一些关联度大的产业，应当合理确定旅游产业与关联度较大产业间的发展比例和规模，防止旅游产业过度发展和发展不足是保证国民经济健康运行的关键环节。

参考文献

[1] 陈静，王丽华. 旅游经济影响研究回顾与展望 [J]. 旅游论坛，2009，2（2）：264–269.

[2] 王燕，王哲. 基于投入产出模型的新疆旅游业产业关联及产业波及分析 [J]. 干旱区资源与环境，2008，22（5）：112–117.

[3] 闫敏. 旅游业与经济发展水平之间的关系 [J]. 旅游学刊，1999（5）：9–15.

[4] 李江帆，李冠霖. 旅游业的产业关联和产业波及分析——以广东为例 [J]. 旅游学刊，2002（3）：19-25.

[5] 张帆，工雷震，李春光. 旅游业对秦皇岛市社会经济的贡献度研究 [A]//张广瑞，魏小安，刘德谦. 2002~2004 年中国旅游发展：分析与预测 [C]. 北京：社会科学文献出版社，2003.

[6] 潘建民，李肇荣，黄进. 旅游业对广西国民经济的贡献率研究 [A]//张广瑞，魏小安，刘德谦. 2002~2004 年中国旅游发展：分析与预测 [C]. 北京：社会科学文献出版社，2003.

[7] 张华初，李永杰. 中国旅游业产业关联的定量分析 [J]. 旅游学刊，2007（4）：15-19.

[8] 宋增文. 基于投入产出模型的中国旅游业产业关联度研究 [J]. 旅游科学，2007，21（2）：7-12，78.

[9] 黎洁，连传鹏，黄芳. 江苏旅游业固定资产投资对地区经济的贡献 [J]. 统计与决策，2008（18）：85-87.

[10] 戴斌，束菊萍. 旅游产业关联：分析框架与北京的实证研究 [J]. 北京第二外国语学院学报，2005（5）：7-15.

[11] 崔峰，包娟. 浙江省旅游产业关联与产业波及效应分析 [J]. 旅游学刊，2010（3）：13-20.

[12] 中国投入产出表 2007 年 [EB/OL]. 人大经济论坛，http：//www.pinggu.org/bbs/thread-740188-1-1.html.

A Research on Industrial Correlation of Tourism Industry: Based on the Input-output Model

Lu Lu   Song Baoping   Zhang Yu   Guo Yanfang

Abstract: By using the model of input and output and taking the newly input-output table of China in 2007 as basis, this paper measures the industry of Chinese tourism from the input and output structure, the indexes of intermediate demand and input ratio etc. This research systemically carried out quantitative analysis of the forward and backward linkages relationship between Chinese tourism industry to other industries as well as the other industries to the tourism. This paper reveals the internal structure and influence degree between present tourism industry to other industries as well as the other industries to the tourism and provides certain quantitative basis for the coordinated development of national economy.

Key Words: Input-output; Tourism Industry; Industrial Correlation

中国区域旅游规模的空间结构与变化 *

陈刚强　李映辉

【摘　要】 文章运用 GIS 环境下的空间分析技术，探讨了近年来中国区域旅游规模的空间结构及变化，其总体特征也在区域之间及区域内部的不同空间层级得到了进一步体现。中国旅游规模的空间分布在总体上具有较强的正空间集聚性，且存在不断增强的趋势。局部区域的空间集聚表现了较强的规律性，并以人口地理分界线为临界区域，沿主要铁路干线发展，且空间扩散作用有不断增强的趋势。东中西部及主要城市地区之间的空间差异明显，但区域之间及其内部的空间差距在不断缩小，区域旅游规模的空间结构不断得到优化。这在一定程度上体现了中国区域旅游规模的空间结构明显受旅游资源条件、交通条件及经济发展水平等因素的影响作用。文章的分析可为国家旅游空间规划与开发及相关政策的制定等提供理论上的借鉴。

【关键词】 旅游规模；Moran's I；空间集聚；结构变化；中国

1　引　言

改革开放以来，随着经济的快速发展，人们生活水平得到极大提高的同时，对休闲、度假、商务及会议等多层次的旅游需求也日益增长，中国旅游市场的规模得以迅速扩大。但由于旅游发展条件的不同，中国区域旅游规模的空间结构必然呈现出不平衡的特征。认识和研究区域旅游规模空间结构的不平衡特征及变化，对于提升区域旅游发展的协调性和可持续性具有重要意义。

旅游规模的空间结构在静态上体现为各地区旅游规模在空间地域上的分布层级，同时

* 本研究受国家自然科学基金（41101123）资助。

作者：陈刚强（1979—），男，湖南邵阳人，讲师，博士，研究方向为区域旅游及经济地理，E-mail：chenecly@163.com；李映辉（1964—），男，湖南益阳人，教授，博士，研究方向为区域旅游与休闲经济，E-mail：liyh899@126.com。

本文引自《旅游学刊》2011 年第 11 期。

在动态上也可理解为各地区旅游分布在空间上的相互作用关系。国内外学者对旅游规模空间结构的研究成果已较多，有关中国旅游空间结构的研究主要从省际或旅游景区尺度，围绕旅游规模分布及区域旅游发展的分布差异、目的地客源市场空间结构等展开。目前以地、市、州为基本研究单元的分析主要侧重在个别省份上，但对全国区域旅游体系空间结构的研究尚较欠缺。本文试图以全国 338 个地、市、州为研究样本，运用 GIS 环境下的空间分析方法，对 2002~2008 年中国区域旅游规模的空间作用关系及变化进行分析，以进一步解析中国旅游规模空间结构在区域之间及区域内部所体现出的规律性，进而为新时期我国制定相关旅游空间发展政策、合理化旅游资源要素的空间配置等提供有益借鉴。

2 研究方法与数据来源

2.1 研究方法

ESDA（Exploratory Spatial Data Analysis）分析技术可用来揭示空间上的相关性质及所表现出的空间分布、空间集聚及空间相互作用模式等。常用的 ESDA 方法主要有 Moran's I、G 统计量及 LISA（Local Indicator of Spatial Association）等。本文将采用全局 Moran's I 和局部 Moran's I 来分析中国区域旅游规模在空间上的关联性，以揭示其空间结构及变化上的特征。在此，用全局 Moran's I 来综合测度全国区域旅游规模空间分布及变化的水平与性质。其计算公式可表达如下：

$$I = \frac{n}{S_0} \cdot \frac{z'Wz}{z'z} \tag{1}$$

其中，z 为 n 个地区的旅游总人数标准化后所得的列向量，W 为行标准化的空间权重矩阵（其行和为 1），此时，$S_0 = \sum_i \sum_j w_{ij}^* = n$。其中，$w_{ij}^*$ 为行标准化后空间权重矩阵 W 第 i 行第 j 列上的元素，即地区 i 与 j 之间的空间权重值。在此将采用 k 阶最邻近距离法来确定空间权重矩阵 W。本文的 k 阶最邻近距离均取为 15，即 k = 15，其空间含义即使得每个地区 i 恰好有 15 个邻近地区。从而，在此得到的系数 I 综合测度了每个地区 i 与其邻近 15 个地区旅游规模之间的空间相关性。如果系数 I 大于期望值 E（I）= −1/(n − 1)，则意味着旅游规模水平高（低）的地区与其他水平高（低）的地区集聚在一起。

但全局 Moran's I 并未对空间自相关的内部结构进行描述，不能反映出区域内部旅游规模的空间结构特征及变化。为此，利用局部 Moran's I 做进一步分析，其定义如下：

$$I_i = z_i \sum_j w_{ij}^* z_j \tag{2}$$

其中，z_i 为向量 z 中的第 i 个元素，即地区 i 旅游总人数的标准化值；w_{ij}^* 的含义同上。根据局部 Moran's I 的含义，可将某地区及与其相邻地区之间的局部空间关联性划分为

HH、LL、LH 和 HL 四种类型。在通过显著性检验下，其空间含义分别为：HH（LL）型表示局部 Moran's I 为正值，地区 i 与其相邻地区之间存在高（低）的相同值在空间上的集聚效应；HL（LH）型表示局部 Moran's I 为负值，地区 i 与其相邻地区之间存在高低（低高）不同值在空间上的极化效应。

2.2 数据来源与处理

本文将以中国 338 个地级市及地区为主要研究对象（不包括港澳台地区），分析 21 世纪以来中国区域旅游规模的空间结构及变化。反映旅游规模的指标主要有入境旅游者人数和国内旅游人数。本文将以两者之和来计算各地级市及地区的旅游总人数，以更好地测度区域旅游规模的状况。各地、市、州的入境旅游者人数和国内旅游人数数据主要来源于国家统计局编写的各年《中国区域经济统计年鉴》（2003~2009）。[①] 利用相同来源的统计资料，也保持了数据分析的一致性。

在数据缺失问题的处理上，存在个别数据缺失的地区，利用其年均增长率采用插值法进行推算。但福建省和青海省的数据缺失程度较大。具体处理方法如下：福建省缺少 2002~2008 年的国内旅游人数数据，根据福建省旅游局官方网站[②] 公布的统计数据可获得 2008 年各地市的国内旅游人数，再根据其 2002~2008 年入境旅游者的人数年均增长率来推算 2002 年的旅游总人数，分析中的年均增长率以入境旅游者的人数来近似；《中国区域经济统计年鉴》中只有青海省 2005 年与 2006 年的完整旅游人数统计数据，故以这两个年份的旅游总人数增长率及规模推算 2002 年与 2008 年的旅游总人数，且以本文的年均增长率来近似表示。总体上，以此方法处理缺失数据可保持分析的完整性，同时在一定程度上也可近似实际情况，且数据样本较少，对整体分析结果造成的影响较小。

3 空间结构的总体特征与变化分析

3.1 空间集聚性的总体变化

为避免数量级差异较大所造成的影响，首先通过对各地级市及地区的旅游总人数取对数来进行分析。再利用式（1）计算得到 2002 年和 2008 年的全局 Moran's I 分别为 0.3427 和 0.4330。在此，全局 Moran's I 的期望值为 -0.0030，标准差为 0.0184，计算的标准化值分别为 18.788 和 23.696，可知两者在 0.001 水平上都通过了显著性检验。

---

① 国家统计局国民经济综合统计司.中国区域经济统计年鉴（2003~2009）[M].北京：中国统计出版社.
② 福建省旅游局计划财务处.2008 年我省旅游经济情况分析 [EB/OL].http://www.fjta.com/FJTIS/FJTA/InfoDetail.aspx？MT_ID=987&date=20090124&type=2&ID=4680，2009-01-24.

根据全局 Moran's I 的空间含义，由其值为正可知，总体上全国区域旅游规模在空间上具有一定的正集聚效应。再从其值的变化来看，2002~2008 年中国区域旅游规模的空间集聚水平存在不断增强的趋势，发展至 2008 年，旅游规模的空间集聚程度总体上已接近中等水平。

3.2 空间结构区域差异的总体变化

在 0.05 显著性水平上分别计算 2002 年和 2008 年中国各地区旅游规模的局部 Moran's I，并做出 Moran's 散点图（见图 1）。由图 1 可知，2002 年和 2008 年各地区的旅游规模之间主要表现为正的空间关联性，空间集聚性也具有不断增强的趋势。即 2002 年共有 218 个区市落在了图中的 HH 和 LL 区域，约占样本总数的 64.50%，但到 2008 年则增长到了 243 个，约占样本总数的 71.89%，其中，HH 型和 LL 型分别增加了 21 个和 4 个。再由显著性检验结果看，通过显著性检验的 HH 型和 LL 型地区，2002 年共为 91 个，而 2008 年共为 115 个。其中，显著的 HH 型和 LL 型分别增加了 20 个和 4 个。可见，上述全国区域旅游规模总体上具有一定的正空间集聚效应且有增强趋势，在局部区域差异的总体分析上得到了进一步体现。

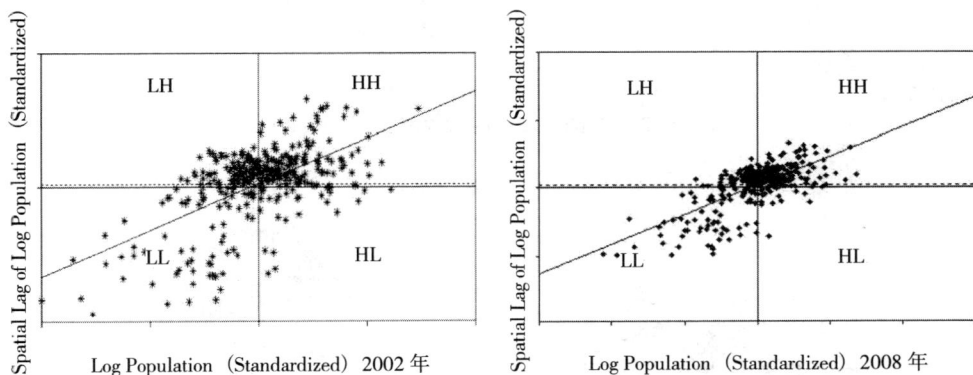

图 1　2002 年和 2008 年旅游规模取对数的局部 Moran's 散点图

4　空间结构的区域差异与变化分析

4.1　局部上空间分布的规律与变化

利用 2002 年和 2008 年局部 Moran's I 的分析结果，结合 GIS 软件的专题制图功能，分别生成中国旅游规模空间结构的专题图（见图 2 和图 3）。再计算 2002~2008 年中国各地区旅游规模的年均增长率，在 0.05 显著性水平上求得各地区旅游规模增长的局部 Moran's I，并生成相应的专题图（见图 4）。

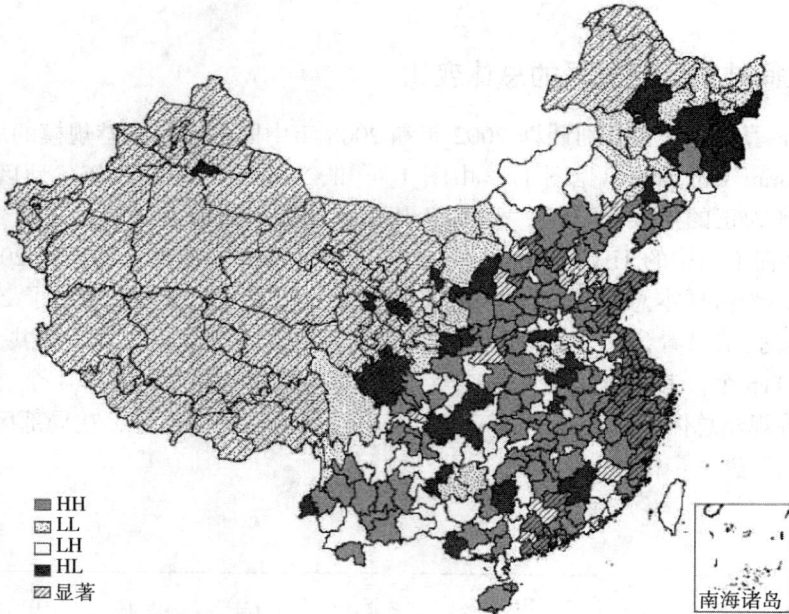

图 2　2002 年中国区域旅游规模的空间结构专题图

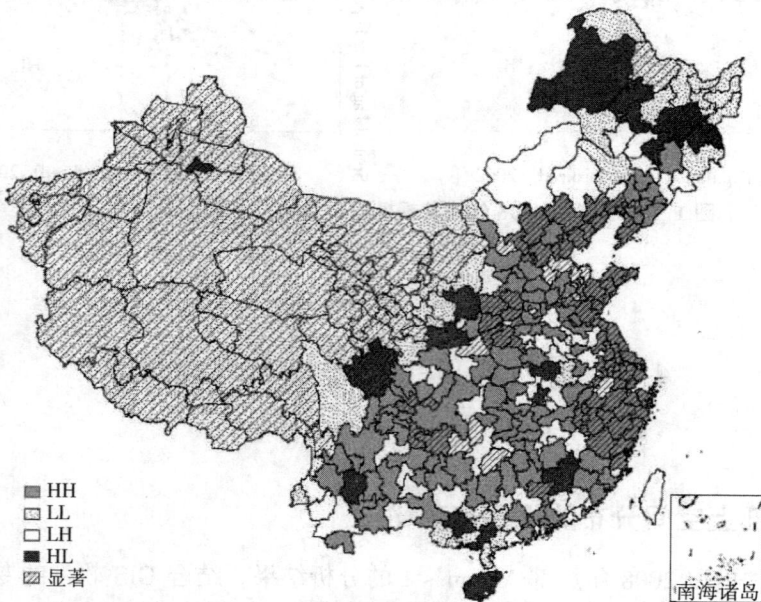

图 3　2008 年中国区域旅游规模的空间结构专题图

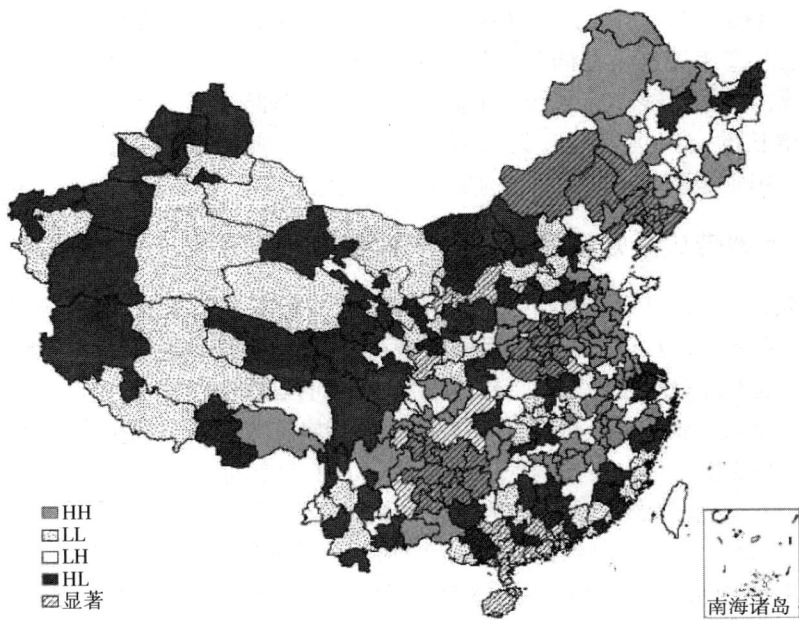

图4 2002~2008年中国区域旅游规模增长的空间结构专题图

对比图2和图3可知，在局部区域上，2002~2008年中国旅游规模空间结构的特征及变化主要表现如下：①处于HH和LH状态的地区主要分布在旅游资源较丰富的人口地理分界线右侧，它分布着中国88%的A级旅游景区；而处于LL和HL状态的地区则基本分布在人口地理分界线的左侧及东北地区上。再从其变化来看，临近人口地理分界线的右侧区域上，HH状态的地区明显增多，发展到2008年旅游规模空间分布的高值集聚范围在其右侧附近有了明显扩张。②处于HH状态的地区沿主要交通线分布的特征甚为明显，并主要分布在京广线、京哈线、津沪线、成昆线、沪杭—浙赣—湘黔—贵昆线等主要铁路干线上；处于LH状态的地区则不连续地散布在处于HH状态地区的周边。同时，京哈线、成昆线、湘黔—贵昆线等主要铁路干线上，HH状态地区的数量增多最为明显，空间结构的优化在西南及东北方向上表现突出。③从显著性检验的结果上看，环渤海湾地带直至长江三角洲沿海一带的旅游规模具有较强的集聚效应，表现为显著的HH状态，且分布较为集中；而处于显著HL状态的地区甚少，只有黑龙江哈尔滨市和牡丹江市、四川阿坝州及新疆乌鲁木齐市四个地区，总体上旅游规模空间分布的极化效应并不强烈。此外，环渤海湾及黄河中下游地带的空间集聚效应明显增强，总体上旅游规模空间分布的极化效应有所减弱。

由图4可知，2002~2008年中国旅游规模增长的空间结构状态也在很大程度上印证了上述变化过程：①到2008年，旅游规模空间分布层级仍较低的西北大部分地区，其规模增长主要表现为HL型与LH型相对应的状态，旅游规模增长的空间不平衡性较强；此外，旅游规模空间分布层级较高的沿海一带也出现了类似现象。但处于HL型增长状态的地区一般为区域内规模较小的地区，则这种不平衡增长反而缩小了区域内发达地区与不发达地区之间的差距。②旅游规模空间分布层级由 2002 年的较低层次逐渐转变为 2008 年的较高层次的区域，如京哈线、成昆线、湘黔—贵昆线等铁路干线区域及黄河中下游地带等，其旅游规模增长的空间集聚效应甚为明显。总体上，旅游规模增长的空间特征说明了 2002~2008 年中国旅游规模的空间结构处在不断优化之中。

4.2 三大地带旅游规模的空间结构与变化

由图 2 和图 3 可较直观地看出，在局部区域上，东中西部地带的区域旅游规模，尤其是东中部与西部之间，其空间关联性和空间集聚特征的反差十分鲜明，且经过近年来的发展演变，三大地带旅游规模的空间结构也发生了不同程度的变化。

东部大部分地区旅游规模的总体水平较高，其旅游规模的空间分布层次也相对较高，且空间分布状态变化较小，主要表现为高水平的 HH 型空间关联或集聚状态，但整体上也有所提升。2008 年东部的 102 个地区中，HH 型达到了 79 个，其中显著的 HH 型为 49 个，HH 型和显著的 HH 型分别比 2002 年增加了 4 个和 7 个。这种集聚变化也可从东部地区旅游规模的空间增长上得到一定体现（见图 4），即旅游规模相对较小的地区其增长状态更多地体现为 HL 型或 HH 型。如 2002 年旅游规模 400 万人以下的 49 个地区中，HL 型与 HH 型地区占 36 个；而 400 万人以上的 53 个地区中这两种类型地区只有 24 个。实际上，这有利于缩小区域内部各地区之间的差距，从而优化空间结构。

相比东部，中部旅游规模的空间分布则表现出更强的不平衡性。2008 年，中部的 106 个地区中，HH 型和 LH 型分别为 50 个和 37 个，分别约占该地带地区总数的 49.02% 和 36.27%，其中 LH 型地区所占比例明显高于东部。但中部旅游规模的空间结构优化较之东部要更明显，这主要体现在 HH 型地区数量的增幅更大，而 LL 型的下降明显。其中，HH 型地区占中部 106 个地区的比例提升了 6.86%，而 LL 型地区的比例下降了 4.90%，且表现为显著 HH 型的地区明显增多。再从旅游规模增长看，中部的情况也更为明显，其 2002 年旅游规模 400 万人以上的 23 个地区就有 16 个为 LL 型与 LH 型，规模较大的地区增速基本上相对较小。

最后，西部旅游规模空间分布的不平衡性最高，且大部分地区旅游规模的总体水平低。2008 年，全国的 22 个 HL 型地区中，西部就占了 11 个，且在其 130 个地区中，LL 型地区达到了 64 个，约占该地带地区总数的 62.75%，尤其在人口地理分布线的左侧，其空间关联性基本都表现为 LL 型。但相比东部和中部，西部旅游规模的空间结构优化最为明显，其旅游规模空间关联或集聚的水平有了较明显提升。从规模增长的空间状态来看，规模较小的地区其增长状态多数表现为 HH 型或 HL 型。这也就降低了区域内部旅游规模空间分布的不平衡程度。

总体上看，东中西部区域旅游规模的空间分布层级呈自东向西依次递减的规律性，同时其空间结构也都得到了不同程度的优化，而规模相对较小地区的更快增长，有利于区域内部与区域之间旅游规模空间分布不平衡程度的降低。

4.3　主要城市地区旅游规模的空间结构与变化

从全国主要城市地区来看，区域旅游规模空间分布的不平衡性及变化主要有如下特征：①全国主要城市地区，包括京津唐地区、长江三角洲地区、珠江三角洲地区、辽中南地区、山东半岛地区、四川盆地地区、中原地区、长珠潭地区等，几乎都处于 HH 型的空间关联状态，且其空间集聚性呈不断增强趋势。其中表现最为突出的是沿海一带的辽中南—京津唐地区和山东半岛—长江三角洲地区，其显著的 HH 型地区明显增多，空间相互作用不断增强，辐射范围进一步扩大。中原地区、四川盆地地区及与之相邻的滇中与黔中地区，空间分布层次的整体水平得到明显提高，表现为 HH 型或显著 HH 型地区明显增多。基本保持不变的是长珠潭地区，而珠江三角洲地区的空间集聚效应减弱，该区域 HH 型的空间关联性由 2002 年的显著退变为 2008 年的不显著。②旅游规模空间分布层级相对较低的多数地区，空间分布的不平衡程度较高，但存在降低的趋势。哈大齐地区、关中地区、武汉地区、乌鲁木齐地区等一直保持着较强的空间不平衡发展趋势，HL–LL 型的区域结构模式基本未发生多大改变。但银川平原地区、兰（州）白（银）西（宁）地区等空间不平衡发展的趋势明显减弱，银川、兰州、西宁等中心城市地区由显著的 HL 型转变为显著的 LL 型状态。③在各城市地区，区域中心与其外围地区的空间关联状态，HH 型和 LH 型、LL 型和 HL 型两两之间的对应关系也甚为明显，表明中国旅游规模空间分布的不平衡性也充分体现在各局部区域的内部。

由图 4 进一步可知，在各城市地区，区域中心与其外围地区的旅游规模增长，一般是中心低而外围高，即中心地区旅游规模增长的空间关联状态更多地表现为 LL 型或 LH 型，而其外围地区更多地表现为 HH 型或 HL 型。一方面，如前所述，这将有利于缩小区域内部各地区之间的差距，提高空间发展的整体协调性；另一方面，中国区域旅游规模空间结构的不断优化，也在各城市地区的内部得到了进一步体现。

5　结　论

本文通过对全国 338 个地、市、州的旅游规模空间分布的集聚结构与变化进行研究，可进一步认识区域之间及其内部的发展规律与差异变化。

总体上，全国区域旅游规模空间分布具有一定的正空间集聚效应，且水平在不断发展中有所提高；局部区域上高水平的空间集聚效应表现为以人口地理分界线为临界区域，并沿主要铁路干线发展，空间扩散作用存在不断增强趋势。但在不同空间层次上，区域旅游规模的空间分布也存在较强的不平衡性，规模分布表现出较强的核心—边缘空间结构模式；同时，区域旅游规模空间结构的不断优化，也在不同空间层次上得以体现。

中国区域旅游规模的空间结构及其变化过程表明，旅游资源禀赋、基础设施建设及经济发展水平等是其重要的影响因素。国家在区域旅游空间规划与开发中应充分考虑这些主要因素的作用，大力促进西部旅游发展、缩小区域内部差异，进一步提升中部旅游发展的整体水平，深化全国区域旅游体系空间布局的合理性，推进旅游空间发展的协调性和可持续性。

参考文献

［1］王瑛，王铮. 旅游业区位分析——以云南为例［J］. 地理学报，2000，55（3）：346-353.

［2］Murphy P. E., Andressen B. Tourism Development on Vancouver Island：An Assessment of the Core-periphery Model［J］. The Professional Geographer，1988，40（1）：32.

［3］史春云，张捷，尤海梅等. 四川省旅游区域核心—边缘空间格局演变［J］. 地理学报，2007，62（6）：631-639.

［4］黄静波. 湖南旅游中心地空间结构系统的构建与优化［J］. 旅游学刊，2008，23（2）：51-55.

［5］朱竑，吴旗韬. 中国省际及主要旅游城市旅游规模［J］. 地理学报，2005，60（6）：919-927.

［6］姜海宁，陆玉麒，吕国庆. 江苏省入境旅游经济的区域差异研究［J］. 旅游学刊，2009，24（1）：23-28.

［7］杨国良，张捷，艾南山等. 旅游流齐夫结构及空间差异化特征——以四川省为例［J］. 地理学报，2006，61（12）：1281-1289.

［8］保继刚，郑海燕，戴光全. 桂林国内客源市场的空间结构演变［J］. 地理学报，2002，57（1）：96-106.

［9］陈刚强，李郇，许学强. 中国城市人口的空间集聚特征与规律分析［J］. 地理学报，2008，63（10）：1045-1054.

［10］Haining R. Spatial Data Analysis：Theory and Practice［M］. Cambridge：Cambridge University Press，2003.

［11］朱竑，陈晓亮. 中国 A 级旅游景区空间分布结构研究［J］. 地理科学，2008，28（5）：607-615.

Spatial Structure and Evolution of the Scale of China's Regional Tourism

Chen Gangqiang   Li Yinghui

Abstract：The paper discusses spatial structure and evolution of the scale of China's regional tourism in the past few years, whose overall features are further embodied between regions and different spatial levels within regions. Overall, their spatial distribution is of stronger positive spatial agglomeration, with constantly strong trend. Partial regional spatial agglomeration is manifested by stronger regulation, using demographic and geographical dividing line as critical line, developing along main railroad lines and its spatial spreading affect is on constant increasing trend. The spatial disparity between middle west region and major cities is obvious, but the gap between regions is constantly narrow. The spatial structure of regional tourism scale is being constantly optimized. This, to a certain extent, shows that the spatial structure of China's regional tourism scale is evidently affected by tourism resources, transport infrastructure, economic development level and so on. The analysis in the paper can provide theoretical references for the national tourism planning and development and formulation of relevant policies.

Key Words: Tourism Scale; Moran's I; Spatial Agglomeration; Structure Evolution; China

美国出国旅游消费与人均 GDP 关系
实证研究 *

张凌云　谭　剑

【摘　要】 对于人均 GDP 3000 美元是否是出国旅游跃升的"门槛"，学术界存在着不同的意见。对近半个世纪美国旅游业的实证分析，证伪了这一"国际经验"的普适性，事实上，美国的出国旅游发展走势与人均 GDP、汇率、CPI 和经济政策诸多宏观经济因素相关，人均 GDP 只是其中的一个重要影响因素。1967 年，美国人均 GDP 达到了 4000 美元以上，出国旅游花费出现了较快的增长。但如扣除物价因素，这一数值约相当于 2008 年的 26000 美元。美国的出国旅游自 20 世纪 90 年代以来，一直是以跨越大西洋和太平洋的中远程旅游目的地为主，人均旅游花费较高。

【关键词】 美国；出国旅游；人均 GDP；CPI；汇率

一、问题的提出

国内生产总值（GDP）是反映一个国家和地区在一定时期内整个社会财富的增长状况、衡量一定时期内国家或地区经济发展水平的重要指标。世界银行的霍利斯·钱纳里（1975）是较早利用人均 GDP 指标来判断各国经济发展阶段的学者。关于出境（国）旅游客源数量与客源地人均 GDP 之间关系的阐述，现能查阅到的最早文献是 1990 年孙尚清主持的课题成果《中国旅游经济研究》一书中指出的"国际上有这样的经验统计，当一国人均国民生产总值达到 800~1000 美元时，居民将普遍产生国内旅游的动机"。1993 年魏小安、冯宗苏给出与此略有不同的标准，"从国内旅游的需求前景来看，国际上有这样一种

* 作者：张凌云（1960—），男，上海市人，北京第二外国语学院旅游发展研究院院长、教授，研究方向为旅游学基础理论、旅游经济、旅游地理。谭剑（1986—），男，江西省吉安市人，北京第二外国语学院旅游发展研究院 2009 届硕士生，研究方向为旅游管理。

本文引自《北京第二外国语学院学报》2011 年第 5 期。

经验判断，人均国民生产总值超过 300 美元产生国内旅游动机、形成近地旅游，在 1000 美元以上产生国际旅游动机、形成邻国旅游，在 3000 美元以上形成远国旅游"。2001 年孙根年对 20 世纪 90 年代国际旅游支付能力与人均 GNP（因当时我国对外投资规模很小，GNP 的数值几乎等同于 GDP）关系进行了研究，将国际旅游支付能力划分为高、中、低三个等级，揭示了各等级旅游支付与人均 GNP 的对应关系。其研究结果表明，人均 GNP 在 300~900 美元，人均国际支付能力为几美元至十几美元，出游率在 1%~10%；人均 GNP 在 1000~9000 美元，人均国际支付能力达十几美元至几十美元，出游率可达 10%~20%；人均 GNP 在 10000~30000 美元，人均支付能力达一百美元至几百美元，出游率可达 20%~30%，并对国际旅游偏好进行了划分。由于其时间序列是从 1987 年到 1994 年，时间跨度较短，不能全面地反映出旅游的发展过程，所以其结果有待进一步研究。2007 年白凯、李天顺研究得出，人均高国民生产总值导致高的出境旅游人数和高的旅游消费水平，而高国民生产总值不一定会产生高出境旅游人数和高的旅游消费，然而却没有定量的研究结果。2008 年雷平和施祖麟采用截面回归和面板数据模型进行的研究发现，随着人均 GDP 与人均国民总收入的增长，一国的出境旅游率将会呈现指数形态的上升，在现价 16000 美元左右将会出现出境旅游的爆发性增长。2009 年戴学锋以日本、韩国为研究对象得出结论，"亚洲国家或地区人均 GDP 从 4000~8000 美元向 12000~20000 美元过渡的阶段，个人可支配收入从接近 4000~7000 美元向 11000~17000 美元过渡的阶段是出境旅游发展第一个高潮阶段的重要指标，相对于经济发展的水平来讲，我国的出境旅游是超前发展的"。

为了验证这一"国际经验"，本文选取美国作为研究对象，这是因为美国是当今世界第一大经济体，综合国力强大，国民消费水平高。此外，美国与欧洲国家不同，幅员辽阔，国内旅游非常发达，与欧亚两大洲分别隔两大洋相望。因此，出国旅游分为海外旅游（越洋去欧亚国家旅游）和邻国旅游（去加拿大和墨西哥等相邻国家旅游），从地理环境和区位看，与我国有着类似之处。

二、美国居民出国旅游发展历程

美国的出国旅游规模名列全球前列，仅次于德国，但以中远程目的地为主，其中越洋旅游的人数大于去加拿大和墨西哥的邻国旅游人数。1990 年以来，出国旅游人数增长率最高的是 2004 年，达到了 10%，1990~2008 年，共有 5 个年度出国旅游出现负增长，其中 1991 年出国旅游人数下降得最多，达到了 6.9%。去邻国旅游的人数出现负增长的年度多于越洋旅游。从总体上看，历年美国出国旅游人数的变化幅度不及出国旅游花费变化幅度大。2008 年出国旅游人数达到了 6354.9 万人次，相比 2007 年下降了 1 个百分点。相对于到墨西哥的出国旅游增长了 4.32%，越洋出国旅游和到加拿大的出国旅游分别下降了 1.0% 和 6.60%（见表 1）。

表 1 1990~2008 年美国居民出国旅游人数及增长情况

年份	出国旅游 (万人次)	增长率 (%)	越洋旅游 (万人次)	增长率 (%)	赴加旅游 (万人次)	增长率 (%)	赴墨旅游 (万人次)	增长率 (%)
1990	4462.3	8.5	1599.0	8.1	1225.2	—	163.8	—
1991	4156.6	−6.9	1452.1	−9.2	1220.3	−0.40	150.4	−8.18
1992	4389.8	5.6	1596.5	9.9	1181.9	−3.15	161.1	7.11
1993	4441.1	1.2	1710.2	7.1	1202.4	1.73	152.9	−5.09
1994	4645.0	4.6	1814.9	6.1	1254.2	4.31	157.6	3.07
1995	5076.3	9.3	1905.9	5.0	1293.3	3.12	187.7	19.10
1996	5231.1	3.0	1978.6	3.8	1290.9	−0.19	196.2	4.53
1997	5294.4	0.8	2163.4	9.3	1340.1	3.81	134.0	−31.70
1998	5628.7	6.3	2306.9	6.6	1488.0	11.04	179.1	33.66
1999	5722.2	3.0	2457.9	7.0	1518.0	2.02	151.9	−15.19
2000	6132.6	7.0	2685.3	9.0	1518.8	0.05	192.9	26.99
2001	5943.3	−3.0	2524.9	−6.0	1556.1	2.46	186.3	−3.44
2002	5806.5	−2.0	2339.7	−7.0	1616.7	3.89	185.0	−0.68
2003	5625.0	−3.0	2445.2	5.0	1423.2	−11.97	175.6	−5.08
2004	6180.9	10.0	2735.1	12.0	1508.8	6.01	193.7	10.31
2005	6350.3	3.0	2878.7	5.0	1439.1	−4.62	203.2	4.90
2006	6366.2	0	3014.8	5.0	1385.5	−3.72	196.6	−3.25
2007	6402.4	1.0	3122.8	4.0	1337.1	−3.49	194.3	−1.17
2008	6354.9	−1.0	3078.9	−1.0	1248.9	−6.60	202.7	4.32

资料来源：美国商务部旅游办公室。

2008 年美国居民的出国旅游花费创造了一个新的纪录，通过 5 年的持续增长达到了 1123 亿美元，比 2007 年增长了 2.48%（见表 2）。其中在国外的旅游花费 797 亿美元，交通旅行花费达到了 326 亿美元。2008 年美国居民出国旅游花费的前五大市场是：墨西哥（111 亿美元）、英国（105 亿美元）、加拿大（73 亿美元）、德国（63 亿美元）和日本（52 亿美元）。

三、美国的出国旅游消费与人均 GDP 关系

衡量一个国家的出国旅游水平一般使用出国旅游人数和出国旅游花费两项基础指标。但相比之下，出国旅游花费更能反映与宏观经济发展水平之间的关系。因此，这里采用出国旅游花费来考察历年美国出国旅游发展水平与人均 GDP 之间的关系（见表 2）。

表 2 历年美国出国旅游花费、人均 GDP 和 CPI

年份	出国旅游花费 （百万美元）	出国旅游花费增长率 （%）	人均 GDP （美元）	人均 GDP 增长率 （%）	CPI	CP I 增长率 （%）
1961	1735	—	2862	—	100.0	—
1962	1885	8.64	3033	5.97	100.0	0.00
1963	2090	10.87	3149	3.82	103.3	3.30
1964	2201	5.31	3326	5.62	103.3	0.00
1965	2400	9.04	3556	6.92	106.7	3.29
1966	2657	10.70	3854	8.38	106.7	0.00
1967	3195	20.24	4037	4.75	110.0	3.09
1968	3022	−5.41	4310	6.76	116.7	6.09
……	……	……	……	……	……	……
1980	10385	—	11805	—	273.3	—
1981	11460	10.35	12647	7.13	303.3	10.98
1982	12394	8.15	13849	9.50	323.3	6.59
1983	13944	12.51	14332	3.49	333.3	3.09
1984	15059	8.00	15707	9.59	346.7	4.02
1985	16264	8.00	16496	5.02	360.0	3.84
1986	17627	8.38	17285	4.78	366.7	1.86
1987	20496	16.28	19810	14.61	380.0	3.63
1988	32112	56.67	21830	10.20	393.3	3.50
1989	33900	5.57	22320	2.24	413.3	5.09
1990	38671	14.07	23330	4.53	436.7	5.66
1991	39418	1.93	22800	−2.27	453.3	3.80
1992	44300	12.39	24190	6.10	466.7	2.96
1993	52585	18.70	25090	3.72	480.0	2.85
1994	55618	5.77	26250	4.62	493.3	2.77
1995	57900	4.10	28150	7.24	506.7	2.72
1996	52563	−9.22	28620	1.67	523.3	3.28
1997	54183	3.08	30040	4.96	536.7	2.56
1998	56105	3.55	30730	2.30	543.3	1.23
1999	60092	7.10	32370	5.34	556.7	2.47
2000	59351	−1.24	34400	6.27	573.3	2.98
2001	60117	1.29	34760	1.05	590.0	2.91
2002	58044	−3.45	35230	1.35	600.0	1.69
2003	80621	38.89	37570	6.64	613.3	2.22
2004	93217	15.60	40930	8.94	630.0	2.72
2005	99624	6.80	43210	5.57	650.0	3.17
2006	104310	4.70	44710	3.47	673.3	3.58
2007	109578	5.05	46040	2.97	690.0	2.48
2008	112300	2.48	46280	0.52	716.7	3.87

注：因受资料来源所限，缺少 1969~1979 年的资料。

资料来源：消费者物价指数来自美国劳工统计局；人均 GDP 来自世界银行数据库；出境旅游花费来自《大英百科年鉴》（Britannicaook of the year）和联合国世界发展指标（World Development Indicators）。

从表 2 可以看出，美国早在 1962 年就已达到人均 GDP 3000 美元了（如按物价指数折算，约相当于 2008 年的 21500 美元），当年美国居民出国旅游花费增长了 8.64%，但尚不属于爆发性增长。相比较而言，1967 年人均 GDP 超过 4000 美元时（约相当于 2008 年的 26060 美元），出国旅游花费增长率达到 20.24%，远高于 3000 美元时的增长率。在里根政府时期（1980~1988 年）美国的人均 GDP 从 1 万美元快速增长到了 2 万美元，在经历了经济危机后，居民的出国旅游进入了一个快速增长的时期，出国旅游支出增长率都在 8% 以上，而且在 1981 年、1983 年、1987 年、1988 年都超过 10% 的增长，其中 1988 年人均 GDP 达到 2 万美元时，出国旅游花费出现了爆发性增长，达到了 56.67%。此外，在人均 GDP 出现负增长率和低增长率的 1991 年、1996 年和 2002 年，出国旅游花费也相应出现了负增长和低增长。美国经济 2001 年明显放缓，全年增长率 1.2%，人均国内生产总值仅增长了 1.05%，居民出国旅游花费也只增长了 1.29%。

为了更全面地衡量人均 GDP 与出国旅游发展水平之间的关系，本文将人均 GDP 水平分段，考察其增长率与出国旅游花费增长率之间的关系（见表 3）。

表 3　美国居民人均 GDP 与出国旅游花费增长情况

年份	人均 GDP（美元）	人均 GDP 年增长率（%）	出国旅游花费增长率（%）
1961~1968	2800~4300	6.02	8.25
1980~1987	10000~20000	7.68	10.20
1988~1996	20000~30000	3.44	6.35
1997~2003	30000~40000	3.80	6.85
2004~2008	40000 以上	3.12	4.77

资料来源：根据表 2 给出的数据，经计算整理得出。

从表 3 中可以看出，在 1980~1987 年，人均 GDP 在 10000~20000 美元，美国的出国旅游花费增长最快，达到了 10.2%；此后随着人均 GDP 的增长，出国旅游花费增长趋势逐渐趋缓，2004 年以后，人均 GDP 达到 4 万美元，增长率仅为 4.77%。此外，在表 3 中还可以发现，出国旅游花费增长率与人均 GDP 增长率之间存在较高的正向相关性，即人均 GDP 增长率高，出国旅游花费增长率也高；反之亦然。

四、影响出国旅游的其他经济因素

虽然从趋势上看，人均 GDP 与出国旅游花费存在着较高的正相关关系，但并不意味着存在严格意义上的一一对应关系。影响出国旅游的因素是复杂多元的，人均 GDP 只是诸多因素中的一项。众所周知，旅游业是一个高敏感性行业，既受经济因素影响，也受非经济因素的干扰。除人均 GDP 外，其他的经济因素主要有：

1. 汇率

这是一个影响出国旅游较为重要的叠加因素。汇率的变动会影响到游客对国外旅游目的地消费价格的心理评价，以及会造成"货币幻觉"。20世纪70年代末，美元开始改变疲弱状态，对其他西方主要货币汇价趋于上升，1981年美元十国贸易加权汇率指数已超过1979年的高位水平，并于1985年升至146.0，1980~1984年美元升值了60%。美国居民的出国旅游花费进入了一个快速增长的时期，出国旅游花费增长率都在8%以上。1983年出国旅游花费增长大大超过人均GDP增长。1985年3月美元汇率下降，同年9月西方九国财长和中央银行行长纽约会议决定共同干预外汇市场，对美元采取了集体迫降和要求日元和西德马克升值的措施。美元对其他西方主要国家货币的汇率有了较大幅度的下跌。1985~1987年美元汇率下跌超过了30%，但出国旅游花费增长率却分别达到8.00%、8.38%、16.28%。这说明汇率只是一个次生因素，其影响程度不如人均GDP明显。

2. 消费物价指数（CPI）

这是衡量客源国通货膨胀的重要指标。通货膨胀的成本取决于通货膨胀是否被预期。预期通货膨胀的成本相对较小，未预期通货膨胀引起财富在个人及公司间转移，收益和损失存在不可预测的风险，未预期通货膨胀也使得人们更难察觉到相对价格，从而降低了市场系统的效率。此外，对于通货膨胀的预期会增加居民对于未来的不确定性，影响旅游者的消费信心。例如，在1968年尽管人均GDP增长了6.76%，但CPI却上涨了6.09%，当年出国旅游花费就出现了5.41%的负增长。

3. 经济政策

这是对居民出国旅游花费产生重要影响的一个因素。1981年8月美国通过的"经济复兴税法"大幅削减了个人所得税率。1987年1月1日"税制改革法"进一步调低了个人所得税率，同时个人储蓄并未显著增加，减税也未导致投资高潮，从而出现了消费支出的激增（除1984年外，1982~1986年的个人消费支出增加快于GNP的增长）。1987年美国个人储蓄率由1981年的7.5%降至3.8%，1987年与1981年相比，美国的实际GNP增长了17.6%，而私人国内非住宅固定投资只增长了13%。1981~1988年出国旅游花费增长了15.9%，而同期人均GDP仅增长了8.1%，1988年当年出国旅游花费增长竟高达56.67%。1993年8月，克林顿签署了削减赤字方案，计划在之后的5个财政年度内，削减赤字4960亿美元，增税2 410亿美元。克林顿政府采取了增税节支方针，即对富人增税，美国居民出国旅游花费从1993年的18.7%锐减到1994年的5.77%和1995年的4.1%，到1996年在人均GDP正增长的情况下，更出现了负增长（-9.22%）。此外，自2004年起，美国在美加边境实行更加严格的安全检查制度，2005~2008年连续4年美国到加拿大旅游人数出现了负增长。

五、结 论

通过以上对历年来美国出国旅游发展以及与宏观经济关系的研究，可以初步得出以下几点结论：

（1）美国的出国旅游以中远程的越洋旅游为主，邻国旅游为次。

（2）除人均 GDP 外，政策、CPI 和汇率等也是影响出国旅游的几大因素，但影响程度因时而异，出国旅游花费是受以上经济因素和非经济因素（如类似于"9·11"的突发性公共安全事件等）综合影响的。

（3）1988 年美国出国旅游花费增长幅度最大，当年人均 GDP 达到了近 2.2 万美元，在减税政策的叠加效应下，出国旅游花费增长率高达 56.67%。

（4）早在 20 世纪 60 年代初，美国的人均 GDP 就达到了 3000 美元（按物价指数折算现值约为 21500 美元），但出国旅游花费增长较快的是人均 GDP 达到 4000 美元以上（按物价指数折算现值约为 26060 美元左右）的 1967 年。

参考文献

[1] 霍利斯·钱纳里，莫尔塞斯·塞尔昆. 发展的格局（1950~1970）[M]. 李小青等译. 北京：中国财政经济出版社，1989.

[2] 孙尚清. 中国旅游经济研究 [M]. 北京：人民出版社，1990.

[3] 魏小安，冯宗苏. 中国旅游业：产业政策与协调发展 [M]. 北京：旅游教育出版社，1993.

[4] 孙根年. 国际旅游支付方程、支付等级与旅游偏好 [J]. 地理学与国土研究，2001，17（1）：50-54.

[5] 白凯，李天顺. 国际旅游者出游的隐性相关因素分析——以我国主要入境客源国为例 [J]. 旅游学刊，2007，22（5）：34-39.

[6] 雷平，施祖麟. 我国出境旅游发展水平的国际比较研究 [J]. 旅游科学，2008，22（2）：33-37.

[7] 戴学锋. 中国出境旅游超前发展研究——基于国际比较分析 [A]//2009 年中国旅游发展分析与预测 [C]. 北京：社会科学文献出版社，2009.

[8] 安德鲁·B. 亚伯，本·S. 伯南克. 宏观经济学 [M]. 北京：中国人民大学出版社，2007.

An Empirical Research into the Relation between Outbound Tourism Expenditure and GDP Per-capita of USA

Zhang Lingyun   Tan Jian

Abstract: The argument that the demand for outbound travel is expected to launch when the country's GDP per capita is over US $ 3000 has been under debate in academics. Based on an empirical research into American tourism development in half a century, this argument is proved not universally applicable. GDP per capita is only one among the many factors, such as currency exchange rate, CPI and economic policy, that have influence on the outbound tourism development of USA. Outbound tourism expenditure of USA showed a sharp increase in 1967 when its GDP per capita reached US $ 4000; however, this figure is equivalent to US $ 26000 in 2008 on an inflation-adjusted basis. The middle and long haul destinations have been the main outbound tourism destinations of American and the average tourism spending has been high.

Key Words: USA; Outbound Travel; Per Capita GDP; CPI; Currency Exchange Rrate

基于层次与等级的城市旅游供给分析框架 *

保继刚　梁增贤

【摘　要】在总结和评价已有城市旅游分析思路和框架的基础上，本文提出了基于层次与等级的城市旅游供给分析框架。新的分析框架强调了旅游供给层次和旅游城市等级的重要性，特别是给定了层次与等级之间的重要程度，适用于比较城市研究，具有良好的理论张力。本文以苏州、桂林和黄山为例，具体应用和检验了该分析框架，并解释了三市城市旅游发展方式的差异：苏州城市功能和地位的提升促进了城市旅游向结构性增长方式转变；黄山单一的城市功能结构严重制约城市旅游向新的发展方式转变；桂林拥有良好的经济基础，产业发展呈现多元化，具备城市旅游发展方式转变的基础条件，但仍需要在城市旅游核心要素和旅游形象上做相应的调整。发展方式的转变依赖于相应的基础条件，并不是所有旅游城市都具备。城市旅游的发展方式是多样化的，以旅游为单一核心产业的城市旅游发展方式也具有合理性和可行性。基于层次和等级的城市旅游供给分析框架，能够解释城市旅游发展演变过程，比较不同城市旅游发展的差异，为城市旅游发展方式的研究提供帮助。

【关键词】城市旅游；分析框架；城市功能；苏州；桂林；黄山

1　引　言

西方城市旅游兴起于"二战"后，而早期城市旅游研究主要由地理学者推动，如斯坦菲尔德（Stansfield）、维特尔（Vetter）、伯吉斯（Burgess）、皮尔斯（Pearce）、布兰克和彼特科维奇（Blank & Petkovich）、贾德和柯林斯（Judd & Collins）等。这一时期，城市旅游蓬勃发展，而城市旅游的研究却较少被关注，研究的内容也是分散、凌乱的，并没有作为一个独立的研究领域。阿什沃思（Ash-worth）比较乡村旅游的研究认为，城市旅游的研

---

* 作者：保继刚（1964—），男，云南个旧人，教授，博士生导师，中国地理学会副理事长，主要研究方向为旅游地理和旅游规划，E-mail：eesbjg@mail.sysu.edu.cn。

本文引自《人文地理》2011 年第 6 期。

究得到了不平衡的关注（An Imbalance in Attention）。范德米（Vandermey）更是认为，相比于其他类型的旅游，城市旅游被严重误解和低估了。在我国，这种"不平衡关注"的时间并不长。我国城市旅游兴起于20世纪80年代后期，起步较晚，随后便有一些学者跟进城市旅游的研究，也主要是地理学者，如陈传康和吴承照、李立勋、保继刚、吴必虎、杨新军、彭华等。

20世纪90年代开始，由于城市旅游的繁荣和城市旅游作为一个战略性产业对后工业城市复兴（或更新）的积极作用，城市旅游得到各方重视，西方城市旅游的研究呈现快速增长态势，出版了大量研究专著。这些专著主要由旅游研究者和城市研究者完成，前者关注城市旅游自身的发展，如阿什沃思（Ashworth）的"The Tourist-Historic City"（1990），刘（Law）的"Urban Tourism：Attracting Visitors to Large Cities"（1993）、"Tourism in Major Cities"（1996）和"Urban Tourism：The Visitor Economy and the Growth of Large Cities"（2002），佩吉（Page）的"Urban Tourism"（1995）等专著试图从旅游的视角构建城市旅游的理论框架和研究范式；后者侧重城市旅游对城市复兴（Urban Revital-ization）和城市更新（Urban Renewal）的作用，如范·德·博格（Van den Burg）等的"Urban Tourism：Performance and Strategies in Eight European Cities"（1995），马泽尼克（Mazanec）等的"International City Tourism：Analysis and Strategy"（1997），泰勒（Tyler）等的"Managing Tourism in Cities：Policy，Process，and Practice"（1998）以及贾德和法因斯坦（Judd & Fainstein）的"The Tourist City"（1999）分别从市场营销、政府政策和管治、发展策略的角度分析城市旅游。与此同时，一些社会学者，如马林斯（Mullins）、莫玛斯（Mommaas）、比蒂（Beedie），以及文化研究学者，如佐京（Zukin），对城市旅游的研究也有所涉足，主要关注城市旅游的社会文化影响，尤其是主客关系的变化和地方文化的变迁。我国城市旅游的研究在引入西方研究成果的同时，发展了自己的理论，解决了我国城市旅游发展中的实际问题。保继刚等的《城市旅游（原理·案例）》代表了这一时期中国城市旅游的研究水平。

进入21世纪以来，国内外城市旅游研究发展迅速，研究向多学科延伸，探讨的视角也呈多元化。然而，什么是城市旅游以及阿什沃思（Ashworth）和佩吉（Page）等学者提出的城市旅游研究所存在的五个悖论，即城市旅游研究与城市旅游发展的矛盾、城市旅游者多目的性的矛盾、城市旅游供给与需求的矛盾、旅游业发展与城市经济的矛盾、城市管理与旅游需求的矛盾，并没有得到很好解决，而传统的城市旅游分析框架在比较研究中缺乏可操作性和说服力。本文基于以上研究背景，探讨城市旅游的本质，提出寻求解释城市旅游发展矛盾的分析框架，并在实际的城市比较研究中说明和论证该分析框架。

2 基于层次与等级的城市旅游供给分析框架

2.1 理解城市旅游

城市旅游并没有普遍认同的定义。一般的观点认为，城市旅游的定义要从分析城市旅游者需求入手，特别是旅游者的动机。然而，从城市旅游者的动机定义并非易事：第一，旅游者动机复杂，目的多样，往往一个旅游者兼具多个目的，很难区分旅游和非旅游目的；第二，很多不是以旅游为目的的人到访城市后都不可避免地从事一些与旅游相关的活动，这一人群很难界定；第三，本地居民也可能是城市旅游者，他们在工作日是城市居民，而节假日却有可能成为城市旅游者。显然，简单地将城市旅游定义为以城市为目的的旅游活动，缺乏可操作性。

本质上，城市旅游是一个以地理空间定义的旅游形式，与乡村旅游、山地旅游、滨海旅游概念类似。城市是城市旅游发生的背景环境和活动场所，城市是城市旅游的本质属性，体现在城市旅游的供给面。城市作为一个相对成熟的概念，可以从政治、经济、社会文化的角度给出解释。从旅游的角度看，城市在旅游中扮演多种角色，包括门户（Gateway）、中转站（Staging Post）、目的地（Destination）、客源地。旅游城市（Tourist City）主要扮演门户、中转站和目的地的角色，具体到城市空间，主要涉及历史文化核心区、各类型博物馆、滨水区、主题公园、购物街区、商业区等。这些城市的旅游活动空间往往集中分布，并配套相应的旅游设施和服务，形成所谓游憩商务区（RBD）或旅游商务区（TBD）。城市借助上述核心要素满足旅游者需求，形成旅游城市。然而，城市作为城市旅游的空间载体，对外是作为一个整体进行营销的，旅游者到访城市并非仅为了几处核心要素。很多时候，旅游者仅知道旅游城市，并不知道旅游城市中的核心要素。显然，从供给的角度看，城市旅游有着更为广泛的内涵，需要系统地分析。

2.2 已有分析框架

从 20 世纪 80 年代末期西方城市旅游研究兴盛以来，已有不少学者提出过城市旅游的分析思路或框架。阿什沃思（Ashworth）从地理学的视角提出了分析城市旅游的四个方面：设施（Facility）、生态（Ecology）、使用者（User）以及政策（Policy），布兰克（Blank）采用功能分析法（Functional Approach）将城市旅游研究细分为形象、营销、旅游设施管理、职业培训、居民态度和旅游企业等方面，但这两种分析框架在城市间的比较研究中缺乏说服力。佩吉（Page）提出了较为系统的分析框架，但并没有落实到具体内容上，缺乏可操作性。法因斯坦（Fainstein）和格拉德斯通（Gladstone）从政治经济和文化角度分析城市旅游，关注旅游对城市经济的作用、旅游与现代性，遗憾的是该分析思路仅解释了城市旅游的某一领域。皮尔斯（Pearce）建立了一个城市旅游的分析框架，分为尺度（区域/国家/国际、城市、地区、地点）与主题（需求、供给、发展、营销、规划、组织、操作和影响评估）两个维度，强调跨尺度、跨主题的比较研究，但该框架并没有说明各主题和尺度间的重要程度。爱德华兹（Edwards）等学者提出了城市旅游研究的战略框架（见图 1），该框架的优势在于说明旅游对城市经济的影响，但并不适用于城市间的比较研究。

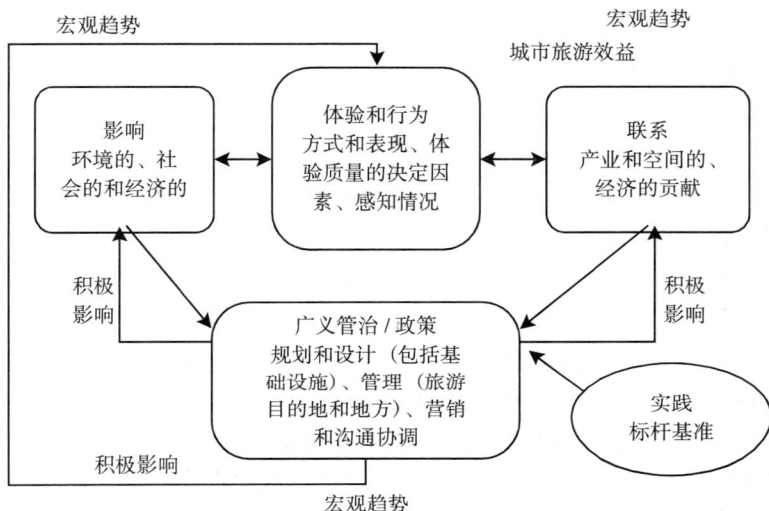

图 1　城市旅游研究的战略框架

注：引自 Edwards D，Griffin T. 和 Hayllar B.（2008）.

2.3　新的分析框架

城市旅游的本质在于旅游所发生的城市，上述研究思路和框架将所有旅游城市视为无差异，按不同主题、层次和尺度分析。然而，旅游城市差异甚大，旅游供给并非简单的核心要素集合。新的分析框架应建立在广义城市旅游供给的基础上，实现不同旅游城市间的比较研究。

2.3.1　新的分析框架

阿什沃思（Ashworth）认为，城市旅游需要整合一系列理论、概念、技术和方法进行比较研究，在城市形态（Form）和功能（Function）框架下，具体分析旅游城市，强调了理论整合与比较研究的重要性。然而，过往城市旅游的比较研究往往局限于单一理论，如驱动（力）机制、生命周期规律、旅游竞争力理论。城市旅游的比较研究分为单一城市和多城市比较，前者注重旅游城市某一领域的历时态研究；后者侧重旅游城市某一具体方面的系统比较，通常采用定量研究。新的分析框架应该整合多种理论，同时适用于单一城市和多城市的比较研究。图 2 从供给的角度描绘了基于层次和等级的城市旅游供给分析框架，包括三个层次（城市功能和地位、城市主题与特色、城市旅游核心要素）和三个等级

		小城市	中等城市	大城市
第一层次：	城市功能和地位	★	★★	★★★
第二层次：	城市主题和特色	★★★	★★	★★
第三层次：	城市旅游核心要素	★★	★★★	★★

图 2　基于层次与等级的城市旅游供给分析框架

（大城市、中等城市和小城市）。

2.3.2　旅游供给的层次

皮尔斯（Pearce）认为，城市是一个复合而独具特色的区域，具有四个重要的特征：结构、人口和功能高度密集性；社会和文化的异质性；经济的多元功能主义；区域和内部城市网络的中心性。刘（Law）强调了一系列城市作为旅游目的地的特征，如能够形成大规模的探亲访友旅游的城市人口、比其他目的地更好的环境、良好的通达性、大规模多层次的旅游接待设施等。爱德华兹（Edwards）等认为，旅游城市具有四大要素：强大而复合的经济基础、重要的交通运输网络、大规模的人口往来通勤和长期的发展规划，这些复杂的物质和功能环境构成了具有吸引力的城市景观。这些学者都强调城市功能和地位对城市旅游的影响。城市功能又称城市职能（Urban Function），是指城市在一定地域内的经济、社会发展中所发挥的作用和承担的分工。城市功能中存在一种向心型的基本功能，它能够吸引外地人到城市来旅游、购物、求医、求学、参会和经商。其中，政治功能、文化功能、现代服务业（主要为生产性服务业）功能、交通功能、商业功能对高消费城市旅游发展促进最大。因此，新的分析框架将功能和地位设为第一层次。

第二层次和第三层次主要与旅游业有关，前者是城市的主题与特色，集中体现为城市旅游形象；后者是城市旅游的核心要素，包括购物区、标志性建筑和代表性区域、特色性项目和城市生活等。

2.3.3　旅游城市的等级

城市旅游的比较研究不可避免地受到城市空间等级和规模的影响。高等级的旅游城市意味着更多的人口和更多元的城市功能，对城市旅游，尤其是探亲访友、商务会展旅游具有重要的推动作用。尽管，皮尔斯（Pearce）的分析框架（见文献［33］）纳入了空间尺度（Scale），但只是解释各种主题（Theme）在不同尺度上的比较，并不适用于不同等级旅游城市的比较研究。在经济全球化背景下，城市间的等级差异越发明显，尤其体现在城市旅游产业上。大城市，尤其是世界城市（World City）是城市旅游密集的区域。大城市除了扮演目的地（Destination）的角色外，更重要的是具有其他区域性、全国性，甚至国际性的旅游角色，如门户（Gate-way）和中转枢纽（Hubs）。这些角色与现代服务业功能、接待功能、交通功能、商业功能紧密联系。因此，大城市比中小城市更强调城市功能和地位的作用。小城市人口规模小、城市功能弱、地位低，缺乏投资旅游核心要素的能力，因而良好的旅游主题和特色至关重要。中等城市介于两者之间，城市功能和地位的提升空间有限，旅游形象的塑造往往建立在对核心要素的建设上。

3　应用——基于苏州、桂林和黄山的比较

本文以苏州、桂林和黄山为例，实际应用新的分析框架。在此，首先界定城市的等级问题，主要考虑三个因素：第一，市区人口规模，规模越大，等级越高；第二，经济发展水平，以地区生产总值为指标，地区生产总值越大，城市等级越高；第三，城市行政级别，行政级别越高，城市等级越高。苏州、桂林和黄山都是非省会的地级市，行政级别相当。苏州是区域性的经济中心城市，经济和市区人口规模大，属于大城市；桂林是地区性的经济中心城市，市区人口规模较大，属于中等城市；黄山市区人口规模小，经济基础相对薄弱，属于小城市（见表1）。

表 1　苏州、桂林和黄山旅游城市等级和发展情况

城市	市区年平均人口（万人）	城市等级	全市地区生产总值（亿元）	全市面积（平方公里）
苏州	236.75	大城市	7400	8488
桂林	75.81	中等城市	941	27809
黄山	43.33	小城市	267	9807

注：市区年平均人口来源于《中国城市年鉴》(2009)，为 2008 年数据，本表其他数据均来自 2009 年各市《国民经济和社会发展统计公报》。

除了特别说明以外，本文的所有数据均来自相应年度的《中国旅游统计年鉴》[1]、《中国旅游年鉴》[2]、《苏州市国民经济和社会发展统计公报》[3]、《桂林市国民经济和社会发展统计公报》[4] 和《黄山市国民经济和社会发展统计公报》[5]，1990 年以前的统计数据主要来自张玉玑的《旅游经济工作手册》[6]。

3.1　苏州、桂林和黄山城市旅游发展情况

3.1.1　传统旅游城市发展存在明显差异

20 世纪 90 年代以来，我国城市旅游的发展步入了"快车道"。苏州、桂林和黄山[7]

---

[1]《中国旅游年鉴》(1986~1996)。

[2]《中国旅游统计年鉴》(1990~2009)。

[3] 苏州市 1998~2009 年《国民经济和社会发展统计公报》。

[4] 桂林市 2000~2009 年《国民经济和社会发展统计公报》。

[5] 黄山市 2000~2009 年《国民经济和社会发展统计公报》。

[6] 张玉玑. 旅游经济工作手册 [M]. 北京：中国大百科全书出版社，1990。

[7] 如果没有特别说明，本文所说的"黄山"特指黄山市。

作为我国三个旅游计划单列市的地位发生了明显变化（见图 3 和图 4）。改革开放之初，桂林旅游走在苏州和黄山之前，是我国重要的旅游创汇城市。从 2001 年开始，苏州在旅游外汇收入和城市接待入境旅游人数方面排名均超越桂林，目前两项排名都稳居全国第 7 位。在经历了 20 世纪 90 年代和 21 世纪初的排名下降后，2009 年，黄山排名第 15 位，回到了 1991 年的水平，旅游外汇收入排名也从 1995 年的第 35 位上升到 2008 年的第 27 位。

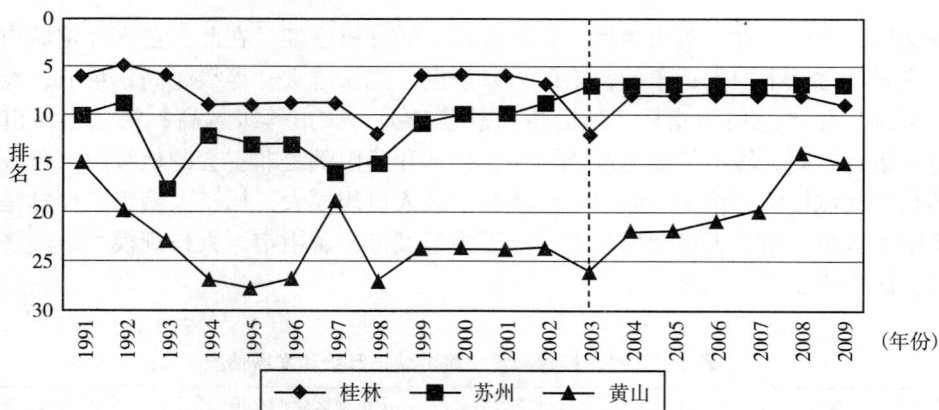

图 3　苏州、桂林和黄山城市接待入境旅游人数排名趋势变化（1991~2009 年）

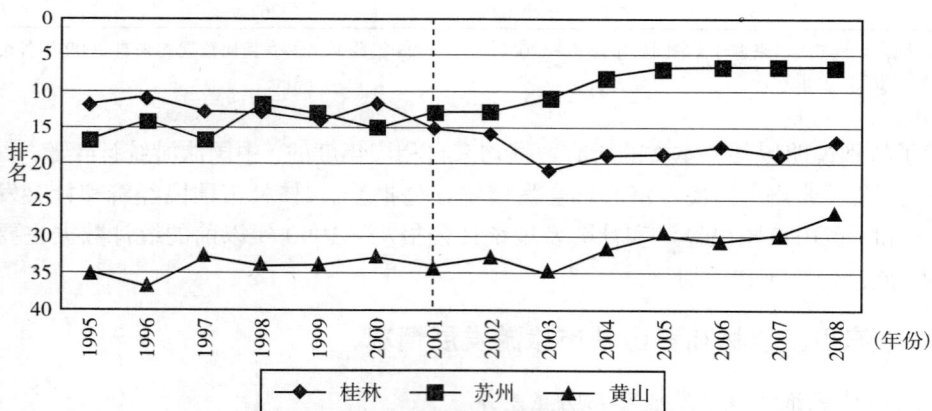

图 4　苏州、桂林和黄山旅游外汇收入排名趋势变化（1995~2008 年）

3.1.2　国内旅游成为影响旅游城市发展的主要因素

改革开放初期，在旅游创汇的发展思路下，苏州、桂林和黄山的旅游收入基本来源于入境旅游。近年来，国内旅游蓬勃发展，2009 年全国国内旅游收入已突破 10000 亿元，[①] 国内旅游成为我国旅游市场的主力，并决定了传统旅游城市的转型升级。苏州、桂

---

① 《2009 年国民经济和社会发展统计公报》。

林和黄山国内旅游收入占旅游总收入的比重不断上升，2009 年分别为 92%、77%、90%。得益于国内旅游的繁荣，苏州旅游总收入和外汇收入都呈现快速增长，分别从 2004 年的 336 亿元和 4.86 亿美元增长到 2009 年的 830 亿元和 9.97 亿美元（见图 5 和图 6）。与此同时，桂林和黄山也呈现良好的增长势头，旅游总收入分别从 2004 年的 50 亿元和 50 亿元增长到 2009 年的 127 亿元和 168 亿元。[①] 特别地，桂林入境旅游比重较大，2008 年桂林旅游外汇收入为 3.9 亿美元，高于黄山的 2.2 亿美元，桂林对中远程游客具有较强吸引力。国内旅游规模大，占城市旅游比重大，增长迅速，成为影响旅游城市发展的主要因素。

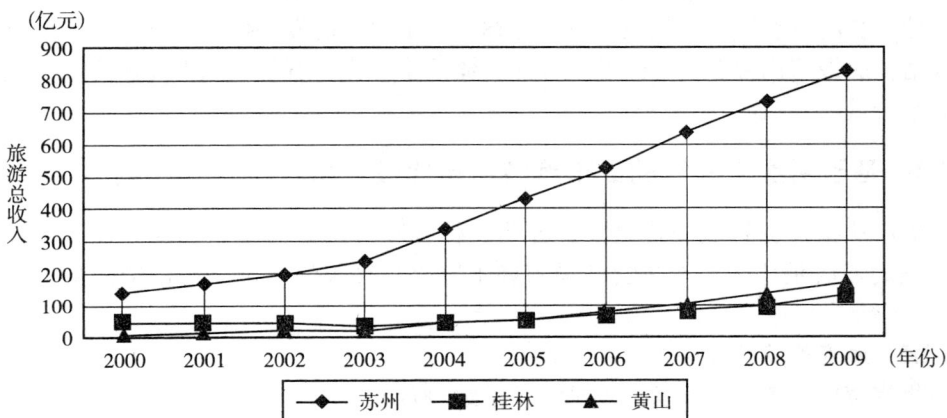

图 5 苏州、桂林和黄山旅游总收入趋势变化（2000~2009 年）

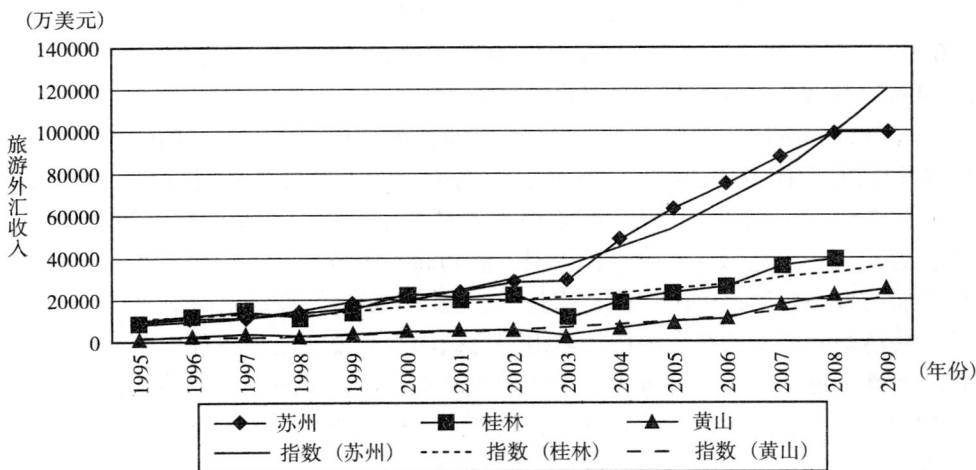

图 6 苏州、桂林和黄山旅游外汇收入及其指数趋势线比较（1995~2009 年）

---

① 由于各城市国内旅游统计口径不一，城市间旅游总收入，尤其是国内旅游收入缺乏可比性。

3.1.3　国内旅游的结构性增长推动旅游城市的升级

城市旅游停留时间短、人均花费大、重游率高，成为国内旅游中收益较高的部分。其中，城市商务旅游、会展旅游、休闲度假、购物旅游人均花费较高，对城市的经济影响最大。

改革开放的前20年，尽管苏州、桂林和黄山地位有一定变化，但都表现为发展波动大，旅游收入与旅游人数同步增长的传统发展方式。近年来，苏州城市商务旅游等高消费旅游发展迅速，旅游收入增长明显高于旅游人数增长，2000~2009年，苏州国内旅游人数增长了292.4%，而旅游总收入却增长了485%。苏州城市旅游产业效率明显提升，呈现一种结构性增长的发展方式。相较之下，桂林和黄山旅游的发展依赖于旅游人数的增长，旅游收入增长缓慢，仍遵循传统的发展方式，倚重于观光游览等低消费旅游市场，城市旅游产业效率较低。

3.2　基于层次与等级的三市旅游供给比较分析

在国内旅游蓬勃发展的背景下，苏州、桂林和黄山为何呈现不同的发展方式？城市旅游发展的矛盾是什么？本文尝试采用基于层次与等级的城市旅游供给分析框架回答上述问题。

3.2.1　城市旅游核心要素

苏州旅游以古典园林著称，尽管20世纪90年代周庄、同里、甪直、木渎兴起的古镇旅游改变了苏州旅游的供给结构，但仍主要属于观光要素。2003年以来，苏州重点打造现代城市娱乐和休闲度假等高消费旅游要素。2006年以来，苏州共有356个旅游项目列入了市政府的考核，其中休闲度假类项目的占比从2006年的不到50%，提高到了2009年的70%以上。[①]苏州旅游核心要素开发以休闲度假、文化生态、会展、商务旅游为重点，呈现出向高消费城市旅游供给结构演化的趋势。

漓江是桂林旅游核心要素，依托漓江发展观光游览成为桂林市区的传统旅游优势。随着以阳朔和兴安为代表的桂林周边区县旅游的兴起，市区接待外国游客占全市的比重从1996年的92.89%下降到2007年的46.15%，[②]桂林市区旅游呈现相对下降趋势。近年来，桂林也努力从观光游览向会展旅游、休闲度假和商务旅游转变，大力打造"两江四湖"工程等城市旅游核心要素，但由于桂林相关产业支撑不足，转型效果尚不明显。

黄山旅游核心要素的开发经历从名山到古镇的观光要素发展路径，黄山风景区仍是黄山的核心要素。近年来，随着黄山交通区位的改善，休闲度假和商务旅游兴起，黄山面临市场结构的新调整。然而，与新兴市场有关的旅游核心要素建设不足，导致旅游市场结构调整缓慢。

---

① 徐蕴海. 昔日独秀今春满园——从项目建设探寻苏州旅游发展路径［N］.苏州日报，2010–02–17（A02）.
② 桂林市旅游发展总体规划（2008~2020）。

3.2.2 城市主题与特色

城市主题与特色集中表现为城市旅游形象，以城市旅游核心要素为载体，对城市旅游产生隐性影响。

苏州自古便有"上有天堂，下有苏杭"的美誉，对国际和国内远程游客具有极大的吸引力，而对长三角地区游客而言，苏州的旅游形象已经发生变化。一方面，苏州城市建设使得古典秀丽的江南风貌被现代化的城市景观所淹没；另一方面，苏州商务、会展旅游和休闲度假的兴起，导致苏州传统观光形象的转变。苏州城市旅游形象正从单一的观光形象转变为集城市观光、商务、会展旅游和休闲度假于一体的综合形象。

"桂林山水甲天下"的形象深深地扎根在中国人脑海中，在外国游客中也有很高的知名度。近年来，桂林市区及周边区县商务旅游、会展旅游和休闲度假的发展延伸了桂林城市旅游形象的价值内涵，其中，休闲度假形象转型迅速。

"黄山归来不看岳"是黄山最著名的旅游形象口号，黄山风景区的形象集中代表了黄山的旅游形象。尽管近年来推行"大黄山"、"老徽州"的形象概念，但由于旅游产品缺乏紧密的区域合作，而徽文化又与旅游核心要素脱节，黄山仍以传统的观光形象为核心。

苏州旅游形象迅速趋于多元化，桂林和黄山旅游形象中的传统要素依然强势，但近年来，随着一系列休闲度假产品的开发，桂林休闲度假形象转型明显加速，且快于黄山。

3.2.3 城市功能和地位

苏州、桂林和黄山都不是省会城市，承担区域性政治功能较少。苏州和桂林承担一定的区域性文化功能，分布着较多的高校，拥有较大规模的学生市场，但由于学生市场属于低消费旅游市场，对旅游城市经济的影响有限。

3.2.3.1 产业结构和现代服务业功能

城市功能主要取决于城市与区域经济所处的发展阶段，同时还要考虑城市的区位条件和资源赋存。苏州经济规模大，第二产业比重较高，是典型的工业城市，2009年苏州地区生产总值为7400亿元，而旅游总收入仅占地区生产总值的11.2%。桂林拥有比黄山更好的工业基础和经济条件，2009年，桂林和黄山实现地区生产总值分别为940.55亿元和266.92亿元，两者差距明显。从产业结构和现代服务业功能看，苏州产业发展多元化，现代服务业规模大、种类全，有力地支撑了城市商务和会展旅游的发展，但与北京、上海和广州相比仍有一定差距。桂林以旅游闻名，但并不单纯以旅游业为核心，旅游总收入仅占地区生产总值的13.5%（2009年）。尽管目前桂林现代服务业发展水平较低，对城市旅游的促进有限，但桂林地域广，工业基础好，相关产业发展迅速，城市商务和会展旅游的发展潜力较大。相比之下，黄山人口数量少，地域狭小，发展空间有限，产业结构单一，旅游总收入占地区生产总值比重高达63%（2009年），城市商务和会展旅游的发展缺乏现代服务业的支撑。

3.2.3.2 城市接待功能

酒店尤其是高星级酒店代表了城市接待功能的发展水平，对高消费城市旅游具有促进作用。改革开放初期，苏州城市接待功能相对薄弱，到1989年全市涉外旅游饭店也仅有

7 家。在经历了 20 世纪 90 年代的缓慢发展后，进入 21 世纪，苏州和黄山星级酒店增长迅速，分别从 2001 年的 95 家和 34 家增长到 2008 年的 165 家和 72 家（见图 7）。其中，苏州以高星级酒店发展为主，主要面向商务、会展市场；而黄山以低星级酒店发展为主，酒店规模较小，适应近程市场需求。相比之下，桂林星级酒店保持缓慢增长，从 2001 年的 59 家增加到 2008 年的 71 家，但酒店种类和等级齐全，适应多元市场需求。值得注意的是，这一时期阳朔家庭旅馆的兴起从客观上分担了桂林部分城市接待功能。

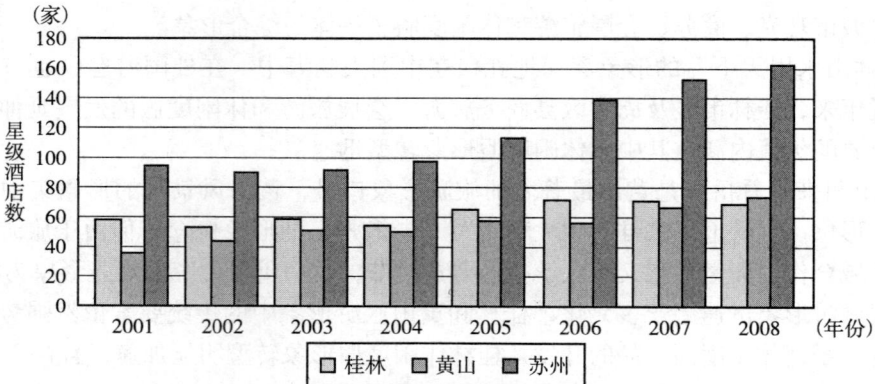

图 7　苏州、桂林、黄山星级酒店数量（2001~2008 年）

3.2.3.3　交通功能

交通功能是一把"双刃剑"。一方面，商务旅游者往往采用航空交通。城市交通功能反映了一个城市吸引商务、会展旅游者的能力；另一方面，如果交通功能大幅提升而其他功能没有跟进，那么游客来得快，去得也快，旅游收入相对于旅游人数增长缓慢。

航空功能主要对应中远程旅游市场。苏州境内并没有民用机场，但因临近无锡硕放机场、上海浦东和虹桥机场等高级别机场而提高了进入性；桂林和黄山都拥有机场，最初建设意图也在于促进中远程旅游市场的发展。十多年来，桂林机场已从旅游机场向综合性机场转变，设计吞吐量是黄山机场的 9 倍，而实际吞吐量更是黄山机场的近 19 倍（见表 2）。

表 2　2009 年苏州、桂林和黄山周边机场情况一览

机场	距相关城市车程时间（分钟）	开通航线（条）	通达国内城市（个）	通达国际城市（个）	中远期设计吞吐量（万人次）	2009 年实际吞吐量（万人次）
上海虹桥机场	90	91	共 183		4000	2507.9
上海浦东机场	150	缺失			6000	3192.1
无锡硕放机场	40	26	27	1	2000	221.8
桂林两江机场	40	48	30	8	1000	531.9
黄山屯溪机场	30	11	8	0	112	28.5

注：实际吞吐量来源于中国民用航空局《2009 年全国机场生产统计公报》，其他数据参见各机场网页。

陆路交通主要面向近中程旅游市场。桂林旅游接待功能独立完善，近年来到达主要客源市场的高速公路相继建成，促进了桂林旅游的发展。近年来，长三角地区高速公路发展迅速，苏州和黄山城市旅游发展都得益于交通区位的改善。

从功能的空间结构看，桂林是一个相对独立完整的旅游目的地，旅游功能齐全，相关产业配套较完善。黄山由于城市接待功能较弱，不少旅游者选择到周边城市过夜，一定程度上造成黄山旅游"旺丁不旺财"的局面。苏州中远程观光市场，尤其是入境旅游的观光客人往往选择在拥有民用机场的上海过夜，但苏州城市商务、会展旅游比重大，增长迅速。

3.2.3.4　商业功能

商业功能对城市旅游的影响集中在以现代零售业为核心的购物旅游和以总部经济和会展贸易为依托的商务、会展旅游上。社会消费品零售总额是商业功能的重要体现。苏州的社会消费品零售总额从 2001 年的 391.5 亿元增长到 2009 年的 1846.3 亿元（见图 8），商业功能发达，增长迅速。桂林和黄山商业功能处于低位发展。不同的是，桂林地域广阔，人口规模较黄山大，工业基础相对完善，2009 年桂林全社会消费品零售总额达到 330.92 亿元，远高于黄山的 107.56 亿元。然而，近年来，南宁城市功能和地位的提升使得桂林区域商业功能地位相对下降，桂林商务和会展旅游发展缓慢。黄山商业功能薄弱，对商务和会展旅游促进很小。

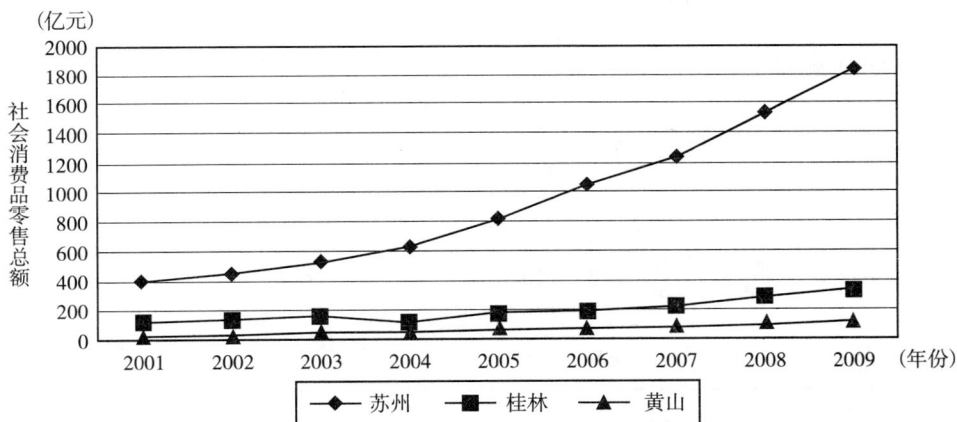

图 8　苏州、桂林和黄山社会消费品零售总额增长情况（2001~2009 年）

注：2004 年开始，桂林市采用新的统计口径统计，数值缩小。

4 结论与讨论

4.1 结论

通过基于层次与等级的城市旅游供给分析框架可知，苏州、桂林和黄山城市旅游供给面的差异，导致了城市旅游需求面的变化和发展方式的不同，具体比较如表 3 所示。

表 3 苏州、桂林和黄山城市旅游比较分析

城市等级			苏州（大城市）	桂林（中等城市）	黄山（小城市）
供给面	核心要素	核心景区和代表性区域	拙政园等古典园林，周庄、同里等水乡古镇，太湖、阳澄湖、山塘街、观前街	漓江景区、阳朔西街、两江四湖景区、象山景区、龙脊梯田、乐满地度假世界	黄山风景区、西递、宏村、齐云山景区、屯溪老街
	主题与特色	旅游形象	形象内涵快速多元化	传统形象稳固，转型快	传统形象极化，转型慢
		产业结构和现代服务业功能	典型工业城市，产业结构多元化，现代服务业规模大，种类多	工业基础好，产业结构多元化，但现代服务业发展水平低	工业基础薄弱，产业结构单一，现代服务业发展水平很低
	城市功能和地位	接待功能	高星级酒店发展迅速，面向商务市场	酒店数量多，种类全，规模大，但增长缓慢	以低星级酒店发展为主，规模小，发展快
		交通功能	旅游功能依赖周边城市，交通发展迅速	旅游功能独立完备，交通发展迅速	旅游功能不完善，依赖性强，交通发展迅速
		商业功能	商业功能强大，商业地位较高	商业功能较强，但商业地位相对下降	商业功能薄弱，商业地位较低
			⇩	⇩	⇩
需求面	旅游市场	旅游总体市场和细分市场	总体市场增长放缓，高消费市场增长迅速，高消费市场比重加大	总体市场增长缓慢，高消费市场增长缓慢，仍以低消费市场为主	总体市场增长迅速，主要以低消费市场增长为主
	城市旅游发展方式		呈现新的结构性增长方式	以传统发展方式为主，向结构性增长转变	以传统发展方式为主，转变不明显

4.1.1 城市功能和地位的演变决定了城市旅游发展方式

苏州作为旅游大城市，与桂林、黄山等旅游中小城市的差异集中在城市功能和地位上。进入 21 世纪，苏州工业基础和经济实力迅速提升，城市现代服务功能、交通功能、商业功能明显增强，在紧紧抓住国内旅游市场机遇的同时，极大地促进了商务旅游、会展旅游、购物旅游和休闲度假等高消费城市旅游的发展，改变了以往以观光游览为主的城市旅游形式。苏州城市功能和地位的演变决定了苏州城市旅游以结构性增长为主的新的发展方式。

4.1.2 单一的功能结构制约城市旅游发展方式的转变

黄山以旅游为核心的单一产业结构，使城市旅游缺少相关产业和高消费旅游核心要素的支撑，造成城市旅游长期陷入传统的发展方式。在城市旅游接待功能配套不完善的情况下，交通功能的快速提升，导致黄山低消费市场发展迅速，而旅游收入增长缓慢。黄山单一的城市功能结构制约了黄山城市旅游发展方式的转变。相比之下，桂林拥有良好的经济基础，产业发展呈现多元化，具备发展高消费城市旅游的基础条件。同时，桂林实现城市旅游发展方式的转变还取决于城市旅游核心要素和旅游形象的相应调整。

4.2 讨论

4.2.1 城市功能和地位与城市旅游发展方式

城市新的功能增长总会带来新的旅游市场，一个功能丰富的城市对旅游者而言具有较大的吸引力。与此同时，一些以旅游为单一核心产业的城市由于拥有著名的核心要素或者独特的城市功能，同样具有较大吸引力，如黄山。然而，正如一些学者对澳门经济的担心一样，这类城市由于过分依赖旅游业，将大量的土地、人力、资金集中于一个产业，制约了其他产业的发展，容易导致所谓的"荷兰病"（Dutch Disease）。传统城市旅游发展方式不仅产业效率低，而且容易引发城市问题，城市旅游需要新的发展方式，苏州似乎为其他城市发展指明了一条新的道路。每一个旅游城市的发展都存在相应的主导驱动机制，并随外部环境的变化而变化。然而，驱动机制的转变依赖相应城市基础条件，并不是所有旅游城市都具备。苏州城市旅游发展方式的转变高度依赖自身良好的经济基础、人口规模、区位条件等因素，这些因素显然不是黄山所具备的。城市旅游的发展方式是多样化的，以旅游为单一核心产业的城市旅游发展方式也具有合理性和可行性。本文提出的基于层次和等级的城市旅游供给分析框架能够为城市旅游发展方式的研究提供帮助。

4.2.2 分析框架的解释力与适用范围

基于层次与等级的城市旅游供给分析框架突出了旅游供给层次和旅游城市等级的重要性，确定了层次与等级之间的重要程度，特别强调了城市功能和地位，尤其是城市交通功能、接待功能、现代服务业功能和商业功能对城市旅游的影响，适用于城市比较研究，具有良好的理论张力。新的分析框架在研究城市旅游发展矛盾，尤其是城市旅游供需矛盾时具有较强的解释力。本文以苏州、桂林和黄山为例，应用和检验了新的分析框架，主要采用定性比较的方法，但并不否认新的分析框架在定量比较中同样适用。新的分析框架是开放性的，为各层次的城市供给比较留有拓展空间，如功能和地位的比较可以增加其他影响城市旅游的城市功能类型。

4.3 展望

新的分析框架为城市旅游的研究提供了新的平台，在解释城市旅游发展演变和比较不同城市旅游发展差异上具有很好的应用前景。当然，新的分析框架也可能存在一些限制：第一，新的分析框架侧重于城市旅游供给面的比较，能代表城市旅游供给的三个层次，但不能完全说明城市旅游供给系统的复杂性；第二，旅游城市等级的划分更多地反映中国的实际，在其他国家和地区的比较研究中可能需要做相应的调整；第三，新的分析框架适用于一般情况下的城市旅游，基于层次与等级之间的相对重要程度。然而，一些城市可能享有特殊的政策（如开放博彩业）、特殊的区位条件、特殊的社会文化等，呈现特殊的城市旅游供给体系，并不完全适用新的分析框架。

参考文献

[1] 古诗韵，保继刚. 城市旅游研究进展 [J]. 旅游学刊，1992（2）：15-20.

[2] Vetter F. On the Structure and Dynamics of Tourism in Berlin West and East [A]//Matznetter J. (ed.). Studies in the Geography of Tourism [Z]. Frankfurtam Main：Johann Wolfgang Goethe Universitat，1974：237-258.

[3] Burgess J. Selling Places：Environmental Images for the Executive [J]. Regional Studies，1982，16（1）：1-17.

[4] Pearce P. Mental Souvenirs：A Study of Tourists and Their City Maps [J]. Australian Journal of Psychology，1977，29（3）：203-210.

[5] Blank U., Petkovich M. The Metropolitan Area Tourist：A Comprehen-sive Analysis [A]//Traven and Tourism Research Association, a Decade of Achievement, Proceedings [Z]. Boise, ID：TTRA，1979：227-236.

[6] Judd D., Collins M. The Case of Tourism：Political Coalitions and Rede-velopment in Central Cities [A]//Tobin G. (ed.). The Changing Structureof Cities：What Happened to the Urban Crisis [M]. Beverly Hills, C. A.：Sage，1979：177-199.

[7] Edwards D., Griffin T., Hayllar B. Urban Tourism Research：Developing an Agenda [J]. Annals of Tourism Research，2008，35（4）：1032-1052.

[8] Ashworth G. Urban Tourism：An Imbalance in Attention [A]//Cooper C. P. (ed.). Progress in Tourism Recreation and Hospitality Management [M]. London：Belhaven，1989（1）：33-54.

[9] Vandermey A. Assessing the Importance of Urban Tourism：Conceptual and Measurement Issues [J]. Tourism Management，1984，5（2）：123-135.

[10] 陈传康. 城市旅游开发规划研究提纲 [J]. 旅游学刊，1996（5）：31-34.

[11] 陈传康，吴承照. 都市旅游的理论和实践探讨——上海都市旅游国际研讨会综述 [J]. 地理学与国土研究，1996（1）：61-64.

[12] 李立勋. 广州旅游吸引的特色及营造重点浅议 [J]. 旅游学刊，1997（12）：27-28.

[13] 保继刚，古诗韵. 城市 RBD 初步研究 [J]. 规划师，1998，14（4）：59-64.

[14] 吴必虎. 上海城市游憩者流动行为研究 [J]. 地理学报，1994，49（2）：117-127.

[15] 吴必虎，黄安民，孔强. 长春市城市游憩者行为特征研究 [J]. 旅游学刊，1996（2）：26-29.

[16] 杨新军，祁黄雄. 城市旅游开发与旅游业可持续发展——以深圳市为例 [J]. 经济地理，1998，18（4）：115-119.

[17] 彭华，钟韵. 关于旅游开发与城市建设一体化初探 [J]. 经济地理，1999，20（1）：111-115.

[18] Jansen-Verbeke M., Lievois E. Analyzing Heritage Resources for Urban Tourism in European Cities [A]//Pearce D. G., Butler R. W. (eds.). Con-temporary Issues in Tourism Development [M]. London：

Routledge, 1999: 81-107.

[19] Mullins P. Tourism Urbanization [J]. International Journal of Urban and Regional Research, 1991, 15 (3): 326-342.

[20] Mullins P. Class Relations and Tourism Urbanization: The Regeneration of the Petite Bourgeoisie and the Emergence of a New Urban Form [J]. International Journal of Urban and Regional Research, 1994, 18 (4): 591-607.

[21] Mommaas H. Cultural Clusters and the Post-industrial City: Towards the Remapping of Urban Cultural Policy [J]. Urban Studies, 2004, 41 (3): 507-532.

[22] Beedie P. The Adventure of Urban Tourism [J]. Journal of Travel & Tourism Marketing, 2005, 18 (3): 37-48.

[23] Zukin S. The Culture of Cities [M]. Oxford: Blackwell, 1996: 1-45.

[24] Ashworth G., Page S. J. Urban Tourism Research: Recent Progress and Current Para doxes [J]. Tourism Management, 2011, 32 (1): 1-15.

[25] Pearce P. L. The Social Psychology of Tourist Behavior [M]. Oxford: Pergamon, 1982: 51-70.

[26] Pearce D. G., Bulter R. W. Tourism Research: Critiques and Challenges [M]. London: Routledge, 1993: 113-134.

[27] Duk-Byeong Park, Yoo-Shik Yoon. Segmentation by Motivation in Rural Tourism: A Korean Case Study [J]. Tourism Management, 2009, 30 (1): 99-108.

[28] Fleischer A., Felsenstein D. Support for Rural Tourism: Does It Make a Difference [J]. Annals of Tourism Research, 2000, 27 (4): 1007-1024.

[29] Gill A., Williams P. Managing Growth in Mountain Tourism Commu-nities [J]. Tourism Management, 1994, 15 (3): 212-220.

[30] Mosedale J. T. Coastal Mass Tourism: Diversification and Sustainable Development in Southern Europe [J]. Annals of Tourism Research, 2005, 32 (1): 282-284.

[31] Kenchington R. Tourism in Coastal and Marine Environments-a Recre-ational Perspective [J]. Ocean & Coastal Management, 1993, 19 (1): 1-16.

[32] Ashworth G. J. Is There an Urban Tourism [J]. Tourism Recreation Re-search, 1992, 17 (2): 3-8.

[33] Pearce D. G. An Integrative Framework for Urban Tourism Research [J]. Annals of Tourism Research, 2001, 28 (4): 926-946.

[34] Gospodini A. Urban Design, Urban Space Morphology, Urban Tourism: An Emerging, Paradigm Conceming Their Relationship [J]. European Planning Studies, 2001, 9 (7): 925-934.

[35] Pearce D. G. Tourism Today: A Geographical Analysis [M]. BurntMill: Longman, 1987: 185-188.

[36] Ashworth G. J. Accommodation and the Historic City [J]. Built Envi-ronment, 1989 (15): 92-100.

[37] Stansfield C. A., Rickert J. E. The Recreational Business District [J]. Journal of Leisure Research, 1970, 2 (4): 213-225.

[38] Getz D. Planning for Tourism Business Districts [J]. Annals of Tourism Research, 1993, 20 (3): 583-600.

[39] Blank U. Research on Urban Tourism Destinations [A]//Ritchie J. R. B., Goeldner C. R. (eds.). Travel, Tourism and Hospitality Research [M]. New York: John Wiley, 1994: 181-196.

[40] Page S. Urban Heritage Tourism in New Zealand: The Wellington Wa-terfront Development in

the 1990s [A]//Hall C. M., McArthur S. (eds.). Heritage Management in Australia and New Zealand: The Human Di-mension [M]. Melbourne: Oxford University Press, 1996: 17–20.

[41] Fainstein S., Gladstone D. Tourism and Urban Transformation: Inter-pretations of Urban Tourism [A]//Kalltorp O., Elander I., Ericsson O. et al. (eds.). Cities in Transformation-transformation in Cities: Social and Symbolic Change in Urban Space [M]. Aldershot, Hants: Avebury, 1997: 119–135.

[42] Haywood K. M. Can the Tourist-area Life Cycle be Made Operational [J]. Tourism Management, 1986, 7 (3): 158–167.

[43] 彭华. 旅游发展驱动机制及动力模型探析 [J]. 旅游学刊, 1999 (6): 39–44.

[44] 彭华. 汕头城市旅游持续发展驱动机制研究 [J]. 地理学与国土研究, 1999, 15 (3): 75–81.

[45] 朱竑, 戴光全. 经济驱动型城市的旅游发展模式研究——以广东省东莞市为例 [J]. 旅游学刊, 2005, 20 (2): 41–46.

[46] 保继刚, 龙江智. 城市旅游驱动力的转化及其实践意义 [J]. 地理研究, 2005, 24 (2): 274–282.

[47] Grabler K. Cities and the Destination Life Cycle [A]//Mazanec J. A. (ed.). International City Tourism: Analysis and Strategy [M]. London: Printer, 1997: 54–71.

[48] Toh R. S., Khan H., Koh A. A. A Travel Balance Approach for Examin-ing Tourism Area Life Cycle: The Case of Singapore [J]. Journal of Travel Research, 2001, 39 (2): 426–432.

[49] 徐红罡, 郑海燕, 保继刚. 城市旅游地生命周期的系统动态模型 [J]. 人文地理, 2005, 20 (5): 66–69.

[50] 汪德根. 城市旅游空间结构演变与优化研究——以苏州市为例 [J]. 城市发展研究, 2007, 14 (1): 21–32.

[51] 万绪才, 李刚, 张安. 区域旅游业国际竞争力定量评价理论与实践研究 [J]. 经济地理, 2001, 21 (3): 355–358.

[52] 甘萌雨, 保继刚. 城市旅游竞争力研究初步 [J]. 现代城市研究, 2003 (4): 22–25.

[53] 马晓龙. 基于绩效差异的中国主要城市旅游发展阶段演化 [J]. 旅游学刊, 2009, 24 (6): 25–30.

[54] 马晓龙, 保继刚. 中国主要城市旅游效率影响因素的演化 [J]. 经济地理, 2009, 29 (7): 1203–1208.

[55] Law C. Tourism in major cities [M]. London: International Thomp-son Business Press, 1996.

[56] 许学强, 周一星, 宁越敏. 城市地理学 [M]. 北京: 高等教育出版社, 1997.

[57] 保继刚, 甘萌雨. 改革开放以来中国城市旅游目的地地位变化及因素分析 [J]. 地理科学, 2004, 24 (3): 365–370.

[58] Ashworth G. J., Voogd H. Can Places be Sold for Tourism [A]//Ash-worth G., Goodall B. (eds.). Marketing Tourism Places [M]. London: Routledge, 1990: 1–16.

[59] Law C. Urban Tourism: Attracting Visitors to large cities [M]. New York: Mansell, 1993: 32–38.

[60] Law C. Urban tourism: the visitor Economy and the Growth of Large Cities (2ed) [M]. New York: Continuum, 2002: 24–26.

[61] Low L., Toh M. H. Singapore: Development of Gateway Tourism [A]//Go F. M., Jenkins C. L. (eds.) Tourism and Economic Development in Asia and Australasia [M]. London: Cassel, 1997: 237–254.

[62] O'Kelly M. E., Miller H. J. The Hub Network Design Problem: A Review and Synthesis [J]. Journal of Transport Geography, 1994, 2 (1): 31–40.

[63] Van den Borg J., Costa P., Gotti G. Tourism in European Heritage Cities[J]. Annals of Tourism Re-

search, 1996, 23 (2): 306-321.

［64］ 李玲，许学强. 50 年来我国城市主导功能的发展变化——从消费城市向生产城市、生活城市的转变［J］. 人文地理，2001，16 (2)：22-25.

［65］ Hensher D. A. A Practical Approach to Identifying the Market Poten-tial for High Speed Rail: A Case Study in the Sydney-Canberra Corridor ［J］. Transportation Research, part A, 1997, 31 (6): 431-446.

［66］ O'Kelly M. E. A Geographer's Analysis of Hub-and-spoke Networks ［J］. Journal of Transport Geography, 1998, 6 (3): 171-186.

［67］ Sheng L. Specialization Versus Diversification: A Simple Model for Tourist Cities ［J］. Tourism Management, 2011, 32 (5): 1229-1231.

［68］ Copeland B. Tourism, Welfare, and De-industrialization in a Small Open Economy ［J］. Economica, 1991, 58 (232): 515-529.

［69］ Corden W. M., Neary J. P. Booming Sector and De-industrialization in a Small Open Economy［J］. The Economic Journal, 1982, 92 (368): 825-848.

An Analysis Framework for Supply-Side of Urban Tourism Based on Levels and Hierarcies

Bao Jigang   Liang Zengxian

Abstract: Urban tourism is now an extremely important, world-wide form of tourism. Moreover, it has become a significant and distinctive research field in tourism geography and urban studies since the end of 1980s. This paper reviews research on the development and exploration of the nature of urban tourism, espe-cially focuses on analytical framework for urban tourism. Early analytical frameworks are weak in compara-tive study on urban tourism and take all the tourist cities as the same structure or function commonly; some even fails to identify the significant features of urban tourism. A levels and hierarchies analysis framework for supply-side of urban tourism which emphasizes the signification of both the levels (urban function and status, urban theme and unique feature, core elements of tourism) of supply-side in urban tourism and the hierarchies (big cities, medium cities and small cities) of tourist cities is developed in this paper. Suzhou, Guilin and Huangshan are chosen as case cities to apply and illustrate this new analytical framwork. The research shows that demand-side depends on supply-side of urban tourism. The variation of supply-side makes evolution pattern and result of Suzhou, Guilin and Huangshan difference. Urban function and status upgrading promote urban tourism development change from traditional pattern to structural growth pattern (high earnings growth, low urban tourist increase, high tourism industrial efficiency) in Suzhou. Based on levels and hierarchies, the new analysis framework for supply–side of urban tourism applies to comparative study on urban both qualita–tively and quantitatively, which provides a new power–ful tool for urban tourism research to find out some new development patterns for tourist cities in the future.

Key Words: Urban Tourism; Analytical Framework; Urban Function; Suzhou; Guilin; Huang shan City

旅游发展能否减小城乡收入差距?*

——来自中国的经验证据

赵 磊

【摘 要】已有的研究文献并没有系统地说明旅游发展与城乡收入差距之间是否存在显著关系。文章利用中国 1999~2008 年分省动态面板数据的系统广义矩估计（SYS - GMM）方法对此进行了实证检验。实证结果显示，中国旅游发展能够显著减小城乡收入差距。旅游发展减小城乡收入差距的影响机制主要表现为旅游发展与农村人均实际收入具有显著正向关系，而与城镇人均实际收入之间关系则不显著，研究还发现，旅游发展与全国人均收入水平存在显著的正向关系。除此之外，财政分权在旅游发展对城乡收入差距影响关系中起负调节作用；城市化在旅游发展对城乡收入差距影响关系中起正调节作用；人均收入水平在旅游发展对城乡收入差距影响关系中的负调节作用基本可以忽略。

【关键词】旅游发展；城乡收入差距；系统广义矩估计；经济增长

1 引言

旅游作为经济增长过程的重要组成部分之一，旅游发展的经济效应能否在城乡统筹背景下有效减小城乡收入差距逐渐成为一个重要命题。大量的研究文献认为，旅游发展对经济增长具有显著的正向作用，但旅游发展在城乡经济增长过程中的公平性研究值得关注。就旅游发展的社会经济本质属性而言，关于旅游发展对地区收入不平等和福利效应[①]的影响程度，研究学者仅就其中一方面进行了分析，而未形成统一的系统论述观点。

* 本研究受教育部人文社会科学研究青年项目（09YJC790090）和上海财经大学研究生科研创新基金（CXJJ-2011-324）共同资助。

作者：赵磊（1984—），男，山东新泰人，博士研究生，主要研究方向为旅游经济学，E-mail：zhaolei19840101@163.com。

本文引自《旅游学刊》2011 年第 12 期。

① 埃克特（Echter）认为，乡村地区经常将旅游作为一种促进当地就业和提升居民经济福利效应水平的工具。

从乡村旅游发展来看，旅游发展对乡村经济增长存在两个方面的争议：一是按照传统经济增长理论的观点，乡村经济增长的动力应当源于物质资本、人力资本和知识溢出等，而乡村旅游发展的低工资、低技术和季节性因素导致其对乡村经济增长的作用并不明显，在这种情况下，乡村旅游发展趋势对地区收入分配起到反向制约作用。二是乡村旅游资源作为经济增长的潜力要素之一，其旅游经济价值的实现要大于在传统经济增长模式中的资源属性价值。马库勒等（Marcouiller et al.）驳斥了单纯按照传统的经济增长理论来评价乡村旅游发展的观点，因为这种做法低估了乡村旅游发展所具有的潜力价值，[①] 并在新经济增长理论基础上构建了空间误差计量模型（SEM），实证分析得出乡村旅游发展对减小基尼系数具有显著作用。除此之外，乡村旅游资源所具有的地域属性特征与地区经济增长也具有显著的正向关系。更为重要的是，万杰（Wanger）、弗雷彻和皮扎姆（Fleischer & Pizam）、英格丽什等（English，et al.）、戴勒等（Deller，et al.）、戴勒和艾多等（Deller & Lledo，et al.）多位学者提出乡村旅游有助于提升地区经济增长速度。

从城市旅游发展来看，旅游发展对城市经济增长也存在两个方面的争议：一是城市发展旅游不仅为城市经济增长提供了动力，而且有利于城市发展的更新与复苏。城市发展旅游所形成的传导机制和乘数效应通过其综合复杂的城市游憩系统表现出明显的经济意义。二是城市为发展旅游所承担的资源投入规模与城市旅游发展效率之间的失调制约了城市整体的经济发展。就中国而言，主要城市旅游发展效率总体不高，城市旅游发展效率空间格局呈现典型的区域非均衡性，并且大部分城市旅游发展效率处在规模递增阶段，要素投入没有满足效率增长的需求，同样制约了城市经济的增长，进一步影响到城市居民的社会经济福利效应。

我国同样存在着跟美国一致的情形，收入不平等主要分为城乡收入差距和家庭收入差距两个基本维度。有关中国旅游发展与城乡收入差距之间关系的文献资料相对较少，这显然与如今我们所探讨的城乡统筹与旅游发展的和谐共进不相符。现有的涉及旅游发展与城乡收入差距的研究文献并没有触及本质问题的核心层面，而仅是集中于旅游发展在乡村和城市地区所产生的经济影响效应或者城乡旅游如何协调互动，并没有客观解释旅游发展对城乡收入差距到底存在怎样的影响机制。鉴于此，本文利用中国 1999~2008 年 30 个省、自治区和直辖市[②] 的分省面板数据首次实证检验了旅游发展对城乡收入差距的影响机制，试图为中国旅游发展的这一重要社会经济价值进行理论验证。

---

① 根据罗班克（Roback）的观点，乡村旅游资源影响可以潜在地影响到当地土地价格、地区工资和房租。格林（Green）也持同样的观点，并举例说乡村森林旅游资源的价值并不是体现在可以生产木材本身，而是其作为风景区和野生动物栖息地所具有的价值意义。马库勒等（Marcouiller et al.）的研究还得出拥有水资源的乡村地区对平衡收入分配更具显著意义。

② 西藏由于部分数据缺失未被包括在样本中。

2　中国旅游发展与城乡收入差距的基本情形

首先，中国旅游经济发展存在明显的时空区域差异化特征，东中西部旅游发展区位熵值大小所表示的区域旅游经济发展的非均衡性也反映出不同地区旅游发展对经济增长的影响机制和影响规模有所不同。地区经济发展结构的差异决定了其与旅游发展存在不同形式的相互作用关系，从而直接作用于旅游发展对不同地区城乡收入差距的影响机制和效应强度，同时也决定了旅游发展对城乡收入差距的这种影响关系也存在明显的地域性。

其次，国内旅游市场和入境旅游市场发展对中国经济增长所产生的影响效应也存在明显的地域性。通过旅游消费所带动的旅游市场发展，主要以其外部性和溢出效应等方式来刺激地区经济增长，旅游消费水平又取决于旅游者的旅游消费倾向，内生于地区经济增长水平的旅游消费倾向决定了国内旅游和入境旅游市场对经济增长的影响规模程度。就中国而言，国内旅游市场发展对经济增长具有显著的促进作用；东部和中部入境旅游市场发展对经济增长起促进作用，但西部入境旅游市场发展却对经济增长起显著的阻碍作用。

最后，旅游深度虽然能基本反映出地区旅游发展程度，但是却忽视了人均旅游收入所表示的旅游密度对地区经济增长的影响。旅游密度可能会从动态的角度改变地区旅游需求结构，通过旅游消费支出所产生的乘数累积效应来有效带动地区经济增长，从而进一步增强旅游发展对城乡收入差距的影响效应程度。

3　旅游发展与城乡收入差距的实证分析

3.1　模型、样本和回归方法

为了实证分析旅游发展对城乡收入差距的影响，本文以城乡收入差距（gap）为因变量，以旅游发展（tourism）为关键解释变量，建立了一个面板数据模型。同时，在模型中加入了城乡收入差距的一阶滞后项，因为考虑到城乡收入差距具有动态效应，当期城乡收入差距变化可能会受到其自身过去值的影响，即城乡收入差距变化是一个复杂、缓慢的动态调整过程。此外，本文还在模型中加入了人均实际国内生产总值对数（lpgdp）、金融发展水平（finance）、城市化（urbanization）、开放程度（openness）和财政分权程度（fisdec）等影响城乡收入差距的模型控制变量。模型设定具体如下：

$$gap_{i,t} = \beta_1 gap_{i,t-1} + \beta_2 tourism_{i,t} + \beta_3 lpgdp_{i,t} + \beta_4 X_{i,t} + \eta_i + \mu_t + \varepsilon_{i,t} \tag{1}$$

由于式（1）解释变量中包括了因变量的滞后一期，所以本文所构建的计量模型为动态面板数据模型。i 表示省份，t 表示时期，$gap_{i,t}$ 表示省份 i 在 t 时期的城乡收入差距，$tourism_{i,t}$、$lpgdp_{i,t}$ 和 $X_{i,t}$ 分别表示省份 i 在 t 时期的旅游发展、人均 GDP 和其他控制变量。η_i 为地区哑变量，代表不随时间变化的地区固定效应；μ_t 为时期哑变量，代表不随地区变化的时期固定效应；ε 为随机扰动项。

本文使用三种方法对模型进行估计：混合估计（Pooled OLS）、固定效应估计（Fixed-effects OLS）和系统广义矩估计（SYS-GMM）。由于没有控制地区固定效应，混合估计通常会高估因变量滞后项的系数。对于式（1），如果模型不存在内生性问题，可以使用固定效应模型进行估计，由于时期比较少，固定效应模型可能会低估因变量滞后项的系数。然而，由于式（1）可能存在因变量到解释变量的反向关系以及因变量的滞后一期与模型随机扰动项相关，从而会使得模型中存在内生问题。所有这些，都会使式（1）的固定效应模型估计产生偏误。

为了解决以上问题，阿雷拉诺和邦德（Arellano & Bond）指出，当模型中的一些变量是内生变量时，普通的面板回归结果是有偏的，动态面板方法可以消除模型的内生性偏误，从而得到更加有效的估计结果。动态面板模型的估计方法之一是一阶差分广义矩估计（First Difference-GMM）方法。首先对式（1）进行差分得到：

$$\Delta gap_{i,t} = \beta_1 \Delta gap_{i,t-1} + \beta_2 \Delta tourism_{i,t} + \beta_3 \Delta lpgdp_{i,t} + \beta_4 \Delta X_{i,t} + \Delta \mu_t + \Delta \varepsilon_{i,t} \qquad (2)$$

然后用解释变量的适当滞后期为工具变量进行估计。然而当样本的时间维度比较短，以及式（1）中 $gap_{i,t-1}$ 的系数 β_1 接近 1 时，一阶差分 GMM 估计方法存在所谓的弱工具变量（weak instruments）问题。除此之外，差分转换也有一定缺陷，它会导致一部分样本信息的损失，并且当解释变量在时间上有持续性时，工具变量的有效性同样会减弱，从而影响估计结果的渐进有效性。阿雷拉诺和布维尔（Arellano & Bover）、布伦戴尔和邦德（Blundell & Bond）在此基础上提出的系统广义矩估计（SYS-GMM）能够很好地解决上述问题，它能同时利用差分和水平方程中的信息，并增加了一组滞后的差分变量作为水平方程相应变量的工具变量，从而提高了估计结果的有效性。考虑到系统广义矩估计的一致性取决于工具变量的有效性，本文利用 Sargan 检验及 AR 检验（Arellano-Bond test for AR）来进行判断，在 Sargan 检验中，原假设为工具变量联合有效；在 AR 检验中，残差项允许存在一阶序列相关，但不允许存在二阶序列相关。蒙特卡洛试验表明，在有限样本下，系统广义矩估计比差分广义矩估计的偏差更小，有效性更高。

3.2　变量选取

本文将利用 1999~2008 年全国 30 个省、自治区和直辖市的面板数据进行实证研究。统计分析数据来源于《中国统计年鉴》、各省统计年鉴、《中国旅游统计年鉴》、《新中国六十年统计资料汇编》和中经网统计数据库。

表1　主要变量定义

变量	名称	定义
gap	城乡收入差距	城镇家庭人均可支配收入 / 农村家庭人均纯收入
torism	旅游发展	旅游总收入[①]/GDP
lpgdp	人均实际收入	ln（人均实际GDP），基于1999年价格
lurbpgdp	城镇人均实际收入	ln（城镇人均实际收入），基于1999年价格
lrurpgdp	农村人均实际收入	ln（农村人均实际收入），基于1999年价格
openness	对外开放	进出口贸易总额/GDP
human capital	人力资本	高校在校学生人数/总人口
saving capital	储蓄率	资本形成总额/GDP
finance	金融发展	银行贷款/GDP
fisdec	财政分权	地方人均财政支出 /（地方人均财政支出 + 中央人均财政支出）
urbanization	城市化	非农业人口/总人口

3.3　实证分析结果与稳健性检验

首先对模型变量采用 LLC（Levin-Lin-Chu）、Fisher-ADF 和 Hadri Z 等方法进行面板单位根检验，以考察面板数据的平稳性，认为因变量 gap 及其自然对数为平稳性序列，且利用面板协整检验 Pedroni 和 Kao 方法得出模型变量之间存在长期均衡稳定的协整关系。表2显示了式（1）旅游发展对城乡收入差距的模型回归结果。模型1、模型2和模型3分别给出了混合估计、固定效应估计和系统 GMM 估计。模型中主要包括城乡收入差距滞后项和旅游发展两个关键解释变量以及时间固定效应。动态面板的系统 GMM 估计的一致性要求差分残差的一阶序列可以相关，但二阶序列不相关，根据模型3的回归结果，发现 AR（1）拒绝原假设而 AR（2）接受原假设，其统计量不显著也说明了不存在二阶序列相关的原假设成立。同时，Sargan 检验接受原假设，其统计量不显著也说明了工具变量联合有效。通过估计所得到的系统 GMM 估计量具有一致性，但如果使用的工具变量较弱时，动态面板的系统 GMM 估计量可能会发生较大程度的偏移。邦德（Bond）提出了判断此种情况的方法，即将系统 GMM 的估计量和混合回归估计量以及固定效应回归估计量进行对比，观察因变量滞后项的系统 GMM 估计量是否介于其他两种估计量之间。这是因为当因变量的滞后项作为模型解释变量时，混合估计回归会引起因变量滞后项的估计量上偏，而固定效应回归会导致因变量滞后项的估计量下偏，良好的因变量滞后项的估计量应该在两者范围之内。同本文所期望的一样，模型3的因变量滞后项的系统 GMM 估计量（0.773）恰好介于混合回归滞后项的估计量（0.959，模型1）和固定效应回归滞后项的估计量（0.600，模型2）之间。本文重点分析模型3。

---

① 旅游总收入指国内旅游收入与入境旅游收入之和，其中，入境旅游收入按照当年汇率折算为人民币。

表 2 旅游发展对城乡收入差距的模型回归结果

变量	模型 1 (Pooled OLS)	模型 2 (FE)	模型 3 (SYS-GMM)	模型 4 (SYS-GMM)	模型 5 (SYS-GMM)	模型 6 (SYS-GMM)	模型 7 (SYS-GMM)	模型 8 (FE)	模型 9 (SYS-GMM)	模型 10 (SYS-GMM)	模型 11 (SYS-GMM)
gap(t－1)	0.959*** (0.011)	0.600*** (0.045)	0.773*** (0.008)	0.838*** (0.012)	0.807*** (0.018)	0.795*** (0.036)	0.785*** (0.021)	0.587*** (0.050)	0.815*** (0.044)	0.302*** (0.026)	0.757*** (0.049)
tourism	-0.592*** (0.155)	-0.105 (0.396)	-1.544*** (0.067)	-0.404** (0.174)	-0.626** (0.305)	-1.566** (0.651)	8.052* (4.691)	6.286** (2.951)	-4.066* (2.103)	-2.662** (1.198)	-1.511*** (0.329)
lpgdp				-0.044 (0.033)	-0.060 (0.058)	-0.146 (0.103)	0.030 (0.066)	0.185** (0.085)	-0.134 (0.101)	-0.359* (0.206)	-0.281** (0.116)
human capital				-3.930 (2.737)	0.078 (2.688)	5.218 (5.221)	-4.539 (4.619)	4.009 (3.352)	1.069 (4.318)	30.454** (12.227)	8.979* (4.678)
saving rate				-0.041 (0.087)	-0.135 (0.113)	-0.144 (0.131)	-0.099 (0.130)	-0.253*** (0.090)	-0.010 (0.157)	0.392** (0.157)	-0.189** (0.057)
finance					-0.030 (0.035)	-0.103 (0.065)	0.029 (0.043)	0.001 (0.023)	0.259 (0.294)	0.094 (0.157)	-0.039 (0.068)
urbanization					-0.422 (0.257)	-0.284 (0.318)	-0.207 (0.365)	0.611*** (0.144)	-1.008* (0.554)	-1.884 (0.652)	0.443 (0.516)
openness					0.025 (0.079)	0.046 (0.078)	0.033 (0.077)	0.059 (0.060)	0.110* (0.064)	-0.209** (0.089)	0.042 (0.120)
fisdec					0.248 (0.261)	0.240 (0.259)	0.843* (0.455)	-0.372** (0.160)	0.259 (0.294)	0.643** (0.263)	0.166 (0.233)
tourism(t－1)						1.158* (0.679)					
tourism × fisdec							-11.612* (6.466)				
tourism × lpgdp								-0.637*** (0.305)			
tourism × urbanization									6.803* (3.729)		
AR(1)			0.004	0.003	0.004	0.005	0.003		0.009	0.003	0.005
AR(2)			0.118	0.227	0.186	0.160	0.137		0.314	0.447	0.449
Sargan test			0.431	0.963	0.984	0.989	0.989		1.000	0.999	1.000
R²	0.97	0.96						0.77			

注：①*** 、** 和 * 分别表示在 1%、5% 和 10% 水平上显著。②括号内为各统计量的标准差。③AR(1) 和 AR(2) 分别表示 Arellano－Bond 的 AR(1) 和 AR(2) 检验统计量，用于考察分残差一次差分序列是否存在一阶和二阶序列相关，原假设为不存在自目相关。④Sargan 检验统计量用来检验 SYS-GMM 工具变量是否联合有效，原假设为所有工具变量联合有效。⑤模型 10 的因变量为稳健性检验中的城乡消费比率，作为解释变量滞后一期为滞后一期的城乡消费比率的滞后一期。

Sargan 检验统计结果大于 0.1，表明模型不存在内生性问题。城乡收入差距滞后项在 1%水平上高度显著表明城乡收入差距变化发展具有动态持续性，当期城乡收入差距形态变动受到上一期城乡差距演变机制的影响，城乡收入差距的"棘轮效应"显著。更为重要的是，旅游发展与城乡收入差距呈现高度显著的负向关系，即旅游发展有效减少了中国的城乡收入差距。

除了模型统计上的显著性，根据旅游发展对城乡收入差距的系统 GMM 估计量进行定量分析，有助于深刻了解旅游发展对城乡收入差距的影响机制。在模型 3 中，旅游发展对城乡收入差距的回归系数为-1.544，这意味着旅游发展（即旅游深度）每上升 1%，城乡收入差距将减小约 1.544 个百分点。[①]进一步采用标准化系数来直接反映旅游发展对城乡收入差距的影响规模程度，通过解释变量的回归系数和自变量标准差的乘积与因变量标准差的比值判断，旅游发展的标准化系数为 15.8%，表明旅游发展的变化解释了城乡收入差距变化的 1.4%。考虑到城乡收入差距变化的"棘轮效应"，在其随着时间不断累积的情况下，城乡收入差距变化速度将会加快。因为城乡收入差距滞后项的系数为 0.773，所以旅游发展对城乡收入差距的长期累积效应为-1.544/（1 - 0.773）≈ -6.802。因此旅游发展对城乡收入差距的标准系数上升到 16.7%，说明旅游发展的变化可以解释城乡收入差距长期累积变化的 16.7%。

模型 4 和模型 5 分别是依次加入多个控制变量之后的旅游发展对城乡收入差距的系统 GMM 估计结果。模型 4 中加入了控制变量地区经济发展水平、储蓄率和人力资本，模型 5 在此基础上又加入了金融市场发展、城市化、对外开放程度和财政分权程度四个控制变量，通过以上模型敏感性检验，发现旅游发展与城乡收入差距的显著负向关系依然稳健，只不过影响效应程度相比模型 3 有所降低，这也符合模型预期。在模型 5 中，旅游发展对城乡收入差距的回归系数为-0.626，这意味着旅游发展每上升 1%，城乡收入差距将减小约 0.626 个百分点，旅游发展对城乡收入差距的长期累积效应值约为-3.244。[②]

为了分析旅游发展的滞后项是否对城乡收入差距产生影响，在模型 6 中加入旅游发展的滞后一期，发现旅游发展在当期仍对城乡收入差距产生显著的负效应，回归系数为-1.566，但在滞后期却产生了显著的挤入效应（两者在 10%水平上呈正向关系），回归系数为 1.158，综合两期旅游发展对城乡收入差距的影响效应程度，总体上还是以当期为主。考虑到旅游经济效应功能的逐步衰减规律，旅游发展在滞后期与城乡收入差距上会呈现显著的正向关系，然而旅游发展对城乡收入差距的长期累积效应为 1.898。所以当考虑

---

① 模型 3 中只包括城乡收入差距滞后项和旅游发展两个关键解释变量，而未放入控制变量，所以可能会出现旅游发展对城乡收入差距的适当高估现象。

② 本文所得出的我国旅游发展对城乡收入差距具有显著负向影响效应的研究结论与现实中我国城乡收入差距逐步扩大这一事实并不相违背。因为我国城乡收入差距扩大是由多种因素共同作用的结果。我国旅游业发展可以有效减小城乡收入差距，然而这种负向影响效应较小。更进一步考虑，以金融业为例，叶志强、陈习定和张顺明利用 1978~1998 年的动态面板数据分析，得出了我国金融发展显著拉大了城乡收入差距的研究结论。由此看来，现阶段我国旅游发展对城乡收入差距的减小作用在城乡收入差距逐步扩大的现实局面中并不占主导作用。

到旅游发展滞后期对城乡收入差距的正向作用后，旅游发展每上升 1%，长期可减小城乡收入差距 1.898%。

下面重点考察旅游发展对城乡收入差距的影响如何受到地区经济特征的制约。模型 7、模型 8 和模型 9 分别给出了旅游发展、地区经济特征对城乡收入差距影响的估计结果。模型 7 是旅游发展、财政分权与城乡收入差距相互影响的估计结果。估计结果表明，旅游发展与财政分权的交互项在 10% 的水平上显著为负，这表明旅游发展对中国城乡收入差距的影响依赖于财政分权，财政分权在旅游发展对城乡收入差距的影响机制中呈现出负的调节作用。财政分权程度越高，旅游发展对减小城乡收入差距的影响效应越大。可以求出财政分权程度的门限水平为 0.693，[①] 高于此门限水平的地区，城乡收入差距会随着旅游发展而减小。这一门限水平低于样本地区财政支出程度的均值 0.725，说明多数地区财政分权程度已跨越这一门限，旅游发展有利于地区城乡收入差距的减小。同时，也可求出旅游发展的门限水平为 0.073，该门限水平低于样本地区旅游发展的均值 0.085，因此对于处于财政分权程度平均水平的地区而言，地区城乡收入差距会随着旅游的发展而减小。除此之外，模型 7 中的财政分权变量在 10% 水平上显著，这也验证了财政分权是造成地区城乡收入差距的重要因素。

模型 8[②] 给出了旅游发展、地区经济发展水平与城乡收入差距相互影响的估计结果。估计结果显示，旅游发展与地区经济发展水平的交互项在 5% 水平上显著为负，表明旅游发展对中国城乡收入差距的影响也依赖于地区经济发展水平，由于地区经济发展水平产生负向调节作用，这就意味着在经济发展水平较高的地区，旅游发展对城乡收入差距的负向影响强度越大。我们可以求出地区经济发展水平对数的门限水平为 9.875，相当于以 1999 年为基期不变价格表示的 19438.29 元。以 2008 年为例，高于这一门限水平的地区，如北京、天津、辽宁、上海、江苏、浙江、福建、山东、广东以及内蒙古的经济发展水平是有利于旅游发展对减小城乡收入差距的影响效应的。同时也可以求出旅游发展的门限水平为 0.29，在样本范围内这一门限水平要高于旅游发展的均值 0.085，对处于旅游发展平均水平的地区而言，经济增长不利于城乡收入差距的减小，但是意味着加强地区旅游发展可以有助于保持经济增长的同时有效减小城乡收入差距。模型 8 中地区经济发展水平在 5% 水平上显著为正，说明中国经济发展进程中同时伴随着收入分配不公的现象。

---

① 变量门限水平的估算方法有两种：外生的估算方法和内生的估算方法。外生的估算方法是在计量模型中加入两变量的交互项，然后对模型两边关于门限变量求一阶偏导。内生的估算方法往往采用汉森（Hansen）的门限面板效应估计模型，这种方法较为客观，但复杂。当然，如果交互项的系数显著时，可以采用外生的估算方法。

② 模型 8 采用的是固定效应估计方法，并且有效控制了时间固定效应，根据伍德里奇（Wooldridge）的研究，大样本固定效应模型估计符合一致性要求，年度数据有效扩大了样本容量，增加了面板数据信息，因此使用固定效应模型估计年度数据是合适的。除此之外，在处理固定效应面板数据模型回归时，如果数据存在异方差，一般是运用截面加权回归（Cross Section Weight）估计方法消除异方差的影响，并采用广义最小二乘法（GLS）进行处理，但其前提是时间跨度大于截面单元（大 T 小 N），但在中国很多的分省面板数据模型中，大都不满足该项条件。所以在大 N 小 T 的情况下，本文采用更为强健的 FE Estimation with Driscoll-Kraay Standard Errors 对模型 8 中的固定效应模型回归进行处理，并生成 Driscoll-Kraay 标准差。

模型 9 显示了旅游发展、城市化与城乡收入差距相互影响的估计结果。估计结果显示，旅游发展与城市化水平的交互项在 10%水平上显著为正，表明城市化水平在旅游发展对城乡收入差距的影响机制中呈现出正的调节作用。城市化水平越高，越不利于旅游发展对城乡收入差距的负向影响效应，旅游发展对城乡收入差距的负向影响效应受到城市化水平的制约。我们同样可以求出城市化的门限水平为 0.598，该门限水平要高于样本地区城市化水平均值 0.337，表明对处于城市化平均水平的地区而言，旅游发展有利于减小城乡收入差距，但是城市化水平的进程过快反而会制约这种影响效应。旅游发展的门限水平为 0.148，在样本范围内这一门限水平要高于旅游发展的均值 0.085，对处于旅游发展平均水平的地区而言，城市化进程过快不利于城乡收入差距的减小，但是意味着旅游发展在城市化进程中对减小收入差距方面却起到积极作用。模型 9 还显示出城市化对降低统计上的城乡收入差距具有显著作用。

模型 10 和模型 11 分别给出了旅游发展对城乡收入差距估计结果的稳健性检验。用城乡消费比率及其滞后项来代替城乡收入差距指标及其滞后项，模型 10 的估计结果显示旅游发展和城乡收入差距存在显著的负向关系。虽然本文的基础样本包括了 30 个省、自治区和直辖市，但其中 3 个直辖市（北京、天津和上海）的部分指标数据要远高于其他省级行政单位，所以在分析旅游发展对城乡收入差距的影响规模程度时可能会成为异常值。为了提高稳健性检验的可信度，接下来在进行旅游发展对城乡收入差距的模型回归时，将 3 个直辖市从基础样本中剔除掉后重新进行回归。模型 11 同样证实了旅游发展与城乡收入差距依然存在显著的负向关系。

3.4 旅游发展对城乡收入差距作用与经济发展水平的关系

表 2 中模型 8 的估计结果显示，虽然旅游发展与地区经济发展水平的交互项系数显著为负（地区经济发展水平呈现弱的负调节作用），但是旅游发展变量的系数却显著为正，而且交互项的系数绝对值要小于旅游发展的系数，所以需要进一步判断旅游发展对城乡收入差距的影响作用是否真正依赖于地区经济发展水平。为此进一步将基础样本分为低经济发展水平组（1999~2003 年）和高经济发展水平组（2004~2008 年）来分别进行模型回归。[①]回归结果如表 3 所示，可以看出，两个模型回归结果分别显示旅游发展与城乡收入差距依次在 10%和 1%水平上显著负相关，即地区经济发展水平在旅游发展对城乡收入差距负向影响关系中的弱调节作用可以忽略。

在去掉地区经济发展水平这一控制变量条件下重新进行旅游发展对城乡收入差距的模型估计，回归结果如表 4 所示。从表 4 中可以看出，当去掉地区经济发展水平控制变量后，本文所证实的旅游发展对城乡收入差距的负向关系依然稳健，旅游发展减小城乡收入差距的作用机制并不依赖于地区经济发展水平，从而进一步证实了表 2 中的模型 8 所显示的旅游发展与城乡收入作用的显著正向关系并不可靠。

---

① 采用固定效应模型回归是为了与表 2 中的模型 8 进行比较。

表3　不同经济发展水平下旅游发展对城乡收入差距回归结果

变量	年度数据 (1999~2003)（FE）[①]	年度数据 (2004~2008)（FE）
gap(t−1)	0.415*** (0.091)	0.908*** (0.018)
tourism	−0.568* (0.331)	−0.532*** (0.202)
lpgdp	1.259*** (0.224)	−0.082*** (0.030)
human capital	−24.607*** (7.517)	1.057 (1.561)
saving rate	−0.595*** (0.193)	0.210*** (0.075)
finance	−0.260** (0.101)	0.033 (0.032)
urbanization	0.181 (0.215)	−0.069 (0.093)
openness	−0.013 (0.070)	0.070*** (0.025)
fisdec	−0.091 (0.174)	−0.110 (0.186)
Obs	120	120
R^2	0.77	0.98

注:①***、**和*分别表示在1%、5%和10%水平上显著。②括号内为各统计量的标准差。

表4　不含经济发展水平控制变量的旅游发展对城乡收入差距回归结果

变量	模型1 (SYS−GMM)	模型2 (SYS−GMM)	模型3 (SYS−GMM)	模型4 (SYS−GMM)
gap(t−1)	0.845*** (0.015)	0.805*** (0.020)	0.694*** (0.040)	0.783*** (0.052)
tourism	−0.699*** (0.143)	−0.653** (0.297)	−1.541** (0.595)	−1.027* (0.600)
human capital	−5.688*** (0.665)	−2.319 (2.255)	−1.155 (5.956)	3.763 (6.888)
saving rate	−0.188*** (0.057)	−0.172 (0.121)	−0.695** (0.318)	−0.259*** (0.062)
finance		−0.008 (0.026)	0.171** (0.076)	0.130*** (0.044)
urbanization		−0.410 (0.309)	−1.442*** (0.291)	−0.208 (1.004)

---

① 2003年由于SARS原因，我国各地区旅游收入较往年明显减少，所以将2003年设为单独虚拟变量纳入模型中进行回归，结果显示在10%水平上显著。

变量	模型 1 (SYS–GMM)	模型 2 (SYS–GMM)	模型 3 (SYS–GMM)	模型 4 (SYS–GMM)
openness		0.012 (0.069)	−0.023 (0.054)	−0.130 (0.140)
fisdec		0.120 (0.186)	1.421*** (0.449)	0.045 (0.198)
AR（1）	0.004	0.004	0.001	0.005
AR（2）	0.243	0.197	0.860	0.252
Sargan test	0.960	0.986	1.000	1.000
Obs	270	270	270	243

注：①***、** 和 * 分别表示在 1%、5% 和 10% 水平上显著。②括号内为各统计量的标准差。③AR（1）和 AR（2）分别表示 Arellano–Bond 的 AR（1）和 AR（2）检验统计量，用于考察一次差分残差序列是否存在一阶和二阶自相关，原假设为不存在序列自相关。④Sargan 检验统计量用来检验 SYS-GMM 工具变量是否联合有效，原假设为所有工具变量联合有效。⑤模型 3 的因变量为稳健性检验中的城乡消费比率，作为解释变量的因变量滞后一期为城乡消费比率的滞后一期。⑥模型 4 为剔除掉 3 个直辖市后的回归结果。

4　旅游发展对城乡收入差距影响效应的分解探析

4.1　基本模型与实证分析

为了控制地区固定效应和时间固定效应以及解释变量可能存在的内生性问题，本文仍然采用动态面板的系统 GMM 估计方法来实证分析旅游发展对经济增长的影响机制。在参考霍兹纳尔（Holzner）模型的基础上，本文将基本模型设定如下：

$$\ln y_{i,t} = \beta_1 \ln y_{i,t-1} + \beta_2 tourism_{i,t} + \beta_3 X_{i,t} + \sum_{i=1}^{1} \psi_i D_i + \eta_i + \mu_t + \varepsilon_{i,t} \tag{3}$$

模型基本变量符号同式（1），$\ln y_{i,t}$ 表示 i 省份在 t 时期的收入（农村人均实际收入 lrurpgdp、城镇人均实际收入 lurbpgdp 和全国人均实际收入 lpgdp）。此外，本文又在模型中加入了 3 个虚拟变量[1]（2003 年设为 1，其他年份为 0；2004 年设为 1，其他年份为 0；2008 年设为 1，其他年份为 0），在突出反映可能出现异常值的情况下，可以正确反映旅游发展对我国经济增长的影响。

表 5 给出了旅游发展对经济增长的模型回归结果。模型 1 显示的是旅游发展对农村人

---

[1] 由于本部分主要表现旅游发展对经济增长的影响机制，在我国经济持续增长的背景下，考虑到旅游发展的脆弱性，2003 年的 SARS 事件和 2008 年的全球金融危机都给我国旅游发展带来了严重冲击，所以在本部分 3 个模型中分别将 2003 年、2004 年和 2008 年设为三个虚拟变量纳入模型中进行回归。

均实际收入的回归结果。在控制了农村人均实际收入滞后项、人力资本、储蓄率和城市化等指标后，旅游发展与农村人均实际收入在 5% 水平上呈正相关关系，回归系数为 0.048，农村人均实际收入对旅游发展的半弹性为 4.8%[①]，即旅游发展变动 1 个单位，农村人均实际收入正向变动 4.8%。模型 2 的回归结果显示出旅游发展与城镇人均实际收入负相关但不显著[②]。这可能是由于两个方面的原因：一是"旅游城市化"（city in the tourism），城市优越的旅游社会、经济和文化环境构成的游憩系统（attraction system）是吸引旅游者前往城市旅游的最重要因素，城市旅游消费的快速性成为城市旅游经济增长的驱动力。二是"城市旅游化"（tourism in the city），旅游设施建设投入产出失调，旅游公共投资效率的低下造成旅游发展对地区经济增长作用并不明显，甚至延缓了旅游经济效益的溢出，城市旅游发展效率受到质疑。模型 3 显示出旅游发展与人均实际收入具有显著正向关系。诸多跨国实证研究文献也表明旅游发展对经济增长具有显著的正向作用。本文在对人均实际收入滞后项和其他控制变量进行控制的基础上，得出我国旅游发展对经济增长同样存在显著的正向作用。

表 5　旅游发展对经济增长回归结果[③]

变量	模型 1 (SYS–GMM)	模型 2 (SYS–GMM)	模型 3 (SYS–GMM)
lrurpgdp(t − 1)	1.029*** (0.007)		
lurbpgdp(t − 1)		1.042*** (0.010)	
lpgdp(t − 1)			0. 978*** （ 0. 015）
tourism	0.048** (0.023)	−0.052 (0.053)	0.226* (0.116)
human capital	0.130 (0.465)	−0.005 (0.549)	2.953*** (0.767)
saving rate	0.085*** (0.015)	0.071*** (0.017)	0.061*** (0.022)
finance	−0.021*** (0.005)	−0.019*** (0.006)	−0.054*** (0.008)

① 在对数—水平值模型中，因变量对解释变量的半弹性为解释变量的回归系数乘以 100。

② 模型 1 显示出了旅游发展与人均农民实际收入具有显著正向关系，但是这种正向影响规模效应不大，这也充分说明我国目前旅游资源的经济价值实现功能仍主要以初等旅游消费为主，旅游发展对农村经济增长的带动作用还有很大的潜力空间。模型 2 的回归结果虽然有些令人意外，但也符合常规，我们常常主观认为旅游发展对城市经济增长具有显著作用，但是却忽视了城市旅游投资建设效率的高低，旅游公共投资的较低利用率，反而给城市就业、用地规划以及社会基础建设等方面带来制约。

③ 实证结果显示，三个模型中的三个虚拟变量都在 1% 水平上显著。由于影响经济增长的因素还有很多，本文仅选用影响收入差距的控制变量来进行旅游发展对经济增长影响的模型估计，虽然可能无法全面系统地反映出经济增长的自身规模，但上述控制变量仍可以保证基本反映出旅游发展对经济增长的影响作用关系，控制变量的差异性并不会完全改变旅游发展对城乡收入差距的影响作用。

变量	模型 1 (SYS–GMM)	模型 2 (SYS–GMM)	模型 3 (SYS–GMM)
urbanization	0.083*** (0.022)	0.026** (0.012)	0.125 (0.153)
openness	0.011** (0.004)	−0.011** (0.005)	−0.041*** (0.014)
fisdec	0.010 (0.021)	0.051** (0.024)	0.236*** (0.040)
AR（1）	0.023	0.014	0.005
AR（2）	0.250	0.176	0.184
Sargan test	0.995	1.000	1.000
Obs	270	270	270

注：①***、**和*分别表示在1%、5%和10%水平上显著。②括号内为各统计量的标准差。③AR（1）和AR（2）分别表示 Arellano-Bond 的 AR（1）和 AR（2）检验统计量，用于考察一次差分残差序列是否存在一阶和二阶自相关，原假设为不存在序列自相关。④Sargan 检验统计量用来检验 SYS-GMM 工具变量是否联合有效，原假设为所有工具变量联合有效。

4.2 进一步的分析

乡村旅游发展主要是一种需求驱动（demand-driven）的旅游经济增长方式，旅游者对乡村旅游社会心理的冲动意识，构成了乡村旅游发展的基本因素。乡村旅游发展小而全的经营模式提升了乡村居民的福利效应，有效减小了乡村贫困率，从而对减小城乡收入差距起到积极作用。

城市旅游发展主要是一种供给驱动（supply-driven）的旅游经济增长模式，城市持续建设中所具有的综合游憩系统功能是城市旅游兴起的重要方面。城市在小型开放经济中发展旅游可能形成的"荷兰病"[①]现象制约了城市整体经济的发展，然而霍兹纳尔同样利用动态面板 SYS-GMM 估计方法在上述模型基础上对 134 个国家 1970~2007 年的面板数据进行了实证分析，认为城市发展旅游在大尺度整体层面上并不会产生严重的"荷兰病"现象；相反，物质资本的投入建设，反而会提升旅游发展对城市经济增长的影响程度。考虑到我国地区经济结构相对复杂性以及主导旅游产品类型的多样性特点，上述两种情形在不同时空条件下的并存也是可以预见的。除此之外，虽然旅游公共投资效率不高造成城市在旅游发展过程中有限资源的过度占用，但是就像艾尔贝拉特和贝尔（Albalate & Bel）所研究的那样，物质资本的投入加强了旅游发展对城市经济增长的影响规模程度。因此，综合以上分析，虽然表 5 中的模型 2 显示旅游发展与城镇人均收入没有显著关系，这也恰好反映的是我国目前阶段城市旅游发展过程中所存在的多重复合效应叠加的结果，但是旅游发

---

① 即劳动和资本转向旅游产品出口供应链部门，可贸易的制造业部门不得不花费更高成本去吸引劳动力，旅游发展所带来的外汇收入反而会刺激本币升值，这种资源转移效应又进一步制约了制造业部门的出口竞争力。

展对城市经济增长仍具有很大潜力。

正如科培兰德（Copeland）和朝等（Chao, et al.）的模型所研究的那样，旅游在 GDP 中份额较高国家的经济增长速度要高于以传统经济增长方式为主导国家的经济增长速度，通过依次对模型加入不同的控制变量（实际汇率变动、国内商品税收和制造业出口份额）回归发现，旅游发展对经济增长的估计系数基本维持在 0.157~0.213，而本文表 5 所展示的中国旅游发展对经济增长的回归系数为 0.226，与其研究基本一致。除此之外，厄根尼奥–马丁等（Eugenio-Martin et al.）以拉丁美洲 21 个国家 1985~1998 年的面板数据为样本，运用动态面板的 SYS–GMM 估计方法对旅游市场发展与经济增长之间的关系进行研究，依然得出了旅游发展与经济增长具有显著正向关系的稳健结论。

5　结　论

实证研究结果表明，中国旅游发展能够显著减小城乡收入差距，稳健性检验也坚持了此观点。旅游发展对农村人均实际收入具有显著的正向关系，而与城镇人均实际收入之间的关系则不显著，同时，旅游发展对全国人均收入水平存在显著的正向关系。除此之外，财政分权在旅游发展对城乡收入差距影响关系中起负调节作用；城市化在旅游发展对城乡收入差距影响关系中起正调节作用；人均收入水平在旅游发展对城乡收入差距影响关系中的负调节作用基本可以忽略。以上正是中国旅游发展减小城乡收入差距的影响机制。

实证结果所反映出的结论与现阶段中国旅游发展的经济增长效应基本一致。首先，旅游发展对农村地区经济增长虽然具有显著的正向作用，但是也要看到这种影响效应程度较小，这主要是受农村地区旅游发展的基本保障体系尚不健全的制约所致。其次，旅游发展与城镇地区经济增长并不存在显著关系，虽然有些令人意外但也事出有因，中国主要城市旅游发展效率整体处于较低水平，甚至是无效率状态，而且城市旅游发展效率也存在明显的空间分异性，上述情况与现实中的城镇地区先后进行大量旅游公共设施投资建设形成了反向限制关系，从而造成了这种不显著关系的存在。最后，旅游发展对人均收入水平具有显著的正向关系虽然是一个可喜的积极信号，但是也得出了人均收入水平在旅游发展对城乡收入差距影响关系中的负调节作用很小，主要还是以旅游发展对减小城乡收入差距的直接效应为主的结论。

本文的政策含义主要概括为三个方面。首先，正如美国和巴西乡村地区发展旅游的经验做法，政府应对乡村地区发展旅游制定支持政策，通过多种形式的乡村小规模旅游经营来扩大乡村地区居民的旅游发展受惠面，这将有利于农村地区经济增长以及减小城乡收入差距。其次，在增加城市旅游发展要素投入规模的基础上，应当注意提高城市旅游发展效率，旅游发展要素市场也可适当引入竞争机制，允许私人资本参与城市旅游设施建设，这样可以在缓解公共财政支出的同时，有效提高城市旅游的发展效率。最后，从全局的角度来系统协调城乡旅游一体化发展，通过优化配置城乡旅游资源发展要素，改善城乡旅游功能结构，增强城乡旅游经济互动效能，从而有利于减小城乡收入差距。

参考文献

［1］Rodenberg E. The Effects of Scale in Economic Development：Tourism in Bali ［J］. Annals of Tourism Research，1982，3（3）：167-176.

［2］Witt F. Economic Impact of Tourism on Wales ［J］. Tourism Management，1987，8（4）：306-316.

［3］Henry E.，Deane B. The Contribution of Tourism to the Economy of Ireland in 1990 and 1995 ［J］. Tourism Management，1997，18（8）：535-553.

［4］Chao C.，Hazari B.，Sgro P. Tourism and Economic Development in a Cash-in-advance Economy ［J］. Research in International Business and Finance，2005，19（3）：365-373.

［5］Wan-chen Po，Bwo-Nung Huang. Tourism Development and Economic Growth：A Nonlinear Approach ［J］. Physica A：Statistical Mechanics and its Applications，2008，387（22）：5535-5542.

［6］Echter M. Entrepreneurial Training in Developing Countries ［J］. Annals of Tourism Research，1995，22（1）：119-134.

［7］Williams A.，Shaw G. Tourism：Candyfloss Industry or Job Generator[J]. Town Planning Review，1988，59（1）：81-103.

［8］Leatherman J.，Marcouiller D. Income Distribution Characteristics of Rural Economic Sector：Implications for Local Developmentpolicy ［J］. Growth and Changes，1996，27（1）：34-59.

［9］Lewis W.，Hunt L.，Plantinga J. Does Public Lands Policy Affect Local Wage Growth ［J］. Growth and Changes，2003，34（1）：64-86.

［10］Deller S. Rural Poverty，Tourism and Spatial Heterogeneity ［J］. Annals of Tourism Research，2010，37（1）：180-205.

［11］Roback J. Wages，Rents，and the Quality of Life ［J］. Journal of Political Economy，1982，90（6）：1257-1278.

［12］Green P. Amenities and Community Economic Development：Strategies for Sustainability ［J］. Journal of Regional Analysis and Policy，2001，31（2）：61-76.

［13］Marcouiller D.，Kim k.，Deller S. Natural Amenities，Tourism and Income Distribution[J]. Annals of Tourism Research，2004，31（4）：1031-1050.

［14］Graves P. Migration with a Composite Amenity：The Role of Rents ［J］. Journal of Regional Science，1983，23（3）：541-546.

［15］Knapp T.，Graves P. On the Role of Amenities in Models of Migration and Regional Development ［J］. Journal of Regional Science，1989，29（1）：71-87.

［16］Wanger J. Estimating the Economic Impacts of Tourism ［J］. Annals of Tourism Research，1997，24（3）：592-608.

［17］Fleischer A.，Pizam A. Rural Tourism in Israel ［J］. Tourism Management，1997，18（6）：363-372.

［18］English K.，Marcouiller D.，Cordell H. Tourism Dependence in Rural America：Estimates and Effects ［J］. Society and Natural Resources，2000，13（2）：185-202.

［19］Deller S.，Tsai H.，Marcouiller W. The Role of Amenities and Quality of Life in Rural Economic

Growth [J]. American Journal of Agricultural Economics, 2001, 83 (2): 352–365.

[20] Deller C., Lledo V. Amenities and Rural Appalachian Growth [J]. Agricultural and Resource Economics Review, 2007, 36 (1): 107–132.

[21] Myriam V. Inner City Tourism: Resources, Tourists and Promoters [J]. Annals of Tourism Research, 1986, 13 (1): 79–100.

[22] Judd R. Promoting Tourism in US cities [J]. Tourism Management, 1995, 16 (3): 175–187.

[23] Rogerson P. The "Vicious circle" of Tourism Development in Heritage cities [J]. Annals of Tourism Research, 2002, 29 (1): 165–182.

[24] Litivin W. Streetscape Improvements in a Historic Tourist City a Second Visit to King Street, Charleston, South Carolina [J]. Growth and Changes, 2005, 26 (3): 421–429.

[25] Barry A. Tourism and the Economic Development of Cornwall [J]. Annals of Tourism Research, 1997, 24 (3): 721–735.

[26] Matthew W., Harold G. Local Economic Impacts of Dragon Tourism in Indonesia [J]. Annals of Tourism Research, 2000, 27 (3): 559–576.

[27] 马晓龙. 城市旅游竞争力: 基于 58 个中国主要城市的比较研究 [M]. 天津: 南开大学出版社, 2009.

[28] Hansen N. Addressing Regional Disparity and Equity Objectives Through Regional policies: A skeptical perspective [J]. Papers in Regional Science, 1995, 74 (1): 89–104.

[29] Reknow M. Income Non-convergence and Rural–urban Earnings differentials: Evidence from North Carolina [J]. Southern Economic Journal, 1996, 62 (6): 1017–1028.

[30] Law M. Urban Tourism and Its Contribution to Economic Regeneration [J]. Urban Studies, 1992, 29 (4): 599–618.

[31] 王瑛. 城乡统筹下的乡村旅游发展政府作为研究 [J]. 改革与战略, 2011, 27 (2): 33–36.

[32] Chi-Ok Oh. The Contribution of Tourism Development to Economic Growth in the Korean economy [J]. Tourism Management, 2005, 26 (1): 39–44.

[33] Lee C., Chang P. Tourism Development and Economic: A Closer Look at Panels [J]. Tourism Management, 2008, 29 (1): 180–192.

[34] Marin D. Is the Export–led Hypothesis Valid for Industrial Countries? [J]. Review of Economics and Statistics, 1992, 74 (4): 678–688.

[35] Vanegas M., Croes R. Growth, Development and Tourism in a Small Economy: Evidence from Aruba [J]. International Journal of Tourism Research, 2003, 5 (2): 315–330.

[36] Yildirim J., Sezgin S., Ocal N. Military Expenditure and Economic Growth in Middle Eastern Countries: A Dynamic Panel Dataanalysis [J]. Defence and Peace Economics, 2005, 16 (4): 283–295.

[37] 赵磊. 中国旅游市场发展非线性增长效应实证研究 [J]. 经济管理, 2011, 33 (5): 110–122.

[38] Wei M., Yang J. Irrational Tourism Consumption of Zero Inclusive–fee and Negative inclusive Fee: Reflection and Measures [J]. Annals of Tourism Research, 2010, 37 (5): 1416–1424.

[39] Beck A., Demirglic–Kunt R., Levine T. Finance, Inequity and the Poor [J]. Journal of Economic Growth, 2007, 12 (1): 27–49.

[40] Arellano M., Bond S. Some Tests of Specification for Panel Data: Monte Carlo Ecidence and an Application to Employment Equation [J]. Review of Economic Studies, 1991, 58 (2): 277–297.

［41］ Arellano M., Bover O. Another Look at the Instrumental Variable Estimation of Error-components ［J］. Journal of Econometrics, 1995, 34 （7）: 877-884.

［42］ Blundell R., Bond S. Initial Conditions and Moment Restrictions in Dynamic Panel Data Models ［J］. Journal of Econometrics, 1998, 87 （7）: 115-143.

［43］ Blundell R., Bond S., Windmeijer F. Estimation in Dynamic Panel Data Models: Improving on the Performance of the Standard GMM Estimator ［J］. Advances in Economics, 2000, 15 （2）: 53-91.

［44］ Bond S. Projection Estimators for Autoregressive Panel Data Models［J］. Econometrics Journal, 2002, 24 （5）: 457-479.

［45］ Wooldridge M. Econometric Analysis of Cross Section and Panel Data ［M］. Cambridge, MA: MIT Press. 2002, 431-442.

［46］ 叶志强, 陈习定, 张顺明. 金融发展能减少城乡收入差距吗? ——来自中国的证据 ［J］. 金融研究, 2011 （2）: 42-54.

［47］ Kanbur R., Zhang X. B. Fifty Years of Regional Inequity in China: A Journal Through Central Planning, Reform and Openness ［J］. Review of Development Economics, 2005, 9 （1）: 87-106.

［48］ Wan G., Ming L., Zhao C. The Inequity Growth Nexus in the Short and Long Run: Empirical Evidence from China ［J］. Journal of Comparative Economics, 2006, 34 （4）: 654-667.

［49］ Qiao B., Martinez-Vazquez J., Xu Y. The Tradeoff Between Growth and Equity in Decentralization Policy: China's Experience ［J］. Journal of Development Economics, 2008, 86 （1）: 112-128.

［50］ Coes D. Income Distribution Trends in Brazil and China: Evaluating Absolute and Relative Economic Growth ［J］. The Quarterly Review of Economics and Finance, 2008, 48 （2）: 359-369.

［51］ Tumovsky S. The Role of Factor Substitution in the Theory of Economic Growth and Income Distribution: Two Example ［J］. Journal of Macroeconomics, 2008, 30 （2）: 604-629.

［52］ Qin D., Cagas M., Ducanes G. Effects of Income Inequity on China's Economic Growth ［J］. Journal of Policy Modeling, 2009, 31 （1）: 69-86.

［53］ Robert E., Lucas J. On the Mechanism of Economics Development ［J］. Journal of Monetary Economics, 1988, 22 （1）: 3-42.

［54］ Zhang H. What Explains China's Rising Urbanization in Thereform Era? ［J］. Urban Studies, 2003, 39（5）: 2301-2315.

［55］ Chang G., Brada J. The Paradox of China's Growing Under-urbanization［J］. Economics System, 2006, 30 （1）: 24-40.

［56］ 曹裕, 陈晓红, 马跃如. 城市化、城乡收入差距与经济增长——基于我国省级面板数据的实证研究 ［J］. 统计研究, 2010, 27 （3）: 29-35.

［57］ 陆铭, 陈钊. 城市化、城市倾向的经济政策与城乡收入差距 ［J］. 经济研究, 2004 （6）: 50-58.

［58］ Holzner M. Tourism and Economic Development: The Beach Disease? ［J］. Tourism Management, 2011, 32 （4）: 922-933.

［59］ Van den Borg. Demand for City Tourism in Europe: Tour Operators Catalogues ［J］. Tourism Management, 1994, 15 （1）: 66-69.

［60］ Ashworth G., Page J. Urban Tourism Research: Recent Progress and Current Paradoxes ［J］. Tourism Management, 2011, 32 （1）: 1-15.

［61］ Lumdson L., Page J. Tourism and Transport: Issues and Agenda for the New Millennium ［M］. Oxford: Elsevier Press, 2004.

[62] Albalate D., Bel G. Tourism and Urban Public Transport: Holding Demand Pressure under Supply Constraints [J]. Tourism Management, 2010, 31 (3): 425–433.

[63] Dritsakis N. Tourism as a Long–run Economic Growth Factor: An Empirical Investigation for Greece Using a Causality Analysis [J]. Tourism Economics, 2004, 10 (2): 305–316.

[64] Proenca S., Soukiazis E. Tourism as an Economic Factor: A Case Study for Southern European Countries [J]. Tourism Economics, 2008, 14 (4): 791–806.

[65] Fayissa B., Nsiah C., Tadasse B. Impact of Tourism on Economic Growth and Development in Africa [J]. Tourism Economics, 2008, 14 (4): 807–818.

[66] Sequeira N., Nunes M. Does Tourism Influence Economic Growth? A Dynamic Panel Data Approach [J]. Applied Economics, 2008, 40 (2): 2431–2441.

[67] Leiper N. Tourist Attraction Systems [J]. Annals of Tourism Research, 1990, 17 (3): 379–391.

[68] Ashworth J., Tunbridge E. Is There and Urban Tourism? [J]. Tourism Recreation Research, 1992, 17(2): 3–8.

[69] Copeland B. Booming Sector and Dutch Disease Economics: Survey and Consolidation [J]. Oxford E conomics Paper, 1991, 58 (3): 515–529.

[70] Chao C., Hazari R., Laffargue B. Tourism, Dutch Disease and Welfare in an Open Dynamic Economy [J]. The Japanese Economic Review, 2006, 57 (4): 501–515.

[71] Law M. Urban Tourism and its Contribution to Economic Regeneration [J]. Urban Studies, 1992, 29 (3): 599–618.

[72] Eugenio–Martin J., Morales N., Scarpa R. Tourism and Economic Growth in Latin America countries: A Panel Data Approach [J]. Tourism Economic, 2004, 10 (2): 247–254.

[73] Fleischer A., Felsenstein D.. Support for Rural Tourism: Does if Makes a Difference? [J]. Annals of Tourism Research, 2000, 27 (4): 1007–1024.

[74] Blake A., Arbache S., Sinclair T. Tourism and Poverty Relief [J]. Annals of Tourism Research, 2008, 35 (1): 107–126.

[75] Rosentraub M., Joo M. Tourism and Economic Development: Which Investment Produces Gains for Regions? [J]. Tourism Management, 2009, 30 (5): 759–770.

Can Tourism Development Reduce the Urban–rural Income Gap?
——An Empirical Evidence from China

Zhao Lei

Abstract: Existing literature does not systematically explain whether there is significant relationship between tourism development and urban–rural income gap. The paper, by adopting system GMM estimation of dynamic panel data from 1999–2008 among provinces in China, makes an empirical testing. The empirical results show that tourism development in China can significantly reduce urban–rural income gap. The influencing mechanism of tourism development reducing urban–rural income gap mainly demonstrates that tourism development has significant positive effect on rural per capita real income, but does not show significant effect on urban per capital real income. We also find that tourism development has significant positive effect on per capita income nationwide.In addition, fiscal decentralization plays a negative regulating role in the relationship between tourism development urban–rural income gap while urbanization plays a positive regulating role.The negative regulating effect of per capita income can basically be ignored in the relationship between tourism development and urban–rural income gap.

Key Words: Tourism Development; Urban–rural Income Gap; System GMM Estimation; Economic Growth

中国旅游产业链的识别研究 *

黄常锋　孙　慧　何伦志

【摘　要】文章以 2007 年全国 135 部门投入产出表为基础，根据投入产出方法中的直接消耗系数和列昂惕夫（Leontief）逆阵来识别我国旅游业的"后向关联"产业；根据产品分配系数和戈什（Ghosh）逆阵来识别其"前向关联"产业；并确定我国旅游产业链。实证研究发现，中国旅游产业链并非呈"链状"结构，而是表现出"网状"结构。鉴于此，文章提出构建中国"旅游产业网"的发展思路，并对中国旅游业的发展提出相应的对策建议。

【关键词】旅游业；产业链识别；投入产出分析；网状结构

1　引言

旅游业是指以旅游资源为凭借，以旅游设施为条件，通过旅游服务满足旅游需求，争取经济、社会、环境、文化等多方面效益的综合性经济产业。作为一个综合性的产业，旅游业发展必然会受到与其相关的上游产业的制约与影响，同时，旅游业的发展也会带动其下游产业的发展。国内研究旅游业的文献中，邓祝仁以桂林旅游业为例的研究表明，旅游业的发展不仅可以带动当地经济的发展，提高当地的知名度，而且还可以带动当地交通运输业、邮电业等产业的发展，以及为当地提供许多就业机会；王丽娟认为，在经济发展中，旅游业能够创汇增收，拉动内需，带动相关产业发展等。鉴于旅游业与国民经济中的

*本研究受国家社科重点项目基金（08AJY014）、新疆软科学项目（200942144）和新疆社科项目（08BJJ010）资助。

作者：黄常锋（1986—），男，安徽东至人，硕士研究生，E-mail：changfeng_huang@163.com。孙慧（1963—），女，江苏泗阳人，教授，博士生导师，主要研究方向为战略管理，通讯作者。何伦志（1949—），男，四川洪雅人，教授，博士生导师，主要研究方向为数量经济学。

本文引自《旅游学刊》2011 年第 1 期。

许多产业之间的紧密联系，刘立秋、赵黎明、王连叶以及张华初、李永杰分别分析了我国旅游业的关联效应；崔峰、包娟、李永杰分析了浙江省的旅游业的关联和波及效应。还有一些学者从产业集群的角度来分析我国旅游业与其他产业之间的关系，宋振春、陈方英、李瑞芬以产业集群理论为基础对旅游业进行了再认识；冯淑华、沙润从产业集群的角度对江西省的旅游业进行了分析；牟红对我国旅游产业集群的建立方式进行了研究；邓宏兵、刘芬、庄军对我国旅游业空间集聚与集群化发展进行了研究。国外研究旅游业的文献中，杰克逊和墨菲（Jackson & Murphy）以澳大利亚旅游业为例，进行了区域化集聚研究；诺维等（Novelli, et al.）以英国旅游业为例，进行了网络集聚和创新研究；米特（Anne-Mette）从创新角度对旅游业进行了研究；道格拉斯（Douglas）从一体化视角对城市旅游业进行了研究。

笔者认为，如果能够把研究旅游业关联、波及效应的方法与旅游业集群分析的方法结合起来分析我国的旅游业，既可以增强旅游业关联、波及效应分析的针对性和目的性，同时也可以使旅游产业集群分析的基础更加坚实。因此，这种研究对我国旅游业的发展有着十分重要的意义，具体表现为：①通过投入产出方法中的"后向关联分析"识别出旅游产业链中的上游产业，可以有针对性地通过发展旅游业的上游产业来进一步带动和促进旅游业的发展，同时也为定量分析上游产业对旅游业的具体贡献奠定基础。②通过投入产出方法中的"前向关联分析"识别出旅游产业链中的下游产业，可以具体了解对旅游业产生需求的产业，从而进一步发展其下游产业，以达到刺激旅游业发展的目的，同时也为定量分析旅游业对其下游产业的贡献奠定基础。③旅游产业链识别出来后，政府部门制定相关政策时，可以从旅游产业链整体发展的战略角度来考虑，协同发展与旅游业相关的上下游产业，充分利用产业间的互补优势来加快发展社会经济，从而确保旅游业政策法规的制定更加科学合理。

鉴于此，本文将依据投入产出分析方法中的直接消耗系数、列昂惕夫（Leontief）逆阵、产品分配系数和戈什（Ghosh）逆阵 4 个指标来分析识别我国旅游业的"后向关联"和"前向关联"产业，确定我国旅游产业链并对结果进行分析，在此基础之上，对我国旅游业的发展提出相应的对策建议。

2　中国旅游业的现状

日前，国家旅游局召开了我国 2010 年上半年旅游经济分析会，会议预测：2010 年上半年，国内旅游人数 10.97 亿人次，比上年同期增长 8.6%，国内旅游收入 6055 亿元，增长 20.6%；入境人数 6550 万人次，增长 5.5%；旅游外汇收入 215 亿美元，增长 14.5%；旅游总收入 7500 亿元，增长 19%。同时，笔者通过整理 2002~2009 年《中国统计年鉴》中关于旅游业的数据，得到 2001~2008 年外国入境旅游人次、国内旅游人次、国际旅游外汇收入和国内旅游总费用，如图 1 和图 2 所示。

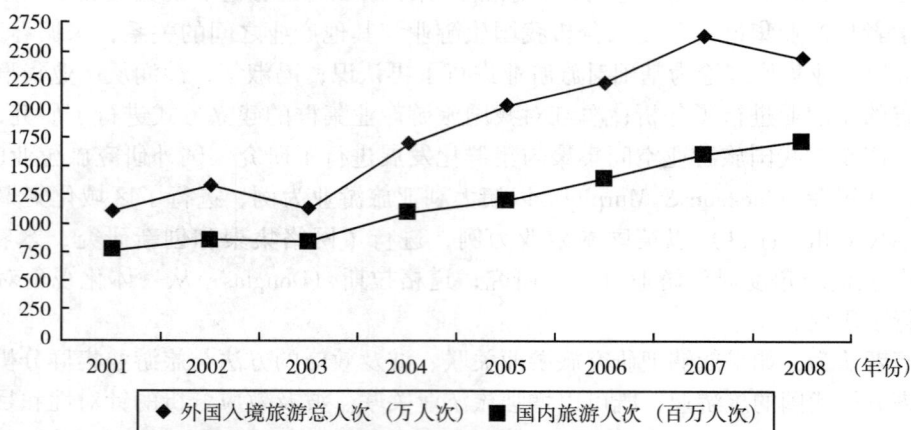

图 1　2001~2008 年外国入境旅游和国内旅游人次

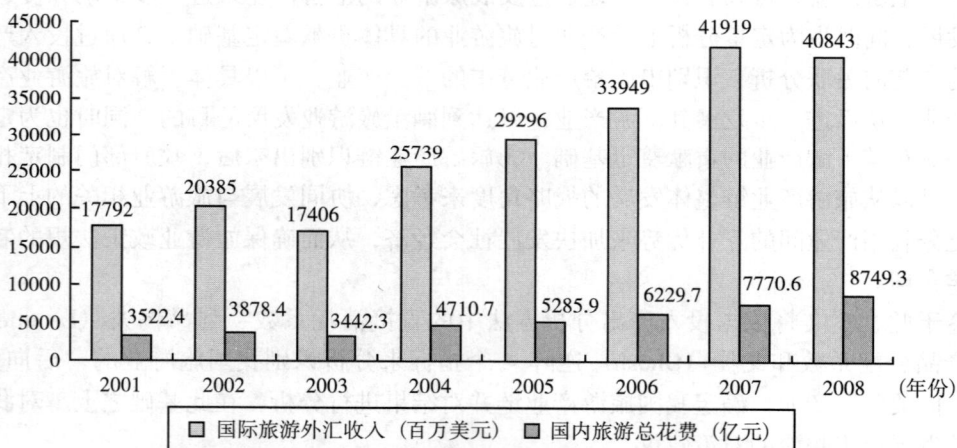

图 2　2001~2008 年国际旅游外汇收入和国内旅游总花费

　　从图 1 和图 2 可以看出：①我国入境旅游人数、国内旅游人数，国际旅游外汇收入和国内旅游总花费 2001~2002 年呈上升趋势，2003 年出现下降，即 2003 年是中国旅游业发展的一个拐点，这应该是"非典"导致旅游业出现的萧条。②2003~2007 年入境旅游总人数、国际旅游外汇收入都表现出逐步稳定上升的趋势，但到 2008 年却出现轻微的下降，这与 2008 年全球金融危机的直接冲击有关；而国内旅游总人数和国内旅游总花费在 2003~2008 年始终是逐步增加的，可见我国经济的快速发展缓解了金融危机对国内旅游消费的直接冲击。③从 2003~2008 年来看，入境旅游总人数增长速度平均值为 9.93%，要高于国内旅游总人数增长速度平均值 8.83%，而国际旅游外汇收入增长速度平均值为

11.25%，要低于国内旅游总花费增长速度平均值 12.37%。

尽管我国旅游业近年来保持持续增长的势头，在国民经济中发挥了重要的作用，然而定量分析我国旅游产业链的还很少。这也许是由于旅游业的概念比较难界定，再加上政府相关部门对旅游产业链的认识也只停留在一般概念上，致使制定旅游业发展政策时往往缺乏整体布局、优化发展的思路，造成了我国旅游产业组织结构的不合理。鉴于旅游业是关联性和边缘性极强的第三产业部门，即旅游业是与其上下游产业关系密切的一个产业部门，所以识别旅游产业链，并进行产业集群化、整体规划发展，将对我国旅游业的进一步快速发展有重要的现实意义。因此，本文将从定量角度来分析识别我国旅游产业链。

3 中国旅游产业链识别的理论模型

本部分综合参考拉曼克（Czamanski）、桑切斯克和杜阿尔特（Sánchez-Chóliz & Duarte）、罗梅罗和特加达（Romero & Tejada）的研究成果，通过运用投入产出法中的直接消耗系数、列昂惕夫（Leontief）逆阵、产品分配系数和戈什（Ghosh）逆阵 4 个指标，从理论上识别我国旅游业的"后向关联"产业和"前向关联"产业，从而确定我国旅游产业链。

3.1 理论模型介绍

根据价值型投入产出表中的行平衡关系和列平衡关系，可以得到如下恒等式：

$$AX + Y = X \tag{1}$$

$$X^T H + Y^T = X^T \tag{2}$$

其中，A 为直接消耗系数矩阵，其系数 a_{ij} 表示第 j 部门生产一单位产品对第 i 部门产品的直接消耗量，亦称为投入系数。[①] 一般直接消耗系数 a_{ij} 的数学表达式为：

$$a_{ij} = x_{ij}/X_j \tag{3}$$

H 为中间产品分配系数矩阵，其系数 h_{ij} 表示第 i 部门分配给第 j 部门中间使用的产值占本部门总产值的比重。[②] 一般中间产品分配系数 h_{ij} 的数学表达式为：

$$h_{ij} = x_{ij}/X_i \tag{4}$$

X 为总产出列向量，$X = (X_1, X_2, \cdots, X_n)^T$；$X^T$ 为 X 的转置。Y 为包含其他最终产品的最终产品列向量；Y^T 为 Y 的转置。

通过求解式（1）和 式（2），可以得到：

$$X = (I - A)^{-1} Y \tag{5}$$

$$X^T = Y^T (I - H)^{-1} \tag{6}$$

[①] 由此定义，可以根据 a_{ij} 的大小来筛选出产业链中对旅游业进行供给的产业部门。
[②] 由此定义，可以根据 h_{ij} 的大小来筛选出产业链中对旅游业产生需求的产业部门。

其中，$L = (I - A)^{-1}$ 称为列昂惕夫（Leontief）逆阵，其系数 l_{ij} 表示第 j 部门增加一单位产品时对第 i 部门产品的完全需要量，一般保持矩阵 A 中的系数不变，若最终产品需求增加 ΔY，则总产出将增加 $\Delta X = L(\Delta Y)$；而 $G = (I - H)^{-1}$ 称为戈什（Ghosh）逆阵，其系数 g_{ij} 表示当第 i 部门增加一单位的投入，为第 j 部门完全供给的产品量，一般保持 H 中的系数不变，若最终产品需求增加 ΔY^T，则总产出将增加 $\Delta X^T = (\Delta Y^T)G$。

3.2 旅游产业链识别的具体步骤

通过上面的分析，可以结合直接消耗系数和列昂惕夫（Leontief）逆阵来分析旅游业"后向关联"的产业，即识别对旅游业进行供给的产业，具体步骤如下：

（1）计算指标系数。以 2007 年全国 135 部门的投入产出表中的基本流量表为母表，[①] 计算出直接消耗系数矩阵 A，列昂惕夫（Leontief）逆阵 L，中间产品分配系数矩阵 H 和戈什（Ghosh）逆阵 G 的具体数值。

（2）识别旅游业的供给产业。第 i 产业被认为是第 j 产业（旅游业）的供给产业，当且仅当 $a_{ij} > a_0$（假定可以识别出 $i_1, \cdots, i_m$ 共 m 个对旅游业进行供给的产业）。

（3）进一步识别产业 $i_1, \cdots, i_m$ 的供给产业。第 h 产业被认为是第 i 产业的供给产业，当且仅当 $a_{hi} > a_0$ 且 $l_{hj} > l_0$（其中 j 代表旅游业）。

（4）识别出产业 $i_1 \cdots i_m$ 的直接供给产业后，旅游业的"后向关联"产业识别到此结束。[②]

根据上面的 4 个步骤，就可以识别出旅游业的"后向关联"产业。同理，结合中间产品分配系数和戈什（Ghosh）逆阵来分析旅游业的"前向关联"产业，具体步骤如下：

（1）识别对旅游业产生需求的产业。第 k 产业被认为是对第 j 产业（旅游业）产生需求的产业，当且仅当 $h_{jk} > h_0$（假定可以识别出 $k_1 \cdots k_n$ 共 n 个对旅游业产生需求的产业）。

（2）进一步识别产业 $k_1 \cdots k_n$ 的需求产业，第 1 产业被认为是第 k 产业的需求产业，当且仅当 $h_{kl} > h_0$ 且 $g_{jl} > g_0$（其中 j 代表旅游业）。

（3）识别出产业 $k_1 \cdots k_n$ 的直接需求产业后，旅游业的"前向关联"产业识别到此结束。

---

① 全国的投入产出表一般是每 5 年编制一次，到目前为止，2007 年的投入产出表为最新。
② 考虑到产业部门之间都会直接或间接存在供给和需求依存关系，本文最多只筛选出二级供给和需求产业部门。

4 我国旅游产业链识别的实证分析

4.1 数据说明及指标计算结果

本文以 2007 年全国 135 部门投入产出表中的基本流量表为母表，[1] 然后利用 MAT-LAB2008 软件进行编程计算直接消耗系数矩阵 A、列昂惕夫（Leontief）逆阵 L、中间产品分配系数矩阵 H 和戈什（Ghosh）逆阵 G。经过计算得到 2007 年全国 135 部门直接消耗系数的平均值为 0.004997，旅游业对其他产业直接消耗系数 a_{ij} 的平均值为 0.005062；全国 135 部门的列昂惕夫（Leontief）逆阵的平均值为 0.02284，旅游业对其他产业列昂惕夫（Leontief）逆阵的平均值为 0.020818，所以直接消耗系数大于 $a_0 = 0.01$，列昂惕夫（Leontief）逆阵大于 $l_0 = 0.10$，可以显著表明产业之间有直接依存关系和二级依存关系。同理，根据 2007 年全国投入产出表计算得到 135 部门中间产品分配系数 h_{jk} 的平均值为 0.005064，其他产业对旅游业中间产品分配系数的平均值为 0.002773；全国 135 部门戈什（Ghosh）逆阵的平均值为 0.022855，其他产业对旅游业戈什（Ghosh）逆阵的平均值为 0.012754，所以中间产品分配系数大于 $h_0 = 0.01$，戈什（Ghosh）逆阵系数大于 $g_0 = 0.08$，可以显著表明部门之间有直接依存关系和二级依存关系。

表 1 旅游产业链中旅游业与其他产业之间的系数关系 [2]

部门名称	部门代码	直接消耗系数	Leontief 逆阵	中间产品分配系数	Ghosh 逆阵
石油及核燃料加工业	37	0.040044	0.105070	0.003628	0.009520
铁路运输业	96	0.085653	0.099313	0.036198	0.041971
道路运输业	97	0.067641	0.089154	0.010540	0.013892
航空运输业	100	0.011679	0.017640	0.06948	0.010495
住宿业	109	0.123004	0.143638	0.070905	0.082800
餐饮业	110	0.136907	0.162010	0.018520	0.021916
保险业	112	0.049382	0.067158	0.019923	0.027095
环境管理业	122	0.025542	0.029104	0.066993	0.076335
公共设施管理业	123	0.025535	0.027644	0.038538	0.041721

---

[1] 由于在这 135 部门中，旅游业已经作为一个单独的产业进行统计核算，所以本文无须再对旅游业进行重新的合并与拆分。

[2] 由于篇幅限制，文中只在表 1 给出旅游产业链中旅游业与其他产业之间的计算数据，需要详细数据的读者可以向笔者索取。

4.2 旅游产业链识别过程

（1）根据旅游业对其他产业的直接消耗系数，可以识别出对旅游业直接供给的有铁路运输业、道路运输业、航空运输业、住宿业、餐饮业、保险业、环境管理业、公共设施管理业、石油及核燃料加工业，共9个。

（2）进一步根据直接消耗系数来分别识别出对铁路运输业、道路运输业、航空运输业、住宿业、餐饮业、保险业、环境管理业、公共设施管理业、石油及核燃料加工业产生供给的产业，具体结果如下：

对铁路运输业供给的有石油及核燃料加工业，钢压延加工业，铁路运输设备制造业，电力、热力的生产和供应业，电信和其他信息传输服务业，银行业、证券业和其他金融活动，保险业，共7个。

对道路运输业供给的有石油及核燃料加工业，橡胶制品业，汽车制造业，批发零售业，餐饮业，银行业、证券业和其他金融活动，保险业，其他服务业，共8个。

对航空运输业供给的有其他食品加工业，石油及核燃料加工业，其他通用设备制造业，其他交通运输设备制造业，装卸搬运和其他运输服务业，批发零售业，餐饮业，银行业、证券业和其他金融活动，保险业，共9个。

对住宿业供给的有酒精及酒的制造业，软饮料及精制茶加工业，烟草制品业，纺织制成品制造业，纺织服装、鞋、帽制造业，石油及核燃料加工业，日用化学产品制造业，汽车制造业，电力、热力的生产和供应业，电信和其他信息传输服务业，批发零售业，餐饮业，银行业、证券业和其他金融活动，房地产业，商务服务业，其他服务业，共16个。

对餐饮业供给的有农业，畜牧业，渔业，谷物磨制业，植物油加工业，屠宰及肉类加工业，水产品加工业，其他食品加工业，调味品、发酵制品制造业，其他食品制造业，酒精及酒的制造业，软饮料及精制茶加工业，烟草制品业，批发零售业，银行业、证券业和其他金融活动，房地产业，商务服务业，共17个。

对保险业供给的有造纸及纸制品业，印刷业和记录媒介的复制业，文教体育用品制造业，石油及核燃料加工业，电力、热力的生产和供应业，城市公共交通业，航空运输业，电信和其他信息传输服务业，计算机服务业，批发零售业，住宿业，餐饮业，银行业、证券业和其他金融活动，房地产业，商务服务业，其他服务业，教育，娱乐业，共18个。

对环境管理业供给的有纺织服装、鞋、帽制造业，石油及核燃料加工业，涂料、油墨、颜料及类似产品制造业，专用化学产品制造业，其他通用设备制造业，汽车制造业，电子计算机制造业，仪器仪表制造业，电力、热力的生产和供应业，建筑业，批发零售业，餐饮业，银行业、证券业和其他金融活动，其他服务业，共14个。

对公共设施管理业供给的有农业，林业，纺织服装、鞋、帽制造业，石油及核燃料加工业，涂料、油墨、颜料及类似产品制造业，专用化学产品制造业，塑料制品业，石墨及其他非金属矿物制品业，其他通用设备制造业，汽车制造业，电线、电缆、光缆及电工器材制造业，其他电气机械及器材制造业，电力、热力的生产和供应业，建筑业，批发零售业，餐饮业，银行业、证券业和其他金融活动，环境管理业，其他服务业，共 19 个。

对石油及核燃料加工业供给的有石油和天然气开采业，电力、热力的生产和供应业，管道运输业，批发零售业，共 4 个。

（3）根据旅游业对其他产业的列昂惕夫（Leontief）逆阵识别出其他产业对旅游业供给的有住宿业、餐饮业、石油及核燃料加工业，共 3 个。

（4）综合以上识别的产业，可以得到最终的二级供给产业为：对住宿业供给的有保险业，共 1 个；对餐饮业供给的有道路运输业、航空运输业、住宿业、保险业、环境管理业、公共设施管理业，共 6 个；对石油及核燃料加工业供给的有铁路运输业、道路运输业、航空运输业、住宿业、保险业、环境管理业、公共设施管理业，共 7 个。

（5）同理，根据中间产品分配系数和戈什（Ghosh）逆阵可以识别出对旅游业直接需求的有铁路运输业、道路运输业、保险业、餐饮业、住宿业、环境管理业、公共设施管理业，共 7 个；二级需求产业识别结果为，对住宿业需求的有道路运输业、保险业，共 2 个。综上分析可以得到 2007 年全国旅游产业网，[①] 如图 3 所示。

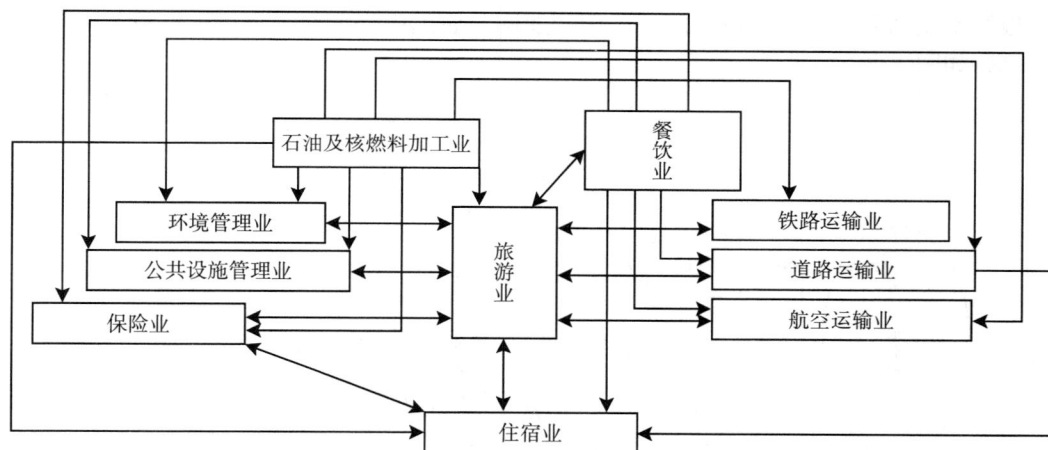

图 3　2007 年全国旅游产业网结构

4.3　结果分析

根据图 3，从上下游产业之间的供给需求角度看：①对旅游业供给的产业，即上游产业有航空运输业、石油及核燃料加工业，共 2 个。需要特别指出的是，石油及核燃料加工业不仅对旅游业进行直接供给，而且还进行二级供给，所以航空运输业、石油及核燃料加工业是旅游业的上游产业。②对旅游业直接供给和直接需求的有铁路运输业、道路运输

---

① 根据本文的识别结果，发现旅游产业链并非呈"链状"结构，而是表现出"网状"结构，所以在此表述成"旅游产业网"。

业、保险业、环境管理业、公共设施管理业，共 5 个。对旅游业不仅进行直接和二级供给，而且还产生直接需求的有住宿业、餐饮业，共 2 个。所以铁路运输业、道路运输业、保险业、环境管理业、公共设施管理业、住宿业、餐饮业既是旅游业的上游产业又是其下游产业。③由于旅游业"前向关联"产业和"后向关联"产业之间存在一定的供给和需求关系，所以本文所研究的旅游产业链，实际上呈现出来的是"网状"结构，而非"链状"结构。

从产业功能角度看：①图 3 中的铁路运输业、道路运输业及航空运输业构成了一个为旅游产业提供交通运输服务支持功能的系统模块。②餐饮业、住宿业构成了一个为旅游产业提供一般日常食宿服务支持功能的系统模块。③环境管理业、公共设施管理业构成了一个为旅游产业进行管理支持功能的系统模块。④保险业形成了一个为旅游产业提供一般风险防范功能的系统模块。⑤石油及核燃料加工业成为一个为旅游产业提供能源需求保障功能的系统模块。

4.4 旅游产业链与旅游产业网的比较

根据本文的研究，笔者得出的是旅游产业网，而国内一般研究得出的结论是旅游产业链，具体如图 4 所示。

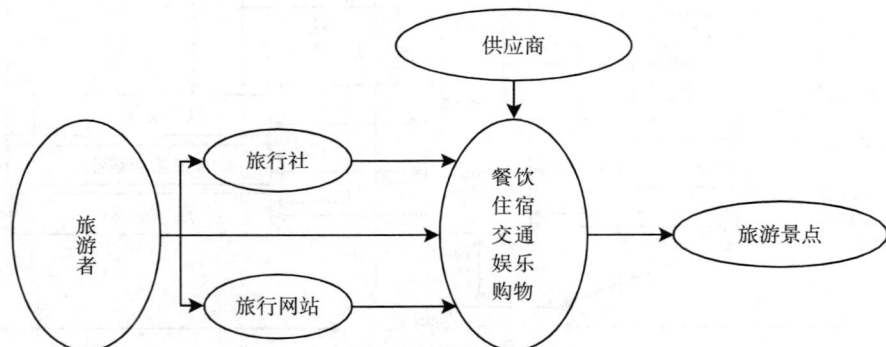

图 4 旅游产业链结构

由图 3 和图 4 可以发现：①国内研究的旅游产业链得到的仅是产业之间单向的供给或需求关系。②系统、双向、全通道式"旅游产业网"的发展思路，将打破以往单向的线性发展模式，有利于产业部门之间加强联系，使得每个产业部门自身有内在动力去承担自己的责任和实现自己的权利，而不仅停留在传统意义上单向为其他产业部门服务或直接需求。③由支持、服务、公管、安全和保障 5 个子系统模块构成的"旅游产业网"的发展思路，将有利于上下游各产业部门之间形成横向与纵向的合作与交流，有利于各产业部门之间明确分工，有利于形成清晰的"责、权、利"格局，有利于进一步深化我国旅游产业的改革。④鉴于此，建议中国旅游业改革与发展应该采取"旅游产业网"的思路，而不能停留在传统意义上的"旅游产业链"发展模式。

5　中国旅游业发展的对策建议

根据对我国旅游产业链的识别研究，本文特对中国旅游业的发展提出如下 3 点建议：

（1）从宏观角度来看，我国旅游业的发展需要从产业网整体角度来进行旅游产业规划，充分发挥 5 个子系统模块及其各个产业的功能，并利用各产业之间的优势互补，实现产业整体优化的发展格局。另外，我国旅游业的发展还需要进行产业的整合，并实施旅游产业集群化发展的战略模式，这将有利于旅游业之间形成"强强联合"，促进集群效应，达到资源的共享、知识转移扩散和成本的分摊，实现多赢的局面。

（2）从中观角度来看，我国旅游业的发展，一方面，需要上中下游各个产业部门清楚地认识到自己在旅游产业网中的实际功能和作用，促进纵向与横向的沟通与竞合发展；另一方面，还需要在部门内部进一步细化分工，明确自身的职责和享有的权利，并担负起自身的职责，通过延长、打开并形成循环发展的产业网，推进各产业的合作共赢。

（3）从微观角度来看，我国旅游业的发展，还需要对消费人群的收入水平及实际支付能力的结构进行明确区分和准确定位，从消费者的角度来考虑他们的实际消费能力，制定出适合不同消费人群的旅游销售方案，开发有差异化的订单式销售网络。只有这样，才能使旅游业消费市场实现繁荣和兴盛，从而有利于我国旅游业收入的增加和旅游市场的持续发展。

6　结　论

本文首先简要分析我国旅游业的现状及存在的问题。其次依据投入产出方法中的直接消耗系数、列昂惕夫（Leontief）逆阵、产品分配系数和戈什（Ghosh）逆阵 4 个指标，并以全国 2007 年 135 部门的投入产出表为基础，分析识别我国旅游业的"后向关联"产业和"前向关联"产业，据此确定我国旅游产业链。研究发现：①旅游产业链中不同的产业部门对旅游业承担的功能不同，如铁路、道路和航空运输业组成了一个为旅游产业提供交通运输服务支持功能的系统模块等。②本文所研究的旅游产业链并非"链状"结构，而是呈现出"网状"结构，建议中国旅游业在发展过程中采取"旅游产业网"的思路来发展。最后从宏观、中观和微观视角，对我国旅游业的发展提出了对策建议。

参考文献

[1] 郑本法，郑宇新. 旅游业的本质和特点 [J]. 开发研究，1998（14）：62–64.

［2］邓祝仁. 旅游业对经济社会发展的促进作用及相关问题——以桂林旅游业的发展为例［J］. 旅游学刊，1998（4）：9–12.

［3］王丽娟. 旅游业对经济社会发展的重要作用［J］. 理论探索，2005（4）：109–110.

［4］刘立秋，赵黎明，王连叶. 我国旅游业的关联效应及发展对策［J］. 天津大学学报（社会科学版），2005（7）：196–199.

［5］张华初，李永杰. 中国旅游业产业关联的定量分析［J］. 旅游学刊，2007，22（4）：15–19.

［6］崔峰，包娟，李永杰. 浙江省旅游产业关联与产业波及效应分析［J］. 旅游学刊，2010（3）：13–20.

［7］宋振春，陈方英，李瑞芬. 对旅游业的再认识——兼与张涛先生商榷［J］. 旅游学刊，2004（2）：76–79.

［8］冯淑华，沙润. 旅游增长集群模式及其构建研究——以江西省为例［J］. 南昌大学学报（人文社会科学版），2006（5）：51–55.

［9］牟红. 我国旅游产业集群的建立方式研究［J］. 江苏论坛，2006（5）：95–96.

［10］邓宏兵，刘芬，庄军. 中国旅游业空间集聚与集群化发展研究［J］. 长江流域资源与环境，2007（3）：289–292.

［11］Jackson J., Murphy P. Cluster in Regional Tourism an Australian Case ［J］. Annals of Tourism Research，2001（33）：1018–1035.

［12］Novelli M., Schmitz B., Spencer T. Networks, Clusters and Innovation in Tourism：A UK Experience［J］. Tourism Management，2006（27）：1141–1152.

［13］Anne–Mette H. A Review of Innovation Research in Tourism ［J］. Tourism Management，2010（31）1–12.

［14］Douglas G. P. An Integrative Framework for Urban Tourism Research［J］. Annals of Tourism Research，2001（28）：926–946.

［15］郝索，方巧，唐平，吕宁. 关于我国旅游产业组织结构的思考［J］. 西北大学学报（哲学社会科学版），2004（4）：59–62.

［16］Czamanski S. Study of Clustering of Industries ［M］. Halifax：Dalhousie University，1974.

［17］Sánchez–Chóliz J., Duarte R. Production Chains and Linkage Measures ［J］. Economic Systems Research，2003（15）：481–494.

［18］Romero I，Tejada P. A Multi–level Approach to the Study of Production Chains in the Tourism Sector ［J］. Tourism Management，2010（31）：1–10.

［19］董承章. 投入产出分析 ［M］. 北京：中国财政经济出版社，2000.

［20］全国 2007 年投入产出表 ［M］. 北京：中国统计出版社，2009.

［21］王正东. 数学软件与数学实验 ［M］. 北京：科学出版社，2004.

［22］陈亿多. 新疆旅游业供应链管理运营模式的分析研究 ［D］. 新疆大学硕士学位论文，2010.

Study on the Identification of China's Tourism Industrial Chain

Huang Changfeng   Sun Hui   He Lunzhi

Abstract: Based on the data of China's 135 departments' input–output tables in 2007 and in accordance with the direct consumptive coefficient and Leontief inverse matrix, the paper identifies "rear–related" industries. Based on the product distribution coefficient and Ghosh inverse matrix, the paper identifies "forward–associated" industries. Thus China's tourism industrial chain is determined. An empirical study finds that the tourism industrial chain we study here does not show "chain–like" structure, but presents "net–like" structure. Hence, we propose building China's "tourism industrial network" in its development. Finally, some countermeasures and suggestions about the development of China's tourism industry are put forward.

Key Words: Tourism Industry; Identification of Industrial Chain; Input–output Analysis; Net Structure

城乡居民国内旅游消费特征统计研究 *

周文丽

【摘 要】以历年旅游统计数据为基础，从经济学的视角对 1994~2008 年城乡居民国内旅游消费规模、消费水平、消费率、消费倾向及消费结构等特征进行了较全面的统计分析。研究认为，城乡居民国内旅游消费规模不断扩大，但仍主要表现为出游者人数的扩张；城乡居民国内旅游消费水平逐步提高，城镇居民属同步型消费，农村居民属于轻度早熟型消费；提高农村居民收入占 GDP 的比重对于提高其国内旅游消费率作用较大，但提高城镇居民国内旅游平均消费倾向对于提高其国内旅游消费率作用更大；城乡居民国内旅游消费结构逐渐趋于合理，但非基本消费比重依然较低，消费层次还主要停留在观光游览和探亲访友等基础层次上。

【关键词】消费规模；消费水平；消费率；消费倾向；消费结构；国内旅游

引 言

近年来，随着国内旅游在旅游业中份额的不断加大、国际金融危机影响的加重、入境旅游创汇战略地位的下降，扩大内需已上升为国家长期战略，调整现行旅游发展政策已是市场所逼、大势所趋。世界旅游业多年统计显示，国内旅游人数占旅游总人数的 90%，国内旅游消费占全部旅游消费的 85%，中国 2007 年的国内旅游人数与消费分别占总量的 92% 和 95%，国内旅游是旅游业的主体。目前，如何转变以往的发展观念，促进国内旅游的健康、快速发展，已受到学者们的广泛关注。

研究城乡居民国内旅游消费特征及其变化趋势，对于了解国内旅游消费现状、认识其发展规律、引导其合理有序发展具有重要意义。近年来，有些学者对国内旅游消费特征进

* 作者：周文丽（1980—），女，甘肃民勤人，兰州商学院讲师，西北农林科技大学 2008 级博士研究生，研究方向为区域经济发展、旅游经济。

本文引自《旅游论坛》2011 年第 4 期。

行过研究，但大都是从行为学和空间地理学的角度，利用问卷调查和历年统计数据，对某地城镇居民国内旅游消费结构和消费时空特征进行分析，如王忠福等对大连市国内旅游消费结构的聚类分析，张庆霖对珠海市国内旅游消费特征的调查分析，李一伟等对国内旅游消费结构的探讨等。对农村居民国内旅游消费特征进行研究的文章近年来逐渐增多，但也都集中在对农村居民消费的时空特征和消费结构的分析上，如郑群明研究了湖南省农村居民的闲暇生活特征和出游特征，顾雅清对枣庄周边农村居民消费特征进行了调查分析，王文瑞探讨了我国农村居民国内旅游消费目的、消费行为的时空特征和消费结构等。考察既有文献，我们发现，从经济学角度全面统计分析城乡居民国内旅游消费规模、消费水平、消费倾向、消费率及消费结构的文章尚不多见。因此，本文依据历年统计数据，从经济学视角，对城乡居民国内旅游消费的上述特征进行全面分析。

一、消费规模

城乡居民国内旅游出游人次数和旅游消费支出总额是反映旅游消费发展规模及旅游消费对经济增长影响的两个主要指标。

（一）出游人次分析

如表 1 所示，1994~2008 年，城镇居民出游人次由 205 亿人次增加到 703 亿人次，增加了 2.43 倍，年均增长率为 9.2%；农村居民出游人次从 319 亿人次增加到 1009 亿人次，增加了 2.16 倍，年均增长率为 8.6%，比城镇居民出游人次增长率低 0.6 个百分点。农村居民各年出游人次规模虽大于城镇居民，但是出游率却低于城镇居民。1994 年城乡居民人口比为 1：2.51，出游人次比为 1：1.56；2008 年城乡居民人口比为 1：1.19，出游人次比为 1：1.44。虽然城镇居民出游人次增长速度高于农村居民，但与城镇人口增长速度并未同步，说明我国目前的城镇化并没有促进城镇居民国内旅游规模的增加。1994~2008年，城乡居民国内旅游出游人次稳步增长，增速虽有波动，但幅度不大，如图 1 所示，除特殊年份外，城乡居民国内旅游出游人次指数均保持在 100~130。

表 1　城乡居民国内旅游消费规模

项目 年份	出游人次（亿人次）		总消费支出（亿元）		出游率（%）		人次比（城镇=1）	人口比（城镇=1）	Q₁值	
	城镇	农村	城镇	农村	城镇	农村			城镇	农村
1994	205	319	848.2	175.3	59.8	37.3	1.56	2.51		
1995	246	383	1140.1	235.6	69.9	44.6	1.56	2.44	0.97	0.97
1996	256	383	1368.4	270.0	68.7	45.1	1.50	2.28	1.05	1.07
1997	259	385	1551.8	560.9	92.4	39.0	1.49	2.13	1.05	1.43
1998	250	445	1515.1	876.1	89.2	47.0	1.78	1.99	1.02	1.08

项目 年份	出游人次（亿人次）		总消费支出（亿元）		出游率（%）		人次比 （城镇=1）	人口比 （城镇=1）	Q₁值	
	城镇	农村	城镇	农村	城镇	农村			城镇	农村
1999	284	435	1748.2	1083.7	94.8	47.0	1.53	1.88	0.94	1.14
2000	329	415	2235.3	940.3	104.4	44.0	1.26	1.76	0.97	0.98
2001	375	409	2651.7	870.7	110.2	44.2	1.09	1.66	0.96	0.98
2002	385	493	2848.1	1030.3	115.3	52.8	1.28	1.56	1.01	0.90
2003	351	519	2404.1	1038.2	100.5	55.7	1.48	1.47	1.01	0.95
2004	459	643	3359.0	1351.7	126.6	68.7	1.40	1.39	0.90	0.92
2005	496	716	3656.1	1629.7	135.7	75.8	1.44	1.33	0.97	0.99
2006	576	818	4414.7	1815.0	156.7	86.4	1.42	1.28	0.95	0.92
2007	612	998	5550.4	2220.2	166.3	105.4	1.63	1.23	1.06	0.91
2008	703	1009	5971.7	2777.6	167.4	111.9	1.44	1.19	0.90	1.11

资料来源：2009 年《中国统计年鉴》。

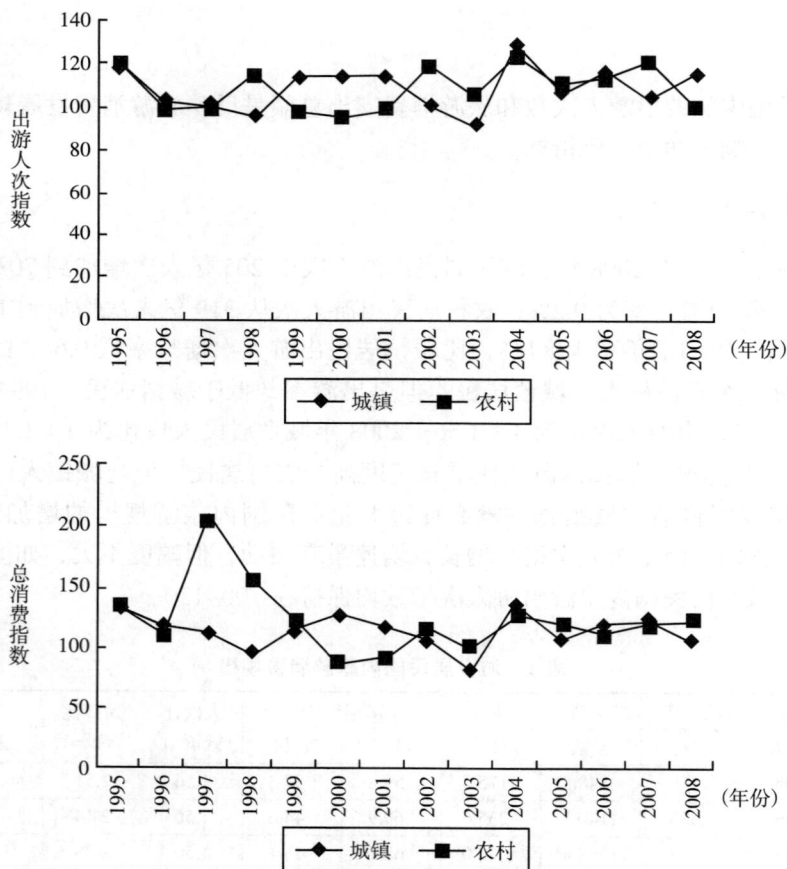

图1　城乡居民国内旅游消费支出及出游人次增长指数变化趋势

资料来源：2009 年《中国统计年鉴》。

（二）消费支出总额及其主要增长因素判断

如表 1 所示，1994~2008 年，城镇居民消费支出额由 848.2 亿元增加到 5971.7 亿元，是原来的 7.04 倍，年均增长率为 15%；农村居民国内旅游消费支出额由 175.3 亿元增加到 2777.6 亿元，是原来的 17.84 倍，年均增长率为 22%，比城镇居民高出 7 个百分点。如图 1 所示，除特殊年份外，城乡居民国内旅游消费支出额保持逐年稳步增长态势，增长指数保持在 100~130。由于旅游消费总额是出游者人均消费支出和出游人次共同作用的结果，即出游者人次×出游者人均花费=总消费支出，故而本文构造旅游消费支出总额增长动因评价指数 Q 值，并以此判断旅游总消费支出的增长主要表现为出游者人均消费支出的增长还是出游人次的增长。Q 值的计算公式为：

$$Q_1 = ACI/CI^{1/2}; \quad Q_2 = NI/CI^{1/2}; \quad Q_1 \times Q_2 = 1$$

其中，ACI 表示城乡居民国内旅游出游者人均消费指数；CI 表示城乡居民国内旅游消费总额指数；$CI^{1/2}$ 表示其指数开方；NI 表示城乡居民国内旅游出游人次指数。由于 $Q_1 \times Q_2 = 1$，故而可用 Q_1 值或 Q_2 值来判断总消费支出额的增长主要表现为出游者人次的增长还是出游者人均消费支出的增长。本文用 Q_1 值来判断，当 $Q_1 = 1$ 时，消费总额的增长是出游人次与出游者人均消费支出增长共同作用的结果；当 $Q_1 > 1$ 时，消费总额的增长主要表现为出游者人均消费支出的增长；当 $Q_1 < 1$ 时，消费总额的增长主要表现为出游者人次的增长。

由表 1 可见，1995~2008 年的大多数年份中，Q_1 值均接近但小于 1，说明城乡居民国内旅游消费支出的增长是出游人次和出游者人均消费发出共同增长的结果，但更多地表现为出游人次的增长。

二、消费水平

（一）消费水平纵向比较分析

城乡居民国内旅游消费水平是指城乡居民在国内旅游消费中所能达到并维持的一种状态，有狭义和广义之分，狭义旅游消费水平是指按人口平均的旅游消费品的数量，可以用货币表示，如人均旅游消费支出；广义的旅游消费水平不仅包括消费的旅游产品数量，还包括旅游消费品的质量。本文探讨的是狭义的旅游消费水平，即城乡居民国内旅游人均消费支出。

如表 2 所示，1994~2008 年，城乡居民国内旅游人均消费支出逐年增长，消费水平不断提高，按当年价格计算的城镇居民国内旅游人均消费支出由 248.2 元提高到 984.3 元，增长了 2.97 倍，年均增长 10.3%，增长率较高。农村居民人均消费支出由 20.5 元上升到

385.0 元，增长了 17.33 倍，年均增长 23.3%，增长倍数及年均增长率明显高于城镇居民。由 1995~2008 年的旅游消费水平指数可看出，除特殊年份消费水平指数小于 100 外，其余均保持在 100 以上，消费水平增长速度虽有波动，但幅度不大，增长较为平稳。同时，由城乡居民国内旅游人均消费支出比可看出，城乡居民国内旅游消费水平存在二元结构，但随着农村居民收入水平的提高、旅游消费意愿的增强，城乡居民国内旅游消费水平间的差距在逐渐缩小。城乡居民国内旅游消费水平虽逐年提高，但同入境游客的消费水平相比，仍有相当大的差距。按 2008 年美元兑人民币的平均汇率 6.944 计算，入境游客在境内人均消费支出 2181.2 元，是我国城镇居民人均消费支出的 2.22 倍，是农村居民消费支出的 5.66 倍，如果包括入境游客的长途旅费在内，则差距更大。

表 2　城乡居民国内旅游消费水平及其评价

项目	消费水平（元）		消费水平比（农村=1）	消费水平指数（上年=100）		收入水平指数（上年=100）		I 值	
	城镇	农村		城镇	农村	城镇	农村	城镇	农村
1994	248.2	20.5	12.1						
1995	324.1	27.4	11.8	130.6	133.9	122.5	129.2	1.066	1.037
1996	366.8	31.7	11.6	113.2	115.8	113.0	122.1	1.002	0.948
1997	393.4	66.6	5.9	107.2	209.9	106.6	108.5	1.006	1.935
1998	364.1	105.4	3.5	92.6	158.1	105.1	103.4	0.880	1.529
1999	399.6	132.1	3.0	109.7	125.4	107.9	102.2	1.017	1.226
2000	486.9	116.3	4.2	121.8	88.1	107.3	101.9	1.136	0.864
2001	551.7	109.4	5.0	113.3	94.1	109.2	105.0	1.037	0.896
2002	567.2	131.7	4.3	102.8	120.3	112.3	104.6	0.916	1.150
2003	459.0	135.1	3.4	80.9	102.6	109.9	105.9	0.736	0.969
2004	618.8	178.5	3.5	134.8	132.2	111.2	111.9	1.212	1.180
2005	650.4	218.6	3.0	105.1	122.4	111.4	110.8	0.944	1.105
2006	765.0	246.1	3.1	117.6	112.6	112.1	110.2	1.050	1.022
2007	934.7	305.2	3.1	122.2	124.0	117.2	115.4	1.042	1.074
2008	984.3	385.0	2.6	105.3	126.2	114.5	114.9	0.920	1.097

（二）消费水平的评价

旅游消费是国民经济发展到一定阶段的产物，因此，在纵向分析城乡居民国内旅游消费水平发展的基础上，本文再横向考察城乡居民国内旅游消费水平的提高与居民收入水平的适应程度。有学者根据居民消费支出和国民收入增长的比例关系，将居民消费分为 3 种类型：同步型消费、滞后型消费、早熟型消费。在城乡居民国内旅游消费中，旅游消费水平与居民收入之间同样存在相类似的关系。据此，城乡居民国内旅游消费也有 3 种类型：①同步型消费，即城乡居民国内旅游消费支出与居民可支配收入同步增长、协调发展，这种类型有利于经济的稳定增长。②滞后型消费，即城乡居民国内旅游消费支出增长速度落后于居民可支配收入增长速度，这种类型的存在或因为外在因素的干扰，或因为旅游产品供给存在结构性问题，从而导致消费需求疲软，削弱消费需求对经济增长的拉动作用。③早熟型消费，即城乡居民消费水平超出居民收入水平的一种模式，表现为城乡居民国内旅游消费支出的增长持续高于居民收入的增长，超常规消费。这种消费类型的存在主要是因为消费的示范效应，在攀比心理的作用下，低收入阶层的居民会不顾自身收入水平的限制，盲目效仿高收入阶层的消费方式，并且由于消费的不可逆性，他们会一直保持这种消费水平，这种类型同样不利于经济的稳定增长。

本文借用这一方法来衡量城乡居民国内旅游消费水平与居民可支配收入间的适应程度，并构建城乡居民国内旅游消费水平的评价指数 I 值，来综合评价城乡居民国内旅游消费水平。I 值的计算公式为：

I = CI/YI

其中，I 为城乡居民国内旅游消费水平与居民收入水平适应度指数；CI 为城乡居民国内旅游消费水平指数；YI 为居民收入水平指数，CI 和 YI 均以上年为 100。当 I = 1 时，为同步型消费；当 I < 1 时，为滞后型消费；当 I > 1 时，为早熟型消费。

从表 2 可以看出，2002 年前，除 1998 年国内旅游消费受特大洪水及城镇职工下岗等因素的影响，城镇居民的 I 值小于 1 外，其余年份 I 值均略大于 1，2002 年 I 值开始小于 1。2003 年受"非典"的影响，2008 年受流感及金融危机等突发事件的影响，旅游消费支出经历了下降、反弹、回复、再下降的变化过程，I 值在 1 左右波动，但就总体及均值来看，这一时期，除特殊年份外，I 值接近于 1，可以判断城镇居民国内旅游消费属于基本同步型消费。农村居民的 I 值，除特殊年份小于 1 外，其余年份均大于 1，尤其是 2004 年以后，I 值持续大于 1。由此可知，农村居民国内旅游消费属于轻度早熟型消费。

三、消费率与消费倾向

旅游消费率是某地一定时期内的旅游消费总额与国内生产总值的比值。旅游平均消费倾向是指一定时期内某地旅游消费总额与其居民总收入的比值。它们可以从价值的角度反映一定时期内某一国家或地区居民的旅游需求强度和需求意愿。

（一）消费倾向分析

根据凯恩斯消费理论，居民的旅游消费支出与收入之间存在一定的函数关系，即随着收入的提高，旅游消费支出也会增加，但增加的速度慢于收入的增加速度，边际消费倾向递减，这就意味着，随着收入与旅游消费支出的增加，旅游消费在收入中所占的比重减少，也即平均消费倾向下降。但实际情况是，当居民收入达到一定程度，居民的旅游消费需求得到满足后，平均消费倾向才会下降。由图 2 可以看出，1994~2008 年，在城镇居民国内旅游平均消费倾向的基本走势是先升后降，下降幅度不大，总体保持稳定。城镇居民内部，国内旅游消费存在两极分化现象，随着城镇居民内部收入差距的扩大，收入越来越向高收入阶层集中，高收入阶层在国内旅游消费需求得到满足、现有国内旅游产品边际效用递减的情况下，有钱不想花，将眼光转向出境旅游，使整体国内旅游平均消费倾向出现小幅下滑趋势。农村居民国内旅游平均消费倾向的基本走势是持续上升。这主要是因为：现阶段，我国农村居民国内旅游才刚刚起步，旅游需求远没有得到满足，随着收入水平的提高，农村居民在基本的物质需求得到满足后，会将更多的钱用于旅游；另外，虽然近期物价飞涨，农村居民的实际收入增长缓慢，但名义收入增长较快。货币幻觉和消费的不可逆性，使农村居民的旅游消费持续增长，尤其是 2001 年后，农村居民旅游消费的增长速度持续高于收入的增长速度。

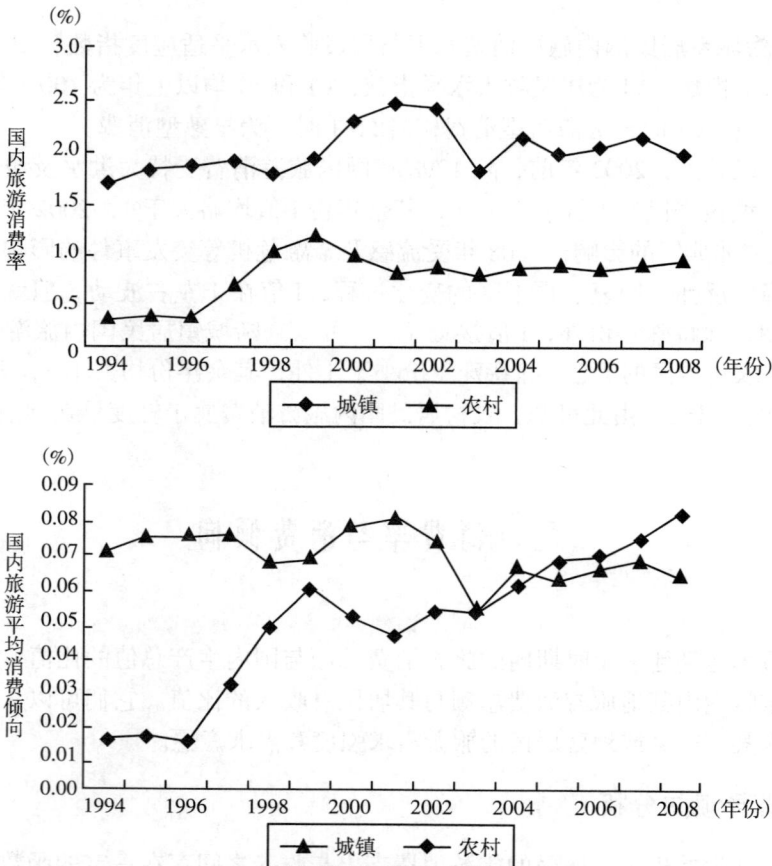

图 2　城乡居民国内旅游消费率与平均消费倾向变化趋势

（二）消费率及其主要决定因素判断

从图 2 和表 3 中，我们可以看出 1994~2008 年我国城乡居民国内旅游消费率的基本走势。城乡居民国内旅游消费率的基本走势均是先升后降，总体趋于小幅上升状态；消费率较低，虽有上升，但城镇居民始终处于2.5%以下的水平，农村居民除1998年和1999年外，始终处于1%以下的低水平。城镇居民消费率在连续经历了1994~1997年4年的上升后，受1998年洪水灾害及职工下岗等因素的影响，稍有下降，之后缓慢恢复。2000年我国正式推行以"黄金周"为主要形式的"假日经济"，带动了城镇居民国内旅游的火爆发展，其延续效应使得城镇居民国内旅游消费率在2001年达到最高值2.43%，之后居民旅游消费逐步趋于理性，消费率小幅下降。农村居民消费率在1994~1996年稳定在0.3%左右，1997~1999年有较大幅度的上升，1999年达到最高值1.19%，此后稍有下降，但始终较稳定地保持在0.8%以上（除2003年），总体趋于上升态势。20世纪90年代中后期，我国农产品供给实现了由长期短缺到总量平衡、丰年有余的转变。此后，农民收入增长缓慢，1998年和1999年，农业和农村经济进入了新的发展阶段，一系列旨在促进农民增收的惠农政策的实施，使农村居民收入预期增加，但是收效甚微，加之农产品价格的下跌和生产成本的上升，使农民实际收入增长较慢，农村居民国内旅游消费率的走势特征与这一历史状况是吻合的。

表3 城乡居民国内旅游消费率与平均消费倾向

年份	消费率（%）		APC		Y/GDP（%）	
	城镇	农村	城镇	农村	城镇	农村
1994	1.69	0.35	0.0710	0.0168	23.8	20.8
1995	1.80	0.37	0.0757	0.0174	23.8	21.5
1996	1.85	0.36	0.0758	0.0165	24.3	22.1
1997	1.90	0.69	0.0762	0.0319	24.9	21.6
1998	1.75	1.01	0.0671	0.0487	26.1	20.8
1999	1.92	1.19	0.0683	0.0598	28.1	19.9
2000	2.26	0.95	0.0775	0.0516	29.2	18.5
2001	2.43	0.80	0.0804	0.0463	30.3	17.3
2002	2.37	0.86	0.0736	0.0532	32.1	16.1
2003	1.76	0.76	0.0542	0.0515	32.5	14.8
2004	2.10	0.84	0.0657	0.0608	31.9	13.9
2005	1.94	0.86	0.0620	0.0672	31.3	12.9
2006	1.99	0.82	0.0651	0.0686	30.6	11.9
2007	2.11	0.84	0.0678	0.0737	31.1	11.5
2008	1.95	0.91	0.0624	0.0809	31.2	11.2

旅游消费率与平均消费倾向之间存在如下关系：

$C_r = C/GDP = (C/Y) \times (Y/GDP)$

其中，C_r表示旅游消费率，C为旅游消费支出总额，Y为居民可支配收入总额，C/Y为居民旅游平均消费倾向，Y/GDP表示居民可支配收入总额占GDP的比重。由此可见，居民旅游消费率由两个基本因素决定：居民收入占GDP的比重和居民旅游平均消费倾向。

由表 3 可以看出，城镇居民收入占 GDP 的比重持续上升，旅游消费率的先升后降主要是城镇居民旅游平均消费倾向先升后降作用的结果，因此提高城镇居民国内旅游平均消费倾向，有利于提高其旅游消费率。在现有收入差距持续扩大的情况下，通过提高城镇居民收入占 GDP 的比重来提高城镇居民收入总水平的结果，只会进一步降低城镇居民国内旅游平均消费倾向。农村居民收入占 GDP 的比重持续下降，旅游消费率的上升得益于平均消费倾向的上升，因此，增加农村居民收入占 GDP 的比重对提高农村居民国内旅游消费率作用较大。

四、消费结构

城乡居民国内旅游消费结构是指城乡居民在国内旅游过程中消费的各种类型的旅游产品及相关消费资料的比例关系。依据不同的分类标准，可以有不同的划分方法，本文从经济影响的角度，探讨按照消费资料用途及消费目的划分的消费结构。按照旅游消费资料的不同用途，旅游消费结构中包括"吃、住、行、游、购、娱"六个方面需求的消费。按这些需求的重要性，又可以将其划分为基本旅游消费和非基本旅游消费。基本旅游消费是进行一次旅游活动所必需的且基本稳定的消费，如交通、住宿、餐饮、游览等方面的消费；而非基本旅游消费是指并非每次旅游活动都必需的具有较大弹性的消费，如购物、娱乐、通信、医疗的消费。非基本消费所占比重可以反映一地区旅游经济的发展水平。按照旅游消费目的，旅游消费分为观光游览、探亲访友、休闲度假、商务会议、宗教朝拜等。其中观光游览、探亲访友属于基础层次的消费，休闲度假属于提高层次的消费，商务会议等专项旅游是最高层次的消费，层次较高的消费在总消费中的比值反映一地区旅游经济发展水平的高低及其对经济增长的影响大小。国家旅游局分别自 1993 年和 1997 年开始对我国城镇居民和农村居民国内旅游情况进行抽样调查，本文依据历年《中国国内旅游抽样调查资料》的旅游消费分类方法和统计结果，基于数据的可获得性，对 1998~2008 年的城镇居民和 2000~2008 年的农村居民的旅游消费需求结构进行分析。原始数据均来源于历年《中国国内旅游抽样调查资料》。

（一）按消费资料用途划分的旅游消费结构分析

从消费结构总体来看，1998 年城镇居民非基本消费比重为 28.6%，2008 年上升到 42.8%，上升了 14.2 个百分点；农村居民 2001 年非基本消费比重为 43.2%，2008 年上升到 55.2%，上升了 12 个百分点，城乡居民国内旅游基本消费与非基本消费间比重的变化幅度都较大，城镇居民变化幅度大于农村居民。由图 3 可看出，城镇居民非基本消费比重逐年上升，二者差距逐渐缩小，但始终低于基本消费比重，2008 年基本消费比重高出非基本消费比重 14.3 个百分点；农村居民在 2005~2007 年的基本消费与非基本消费所占比重此起彼伏，但差距不大，各自都保持在 50%左右，2008 年非基本消费比重超过基本消费比重 10.3 个百分点。农村居民非基本消费比重高于城镇居民主要是由于购物消费比重较大，仅购物一项就占非基本消费比重的 60%多，农村居民目前的出游目的主要是探亲访友。携带礼品探亲访友是中国的传统习俗，故而不能仅通过购物消费比重判断农村居民旅游消费发展状况。总体来看，城乡居民国内旅游消费结构趋于合理，但是与发达国家非基本消费占 70%~80%的比重相比，仍有很大的上升空间。

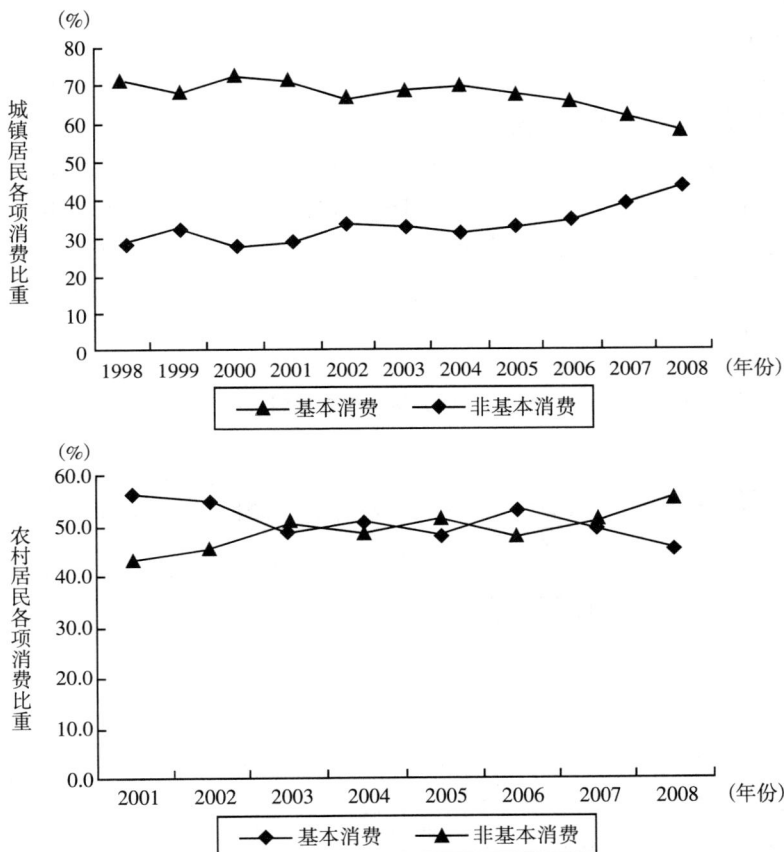

图 3　城乡居民国内旅游基本消费比重与非基本消费比重变化趋势

由表 4 可以看出，在基本消费中，城乡居民的交通费用比重最大。1998 年以来，城镇居民的交通费用比重下降了近 10 个百分点，农村居民则变动幅度较小，2001~2008 年基本保持在 30%左右。城镇居民交通费用比重的下降可能与道路交通设施的改善和居民家庭自驾车旅游消费的增多有一定关系。餐饮消费次之，城镇居民餐饮消费比重基本保持在 17%左右，农村居民餐饮比重低于城镇居民，2001~2008 年，其比重下降 4 个百分点，这与近年来物价上升，各大旅游景点餐饮费用增高，农村居民出游大都自带饮食或到亲朋好友家用餐有关。住宿消费比重居第三，城镇居民住宿比重具有明显的下降趋势，1998~

2008 年，下降了近 7 个百分点，这在一定程度上反映了近年来我国旅游住宿接待能力急剧膨胀，市场供大于求，整个行业竞相压价、恶性竞争的客观现实。农村居民住宿消费比重保持在 6% 的水平，基本没有变化。城乡居民在住宿消费上差距较大，相差 5~7 个百分点，这主要是因为农村居民出游大都借住在亲朋好友家中。城乡居民国内旅游基本消费中游览一项的消费比重最小，城镇居民的游览消费比重十几年来始终保持在 7% 左右，农村居民近几年以探亲访友为主要目的的消费比重的增加，使得景区游览的消费比重略有下降。

在非基本消费中，购物消费支出所占比重最大，其次是其他服务消费支出。城乡居民购物消费近几年保持稳步增长态势，尤其是 2008 年增幅较大，城镇居民增加了 7 个百分点，农村居民增加了 3 个百分点。这显然与近几年各地对旅游购物产品开发创新的重视、各地旅游购物环境的改善及居民收入水平的提高密切相关。城乡居民其他服务消费比重均逐年增加，2001~2008 年，城乡居民其他服务消费比重分别增加了 4.5 个和 9.5 个百分点，农村居民在其他服务方面的消费比重高于城镇居民，主要是因为农村居民有相当一部分出游者是进城看病，在医疗保健方面的花费高于城镇居民。娱乐消费和邮电通信消费在城乡居民非基本消费中的比值都较低，两者之和只有 2%~3%，说明各地休闲娱乐产品的开发和娱乐设施的完善是亟待解决的问题。

表 4　按照用途划分的城乡居民国内旅游消费结构比例变化

单位：%

项目 年份	交通		住宿		餐饮		游览		购物		娱乐		邮电通信		其他	
	城镇	农村	城镇	农村	城镇	农村	城镇	农村	城镇	农村	城镇	农村	城镇	农村	城镇	农村
1998	33.4		15.8		16.8		5.4		16.4		1.8		0.6		9.8	
1999	33.2		13.1		15.0		6.4		17.0		2.2		0.5		12.5	
2000	32.7		14.7		17.0		7.5		14.7		2.4		0.7		9.8	
2001	33.1	27.7	14.2	9.6	16.4	14.6	7.5	5.4	14.2	27.7	2.3	1.2	0.7	1.0	11.1	12.8
2002	28.5	30.5	13.3	7.3	16.7	12.2	7.9	4.5	16.9	26.5	2.8	0.9	0.6	1.1	13.2	16.9
2003	28.9	27.9	13.1	5.9	17.3	11.3	8.3	3.7	16.8	29.9	2.7	1.0	0.7	1.3	12.2	19.1
2004	30.5	29.0	13.7	6.3	16.5	11.7	8.6	4.2	14.5	26.6	2.6	1.2	0.6	1.4	13.0	19.5
2005	29.0	28.4	13.0	5.9	16.7	10.2	8.5	3.7	15.9	26.5	2.7	1.0	0.8	1.4	13.3	22.9
2006	29.6	32.2	11.3	6.0	16.3	10.7	7.9	3.6	15.9	26.3	2.5	1.1	0.8	1.9	15.7	18.1
2007	27.2	30.5	11.2	5.5	15.1	10.0	7.5	3.4	16.5	27.4	2.4	1.1	0.7	2.1	18.9	20.0
2008	23.9	26.0	9.10	5.8	17.8	10.4	6.3	2.7	23.0	30.5	3.1	1.1	1.1	1.3	15.6	22.3

（二）按消费目的划分的旅游消费结构分析

表 5 的数据显示，按照旅游目的划分的城乡居民国内旅游消费支出比重，由大到小依次是：①城镇居民：观光游览、探亲访友、商务会议、休闲度假、其他消费支出；②农村居民：探亲访友、观光游览、其他消费支出、商务会议、休闲度假。其中，基础层次的观光游览和探亲访友消费支出在城乡居民国内旅游消费支出总额中占有很大比重，且比重有

上升趋势，2007 年城乡居民这两项消费支出的比重分别占到总支出的 69.5% 和 70.1%。其中，城镇居民以观光游览为主，农村居民以探亲访友为主，其比例都达到 45% 以上。休闲度假属于较高层次的消费，出游者人均消费支出较高，但出游人数较少，所以在总消费中的比重始终不高。城镇居民始终在 15% 以下，农村居民在 5% 以下，城乡差距也较大，相差 10 个百分点。消费比重虽有逐年上升趋势，但是上升幅度不大，2000~2007 年，城镇居民上升了 3 个百分点，农村居民只上升了 1 个百分点。商务会议游客消费支出水平最高，但由于近年来受金融危机影响，企业经济大都不景气，加之国家对政府等部门公费旅游的限制，使得商务会议消费支出比重逐年下降。2000~2007 年，城镇居民商务会议消费比重下降了近 11 个百分点，农村商务会议消费支出比重下降更多，为 16.5 个百分点。城镇居民其他服务消费支出比重较小，基本稳定在 7% 左右，农村居民其他服务支出比重较高，位居第三，其消费支出中的 50% 来源于医疗保健消费。农村居民出游者中有相当一部分以进城就医为主要目的，这部分消费支出比重始终稳定在 10% 左右。除去医疗保健消费支出，城乡居民在其他服务消费方面的支出比重相差不大。整体上看，近年来，城乡居民国内旅游消费层次虽在逐步提高，但还停留在基础消费层次上，消费层次不高。

表 5   按照目的划分的城乡居民国内旅游消费结构比例变化

项目	观光游览		探亲访友		休闲度假		商务会议		其他消费支出		
	城镇	农村	城镇	农村	城镇	农村	城镇	农村	城镇	农村	农村（医疗保健）
2000	40.3	26.5	20.0	29.7	11.2	2.9	20.0	23.2	8.5	17.8	
2001	44.7	27.2	19.0	33.7	10.0	4.2	18.5	14.3	7.8	20.5	8.9
2002	43.2	20.5	22.8	44.0	10.8	2.6	14.7	12.0	8.5	20.8	8.9
2003	42.3	21.3	22.8	39.2	14.1	4.9	14.2	10.4	6.7	24.3	11.9
2004	48.8	25.3	18.5	40.6	13.4	5.0	11.6	7.7	7.7	21.4	10.0
2005	48.9	24.3	19.9	35.6	11.7	3.9	11.8	8.2	7.7	28.0	17.5
2006	46.4	23.4	21.6	45.1	13.7	4.1	11.6	7.1	6.7	20.2	11.0
2007	48.2	24.7	21.3	45.4	14.2	3.9	9.1	6.7	6.9	19.3	10.5

五、结论及建议

对城乡居民旅游消费特征的统计分析表明，我国城乡居民国内旅游消费正经历着消费规模不断扩大、消费水平不断提高、消费意愿不断增强、消费结构渐趋合理的动态发展过程。但其发展过程中也不可避免地存在一系列问题。受收入水平的限制，城乡居民国内旅游消费水平还较低，消费规模的扩张主要表现为出游人数的膨胀；城镇高收入阶层消费倾向下降，有钱不想花，低收入阶层和农村居民消费倾向不断上升，消费意愿强烈，但其收入在 GDP 中所占比重逐年下滑，想花却缺钱；消费结构中非基本消费比重依然较高，消费层次依然停留在基础消费层次上。旅游消费水平、消费倾向、消费结构等除受经济因素影响外，还受到旅游产品结构、旅游产品质量和旅游消费环境等因素的影响。长期以来，我国旅游产品供给重基本消费产品、轻非基本消费产品，重基础层次的旅游消费供给，高层次的旅游产品供给缺乏创新，难以引起消费者的兴趣，消费环境不良，坑蒙拐骗现象时有发生，这必然引起消费结构的不合理、消费倾向下降等问题。因此，缩小城乡、城镇内部居民收入差距，提高城乡居民中低收入者的收入水平，营造良好的旅游消费环境，提高旅游消费品质量，调整和优化旅游消费产品结构，将是未来提高城乡居民国内旅游消费水平、提升消费结构档次、促使国内旅游消费由数量扩张型向质量效益型转变的关键所在。

参考文献

［1］王忠福，王尔大，李作志等. 大连城市旅游目的地国内旅游消费结构聚类分析［J］. 大连理工大学学报（社会科学版），2009，30（1）：68-74.

［2］张庆霖. 珠海市国内游客旅游行为调查分析［J］. 珠海城市职业技术学院学报，2007，13（2）：103-111.

［3］李一伟，夏林根. 国内城镇居民旅游消费结构分析［J］. 旅游科学，2004，18（2）：30-32.

［4］郑群明. 农村居民的旅游态度和出游特征研究［J］. 旅游科学，2004，18（2）：9-14.

［5］顾雅清. 农村居民旅游特征分析及其市场开发策略［J］. 商业时代，2009（3）：102-103.

［6］王文瑞. 我国农村居民国内旅游基本特征分析［J］. 云南师范大学学报（社会科学版），2009，40（4）：120-124.

［7］厉以宁. 中国宏观经济的实证分析［M］. 北京：北京大学出版社，1992.

［8］田里. 旅游经济学［M］. 北京：高等教育出版社，2006.

The Statistical Analysis on Urban and Rural Residents' Domestic Tourism Consumption Characteristics

Zhou Wenli

Abstract： From the perspective of economics, this paper makes a more comprehensive statistical analysis on consumption scale, consumption levels, consumption rates, APC and consumption structures of urban and rural residents, domestic tourism based on the statistical data. It is concluded that the consumption scales of urban and rural residents, domestic tourism have been expending, but the expending of tourists has a more role; the consumption levels have steadily improved, and compared with the income level, urban residents, domestic tourism is synchronous consumption; rural residents, lags in income level slightly; improving rural resident, s revenue-GDP ratio plays a greater role in increasing its domestic tourism consumption rate, but increasing domestic tourism APC of urban residents, plays a greater role; domestic tourism consumption structure of urban and rural residents is becoming more and more reasonable, but the proportion of no-essential consumption is still relatively low, and consumption level still stands at the main sightseeing, visiting friends and relatives and other basic level.

Key Words: Consumption Scale; Consumption Level; Consumption Rate; APC; Consumption Structure; Domestic Tourism

对旅游业几个重要问题的经济学分析 *

马仪亮

【摘　要】近年来，国务院一系列重要文件出台，使得国内旅游发展热潮空前高涨，旅游业存在的几个误区被忽视，甚至不当利用的风险有所增加。据此，从相应经济学原理内核出发，对三方面的误区进行论证澄清，认为旅游总收入与旅游业 GDP 内涵上大相径庭，旅游业带动力系数并不十分明显，并且旅游消费的完全经济影响建模不适合以乘数效应恒为 1 的投入产出开发模型来实证测算。

【关键词】旅游业；旅游总收入；带动力系数；投入产出建模

由于旅游业具有涉及面广、综合性强的特点，一直以来各界对旅游业涵盖面的理解仁智见殊，甚至引发了不少争论。为便于在统一的认识框架下形成对下文所述问题的一致理解起点，本文于此对即将论及的旅游业所指范围进行先期界定：本文采用狭义视角的旅游业概念，即为旅游者提供旅游服务和产品产业中和旅游有关部分的综合。进一步而言，旅游业 GDP（或称旅游业增加值）是由旅游产业和经济体内的其他产业为响应境内旅游消费而产生的增加值，但不包括向非旅游者提供服务所产生的那部分增加值。

1　旅游总收入与旅游业 GDP 内涵差异明显

多年来，旅游界一直热衷于旅游总收入的调查统计，并用"旅游总收入相当于 GDP 的百分之几"的提法表明旅游业产业地位及对国民经济的突出贡献。对此李江帆等提出了明确质疑，指出旅游总收入属于总产值概念，如此的做法是把两个不存在部分和整体关系

---

* 国家自然科学基金项目（编号：41001381）资助。

作者：马仪亮（1980—），江西永修人，博士，实习研究员，主要研究方向为旅游经济、旅游卫星账户，E-mail：mayl@cnta.gov.cn。

本文引自《经济地理》2011 年第 5 期。

的数混淆在一起算百分比，既不合规，亦不合理。即便如此，由于旅游卫星账户在我国仅有零星的推广使用，旅游业增加值统计更多时候仅停留在学术讨论上，使得旅游总收入仍旧是了解旅游业宏观发展状况的首位统计指标。在这一统计惯性下，有一种观点认为，由于旅游业是由需求定义的产业，其服务和产品属最终消费，因而旅游总收入是属国民经济GDP 的组成部分，进而认为旅游总收入基本等值于旅游业 GDP。2009 年 1.29 万亿元的旅游总收入占当年 33.53 万亿元 GDP 的比重（3.85%）即为旅游业产业地位。事实上，这一认识有欠妥当，对此从三个方面逐层解析。

1.1　产业 GDP 核算通行法则

世界旅游组织等建议的《旅游卫星账户：推荐方法框架》（以下简称《框架》）综合世界通行核算法则指出，"一种生产活动的经济意义通常用它的增加值计量，这种计量确保在比较和汇总不同生产活动时不发生重复，而且完全独立于生产过程的机构组织"。其实，即便某产业按需求定义，也不意味着可以按需求来计量其经济规模。

举一个简单的例子：农民花 5 元钱买了棉花种子种出棉花，卖给纱厂获得 10 元，纱厂纺出棉线卖给布厂获得 15 元，布厂织布后卖给制衣厂获得 20 元，制衣厂制出成衣卖给商场批发商获得 25 元，游客旅游期间在商场购买该成衣支出 30 元，假设整个过程在一个财务年度内完成，那么这一过程创造的 GDP 为 25 元（30–5 或 5+5+5+5+5），而每一个产业创造的 GDP 都是 5 元（从增加值角度核算）。但如果从需求角度核算，是说旅游业称其产业 GDP 为 25 元，批发零售业称其产业 GDP 亦为 25 元，制衣厂称其产业 GDP 为 20 元，以此类推；还是说仅从最终需求角度考察，旅游业 GDP 为 25 元，其他产业 GDP 均为零？如此必然不会令多数人信服。也有人认为，如果某一产品因某一最终需求诱发，就全部计入该需求相对应的产业。那么，上例中成衣如果为游客购买就计入旅游业 GDP，如果是本地居民购买是不是就该计入零售业呢？而且如此一来，作为纺纱企业，甚至织布企业，其产品几乎永远只是作为其他产业产品的中间产品，那其产业 GDP 是不是永远为零呢？[①]

因此，按照增加值法核算产业 GDP 于情于理都较为科学，因而也就成为国际通行的法则。

1.2　旅游总收入不属于国民经济 GDP

由旅游总收入映射国民经济 GDP，就涉及以支出法核算 GDP。就全社会而言，社会总消费+资本形成总额+货物净出口总额构成的最终使用就是全社会 GDP（支出法）。就某

---

① 金属矿采选业、金属冶炼业、饲料加工业、毛纺织和染整精加工业、石油及核燃料加工业、基础化学原料制造业、电子元器件制造业、仓储业等纯粹的中间产业就该是同样的命运了。其他很多产业 GDP 也将大打折扣，如汽车制造业只有私家车部分才计入其 GDP，而企业和机关单位多数用车就不是最终使用，也就不能计入该产业 GDP，建筑、机电、房地产等产业均是如此。

一具体产业而言，其GDP通常遵循以上所述的增加值核算法则（生产法），而不能通过产业总产品（以货币量化）除去用于中间使用的部分，然后将剩下的最终使用部分当作该产业GDP。如某产业生产的10单位产品中有2单位用于中间使用，那么该产业GDP大致为8单位，但不能说该产业产品很明显的部分用于最终使用就说其GDP就是10个单位。虽然《旅游统计建议》指出，"旅游消费除了在它相当于企业中间消费之外，将因此对应于国际账户体系中的'最终消费'概念，而不管属于哪类消费者"。但这并不是说旅游业生产的服务或产品都属于最终使用，毕竟任何产业生产的产品都有一定部分用于中间使用，只不过旅游业产品用于中间使用的比例较低而已。以2007年中国投入产出表数据为例，其中旅游业（此处仅指纯粹的旅行社业）产品中用于中间使用（如对水电、汽油、电脑、桌椅等办公设备的消耗）的占总产出的32.36%，仅约为社会全行业平均的一半。应该说，旅游总收入是一个总产出概念，而不是增加值概念，也就不是国民经济GDP的所属部分。

1.3 旅游总收入不能相当于旅游业GDP

从范围来说，旅游总收入以游客或游客的代表为其旅行和旅行期间以及在目的地停留支付的全部消费支出为核算标的，而本文所指旅游业GDP涵盖的也仅是相应产业运营中的旅游部分，因此两者核算范围相当。其实，既然已然论证了旅游总收入不是国民经济GDP的组成部分，那么对于旅游总收入是否属于或相当于旅游业GDP这一问题就无须更多解释了。图1为《框架》旅游卫星账户构架的旅游业GDP核算流程及体系，从中可以进一步看出旅游总收入与旅游业GDP在内涵上的云泥之别。

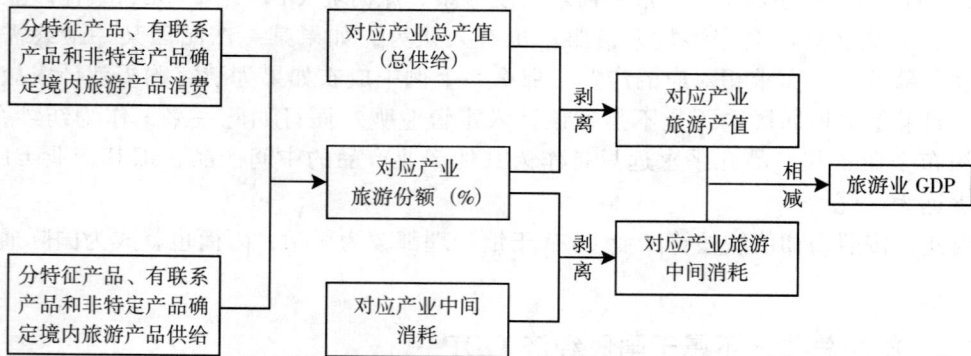

图1 UNWTO旅游卫星账户构架的旅游业GDP算法体系

另外，在统计实践当中，无论是旅游特定产业还是非特定产业，都无法将其中的旅游份额确切地剥离，旅游总收入也就只能通过一次又一次的抽样调查、一次又一次的简单平均来加以估算。调查中获得的游客花费不可避免地包含了一些非GDP的成分，如游客购买的黄金、艺术品、古董等投资品；为了商业目的的购买，包括用于转售或用于生产，或出差游客代雇主的购买等。当然，调查也会有许多的遗漏，如政府或非营利性机构为游客的支付，如公共投入、旅游消费券、公园免票或低价票等。因此，无论从理论上或是实践上来说，旅游总收入与旅游业 GDP 都存在内涵上的显著差异，有意忽视或混淆这一差异，或许并不能对巩固旅游业战略性支柱产业地位有所帮助。

2　旅游业带动力系数并不突出

长期以来，有关旅游的许多政府文件、学术论文和报刊新闻中关于旅游业带动力系数大的表述出现得十分频繁。旅游业带动力系数大小往往鲜有人深入考究，仅从文字上将这一肯定表述进行"裂变"式引用。我们知道，旅游业是一个覆盖面广的综合性产业，但是否同时也是一个带动性很强的产业呢？从经济思想史来看，产业带动力系数源于列昂惕夫创立的投入产出理论。该理论又称产业关联理论，其最大贡献莫过于将国民经济系统产业间的直接关联研究延伸到包括间接关联在内的完全关联，由此开启了产业带动力系数研究的理论先河。

按照传统投入产出理论，产业影响力系数亦称产业带动力系数，用来说明某部门最终产品对经济系统总产出的带动能力。计算公式为：

$$\delta_j = \sum_i b_{ij} \Big/ \left(\frac{1}{n} \sum_j \sum_i b_{ij} \right), \ (i, \ j = 1, \ 2, \ \cdots, \ n)$$

其中，b_{ij} 为完全需求系数矩阵元素。$\delta_j > 1$ 表明该产业带动力系数大，反之则带动力系数小。考虑到上式分母对于不同产业的等权处理稍欠合理，刘起运对上式进行了合理化改造：

$$\delta_j = \sum_i b_{ij} \Big/ \left(\frac{1}{n} \sum_j \sum_i b_{ij} \times \alpha_j \right), \ (i, \ j = 1, \ 2, \ \cdots, \ n)$$

其中，$\alpha_j = y_j \sum y$，y_j 为第 j 产业最终产品量。鉴于诸如仓储、管道运输等产业基本属于中间产品产业，最终使用部分根本没有或者比例极低，因此以最终产品为权重的带动力系数计算方法并不能合理地体现产业规模差异，本文将以总产品代替最终产品进入带动力系数计算公式。

以最新编制公布的 2007 年中国投入产出表数据为基础，首先根据分析需要对该 135 部门投入产出表进行适当归并调整（42 部门），并运用 MATLAB 软件，通过改造的产业带动力系数计算公式，计算国民经济系统主要产业带动力系数，如表 1 所示。

表 1　国民经济各产业带动力系数

产业部门	带动力系数	产业部门	带动力系数	产业部门	带动力系数
第一产业	0.685583	批发零售业	0.659689	环境管理业	0.836795
第二产业	1.108925	住宿业	0.865422	公共设施管理业	0.808640
铁路运输业	0.644986	餐饮业	0.915077	居民服务业	0.756949

续表

产业部门	带动力系数	产业部门	带动力系数	产业部门	带动力系数
道路运输业	0.825720	金融业	0.475927	其他服务业	0.922282
城市公共交通业	0.774671	保险业	0.921235	教育	0.725151
水上运输业	0.869013	房地产业	0.461615	卫生	1.009542
航空运输业	1.095300	租赁业	0.886525	社会保障业	0.679917
管道运输业	0.795104	商务服务业	0.994382	社会福利业	0.538394
装卸搬运和其他运输服务业	0.877954	旅游业	0.901109	新闻出版业	0.849190
仓储业	0.893450	研究与试验发展业	0.878022	广播、电视、电影和音像业	0.925126
邮政业	0.794486	专业技术服务业	0.722065	文化艺术业	0.895861
电信和其他信息传输服务业	0.632078	科技交流和推广服务业	0.755609	体育	0.895699
计算机服务业	0.924138	地质勘查业	0.926615	娱乐业	0.808936
软件业	0.844441	水利管理业	0.609130	公共管理和社会组织	0.738032

需要指出的是，表中旅游业仅指旅行社业，而本文并没有将运输、住宿、餐饮、批发零售等旅游特定产业[①]中的旅游部分剥离整合为一个相对完整的旅游业，因为直接查看这些产业的带动力系数，往往能更加直观和准确地了解旅游业带动力大小。

由表1可以看出，旅游业（本文所指）带动力系数并不明显，旅行社业（0.901109）、铁路运输业（0.644986）、道路运输业（0.825720）、住宿业（0.865422）、餐饮业（0.915077），或是文化艺术业（0.895861）及娱乐业（0.808936）等旅游特定产业的带动力系数均不同程度地小于1；航空运输业的带动力系数（1.095300）大于1恐怕很大程度上也是归因于航空货运。

应该说，不单是旅游业，整个服务业的带动力系数都不突出。欲究其原因，必须从对带动力系数经济内涵的理解入手。由于带动力系数反映某产业最终产品增加对国民经济系统总产出的完全（包括直接和间接）促进，且其大小很大程度上取决于产业链长短，特别是第二产业中很多产业属于原材料供给部门，涉及的产业链很长，从而经济带动力较为明显。相比之下，旅游等服务业产品的生产投入中很大比例为物化劳动（直接为最基础的生产要素），物质材料的中间投入比例较低，使得整个产业链较短，进而对国民经济系统的带动力也就不如第二产业显著。当然，带动力系数仅是一个客观量值，并不包含对产业的优劣判断，即并不是说旅游业带动力系数不明显就不如某些第二产业优良，从可持续发展

---

① 按照《框架》的定义，旅游特定产品分为旅游业特征产品和与旅游业有联系的产品两类，前者指"在多数国家，如无游客，将不再存在富有意义的数量或消费水平将大幅降低的那些产品，而且看来能够获得其统计信息"；后者指"包括被确定为给定国旅游业特定的但其属性没有在全球范围内得到承认的那些产品"。旅游特定产业即为其主要生产活动是旅游业特征活动（生产旅游特征产品）的一群基层单位。

角度来说，旅游业等人力资本投入大的产业，更符合科学发展观精神，更符合人类社会发展的长远利益。因此综合来说，旅游业是一个涉及面宽的产业，而不见得是一个产业链长进而带动力系数大的产业。

3 旅游消费的完全经济效应实证不能用投入产出模型

旅游消费对经济的拉动作用毋庸置疑，而且根据凯恩斯乘数原理，旅游消费经过国民经济系统的循环反馈，将获得倍增的经济效应。长期以来，利用投入产出法，研究旅游消费对经济增长的直接及间接促进作用成为学界一大热点。如宋增文、张初华等分别利用2002 年中国投入产出表数据，定量测度旅游业对国民经济发展的地位与作用。然而，由于旅游业边界模糊的产业属性，以及统计数据欠缺完善和准确，通过投入产出法测算旅游消费完全经济效应的结果也存在较大出入，当然这类学术分歧在任何学科都难以避免。然而令人遗憾的是，一些学者常常在缺乏对相关方法足够了解和掌握的情况下就盲目运用，导致研究结果五花八门，经不起推敲，甚至令人产生误解。从旅游消费完全经济效应的投入产出建模本身来说，相关研究中存在以下两个较为突出的技术问题。

3.1 对模型中旅游消费的使用不准确

经典投入产出模型数学表达式为：

$$X = (1 - A)^{-1} \cdot Y$$

其中，X 为各产业总产出列向量，Y 为各产业最终产品列向量（之和为按支出法核算的国民经济 GDP），A 为直接消耗系数矩阵。该模型建立了最终产品与总产出（或称总产品，为中间产品和最终产品之和）之间的数量关系。在许多文献当中，研究测算旅游消费的完全经济效应时将全国或区域旅游消费总额按平均游客消费构成分成消费列向量，并视为最终消费（上式中 Y）代入模型（经典模型或其他改进模型）进行建模测算。然而据前文分析可知，旅游总收入属于总产出量值，而旅游总收入的直接来源即为游客旅游消费，因此旅游消费同样属于总产出量值（当然不是旅游业的总产出，仅为其中一部分），即与上式 $X = (1 - A)^{-1} \cdot Y$ 中 X 的内涵相匹配。如此说来，将本应是总产出量值的旅游消费向量视为最终产品（式中 Y）以测算对国民经济的完全影响就是混淆概念，且获得的结果与真实情况相去甚远。

3.2 对投入产出模型的使用不准确

除了在数据使用上有欠妥当之外，对投入产出模型本身的运用也存在较为严重的误区。如少数学者运用以上投入产出模型 $X = (1 - A)^{-1} \cdot Y$ 测算旅游消费对考察地 GDP 的完全影响，殊不知该投入产出模型中的 GDP 乘数永远为 1，根本不能据此推算对 GDP 的完全影响。曾有作者运用该模型测算旅游消费对全国或北京、上海等地的经济及就业影响，此类的研究明显值得商榷，获得的令人鼓舞的结果也着实令人疑惑。证伪过程其实非常简单和容易理解。

假设有旅游消费（此处假定其为最终产品价值，总和为 $\bar{I} \cdot \Delta Y$）列向量，代入模型后社会总产出增量为 $\Delta X = (1-A)^{-1} \cdot \Delta Y$，那么社会 GDP 增量为总产出增量减去相应中间消耗增量，即：

$$\Delta GDP = \bar{I} \cdot (\Delta X - A \cdot \Delta X) = \bar{I} \cdot ((I-A)\Delta X) = \bar{I} \cdot \Delta Y$$

其中，$\bar{I}$ 为元素全为 1 的行向量。如果要固执地认为 GDP 增加直接反映于各产业增加值增量之和 $\bar{I} \cdot \Delta N^T$，那么则有：

$$\Delta GDP = \bar{I} \cdot \Delta N^T$$
$$= B_n \cdot \Delta Y$$
$$= A_n (I-A)^{-1} \cdot \Delta Y$$
$$= (\bar{I} - A_c)(I-A)^{-1} \cdot \Delta Y$$
$$= \bar{I} \cdot (I-A)(I-A)^{-1} \cdot \Delta Y$$
$$= \bar{I} \cdot \Delta Y$$

其中，ΔN^T 为各产业增加值列向量，B_n 为完全初始投入行向量，A_n 为直接初始投入行向量，A_c 为直接初始投入系数向量。

4　结　语

旅游业边界模糊，旅游学研究同样缺乏属于自己的一套完备的研究范式，从而大量的经济学研究方法被移植引入旅游研究，而在这些移植和引入当中，不乏盲目甚至谬误，对经济学某些理论内涵缺乏清晰了解就大肆运用，对旅游研究无益，对旅游产业发展亦无益。本着实事求是的态度和科学的研究精神，本文立足经济学理论机理，从根源上分析了旅游研究及认识当中存在的几个重要误区，以期对各界能更全面和更真实地认识旅游业而有所助益。为此进一步提出以下建议：①强化各级旅游与统计部门的协调合作，扩大推广旅游卫星账户核算方法，与国家编制投入产出调查表和投入产出延长表的频次同步，编制全国及各省的旅游卫星账户，为明确旅游业产业地位提供科学参考。②根据以上所编制的旅游卫星账户，确定交通、餐饮、娱乐等产业的旅游比例之后，用此比例对应调整投入产出表第一象限的流量矩阵，于投入产出表中提取、划分出包含交通、餐饮等关联要素的、相对广义的旅游产业（大旅游）部门，进而测算该大旅游产业的带动力系数，由此获得的系数必然更加合理和客观。③组织梳理旅游实证方法的原理与实务，并据此拓展《旅游统计调查制度》，将包括旅游投入产出在内的经典方法的实质与正确使用编制成册，经权威部门向高校、科研院所等加以推广。另外，各级旅游科研立项中，也要提高旅游统计与实证方法研究方面课题的比例。

参考文献

［1］李江帆，李美云. 旅游产业与旅游增加值的测算［J］. 旅游学刊，1999（5）：16–19.

［2］联合国等. 旅游附属账户：建议的方法框架［S］. 联合国出版物，2001.

［3］宋子千，郑向敏. 旅游业产业地位衡量指标的若干理论思考［J］. 旅游学刊，2001（4）：27–30.

［4］刘起运，程卫平. 宏观经济预测与规划［M］. 北京：中国物价出版社，1999.

［5］刘起运. 正确认识和使用投入产出乘数［J］. 中国人民大学学报，2003（6）：89–95.

［6］乔玮. 用投入产出模型分析旅游对上海经济的影响［J］. 经济地理，2006，26（12）：63–66.

Economic Analysis to Several Important Issues of the Tourism Industry

Ma Yiliang

Abstract：The domestic tourism boom unprecedentedly，the phenomenon occurs because series of important documents are issued，such as The State Council 〔2009〕41，No.〔2009〕44，and tourism gets real access to the national strategy system. Though scholars show increasingly strong interest in tourism，there are some research results which deviate from the right path. This article is going to clarify the errors according to the corresponding core economic principles. The study Analyzed the relationship between GDP and total tourism income，tourism influence coefficient and the economic effect of tourism consumption input–output model.

Key Words：Tourism Industry；Tourism Revenues；Influence Coefficient；Input–output Modeling

一般均衡视角的旅游产业福利效应研究 *
——基于中国四个世界双遗产旅游地的面板数据分析

刘长生

【摘　要】本文利用一般均衡理论，以图解分析法分析旅游产业快速发展对旅游目的地所产生的福利效应。研究显示，旅游产业快速发展对旅游目的地 GDP 增长率有显著的积极影响，推动了社会福利水平的提升，但对旅游目的地 CPI、居民实际收入、工农业等相关产业发展、收入分配、社会治安、生态环境等有显著的消极影响，又在一定程度上降低了当地居民的社会福利，其最终影响取决于积极影响与消积影响的"双向均衡"。同时，以中国四个世界自然与文化双遗产旅游区为实证研究对象验证了这种"双向均衡"社会福利效应的存在。研究为我国不同旅游目的地旅游产业的产业定位与可持续发展的政策制定提供了一定的借鉴。

【关键词】一般均衡；旅游产业；福利效应；世界文化与自然双遗产

1　引言

评价不同地区、不同产业发展水平的高低最终要看其能在多大程度上提高当地居民的社会总体福利水平，而不能单纯地看其总产值或总收入的多少。伴随着中国经济的快速发展，中国旅游业也取得了快速发展，并跻身于世界旅游大国行列：旅游外汇收入从 1978 年的 2.63 亿美元增至 2009 年的 397.12 亿美元，在世界排名第 5；2009 年全国旅游总收入 1.02 万亿元，旅游总人次达 19.02 亿人次。中国旅游业的快速发展为各地区旅游产业

* 本文受国家社会科学基金项目《休闲型旅游发展研究》（07XMZ038），教育部人文社会科学研究项目《"低碳旅游业"建设的理论构建与实践模式研究》（10YJC790179），湖南省自然与文化遗产研究基地、湖南省高校科技创新团队"区域旅游发展与管理"项目资助。

作者：刘长生（1973—），男，湖南商学院旅游管理学院副教授，博士，主要研究方向为旅游经济学。

本文引自《旅游科学》2011 年 4 期。

发展提供了良好的机遇。如世界文化与自然双遗产黄山，2009 年实现旅游收入 168.15 亿元，占 GDP 的比重高达 62.9%，旅游产业快速发展带来的经济效应非常显著。但是，旅游产业快速发展同样带来了社会、经济、文化等方面的负外部效应，如旅游目的地生态环境污染、生活成本（CPI）上升、收入分配悬殊、旅游犯罪活动增加、外部依赖性增加及政治不稳定性加强等。

旅游业给旅游目的地带来的社会经济影响一直是旅游研究的重点。首先为旅游产业发展的经济影响的测算，如 Wall（1997）利用旅游乘数来测算旅游业的经济效应；Durbarry（2004）利用旅游总收入、就业、外汇、投资等单项指标来测度旅游业对经济发展的贡献；Dwyer（2004）利用 I–O 分析、Tang（2009）利用 CGE 方法、Frechtling（2010）利用 TSAs 方法对旅游产业的经济影响进行了较为深入的分析。随着旅游规模日益扩大，旅游产业发展的负外部效应日益明显，严重影响到旅游者旅游效用的产生，可持续旅游发展得到广泛的认同。如 Brohman（1996）认为旅游产业发展会增加发展中国家对国外市场的依赖性；Goymen（2000）对土耳其旅游产业发展的外部性研究显示，旅游业发展对赌博、吸毒、卖淫等犯罪活动产生了正向影响；Hawkins（2007）认为大众旅游会给旅游目的地带来环境污染与生活费用上升的成本；Li（2009）分析了中国澳门旅游业发展对当地物价、收入分配等方面的影响；林璧属等从利益相关者协调的角度来分析如何促进旅游目的地生态环境保护。

综观相关研究可知，在分析旅游产业发展的社会经济影响时，要充分分析既包含直接经济影响，也包含其他外部性影响的旅游目的地社会福利影响。本研究拟利用一般均衡理论，使用面板计量模型，以世界文化与自然双遗产旅游目的地为例，从社会福利视角全面分析旅游产业发展的积极与消极影响。

2 基于一般均衡视角的旅游产业快速发展的福利效应的理论分析

本研究利用经典的开放经济条件的福利经济学模型，将某一旅游目的地置于一般均衡框架下，对旅游产业快速发展的福利效应进行理论分析。这种一般均衡系统充分考虑了旅游产业发展对旅游目的地所带来的各种内在的积极与负面影响，以及外在的积极与负面影响。

2.1 基本理论框架

2.1.1 基本假设

假设某一地区旅游产业为其主导产业，其拥有的土地资源与人口资源相对较小，旅游产业总产值占国内生产总值的比重约 30% 以上，形成以旅游产业为主导的单一产业结构体系。该旅游目的地处于高度开放状态，即产品可以自由流入与流出，并仅生产与消费两种商品：旅游服务 X_1、复合商品（其他所有商品与服务）X_2。

2.1.2 生产可能性前沿

生产可能性前沿是指旅游目的地运用其所有生产资源来生产 X_1 与 X_2 时所能生产的最大可能组合的边界。假设该旅游目的地存在如下生产系统：

$$X_1 = F_1(L_1, K_1); \quad X_2 = F_2(L_2, K_2) \tag{1}$$

$$L_1 + L_2 = L; \quad K_1 + K_2 = K \tag{2}$$

$$Y = F(L, K) \tag{3}$$

其中，式（1）表示 X_1 与 X_2 的生产函数，L、K 表示劳动与资本；式（2）表示劳动与资本在生产 X_1、X_2 时的分配方式；式（3）表示社会总产出生产函数。将式（1）、式（2）代入式（3），并通过相应的函数转换，求出生产可能性前沿函数：

$$Y = F(F_1^{-1}(X_1), F_2^{-1}(X_2)) \tag{4}$$

其中，$F_1^{-1}(X_1)$，$F_2^{-1}(X_2)$ 分别是 X_1 与 X_2 的生产函数的反生产函数，假设 X_1、X_2 为正常商品，由边际收益递减原理可知：

$$F'_{X_1}(F_1^{-1}(X_1), F_2^{-1}(X_2)) \geq 0; \quad F''_{X_1}(F_1^{-1}(X_1), F_2^{-1}(X_2)) \leq 0 \tag{5}$$

$$F'_{X_2}(F_1^{-1}(X_1), F_2^{-1}(X_2)) \geq 0; \quad F''_{X_2}(F_1^{-1}(X_1), F_2^{-1}(X_2)) \leq 0 \tag{6}$$

2.1.3 社会效用无差异曲线

旅游目的地社会福利水平的高低可以通过社会效用函数来进行较为直观的展示。假设整个旅游目的地的社会居民消费由两大类型产品构成：一是旅游目的地自己所生产的部分旅游服务产品 X_1。大部分 X_1 由该旅游目的地以外的旅游者来消费，相当于旅游目的地 X_1 的"出口"。二是复合商品 X_2。由于在该旅游目的地旅游产业占据主导地位，则仅有少部分 X_2 由该旅游目的地自身生产，其大部分来自旅游目的地以外其他地区，相当于该旅游目的地 X_2 的"进口"。因此，我们假设该旅游目的地存在如下社会效用无差异函数：

$$U(X_1, X_2) = X_1^{\alpha}X_1^{\beta} \quad 1 \geq \alpha \geq 0 \quad 1 \geq \beta \geq 0$$

$$U'_{X_1}(X_1, X_2) \geq 0 \quad U''_{X_1}(X_1, X_2) \leq 0 \tag{7}$$

$$U'_{X_2}(X_1, X_2) \geq 0 \quad U''_{X_2}(X_1, X_2) \leq 0 \tag{8}$$

2.1.4 旅游目的地的隐性贸易条件与交换的公平性

在开放经济条件下，该旅游目的地不仅为旅游者提供大量 X_1，而且不断地从该旅游目的地以外的地区"进口"大量 X_2。那么，旅游目的地与客源地之间就会形成隐性的贸易条件，如式（9）、式（10）所示：

$$P_1X_1 + P_2X_2 = Y \tag{9}$$

$$POP = P_1/P_2 \tag{10}$$

其中，式（9）表示在没有储蓄的假设前提之下，该旅游目的地所有用于消费 X_1、X_2 的收入，式（10）中的 POP 为旅游目的地隐性贸易条件，指旅游目的地 X_1 价格与 X_2 价格之比，即旅游目的地一个单位的 X_1 能够换取多少个单位的 X_2。比率越大，则旅游目的地越处于有利的贸易地位，越有利于提高旅游目的地的社会福利水平。

2.1.5　一般均衡与社会福利水平的决定

对于旅游目的地来说，旅游产业与其他相关产业的快速发展会提高其总产出水平，但最终要看其能够在何种程度上提高居民的社会福利水平。结合生产可能性前沿与社会效用无差异函数，描绘出旅游目的地的生产可能性前沿与社会效用无差异曲线图（见图1），以此来研究一般均衡情况下社会福利水平的决定。

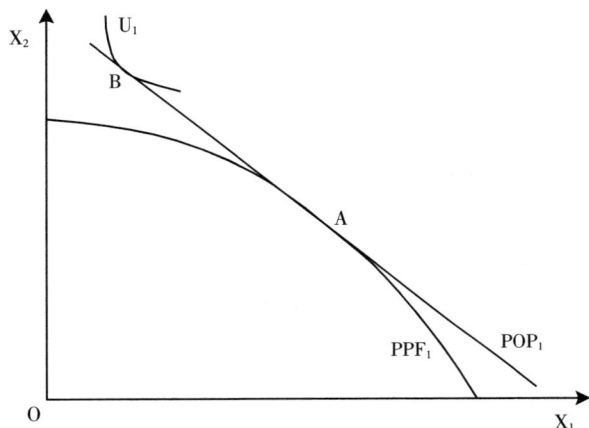

图1　旅游目的地生产可能性前沿与社会效用无差异曲线

如图1所示，旅游目的地生产可能性前沿曲线 PPF 表示该旅游目的地 X_1 与 X_2 的最大可能生产组合，曲线以外的任何一点表示不可能达到的生产组合点，而曲线以内的任何一点表示生产资源没有达到充分利用的点。社会效用无差异曲线 U_1 表示该旅游目的地 X_1 与 X_2 可能达到的效用水平。按照效用理论，离原点越远的社会无差异曲线，其所代表的社会效用水平越高。图1显示旅游目的地隐性贸易条件曲线 POP 同时与 PPF_1、U_1 相切，该旅游目的地的生产与消费同时达到一般均衡，即在使该旅游目的地产出达到最大可能的前提下，也使整个社会福利水平达到最大。其中最大可能的生产均衡为 A 点，最大社会效用水平的消费点为 B 点，即该旅游目的地生产更多的 X_1，但消费较少，更多为满足外来人口的消费，即"出口" X_1；反之，该旅游目的地生产更少的 X_2，但消费较多，即要更多地从外地"进口" X_2 以满足本地市场需求。

2.2　旅游产业快速发展的社会福利效应分析

社会福利水平受到多种因素影响：首先，社会总产出的增加会提高整个社会可供分配的产品总量，从而对社会福利产生积极影响；其次，社会产品在不同所有者之间的分配方式、不同产业发展水平的高低会影响不同经济个体对社会福利的享受程度，从而影响社会福利总量；最后，社会产品价格水平的提高会减少社会居民真实收入水平，社会生活环境恶化也会对居民的社会福利产生负面影响。因此，本文拟从旅游产业收入、价格、收入分配、产业替代、环境影响等方面分析旅游产业快速发展的社会福利效应。

2.2.1　旅游产业快速发展的社会福利效应分析——积极影响分析

旅游目的地旅游产业扩张对社会福利的积极影响关系由图2可知，旅游目的地旅游业快速发展最为直接的影响就是旅游业投资、就业、旅游人次、旅游总收入、税收等方面的快速增加。旅游业规模迅速膨胀使生产可能性前沿曲线向 X_1 方向扩张，生产均衡点由 A 点变为 D 点。在价格水平不变的前提下，即 POP_1 平移至 POP_2，消费均衡点由 B 点升高至 C 点。X_1、X_2 消费量增加，整个社会效用无差异曲线由 U_1 提高到 U_2，整个社会福利水平显著增加。

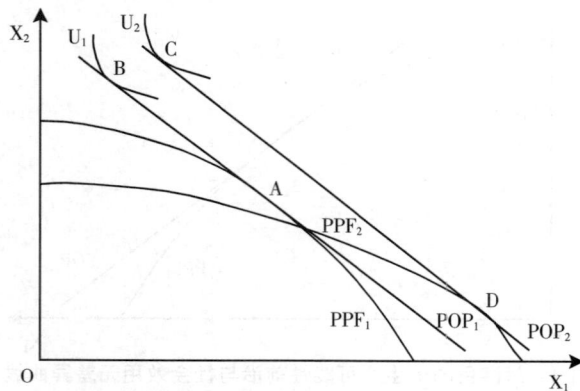

图2　旅游目的地旅游产业扩张对社会福利的积极影响

命题1　旅游产业的快速扩张，在不存在负面外部效应的前提下，旅游业总收入会增加，从而增加旅游目的地的国内生产总值，并相应地提高旅游目的地的社会福利总水平。

2.2.2　旅游产业快速发展的社会福利效应——负面影响分析

从命题1可知，当旅游产业不存在任何负外部效应时，旅游业的快速发展肯定会提高社会总福利水平。但如果考虑旅游业的负外部效应时，此命题成立与否有待深入探讨。

（1）价格效应对社会福利的负面影响。价格效应是指旅游目的地在旅游产业扩张前后，一般物价水平的变化对其社会福利水平所产生的负面影响。随着旅游目的地旅游业的快速扩张，本地生产不能满足大规模的外地投资者与旅游消费者的流入带来的消费品需求扩大，并只能由外地生产来满足时，本地物价水平将高涨。本研究对张家界日常消费品市场的调查发现，其蔬菜、水产品、饮料等食品价格水平要远高于同等经济水平的其他城市，甚至高于省会城市长沙。旅游业基础设施、主题公园的大量建设，使得建筑成本与土地价格提高，从而推高房地产等资产投资的价格，又进一步推高旅游目的地本地居民的住房生活成本，影响当地人的社会福利水平。

这种价格效应对旅游目的地社会福利的负面影响如图3所示。当存在价格效应时，价格水平不是由 POP_1 平移至 POP_2，而是以 POP_2 为基础逆时针方向旋转到 POP_3，X_1 更加低廉，X_2 更加昂贵，生产均衡点 D 点左移至 I 点，即 X_1 的生产有一定程度的减少，新的消费均等点由 C 点降至较低的社会效用无差异曲线 U_3 与新的贸易条件曲线 POP_3 相切的 E 点，由于价格效应的存在，降低了原来的社会福利水平。

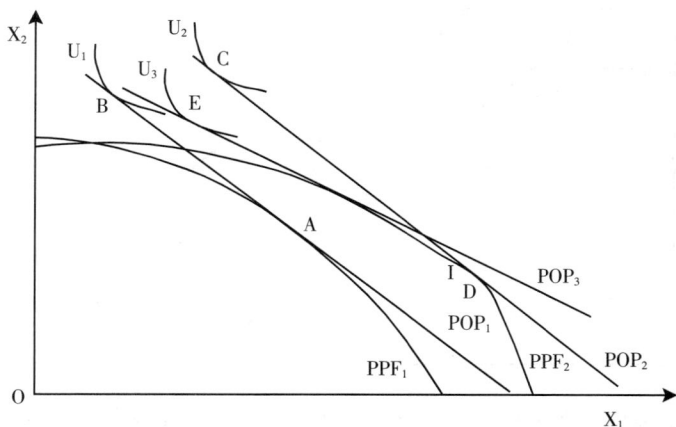

图 3 旅游目的地旅游产业扩张所产生的"价格效应"对社会福利的负面影响

命题 2 旅游产业的快速扩张虽然会提高旅游目的地社会福利水平，但价格效应会在一定程度上降低其社会福利水平。

（2）"荷兰病效应"对社会福利的负面影响。"荷兰病效应"是指由于资源与生产要素的自由流动等相关原因，一个国家或地区某一产业的快速发展会导致其他相关产业不断衰落的现象。这不仅会造成该地区产业结构过度单一而产生对外部经济体的过度依赖性，而且会影响该地区产业经济布局与可持续经济发展。由于这种现象最早出现在荷兰，因此称其为"荷兰病效应"。对我国很多旅游目的地而言，大多存在这种现象，如黄山市 2009 年旅游业总收入占 GDP 的比重高达 62.9%，而工业增加值仅占 GDP 的 29.4%，第一产业发展明显滞后，受旅游业带动作用不大，形成产业过度集中的单一产业结构发展模式。

从一般均衡角度看"荷兰病效应"对社会福利的负面影响如图 4 所示。在旅游产业扩张前，旅游产业与其他产业的总产值分别为 OK_1 和 OH_1，而旅游产业扩张后，旅游产业的总产值增加为 OK_2，其他相关产业的总产值减少为 OH_2，假设旅游产业的快速发展不与其他产业竞争生产资源，并至少保持在以前的发展水平之上时，其社会生产可能性前沿曲线应为 PPF_3，而不是 PPF_2，那么，该旅游目的地的社会福利水平应为 U_4，而不是 U_2，U_4 与 U_2 之间的纵向垂直距离即为该旅游目的地旅游产业快速扩张所产生的"荷兰病效应"对社会福利的负面影响。

命题 3 旅游产业的快速扩张虽然会提高旅游目的地社会福利水平，但"荷兰病效应"会在一定程度上降低其社会福利水平。

（3）"漏出效应"与"收入分配效应"对社会福利的负面影响。旅游目的地旅游产业快速发展的"漏出效应"是指旅游产业的资产外部产权、基础设施或运行成本的外在性、旅游消费品外部输入和旅游线路对本地居民的隔离性等方面的原因，导致很大一部分旅游

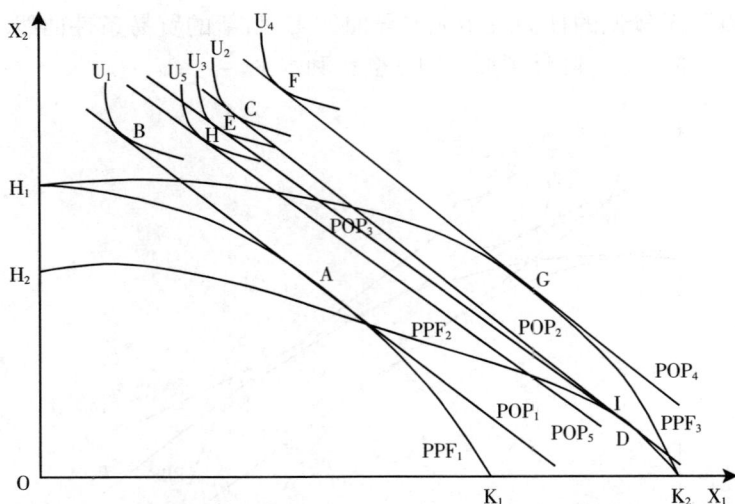

图4 旅游产业扩张的"荷兰病效应"、"漏出效应"与"收入分配效应"对社会福利的负面影响

收入不能成为旅游目的地当地居民的真实收入，而成为旅游目的地以外的投资者或相关生产者的收入。通常，外地投资的旅游企业趋向于从旅游目的地以外进口旅游产业所需要的商品或服务，如旅游索道设施、旅游消费品；而且，旅游企业都趋向于雇用外地高技能劳动者与管理团队，以尽可能节约生产成本，满足旅游者对高效、优质旅游服务的需求。外地旅游投资企业大多也会将其全部或部分利润汇回投资者原所在地。Singh（2006）等曾对印度尼西亚等国家的主要旅游目的地进行相应研究，发现近 80% 的旅游收入均直接或间接地转化为这种"漏出效应"。

另外，左冰等（2007）、刘长生（2009）的研究成果显示，中国不同旅游目的地旅游产业的快速发展加剧了收入分配的非均衡性。旅游产业是一种高度劳动密集、资源与资本密集型的产业，该产业由于吸纳了大量知识与技术含量低的初级劳动者，使得大部分旅游收入被少数资本投资者与旅游资源垄断者所获取，大部分当地居民与初级劳动者只能获取少部分土地资源补偿性收入与体力劳动收入，从而造成旅游产业收入分配的过分悬殊。这种过分的收入分配悬殊，不仅严重影响当地居民的消费能力，而且对当地劳资社会关系产生显著的负面影响，进而对整个旅游目的地社会福利产生显著的负面影响。

"漏出效应"与"收入分配效应"对旅游目的地社会福利的负面影响也可以从一般均衡分析中得到清晰反映（见图4）。价格效应使得社会效用无差异曲线由 U_2 下降为 U_3，由于"漏出效应"与"收入分配效应"的存在，PPF_2 虽然不会发生移动，但是，旅游目的地当地居民所获得的真实收入下降，POP_3 曲线下移至 POP_5，与新的较低的社会效用无差异曲线 U_5 相切于 H 点，U_5 与 U_3 之间的垂直距离即为这种"漏出效应"与"收入分配效应"对旅游目的地社会福利的负面影响。

命题 4 旅游产业的快速扩张虽然会提高旅游目的地社会福利水平，但"漏出效应"与"收入分配效应"会在一定程度上降低其社会福利水平。

（4）社会与生态环境成本增加对旅游目的地社会福利的负面影响。上述对旅游目的地旅游产业快速发展的负面影响主要从经济影响来进行分析，此外，旅游产业快速发展对旅游目的地社会与生态环境的影响也会对其社会福利产生显著的负面影响。随着旅游开发不断深入，大量外地旅游者不断涌入，旅游目的地社会与生态环境内部均衡随之被打破。在新的不均衡之下，旅游目的地居民承受了不同程度的文化掠夺与生态成本，对社会福利产生显著的负面影响，如旅游目的地的传统文化被日益同化、传统生活方式受到外部干扰、生态植被与水资源受到严重破坏、公共交通日益拥挤、噪声与空气污染日益严重、社会犯罪率上升和奢侈品消费的"模仿效应"日益严重等。Vong 和 Mccartney（2005）关于社会与生态环境成本增加对旅游目的地社会福利的负面影响研究发现其影响面较广泛。

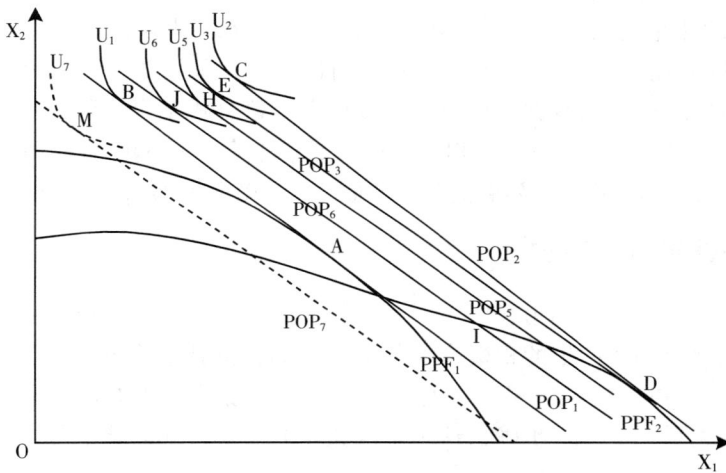

图 5　旅游目的地旅游业扩张所产生的社会与生态环境成本对社会福利的负面影响

在图 5 中，由于旅游业发展带来社会与生态环境成本增加，PPF_2 虽然在短期内不会发生移动，但是旅游目的地当地居民由于生态环境恶化与社会成本的增加，其所获得的真实收入下降，那么，POP_5 曲线会下移至 POP_6，与新的更低的社会效用无差异曲线 U_6 相切于 J 点，U_6 与 U_5 之间的垂直距离即为旅游产业快速扩张对当地居民所产生的社会成本与生态环境污染成本，从而对旅游目的地社会福利产生负面影响。

命题 5　旅游产业的快速扩张虽然会提高旅游目的地社会福利水平，但社会成本与生态环境污染成本的增加会在一定程度上降低其社会福利水平。

如图 5 所示，社会效用无差异曲线 U_6 仍处于旅游产业快速扩张以前的社会效用无差异曲线 U_1 的上方，即这些负面影响的总效果依然小于旅游产业快速扩张所产生的积极影响，从而使得旅游目的地在旅游产业快速发展中的总体社会福利水平提高。但如果任凭这些负面影响进一步恶化而不加以管理，那么最终可能会使得旅游目的地的社会福利水平下降，甚至低于该目的地旅游产业快速发展以前的水平，POP_5 曲线可能会进一步下移至 POP_7，与更低的社会效用曲线 U_7 相切于 M 点。

3 实证分析——以中国世界文化与自然双遗产旅游目的地为例

3.1 实证分析样本选择与数据说明

本文选择我国世界文化与自然双遗产旅游目的地泰山、黄山、峨眉山—乐山大佛、武夷山风景名胜旅游区作为样本。各样本数据时间跨度为 1994~2009 年。选择其作为定量分析样本的主要原因是这四个旅游目的地发展历史较长，旅游产业发展较为成熟，旅游产业占该地区 GDP 的比重均较大。另外，由于我国旅游经济统计数据的约束，不能获得 1994 年以前较为详细的各旅游目的地的相关数据，所以，本文采用 1994~2009 年四个旅游目的地的时间序列数据组成面板数据进行分析，以保证计量分析结果的稳健性。实证分析中使用的旅游产业总收入、旅游人次、CPI、就业人数、投资、环境质量等数据来自各地市统计年鉴、《中国旅游统计年鉴》及各旅游管理部门与环境保护部门的统计资料。

3.2 实证计量模型设定

前文基于一般均衡理论视角，以图形解析的方式，从理论上分析了旅游产业快速发展对旅游目的地社会福利所产生的积极影响与消积影响，得到了旅游业发展与旅游目的地旅游总收入、GDP、CPI、收入分配、相关产业发展、旅游社会成本及生态环境质量等相关变量的内在影响关系。为进一步确认这种影响关系的大小，我们建立如下两类实证计量分析模型。

3.2.1 经济影响模型

经济影响模型主要从旅游目的地旅游产业快速扩张对其经济增长、物价、收入分配、相关产业发展的影响角度来建立如下联立方程：

$$LGDP_{it} = \alpha_{1it} + \alpha_2 LLK_{it} + \alpha_3 LT_{it} + \varepsilon_{it} \tag{11}$$

$$LCPI_{it} = \gamma_{1it} + \gamma_2 LGDP_{it} + \gamma_3 LT_{it} + \varepsilon_{it} \tag{12}$$

$$LI_{it} = \beta_{1it} + \beta_2 LIIGDP_{it} + \beta_3 LT_{it} + \varepsilon_{it} \tag{13}$$

$$LA_{it} = \delta_{1it} + \delta_2 LAIGDP_{it} + \delta_3 LT_{it} + \varepsilon_{it} \tag{14}$$

$$LE_{it} = \varphi_{1it} + \varphi_2 LGDP_{it} + \varphi_3 LT_{it} + \varepsilon_{it} \tag{15}$$

该模型为包含了个体效应、时期效应的面板计量模型。式（11）表示旅游目的地旅游产业快速发展对整体经济增长率的影响，LT_{it}、$LGDP_{it}$ 表示不同时期不同旅游目的地的经济增长率、旅游产业总收入的对数，LLK_{it} 表示不同时期不同旅游目的地人均固定资产投资，以此变量为控制变量进入回归方程以反映其对经济增长率的影响。式（12）表示旅游目的地旅游产业快速发展对其物价水平的负面影响，$LCPI_{it}$ 表示不同时期不同旅游目的地的消费价格指数。式（13）和式（14）表示旅游目的地旅游产业快速发展所产生的"荷兰病效应"的消极影响，分别表示旅游产业快速发展对工业、农业发展的负面影响，LI_{it}、LA_{it} 分别表示不同时期不同旅游目的地的工业总产值、农业总产值的对数，并分别以工业总投资占全社会固定资产总投资的比重 $LIIGDP_{it}$、农业总投资占全社会固定资产总投资的比重 $LAIGDP_{it}$ 作为控制变量进入回归方程，以反映其对工业与农业发展的影响。式（15）表示旅游目的地旅游产业快速发展对其收入分配的影响，LE_{it} 表示不同时期不同旅游目的地的基尼系数，即当地收入分配差距的恶化程度，并以不同时期不同旅游目的地的经济增长率作为控制变量进入回归方程。

3.2.2 社会与生态环境影响模型

社会与生态环境影响模型主要从旅游目的地旅游产业快速扩张对其社会治安与管理、环境污染、居民身心健康、交通安全的影响角度来建立如下联立方程：

$$LET_{it} = \phi_{1it} + \phi_2 LPOPU_{it} + \phi_3 LT_{it} + \varepsilon_{it} \tag{16}$$

$$LCRIM_{it} = \eta_{1it} + \eta_2 LPOPU_{it} + \eta_3 LT_{it} + \varepsilon_{it} \tag{17}$$

$$LACCI_{it} = \rho_{1it} + \rho_2 LPOPU_{it} + \rho_3 LT_{it} + \varepsilon_{it} \tag{18}$$

其中，式（16）表示不同时期不同旅游目的地的旅游产业快速发展对其生态环境质量的影响，LET_{it} 表示生态环境质量的变量，以环境综合质量指数来表示，该指标参考姜勇（2007）的研究方法进行计算。该指标在不同区域全面建设小康社会的评价指标中已经得到了应用。式（17）和式（18）表示不同时期不同旅游目的地旅游产业快速发展对其社会环境的影响，$LCRIM_{it}$、$LACCI_{it}$ 分别表示不同旅游目的地不同时期的社会犯罪总量、交通事故总量的对数，三个方程中均以其人口总数的对数 $LPOPU_{it}$ 作为控制变量进入回归方程。

3.3 实证分析结果

利用 MATLAB 软件估计和统计检验旅游业快速发展旅游目的地社会福利所产生的积极与消极影响的参数值。该模型设定为随机效应模型，使用 Swamy GLS 估计作为估计方法，随机效应模型的有效性通过 Swamy g-统计量进行检验。[①] 表 1 为不同旅游目的地旅游业快速发展的福利效应的经济影响模型回归结果，回归系数大部分在 5% 的显著水平显著，拟合优度都在 0.8 以上，拟合效果较好，F-统计量也都在 5% 的显著水平上显著。模型 1 为旅游业快速发展对旅游目的地经济增长率的影响，LLK、LT_{it} 的系数分别为 0.978 与 0.476。模型 2 为旅游产业快速发展对旅游目的地物价水平影响的回归结果，$LGDP$、LT_{it} 的系数分别为 0.513、0.487。模型 3 与模型 4 分别为旅游产业快速发展对工业、农业所产生的"荷兰病效应"的回归结果，模型 3 中 $LIIGDP$、LT_{it} 的系数分别为 0.712、–0.132，模型 4 中 $LAIGDP$、LT_{it} 的系数分别为 0.317、–0.056，旅游业发展的"荷兰病效应"影响也较大，且对工业的"荷兰病效应"要明显大于对农业的"荷兰病效应"。模

---

① 为了解决变量之间所存在的内生性问题，以各个变量的滞后项作为工具变量进入回归方程，以下相同，Swamy g-统计量服从 χ^2 分布，限于篇幅，参数估计的个体效应、时期效应在表 1、表 2 中未列出。

表 1　旅游产业快速发展福利效应的经济影响的计量回归结果

模型 1：因变量 LGDP		模型 2：因变量 LCPI		模型 3：因变量 LI		模型 4：因变量 LA		模型 5：因变量 LE	
自变量	系数	自变量	系数	自变量	系数	自变量	系数	自变量	系数
常数	7.142*** (2.11)	常数	1.136 (1.44)	常数	3.136** (2.86)	常数	4.165** (2.90)	常数	0.131** (2.97)
LLK	0.978* (4.26)	LGDP	0.513*** (2.26)	LIIGDP	0.712** (2.06)	LAIGDP	0.317* (3.29)	LGDP	0.173 (1.25)
LT_{it}	0.476 (1.23)	LT_{it}	0.487* (4.27)	LT_{it}	−0.132** (−2.29)	LT_{it}	−0.056* (−5.28)	LT_{it}	0.275* (4.26)
调整 R^2	0.987	调整 R^2	0.872	调整 R^2	0.842	调整 R^2	0.884	调整 R^2	0.901
样本	64	样本	64	样本	64	样本	64	样本	64
F-统计量	6.422* (0.01)	F-统计量	5.337* (0.02)	F-统计量	2.661** (0.06)	F-统计量	5.372* (0.02)	F-统计量	6.497* (0.01)
g-统计量	412.67** (0.04)	g-统计量	362.34** (0.06)	g-统计量	409.66** (0.04)	g-统计量	466.63** (0.02)	g-统计量	532.44* (0.01)

注：括号中为 T-统计量，"*"、"**"分别表示在 1%、5%的显著水平上显著。

资料来源：中经网数据库、各世界自然与文化遗产所在地相关部门资料、各地市统计年鉴，下表相同。

型 5 为旅游产业快速发展对旅游目的地收入分配影响的回归结果，LGDP、LT_{it} 的系数分别为 0.173、0.275，说明旅游产业的快速发展是这些旅游目的地收入分配进一步扩大的主要原因。

　　表 2 为旅游目的地旅游产业快速发展对社会与生态环境影响模型的回归结果，回归系数大部分也在 5%的显著水平上显著，拟合优度都在 0.7 以上，拟合效果较好，F-统计量在 10%的显著水平上显著，能够用来说明不同变量之间所存在的内在关系。模型 6 为旅游产业快速发展对旅游目的地生态环境质量影响的回归结果，LPOPU、LT 的系数分别为

表 2　旅游产业快速发展对社会与生态环境影响的计量回归结果

模型 6：因变量 LET		模型 7：因变量 LCRIM		模型 8：因变量 LACCI	
自变量	系数	自变量	系数	自变量	系数
常数	5.136** (2.57)	常数	4.122** (2.57)	常数	6.137** (2.08)
LPOPU	−0.818 (−1.27)	LPOPU	0.908** (2.26)	LPOPU	0.749* (6.67)
LT	−0.726* (3.98)	LT	0.782** (4.45)	LT	0.696*** (1.97)
调整 R^2	0.798	调整 R^2	0.876	调整 R^2	0.931
样本	64	样本	64	样本	64
F-统计量	2.401*** (0.10)	F-统计量	6.409* (0.01)	F-统计量	4.378** (0.04)
g-统计量	587.33* (0.01)	g-统计量	406.55** (0.04)	g-统计量	602.94** (0.00)

注：括号中为 T-统计量，"*"、"**"、"***"分别表示在 1%、5%、10%的显著水平上显著，资料来源同上。

–0.818 与 –0.726，说明旅游产业快速发展对旅游目的地生态环境质量产生较大的负面影响。模型 7 为旅游产业快速发展对旅游目的地犯罪率影响的回归结果，LPOPU、LT 的系数分别为 0.908 与 0.782，说明旅游产业快速发展对旅游目的地社会治安环境产生较大的负面影响。模型 8 为旅游产业快速发展对旅游目的地交通事故发生率的影响的回归结果，LPOPU、LT 的系数分别为 0.749 与 0.696，说明旅游产业快速发展对旅游目的地交通环境产生了较大的负面影响。

4 结 论 及 启 示

本研究利用一般均衡理论，以图解分析方法对旅游产业快速发展的福利效应进行深入分析，避免了单纯从旅游业总收入、增加值、就业等单一指标来分析旅游业发展的社会经济影响的不足之处。理论研究的主要结论是：旅游业快速发展对 GDP 增长率有显著的积极影响，从而推动旅游目的地社会福利水平的提升，但对旅游目的地 CPI、居民实际收入、工农业等相关产业发展、收入分配、社会治安、生态环境等有显著的负面影响，从而会在一定程度上降低当地居民的社会福利，其最终影响结果取决于这种积极影响与消极影响的"双向均衡"。

本文以中国四个世界自然与文化双遗产旅游区为对象进行的实证检验显示：旅游产业的快速发展为当地经济增长率提高做出了重大贡献，旅游产业发展每增长 1%，其经济增长率会增加 0.476%，从而极大地推动当地居民社会福利的提高。但随着旅游业的飞速发展，其负外部性也正日益凸显：当地物价尤其是 CPI 上涨过快，旅游业总收入每增长 1%，CPI 会增加 0.487%；收入分配差距日益加剧，旅游业总收入每增长 1%，基尼系数会增加 0.275%；旅游产业快速发展所产生的"荷兰病效应"日益显著，旅游产业总收入每增长 1% 反而导致工业与农业增长率分别萎缩 0.132%、0.056%；社会治安与生态环境也在一定程度上有所恶化，这又在很大程度上降低了由于旅游业总收入所带来的积极影响。所以，单纯地以旅游产业总收入来衡量旅游产业快速发展对当地居民所产生的福利效应是十分不妥当的。

通过上述结论，我们可以得到如下启示：

第一，要准确定位旅游产业在国民经济发展中的地位。对于我国许多旅游资源比较占优势的地区而言，旅游产业发展对当地经济发展做出了较为重要的贡献，这无疑使其成为当地政府及相关管理部门工作的重点。但是，旅游产业在国民经济发展中战略地位的确定应综合权衡其积极影响与消极影响，不能单凭其直接的经济影响而做出片面决定。

第二，要积极克服旅游消费对当地居民的一般性消费的负面影响。我国许多著名旅游目的地的旅游业快速发展，导致旅游服务及其相关商品消费量与消费价格上涨，并引致当地居民一般性消费价格大幅提高。如海南三亚的房地产价格远高于当地居民的消费水平，甚至直逼北京、上海等一线城市，食品等一般性消费品价格远高于全省平均水平，对当地居民的福利产生了很大的负面影响。其原因除投机性因素影响之外，旅游业快速发展导致当地工业、农业相对落后，工农业生产远不能满足市场需求，只能依赖外地"进口"，从而提高其内在成本而大大提升了市场价格也是一个重要的影响因素。那么，旅游目的地政府及相关管理部门在进行产业布局时应注重不同产业之间的协调发展，这不仅可以协调当地消费需求，还可以大大降低旅游产业快速发展所带来的"荷兰病效应"。

第三，要充分重视旅游产业发展中利益分配的失衡。旅游产业发展虽然为旅游目的地带来了十分可观的旅游收入与就业机会，但是，从本文的实证分析及相关学者的研究成果来看，旅游产业发展对旅游目的地收入分配的不均衡起到一定的推动作用。旅游给当地带来了就业机会，推动了地方经济发展，但大多当地居民仅获得出卖廉价劳动力的低报酬，并未获得乡土文化旅游资源本身的资产价值，政府和外地开发商成为主要的利益获得者。所以，完善旅游产业收入分配的调节机制是各级政府旅游管理工作的中心环节，应该让本应该直接参与利益分配的当地社区居民得到公平对待。

第四，加强旅游目的地社会环境治理是提高社会福利水平与实现旅游业可持续发展的基本保障。随着旅游业的快速发展，大量旅游者涌入区域狭小的旅游目的地将对社会环境产生一定的压力，旅游欺诈、旅游犯罪、交通拥堵等相关社会问题发生的可能性增加，对当地居民的社会生活造成负面影响，并降低旅游目的地的整体形象。如旅游目的地张家界2009年旅游人次达到1900万人次，旅游欺诈等相关社会问题大大增加，直接影响到其整体形象，针对这一现状，张家界市相关管理部门开展以"平安满意在张家界"为主题的社会环境综合治理活动，取得了积极的社会反响，提升了张家界的旅游形象，为本地居民提供了一个良好的生活环境。

第五，"发展与环保并举"的思想是指导中国旅游产业和谐发展的指针。理论与实证分析显示，旅游产业发展与旅游生态环境保护是辩证统一、相互依赖的有机体。单纯地注重环境保护而不注重开发旅游资源，不具有现实基础；而单纯地注重旅游产业发展而不注重旅游生态环境保护注定是不可持续的发展模式。应在旅游产业发展中不断解决与其"孪生"的环境污染问题，在有效保护环境的基础上实现更快、更好的发展，才能真正提高我国旅游目的地社会居民的整体福利水平。

参考文献

[1] Brohman J. New Directions in Tourism for Third World Development [J]. Annals of Tourism Research, 1996, 23 (1): 48-70.

[2] Tang Chun-Hung, Soo Cheong Jang. The Tourism-economy Causality in the United States: A Sub-industry Level Examination [J]. Tourism Management, 2009, 30 (2): 553-558.

[3] Durbarry R. Tourism and Economic Growth: The Case of Mauritius[J]. Tourism Economics, 2004, 10 (4): 389-401.

[4] Frechtling. The Toursim Satellite Account: A Primer[J]. Annals of Tourism Research, 2010, 37 (1): 136-153.

［5］Wall G. Scale Effects on Tourism Multipliers ［J］. Annals of Tourism Research, 1997, 24（2）: 446–450.

［6］Goymen K. Tourism and Governance in Turkey ［J］. Annals of Tourism Research, 2000, 27（2）: 1025–1048.

［7］Dwyer L., Forsyth P., Spurr R. Evaluating Tourism's Economic Effects: New and Old Approaches ［J］. Tourism Management, 2004, 25（9）: 307–317.

［8］Hawkins D. The World Bank's Role in Tourism Development ［J］. Annals of Tourism Research, 2007, 34（2）: 348–363.

［9］Li Sheng, Yanming Tsui. A General Equilibrium Approach to Tourism and Welfare: The Case of Macao［J］. Habitat International, 2009, 33（2）: 419–424.

［10］Singh R. D.. Import Content of Tourism: Explaining Differences Among Island States ［J］. Tourism Analysis. 2006, 11（1）: 33–44.

［11］Vong C. K., Mccartney G. Mapping Resident Perceptions of Aaming Impact［J］. Journal of Travel Research, 2005, 44（4）: 177–187.

［12］姜勇. 江苏省小康社会环境质量综合指数考核与评价体系的建立 ［J］. 江苏环境科技, 2007（5）: 57–60.

［13］林璧属, 张希, 赵韶芬等. 武夷山封闭式管理对利益相关者的影响研究 ［J］. 旅游学刊, 2006（7）: 33–37.

［14］刘长生. 中国旅游业发展的政策路径及其经济影响研究 ［J］. 商业经济与管理, 2009（6）: 59–65.

［15］左冰, 李郇, 保继刚. 旅游国民收入及其初次分配格局研究 ［J］. 旅游学刊, 2007（1）: 10–16.

A Research on Welfare Effects of Tourism Industry from General Equilibrium Perspective: A Panel Data Analysis Based on Four Natural and Cultural Heritage Destinations in China

Liu Changsheng

Abstract: This paper applies the general equilibrium theory and diagrammatizing analysis method to analyze the welfare effects of tourism industry development on destinations. The result shows that: Fast development of tourism industry has notable positive effects on the growth rate of GDP, and enhances welfare level of the destinations. However, it brings notable negative effects on their CPI, residents' actual income, agricultural and industrial development, revenue distribution, social public security and the ecological environment as well. Therefore it reduces welfare level of the destinations to some degree and the final result of it is reflected by the two-fold equilibrium. Based on the panel data of four Natural and Cultural Heritages in China, the paper also makes a test of the possibility of the "two fold equilibrium". The author believes that the findings provide certain reference to tourism industry orientation and persistent harmonious development of different tourism destinations in China.

Key Words: a General Equilibrium; Tourism Industry; Welfare Effect; Natural and Cultural Heritage Destination

城市化与旅游产业集群耦合发展机制研究*
——以山东省为例

高乐华　　张广海

【摘　要】在建立城市化发展水平评价指标体系和旅游产业集群识别模型的基础上，对山东省城市化发展水平和旅游产业集群进行了评价与识别。根据构建出的城市化与旅游产业集群耦合评价模型，对山东省城市化与旅游产业集群系统的耦合态势进行了分析，并进一步探讨了山东省城市化与旅游产业集群耦合发展机制。

【关键词】城市化；旅游产业集群；复合系统；耦合机制

旅游产业已经成为国民经济新的增长点，作为第三产业的重要组成部分，是促进城市化发展的重要力量。旅游产业集群作为旅游产业高级化阶段的产物，将是旅游产业未来发展的主要模式，我国旅游业总体上是以城市发展与地域格局为依托而布局发展的，因此城市化是促进旅游产业集群发展的重要影响因素。将城市化与旅游产业集群放在一起思考，从基本概念入手，深入考证两者在发展上的耦合机制，探讨两者良性互动发展，能够为加快城市化进程、提高旅游产业竞争力提供一定的科学参考价值。

一、基础概念解析

（一）城市化概念及发展规律

"城市化"一般从四个方面进行解释：一是人口城市化，即将城市化定义为农村人口

---

* 作者：高乐华（1985—），女，山东济宁人，中国海洋大学水产学院渔业经济与管理 2009 级博士生，主要研究方向为旅游开发规划与管理、海洋经济与管理；张广海（1963—），男，山东临沂人，中国海洋大学管理学院旅游系教授，博士，主要研究方向为旅游开发规划与管理、区域经济。

本文引自《旅游研究》（季刊）2011 年第 4 期。

转化为城镇人口的过程；二是空间城市化，即农村地域变为城市地域，功能和设施逐步完善的过程；三是社会城市化，即城市文化、生活方式、价值观等城市文明在农村地区扩散的过程；四是产业结构城市化，即第一产业向第二、第三产业转移，第二、第三产业所占比重不断上升的过程。

根据世界各国城市化演变过程，城市化水平与经济发展密切相关，可将其分为初期——起步、中期——发展、后期——成熟三个阶段。一般认为城市化水平在 30% 以下为初期阶段；30% ~70% 为中期阶段，70% 以上为后期阶段。在初期，第二产业刚刚起步，国民经济总体实力较为薄弱，城市的聚集和吸纳能力不强；在中期，农业生产率大大提高，工业迅速发展，成为城市化的重要动力，同时第三产业也开始显现对城市化的推动作用，城市功能不断拓展；在后期，第三产业成为城市化的主要动力，城市化有了质的提高，城市成为经济、社会和文化中心，促进第三产业向规模化、多样化发展，并出现逆城市化、区域空间一体化等现象。

（二）旅游产业集群概念及特征

根据美国哈佛大学迈克尔·波特（Michael E. Porter）的观点，产业集群是指在某一特定领域中（通常以一个主导产业为核心），大量产业联系密切的企业以及相关支撑机构在空间上聚集，并形成强劲、持续竞争优势的现象。20 世纪 90 年代以来，越来越多的学者对旅游产业集群现象给予了关注，并从不同角度对旅游产业集群概念进行了表述。尹贻梅等认为，旅游产业具备集群存在的两个先决条件是聚集和产业联系，即旅游目的地企业有明显的空间聚集特征，且在为旅游者提供产品和服务过程中相互协作、发生密切的产业联系。学者们大多数认为旅游产业集群是旅游高级化阶段的产物，是适应经济全球化发展的必然趋势。

从现阶段来看，真正意义上的产业集群发展必须具备地域化聚集、专业化分工和社会化协作三个基本特征：①地域聚集的城市导向性。旅游吸引物是旅游产业赖以生存和发展的基础，而针对旅游者的服务通常依托于城市。所以，旅游产业往往聚集于城市周围进行投资建设，形成产业集群现象。②社会协作企业横向一体化。旅游产品以各类旅游企业提供的核心产品为基础，通过整合最终以"旅游线路"的形式提供给旅游者，旅游企业基于为旅游者提供全方位服务而协同配合。因而，旅游产业集群中横向一体化明显强于垂直一体化。③专业分工的产业链关联效应。从需求角度来说，产业集群内部能够为旅游者提供全部的旅游产品及相关服务，而旅游产业的分工深化和旅游产业链的延伸能够引发对旅游相关产业的大规模需求。因此，旅游产业的特点决定了集群内外部专业化分工具有较强的关联效应，从而成为推动城市化进程的重要源泉和动力。

二、城市化发展水平评价

（一）城市化发展水平指标体系及模型构建

根据对城市化概念的理解，构建的城市化发展水平评价体系由经济、社会、生活、基础设施、生态环境五个方面构成，具体如表 1 所示。

表 1　城市化发展水平测度指标体系

目标层	准则层	指标层
城市化水平	经济城市化水平	人均国内生产总值（元）
		第二产业增加值占 GDP 比重（%）
		第三产业增加值占 GDP 比重（%）
	社会城市化水平	非农业人口比重（%）
		第三产业从业人员比重（%）
		普通高等教育在校生占总人口比重（%）
	生活城市化水平	城镇居民人均可支配收入（元）
		城镇人均住宅建筑面积（平方米）
		每万人拥有医生数（人）
	基础设施城市化水平	人均道路面积（平方米）
		互联网网民数占总人口比重（%）
		万人拥有公共汽车数（标台）
	生态环境城市化水平	人均公园绿地面积（平方米）
		污水处理率（%）
		工业固体废物综合利用率（%）

（二）山东省城市化发展水平评价过程

根据山东省历年统计年鉴和各类统计资料整理得出山东省城市化发展水平实际值，同时根据我国平均水平，确立了城市化发展水平各指标的标准值，以实际值与标准值的比值作为山东省城市化发展水平的评价值，大于 1 则说明指标表现较好。

由图 1 可知，1992~2006 年，山东省城市化进程整体高于全国平均水平。在各指标层中，山东省经济城市化水平呈现明显上升趋势。其中人均国内生产总值和第二产业增加值占 GDP 比重的评价值上升幅度较大，表明工业化仍是山东省城市化进程的主要动力，需要进一步加快引导第三产业发展。山东省社会城市化水平一直处于全国平均水平之下，除普通高校在校生占总人口比重的评价值呈现上升趋势外，非农业人口比重和第三产业从业人员比重的评价值变化不大，成为制约山东省城市化发展的主要因素。山东省生活城市化水平呈现明显的上升趋势，三项指标的评价值上升幅度均较大，表明山东省城镇居民生活水平不断提高，为吸引人口迁入城镇区域提供了便利的条件。此外，山东省基础设施城市化水平 15 年来始终高于全国平均水平，三项指标的评价值均较稳定，为提高城市生产要素聚集能力奠定了坚实的基础。山东省生态环境城市化程度也大致高于全国平均水平，其中污水处理率的评价值上升较快，其他两项的评价值表现稳定，表明山东省在长期快速的城市化建设中对生态环境给予了高度重视，为生产、生活尤其是旅游业的发展创造了优良的环境。

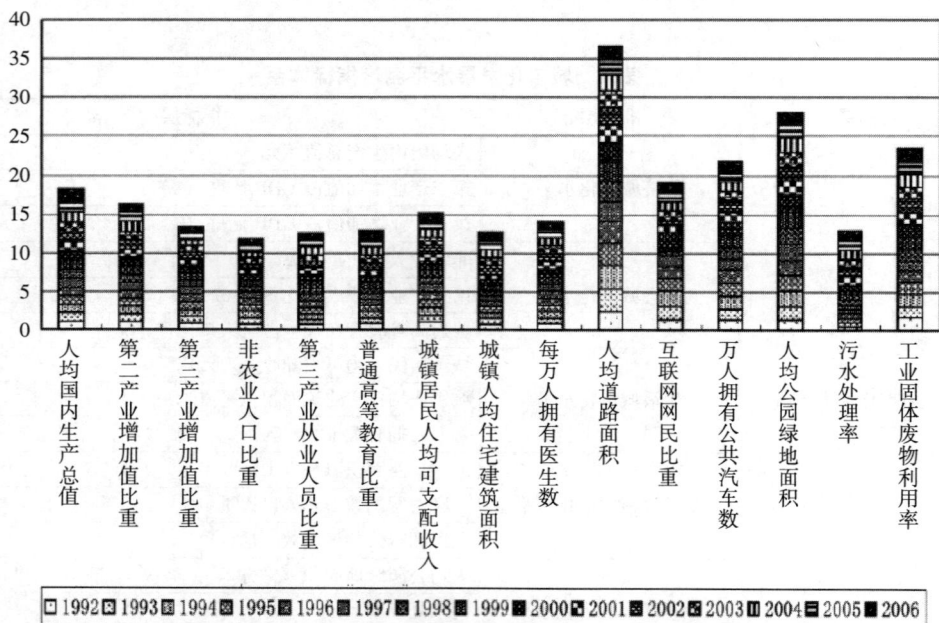

图 1　1992~2006 年山东省城市化发展水平各指标评价

三、旅游产业集群识别

（一）旅游产业集群识别模型构建

根据旅游产业集群的内涵和特征，综合运用多种方法建立旅游产业集群专属的识别模型，模型由旅游产业集聚度识别、旅游产业联系识别、旅游产业规模识别、旅游企事业特征识别、旅游产业创新识别五个模块组成。

1. 旅游产业集聚度识别模块

分别从空间集中指数、空间基尼系数、产业集中度三个指标进行识别。其中，空间集中指数 $C = 1 - \dfrac{H}{T}$，H 为按照从高到低排列、占到区域旅游产业总收入一半的地区人口数量之和，T 为区域总人口；空间基尼系数 $G = \sum\limits_{i=1}^{n}(S_i - X_i)^2$，$S_i$ 是 i 地区旅游总收入占区域旅游总收入的比重，X_i 是 i 地区生产总值占区域生产总值比重，n 为区域内地区的个数；产业集中度 $\sum\limits_{i=1}^{m}S_i = 80\%$，$CR = 1 - \dfrac{m}{n}$，$S_i$ 表示 i 地区旅游产业在区域所占的份额，m 表示地区旅游总产值由大到小排列、总和占区域旅游产业份额 80% 时的地区个数，n 为区域内地区的个数。

2. 旅游产业联系识别模块

分别用链关联系数、产业空间联系度、产业内部联系度三种方法进行识别。其中，链关联系数 $L = \dfrac{I_i}{I}$，I_i 指区域旅游产业总产值，I 表示区域服务业总产值；产业空间联系度 $R_i = \dfrac{\mu\sqrt{P_iG_i}\cdot\sqrt{P_jG_j}}{D_{ij}^2}$，$R'_i = \dfrac{R_i - \min R_i}{\max R_i - \min R_i}$，$R = \overline{R'_i}$，$P_i$、$P_j$ 分别为两地区接待旅游者数量，G_i、G_j 分别为两地区旅游总收入，D_{ij} 为地区 i 与地区 j 间的公路距离，μ 为地区 i 发往地区 j 的长途汽车班次占其发往区域内所有地区班次的百分比，R 为区域整体旅游产业空间联系度，即 R'_i 的均值。产业内部联系度的公式为：

$$r(x'_0(k),\ x'_i(k)) = \frac{\min\limits_{i}\min\limits_{k}\left|x'_0(k) - x'_i(k)\right| + \rho\max\limits_{i}\max\limits_{k}\left|x'_0(k) - x'_i(k)\right|}{\left|x'_0(k) - x'_i(k)\right| + \rho\max\limits_{i}\max\limits_{k}\left|x'_0(k) - x'_i(k)\right|}$$

其中，$\rho = 0.5$，$r(x_0,\ x_i) = \dfrac{1}{n}\sum\limits_{k=1}^{n}r(x'_0(k),\ x'_i(k))$ 为 x_i 对于 x_0 的灰色关联度。

3. 旅游产业规模识别模块

分别采用基于旅游产业固定资产的区位熵、基于旅游就业人数的区位熵和基于旅游产业总收入的区位熵来衡量。若区位熵大于 1，则意味着区域旅游产业相对专业化。旅游产业固定资产区位熵 $L_1 = \dfrac{x_{ij}/x_j}{x_i/x}$，$x_{ij}$ 表示第 j 个区域旅游产业固定资产，x_i 表示全国旅游产业固定资产，x_j 表示第 j 个区域全社会固定资产投资额，x 表示全国全社会固定资产投资额；旅游就业人数区位熵 $L_2 = \dfrac{y_{ij}/y_j}{y_i/y}$，$y_{ij}$ 表示第 j 个区域旅游产业就业人数，y_i 表示全国旅游产业就业总人数，y_j 表示第 j 个区域就业总人数，y 表示全国就业总人数；旅游总收入区位熵 $L_3 = \dfrac{z_{ij}/z_j}{z_i/z}$，$z_{ij}$ 表示第 j 个区域旅游产业总收入，z_i 表示全国旅游产业总收入，z_j 表示第 j

个区域国内生产总值，z 表示全国国内生产总值。

4. 旅游企事业特征识别模块

以全国平均水平为参照，从旅游企事业的密度、多度和高度三个方面进行识别。其中，旅游企事业密度 $m = \dfrac{p_j/s_j}{p/S}$，p_j 为区域 j 的旅游企事业个数，s_j 为区域 j 的面积，p 为全国旅游企事业个数，S 为全国面积；多度 $f = \dfrac{x_j/g_j}{x/g}$，x_j 为区域 j 的旅游企事业个数，g_j 为区域 j 总人口数，x 为全国旅游企业个数，g 为全国总人口数；高度 $e = \dfrac{I_j}{I}$，e 表示区域 j 的相对旅游企事业高度，I_j 为区域 j 旅游企事业平均营业收入，I 为全国旅游企事业平均营业收入。

5. 旅游产业创新识别模块

由相对劳动生产率、比较劳动生产率、创新人员比例三种方法来识别。其中，相对劳动生产率 $R_{ij} = \dfrac{P_{ij}}{P_i}$，$P_{ij}$ 表示 j 区域旅游劳动生产率，P_i 表示全国旅游劳动生产率；比较劳动生产率：$RI_{ij} = \dfrac{G_{ij}/L_{ij}}{10 \times G_j/L_j}$，$G_{ij}$ 表示 j 区域旅游总收入，L_{ij} 表示 j 区域旅游劳动力从业人数，G_j 表示 j 区域各产业增加值，L_j 表示 j 区域劳动力从业人数；创新人员比例 $H = \dfrac{S_{ij}/L_{ij}}{S_i/L_i}$，$S_{ij}$ 为区域 j 旅游院校学生数，L_{ij} 为区域 j 旅游从业人数，S_i 为全国旅游院校学生数，L_i 为全国旅游从业人数。

（二）山东省旅游产业集群发展水平识别过程

应用 1992~2006 年山东省旅游业相关数据对山东省旅游产业集群发展水平进行测度，各指标均以 1 为评价标准。小于 1 说明该指标表现较差，反之则较好。五个识别模块及综合识别值如图 2 所示。

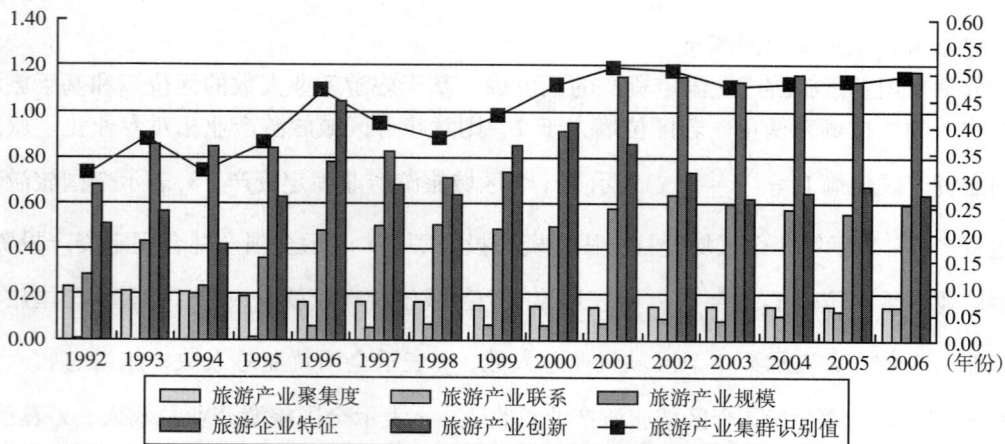

图 2　1992~2006 年山东省旅游产业集群各指标识别结果

可以看出这 15 年来，在山东省旅游产业集群识别模块中，山东省旅游产业集聚度呈现下降趋势，这主要是由于山东省各地市都已开始重视旅游产业的发展，旅游产业空间布局已由最初的几个地市向更大范围延伸，使得山东省旅游产业空间发展不均衡现象减弱。从计算过程来看，山东省已经形成了由青岛市、烟台市、济南市、泰安市、济宁市、潍坊市、威海市组成的旅游产业集中区，为旅游产业集群的进一步发展奠定了基础。尽管目前 17 个地市间旅游产业联系仍然较弱，但山东省旅游产业整体联系呈现出上升趋势，通过对其进行恰当的引导，将能促进山东省旅游产业集群更快发展。此外，山东省旅游产业规模同样呈现上升趋势，特别是旅游产业总收入区位熵大于 1.12，表明山东省已经发展成为旅游产业专业化地区。山东省旅游企业特征也呈现出明显的增强趋势，表明山东省旅游企事业单位发展态势良好，能够支撑山东省旅游产业集群的形成与发展。山东省旅游产业创新识别结果有起伏，但总体效果较为理想。

四、城市化与旅游产业集群发展水平耦合分析

（一）城市化与旅游产业集群发展水平耦合评价模型设计

城市化与旅游产业集群发展水平的耦合分析主要从耦合度和耦合协调度两个方面进行。先要划分城市化和旅游产业集群两个子系统，分别用 A_1、A_2 表示，并确定各子系统各项指标的权重。之后，对各子系统各项指标的评价值或识别值进行正规化处理，各子系统均由 5 个指标层子系统和 15 个指标构成，各子系统的总贡献量通过线性加权和法确定。具体公式为：$A_i = \sum_{j=1}^{15} w_{ij} a_{ij}$，$\sum_{j=1}^{15} w_{ij} = 1$，$i = 2$，其中，$A_i$ 为子系统对总系统的贡献量，w_{ij} 为各指标的权重，a_{ij} 为各指标的评价或识别值的正规化结果。借鉴物理学中容量耦合的概念及容量耦合系数模型，可得到计算城市化和旅游产业集群耦合度的函数：$C = \{(A_i \cdot A_2)/(A_1 + A_2)^2\}^{1/2}$。

耦合度对判别城市化与旅游产业集群耦合作用的强度以及作用的时序区间、预警两者发展秩序具有十分重要的意义。耦合度 $C \in [0, 1]$，当 $C = 1$ 时，耦合度最大，表明子系统之间或子系统内部要素之间达到良性共振耦合，总系统将趋向新的有序结构；当 $C = 0$ 时，耦合度极小，表明子系统之间或子系统内部要素之间处于无关状态，总系统将向无序发展。将耦合度划分为四个级别：$0 < C \leqslant 0.3$，系统处于较低水平的耦合阶段；$0.3 < C \leqslant 0.5$，系统处于拮抗阶段；$0.5 < C \leqslant 0.8$，系统处于良性耦合阶段；$0.8 < C \leqslant 1$，系统步入高水平耦合阶段。

引入耦合协调度模型，对城市化与旅游产业集群的耦合程度进行评价：$D = (C \times T)^{1/2}$，$T = w_1 A_1 + w_2 A_2$，其中，D 为耦合协调度，C 为耦合度，T 为城市化子系统与旅游产业集群

子系统综合协调指数，w_1、w_2 分别为两个子系统的权重。耦合协调度主要用于反映城市化与旅游产业集群发展状况整体功效与协同效应，对其进行等级划分：$0 < D \leq 0.4$ 为低度协调耦合；$0.4 < D \leq 0.5$ 为中度协调耦合；$0.5 < D \leq 0.8$ 为高度协调耦合；$0.8 < D \leq 1.0$ 为极度协调耦合。

（二）山东省城市化与旅游产业集群发展水平耦合结果分析

根据 1992~2006 年山东省城市化发展水平的评价结果和旅游产业集群的识别结果，运用多目标决策权系数的客观赋权法，对以上两个子系统各自的 15 项指标进行权重确定，如表 2 所示。

表 2　山东省城市化发展水平评价指标与旅游产业集群识别指标权重

山东省城市化发展水平指标权重			旅游产业集群识别指标权重		
经济城市化水平	人均国内生产总值	0.02	旅游产业聚集度	旅游产业空间集中指数	0.02
	第二产业增加值占 GDP 比重	0.03		旅游产业空间基尼系数	0.02
	第三产业增加值占 GDP 比重	0.04		旅游产业集中度	0.02
社会城市化水平	非农业人口比重	0.03	旅游产业联系	旅游产业链关联数	0.04
	第三产业从业人员比重	0.04		旅游产业空间联系度	0.02
	高等教育在校生比重	0.03		旅旅产业内部整体关联度	0.01
生活城市化水平	城镇居民人均可支配收入	0.03	旅游产业规模	旅游产业固定资产区位熵	0.04
	城镇人均住宅建筑面积	0.03		旅游就业人数区位熵	0.04
	每万人拥有医生数	0.03		旅游产业总收入区位熵	0.05
基础设施城市化水平	人均道路面积	0.04	旅游企业特征	旅游企业相对密度	0.04
	互联网网民数占总人口比重	0.04		旅游企业相对多度	0.04
	万人拥有公共汽车数	0.04		旅游企业相对高度	0.04
生态环境城市化水平	人均公园绿地面积	0.04	旅游产业创新	相对劳动生产率	0.04
	污水处理率	0.03		比较劳动生产率	0.04
	工业园林废物综合利用率	0.04		相对创新人员比例	0.01
总计		0.51	总计		0.47

根据计算结果（见图 3）可以看出，山东省城市化系统与旅游产业集群耦合度水平不高，一直处于拮抗阶段，但其耦合协调度等级在逐渐变好。按照划分标准，山东省城市化与旅游产业集群复合系统耦合度介于 0.4~0.5，两个子系统一直处于拮抗状态，表明决定山东省城市化与旅游产业集群发展的各要素之间协同作用不强，尚处于低水平的耦合阶段，两系统之间及其组成要素之间正在拮抗中磨合。这主要是由于：一方面，当前山东省整体城市化水平还较低，如山东省第三产业在国民经济中的地位仍然较低、城镇居民人均可支配收入较少等，制约了复合系统的耦合发展；另一方面，由于地区间旅游产业联系较弱，山东省旅游产业集群目前尚处在自然低级集聚阶段，旅游产业空间集聚水平不高，旅游产业专业水平与旅游发达地区有一定差距，资本、人才等投入也差强人意，在很大程度

上影响了城市化与旅游产业集群复合系统的耦合联系。按照耦合协调度的划分标准，山东省城市化与旅游产业集群复合系统的耦合协调度在 2000 年以前为 0.3~0.5，处于中低度协调的耦合。2000 年以后，复合系统的耦合协调度逐渐高于 0.5，上升到高度协调耦合阶段，反映出山东省在工业化推动城市化进程中，虽然系统耦合度不高，但协同作用强度在逐渐增大。

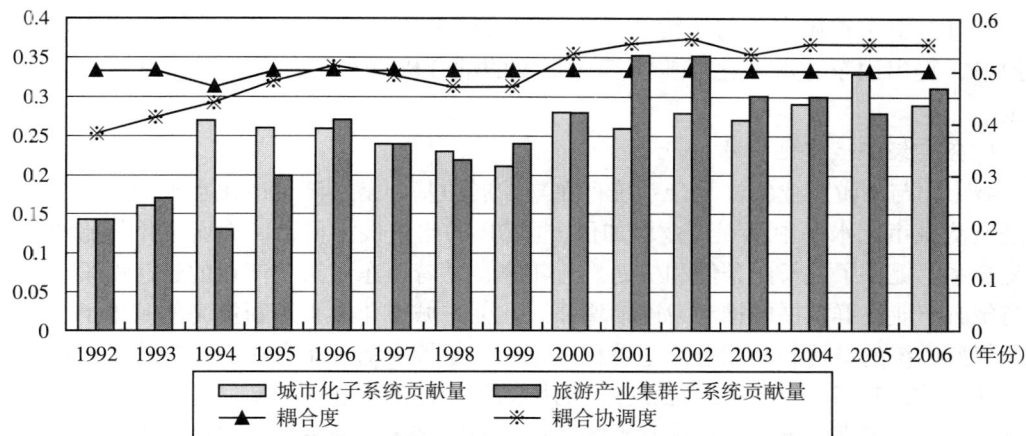

图 3　1992~2006 年山东省城市化与旅游产业集群发展水平耦合结果

五、山东省城市化与旅游产业集群耦合机制的建立与强化

（一）山东省城市化与旅游产业集群耦合机制的建立

从山东省城市化和旅游产业集群的发展历史进程可以看出，两者发展存在着密切的关系，呈现出逐步"一体化"的耦合现象。从时间上讲，城市化与旅游产业集群在经过拮抗阶段后，将步入良性高水平耦合阶段；从空间上看，城市化进程相对快速的区域与旅游产业集群所在地又是密不可分、高度重合的。旅游产业集群与城市化的耦合强调旅游产业发展与城市功能完善的相互作用，以及时空、速度上的一致性。其耦合具有自发性、阶段性发展的特点，在耦合过程中，两者相互依赖、相辅相成、共生共进。"一体化"发展趋势是城市化与旅游产业集群协调共生的外在表现，其耦合机制的建立主要是通过两个途径来实现：①在城市化背景下，新的市场需求促进了传统旅游产业的不断延伸与创新，催生出许多新型产业业态和产品，并且传统旅游产业的社会分工也愈加细致，使得一定区域内的旅游企业必然要求相互合作，共同生产旅游服务产品，以实现各自的价值，这便促进了旅游产业集群的衍生与发展，同时，集群的逐渐完备也更能契合城市化的要求，满足日益增

长的市场需要。②旅游产业集群的发展壮大必然要求企业在更广阔的范围集中与利用生产要素、在更广阔的市场宣传与销售旅游产品，旅游产业集群的成熟必将促使企业在更广阔的区域组织旅游生产与销售，从而推动该区域甚至更大区域的城市化进程。可见，城市化的推进和旅游产业集群的壮大是两者建立自发性耦合关系的根本内因。

（二）山东省城市化与旅游产业集群耦合机制的强化

通过对山东省城市化与旅游产业集群评价结果的分析，以及对其复合系统耦合特征的探讨，提出山东省城市化与旅游产业集群的耦合机制及两者良性互动发展的强化改进措施。

1. 夯实经济城市化基础

城市化与旅游产业集群复合系统存在与发展的基础是经济城市化水平的不断提高，特别是经济城市化水平中第三产业增加值占 GDP 的比重最为重要，为城市化与旅游产业集群复合系统提供了成长的条件和机遇。近年来，随着山东省第三产业的迅速增长，对城市化与旅游产业集群发展的推动力逐渐增强。在促进城市化水平不断提高的基础上，对旅游产业集群系统的结构和功能也产生着积极作用。尽管目前山东省城市化与旅游产业集群系统还处于拮抗时期，但各子系统相互间的协同作用逐渐增强。因此，进一步推进山东省经济城市化水平提高，推动城市化水平和第三产业的高效快速发展，将能实现复合系统耦合状态的改善。

2. 重视社会城市化提升

社会城市化水平、生活城市化水平、基础设施城市化水平、生态环境城市化水平的不断提高是城市化与旅游产业集群复合系统发展的动力。在山东省城市化发展进程中，人民生活水平的提高、基础设施的完善、对生态环境的整治所起到的辅助作用越来越大，不仅成为推动城市化进程和旅游产业集群发展的重要力量，而且也是促进复合系统协调发展的重要原因。鉴于社会城市化水平相对较差，山东省亟须加大人才引进与培养力度，增强人口综合素质，提升自主创新水平，注重公共基础设施和城市环境的建设与完善，为旅游产业集群的扩张创造良好的条件，从而推进城市化与旅游产业集群复合系统耦合度的不断提升。

3. 推进旅游产业集群建设

旅游产业集群能够协调山东省内旅游企业相互联系与合作，促进产业内部结构优化，使之相辅相成，共同发展。同时，旅游产业集群也能通过局部产业链的联系效应，对旅游经济规模产生扩散作用，将复合系统的耦合机制推向更高层次。因此，立足于山东省旅游产业集群的发展现状和宏观区域背景，应当充分发挥各旅游城市的吸引功能、接待功能和纽带作用，挖掘各城市的旅游资源优势，着力打造旅游产业集群发展的增长极，建立起多层次、多功能的旅游产业集群网络体系，增强旅游产业集群内外关联作用，促进旅游产业集群迅速升级，以带动城市化与旅游产业集群复合系统的进一步发展。

参考文献

［1］Poter，M. E. Clusters and New Economics of Competition ［J］. Harvard Business Review，1998 （11）：123–145.

［2］尹贻梅，刘志高. 旅游产业集群存在的条件及效应探讨 ［J］. 地理与地理信息科学，2006，22（6）：98–102.

［3］张广海，刘佳. 环渤海地区旅游产业集群构建与区域整合研究 ［J］. 改革与战略，2007（2）：80–83.

［4］刘宏盈，马耀峰. 入境旅游流空间转移与省域旅游经济联系强度耦合分析 ［J］. 资源科学，2008，30（8）：1162–1167.

［5］罗昆燕. 喀斯特地区城乡生态经济复合系统耦合机制研究——以贵州省黔西南州为例 ［D］. 贵州师范大学硕士学位论文，2006.

［6］刘耀彬，李仁东，宋学峰. 中国城市化与生态环境耦合度分析 ［J］. 自然资源学报，2005，20（1）：106–111.

［7］王应明，傅国伟. 运用无限方案多目标决策方法进行有限方案多目标决策 ［J］. 控制与决策，1993，8（1）：25–29.

Research on Coupling Development Mechanism of Urbanization and Tourism Industrial Cluster
——A Case Study of Shandong Province

Gao Lehua   Zhang Guanghai

Abstract：Based on the establishment of urbanization level evaluation index system and tourism industrial cluster recognition model，this paper carries on the appraisal and recognition to the urbanization development and tourism industrial cluster of Shandong province. Then according to the coupling evaluation model of urbanization and tourism industrial cluster，this paper analyses urbanization and tourism industrial cluster system's coupling situation of Shandong province，and further discusses the coupling development mechanism of urbanization and tourism industrial cluster of Shandong province.

Key Words：Urbanization；Tourism Industrial Cluster；Multiplexed System；Coupling Mechanism

人民币汇率与中国入境旅游需求关系研究 *

【摘　要】研究选择 2006~2010 年中国入境旅游 13 个主要客源国的季度数据，建立面板计量模型，计量分析了汇改以来中国汇率浮动对中国入境旅游外国人需求的影响。结果表明，中国入境旅游外国人需求、观光休闲旅游需求的汇率弹性为正，统计上显著，前者小于后者，但都小于 1。以会议/商务、探亲访友、服务员工等为目的的入境旅游外国人需求对汇率敏感度较小，统计上不显著。此外，在入境旅游总需求与观光休闲模型中，前一期的入境旅游外国人需求对当期需求有显著影响。同时，在两种模型中，均显示韩国、日本、印度尼西亚有较高的"自发"旅华需求，而法国、英国则较低。最后，针对研究提出了相关建议。

【关键词】人民币汇率；入境旅游需求；关系

一、引言

21 世纪以来，全球国际旅游重心持续甚至是加速向亚太地区转移，欧洲和美洲在国际旅游接待数量与收入上占世界总额的比重在下降，东亚和太平洋地区的比重大幅度上升，长途欧美游客、亚太区内游客日益增加。与此同时，中国的入境旅游发展迅猛，2010 年中国已成为世界第三大旅游目的地，入境过夜游人数由世界第四位上升到第三位，仅次于法国和美国。国际旅游作为"中国服务"已成为提升中国国际竞争力的重要因素，成为促进"中国服务时代"到来的战略支柱产业。2010 年，入境旅游人数 1.34 亿人次，同比增长 5.8%；入境过夜旅游人数 5566 万人次，排名世界第三；旅游外汇收入 458 亿美元，

* 本文受福建省教育厅社科项目（JBS10276）资助。

作者：赵东喜（1970—），男，河南荥阳人，福建师范大学经济学院在读博士，福建师范大学福清分校讲师，主要研究宏观经济理论与应用、旅游经济。

本文引自《北京第二外国语学院学报》2011 年第 9 期。

排名世界第四，占出口贸易收入的 2.6%、服务贸易的 26.75%；出境旅游人数 5739 万人次，同比增长 20.4%。联合国世界旅游组织预测中国有望在 2015 年成为世界上最大的旅游目的地国家。然而，国际旅游需求会受到客源国与目的地国双边汇率（汇率是一国通货与另一国通货的比价）的影响，价格敏感的消费者将从低汇率目的地转向高汇率目的地。某国货币汇率变化会影响该国旅游产品在国际市场上的竞争力，改变国际旅游客源的流向与流量，最终表现在出入境旅游客流量及旅游收入等综合指标上。如 20 世纪 90 年代亚洲金融危机相关国家的汇率贬值导致入境游客急剧增加就是典型的例子。

根据国际贸易理论，一般认为，一国通货相对于另一国通货升值，进口支出逐渐增加，出口收入逐渐减少，进而改变经常项目收支状况。对旅游而言，升值将使该国来自另一客源国的国际旅游人数减少，抑制入境旅游增长，促进出境旅游发展，国际旅游流向发生变化；相反，一国通货相对于另一国通货贬值，会导致入境旅游人数增加。2005 年 7 月 21 日，中国开始实行以市场供求为基础、参考"一篮子"货币进行调节、有管理的浮动汇率制度改革，以增强人民币的汇率弹性。汇改以来，人民币汇率浮动幅度增大，呈明显升值趋势。国际清算银行公布的数据显示，人民币实际有效汇率指数已从 2005 年 7 月的 100.94 升至 2009 年 3 月的最高值 122.88，此后回落至 2011 年 3 月的 112.42，升值幅度最高达 22%。然而，汇率对一国入境旅游需求的影响又因各国所处的发展阶段、经济周期、汇率制度、政治因素、文化差异程度不同等而呈现区域差异性。那么，汇率改革以来，人民币真实汇率波动对我国入境旅游市场需求的影响如何？其强度多大？这成为当前旅游学理论与实践中要回答与明确的重要问题，对这一问题的回答是此研究的主旨所在。

二、文 献 回 顾

入境旅游作为服务贸易的一种形式，自 20 世纪 90 年代后逐渐被纳入贸易理论研究范围。已有文献表明，汇率是国际旅游需求的主要决定因素。国外关于汇率变动对入境旅游需求影响的研究较多，如 Anthony G. Webber（2001）研究了汇率波动对澳大利亚 9 个出境旅游目的地旅游需求的影响，50% 的需求变动可由汇率波动解释；Yair Eilat 和 Liran Einav（2004）采用三维面板数据分析了影响国际旅游业的重要因素，如政治风险和汇率，特别是汇率对发达国家的旅游业会产生重要影响；Nikolaos Dritsakis（2004）协整分析了德国与英国汇率波动对希腊旅游需求量的影响；Chokri Ouerfelli（2007）用季度数据协整分析了汇率变动对突尼斯欧洲旅游市场需求的影响，结果表明汇率变动因客源国不同而产生不同的影响；Aaron Schiff 和 Susanne Becken（2011）发现汇率是新西兰 16 个入境旅游市场的国际游客目的地选择的决定因素之一。另外，约翰·斯沃布鲁克和苏珊·霍纳（2004）认为，汇率的波动对各国旅游需求的影响是重要课题。

国内关于汇率变动对入境旅游需求影响的研究较少，可分为定性描述与实证研究两类。定性描述如厉以宁（1991）通过定性分析认为人民币贬值对入境旅游收入与人次的促进作用受当时经济环境的限制要小于预期；李凌鸥（2004）认为由于人民币汇率变动很小，人民币的升值并没有带来我国入境旅游人数和外汇收入的减少。采用实证研究的主要有：罗富民（2007）利用年度数据分析了人民币汇率变动对日本来华入境旅游需求的影响，认为人民币升值将在一定程度上减少日本旅华需求量，但该研究没有考虑数据的非平稳性；刘志勇、黄建山（2009）用年度数把汇率作为价格的一个方面协整分析了美国旅华需求的影响因素，但所选样本为汇改前汇率市场化程度低的年度数据；赵东喜（2010）用月度数据研究了汇率变化对中国入境旅游美国市场的影响。

总之，国内外学者在汇率变动对入境旅游影响的研究问题上得出的结论差异较大。国外主要采用先进的计量经济学方法，如协整与误差修正机制模型，用月或季度数据并考虑季节因素进行实证研究。同国外相比，国内定性研究多，实证研究多为年度数据，要么是单个客源国时间序列，要么是中国入境旅游各区域目的地的截面数据，样本点少，对汇率改革以来的实践缺乏研究。汇率对国际旅游需求的影响与价格有不同的作用机制，仅将汇率作为价格的调整因素进行研究容易掩盖汇率效应。

因此，本研究选择 2006~2010 年中国入境旅游 13 个主要客源国的季度数据，在季节调整的基础上，同时考虑时间与截面信息，以取得更多的信息与有效控制个体差异，建立包含横截面与时间序列数据的面板计量模型，探讨汇率改革以来中国汇率浮动对入境旅游需求的影响，以期为中国政府制定国际旅游政策、旅游企业确定经营战略提供理论借鉴。

三、建立模型

1. 数据准备与变量说明

本研究选择 2006 年第一季度至 2010 年第四季度为研究区间。考虑到市场的重要性与数据的可得性，文章选择 13 个主要入境旅游客源市场——日本、韩国、泰国、新加坡、印度尼西亚、马来西亚、印度、美国、加拿大、英国、法国、俄罗斯、澳大利亚作为研究对象。这 13 个客源国对华旅游需求占 2010 年我国入境旅游外国人市场总需求的 72.2%。

入境旅游需求通常用入境旅游人数、国际旅游收入等指标表示。因为国家旅游局未公布分客源国的月度与季度国际旅游收入数据，所以研究采用入境旅游人数来表示中国的入境旅游需求。第 i 客源国第 t 年的入境旅游人数记为 AR_{it}（万人次），作为因变量。另外，考虑到汇率可能对不同目的入境旅游外国人市场需求影响存在差异，将对入境旅游总需求以及按目的分的观光休闲（ARG_{it}）、会议/商务（ARH_{it}）、探亲访友（ART_{it}）、服务员工（ARY_{it}）等入境旅游需求分别进行考查。人民币对第 i 客源国货币第 t 年的名义双边汇率（直接标价法）记为 EX_{it}，作为自变量。此外，由于一个特定目的地既定时间的旅游需求可能依赖于前一时期的需求，通常在估计方程中加入一个滞后因变量来表示当前的需求水平是受前期需求水平影响的。因此，需求模型中需引入入境旅游需求滞后变量，记为 $AR_{0=i(t-1)}$，以增加模型的解释性。

由于变量的量纲不同，所以对变量进行对数变换，记为 $lnEX_{it}$、$lnAR_{it}$、$lnAR_{it-1}$，以便进行汇率弹性分析。入境旅游人数数据来源于《中国旅游年鉴》（2006~2010）与国家旅游局的统计报表；人民币与各客源国货币的双边汇率数据是根据国家外汇管理局公布的各国货币对美元折算率表计算得出的。采用 EViews5.0 软件处理相关数据。

2. 数据季节调整

由于入境旅游人数的季度数据常有很强的季节循环变动，这会掩盖相关变量间的内在关系。因此，需对有季节效应的数据进行季节调整，以反映经济的真实变动规律。文章采用 CensusX-12 季节调整方法对各客源国入境旅游人数进行季节性检验并调整，调整后的序列记为 $lnARS_{it}$（估计过程略）。

3. 建立模型

面板数据包含截面、时间和指标三维信息，利用时间序列/截面数据可以构造比单独使用截面或时间序列更为真实的方程，可以对经济现象进行更深入的分析，从而使得参数估计结果更为可信客观。时间序列/截面数据模型分为 3 种：联合回归模型、变截距模型与变系数模型。利用协方差分析检验法可以确定与样本数据相符合的模型类型。对数线性时间序列/截面数据模型的基本方程为：

$$lnARS_{it} = \alpha + \alpha_i + \mu_i lnARS_{it-1} + \beta_i lnEX_{it} + u_{it} \tag{1}$$

利用数据对上述模型进行协方差分析检验。检验结果表明，样本数据符合变截距模型，又因样本数据包括了研究对象的全体，不存在估计推断问题，因此，采用含有个体影响的不变系数模型即固定影响变截距模型作为最终分析模型，其单方程回归形式为：

$$lnARS_{it}(ARGS，ARHS，ARTS，ARYS) = \alpha + \alpha_i + \mu lnARS_{it-1} + \beta lnEX_{it} + u_{it} \tag{2}$$

其中，α 为 13 个客源国的入境旅游平均需求水平，α_i 为第 i 客源国旅华需求对平均需求的偏离，用来反映各客源国需求差异。$lnARS_{it-1}$ 为前一期第 i 客源国的入境旅游需求，表示当前的需求水平受前期需求水平影响，u_{it} 为随机误差项，反映除客源国个体差异与汇率等以外的因素对入境旅游人数的影响。

将 2006~2010 年 13 个客源国的入境旅游需求季度数据分别代入方程（2），即分别对入境旅游总需求以及观光休闲（ARG_{it}）、会议/商务（ARH_{it}）、探亲访友（ART_{it}）、服务员工（ARY_{it}）5 个旅游需求模型进行估计。入境旅游总需求和入境观光休闲旅游需求结果如表 1、表 2 所示。由于入境旅游需求会议/商务、探亲访友、服务员工等模型汇率估计系数统计上不显著而未列出。

表 1　入境旅游总需求模型估计结果

变量	系数	T 值	P 值	客源国	α_i	客源国	α_i	客源国	α_i
α	3.78	7.03	0.00	日本	0.61	印度尼西亚	0.51	加拿大	−0.42
lnARS (−1)	0.70	16.26	0.00	韩国	0.90	马来西亚	−0.12	英国	−0.50
lnEX	0.11	2.43	0.02*	泰国	−0.05	印度	−0.08	法国	−0.54
				新加坡	−0.26	美国	−0.09	俄罗斯	0.35
								澳大利亚	−0.41
R^2	0.98	A–R^2	0.97	D–W	1.86	S.E.	0.11		

注：* 表示在 5% 统计水平上显著。

表 2　入境观光休闲旅游需求模型估计结果

变量	系数	T 值	P 值	客源国	α_i	客源国	α_i	客源国	α_i
α	3.43	8.32	0.00	日本	0.60	印度尼西亚	0.10	加拿大	−0.54
lnARS (−1)	0.72	20.95	0.00	韩国	1.17	马来西亚	−0.14	英国	−0.77
lnEX	0.18	3.25	0.02**	泰国	0.14	印度	−0.11	法国	−0.74
				新加坡	−0.49	美国	−0.28	俄罗斯	0.43
								澳大利亚	−0.53
R^2	0.98	A–R^2	0.98	D–W	1.83	S.E.	0.11		

注：** 表示在 1% 统计水平上显著。

四、估计结果与分析

表 1、表 2 中回归模型的 R^2 及 A–R^2 均在 0.95 以上，回归标准差较小，表明模型整体拟合效果很好，结果适合于分析。

从表 1 可知，入境旅游总需求的汇率弹性系数为 0.11，说明在直接标价法下，人民币汇率下降 1% 即升值 1%，会引起入境旅游需求减少 0.11%，以 2010 年中国入境旅游外国人数 2612.69 万人次计算，将减少 2.91 万人次。反之，贬值则会引起入境旅游需求增加 0.11%。前一期的入境旅游需求对当期需求影响较大，其弹性系数为 0.70，大于汇率变动的影响，各客源国的旅华需求具有明显的惯性，说明我国相关客源国入境旅游需求稳定性高。从表 1 还可以看出，各客源国旅华需求对平均需求的偏离呈现较大的差异性，韩国、日本、印度尼西亚、俄罗斯等客源国旅华自发需求对平均旅游需求有较大的正向偏离，其中韩国最大，日本次之；法国、英国、加拿大、澳大利亚对平均旅游需求有较大的负向偏离，其中法国最大，英国次之。这说明对 13 个客源国而言，虽然它们旅华需求的汇率弹性相同，但各客源国由于收入、文化、消费习惯以及距中国的距离等不同而导致的自发旅游需求存在显著差异。

从表 2 可知，入境观光休闲旅游需求的汇率弹性系数为 0.18，高于入境旅游总需求的汇率弹性。在直接标价法下，人民币汇率下降 1% 即升值 1%，会引起入境观光休闲旅游需求减少 0.18%，以 2010 年中国入境观光休闲旅游外国人数 1238.2 万人次计算，将减少 2.29 万人次。反之，贬值则会引起入境旅游需求增加 0.18%。前一期的入境外国人观光休闲旅游需求对当期需求影响较大，其弹性系数为 0.72，同样大于汇率变动的影响，中国入境外国人观光休闲旅游需求具有明显的惯性，需求稳定性高。从表 2 还可以看出，各客源国观光休闲旅华需求对平均需求的偏离也呈现较大差异性，各客源国自发观光休闲旅游需求偏离平均水平的程度与相应客源国对入境旅游总需求平均水平的偏离状况类似。其中，正向偏离中，韩国最大，印度尼西亚次之。负向偏离中，英国最大，法国次之。虽然就 13 个客源国而言，入境观光休闲旅游需求的汇率弹性相同，但各客源国自发需求存在显著差异。

此外，以会议/商务、探亲访友、服务员工为目的的入境旅游需求模型估计结果显示，虽然汇率变化对入境旅游人数也有正向影响，但汇率估计系数在统计上不显著。

总之，中国 2006~2010 年入境旅游 13 个客源国入境旅游总需求、观光休闲旅游需求的汇率弹性为正，统计显著，前者小于后者，而以会议/商务、探亲访友、服务员工等为目的的入境旅游需求对汇率也有正向影响，但敏感度较小，不显著。名义汇率下降，人民币升值，意味着国际旅游者要为目的地通货支付更多的本国货币，这对他们来说是福利损失，从而引起入境旅游总需求减少。观光休闲旅游需求对人民币汇率变化的敏感程度大于总需求，这是因为，观光休闲者多为自费旅游，追求物有所值，对出游目的地选择的自由度大，对因目的地货币升值或贬值引起的目的地通货支付变动反应较强烈，对汇率变动较为敏感。会议/商务旅游者则出游频率高，消费高。一方面，费用一般由所在单位支付，其更多地追求舒适与方便；另一方面，由于商务需要，他们不能自由地选择与更改目的地，目的地汇率变动引起的支付变化不会显著影响其需求。因此，以会议/商务为目的的入境旅游需求对汇率变动引起的目的地通货支付变动反应不灵敏。此外，以探亲访友、服务员工等为目的的入境旅游需求同样有着缺乏目的地选择自由、对汇率变动不敏感等特点。

在入境旅游总需求与观光休闲需求模型中，前一期的入境旅游外国人需求对当期需求有较大且显著的影响，这是因为以会议/商务、探亲访友、服务员工为目的的入境外国旅游者缺乏目的选择自由度，而观光休闲旅游者的消费习惯作用与重游率高，旅游者得到满意的旅游体验后会自发地向其周围的潜在游客介绍与推荐中国旅游产品，进而形成了持续稳定的入境旅游外国人市场。

此外，在入境旅游总需求与观光休闲模型中，均显示韩国、日本、印度尼西亚、俄罗斯（就汇率而言）有较高的自发旅华需求，法国、加拿大、英国自发旅华需求较低，而印度、美国居中等水平。这是因为收入、距离仍然是阻碍国际旅游客流的主要因素，韩国、日本、俄罗斯等客源国居民人均收入水平高，离中国距离又近，较多家庭对来中国旅游有支付能力，而距离过远阻碍了法国、英国、加拿大等客源国居民对华旅游的需求，收入水平限制了印度等客源国到中国旅游的人数。美国距离中国距离远，但仍然有接近中等水平的自发旅华需求，是我国入境旅游最大的跨洲远程市场（2010年达200.96万人次），这与美国社会经济发展水平以及中美两国社会之间巨大的文化差异、不同的文化期望与文化取向有关。同时，中美经济贸易联系的日趋紧密，也促发了美国居民对华旅游需求。

五、结论与建议

1. 结论

本研究选择2006~2010年中国入境旅游13个主要客源国的季度数据，建立面板计量模型，探讨了汇率改革以来中国汇率浮动对中国入境旅游外国人需求的影响。结果表明，在中国2006~2010年入境旅游13个客源国中，外国人旅游总需求、观光休闲旅游需求的汇率弹性为正，统计显著，前者小于后者，但都小于1。以会议/商务、探亲访友、服务员工等为目的的入境旅游外国人需求对汇率敏感度较小，不显著，这不能完全由主流国际贸易理论解释。此外，在入境旅游总需求与观光休闲模型中，前一期的入境旅游外国人需求对当期需求有显著影响。同时，模型显示，韩国、日本、印度尼西亚等均有较高的自发旅华需求，而法国、英国则较低。

2. 政策建议

中国悠久的历史文化与传统习惯、新鲜的经济社会环境是吸引国际游客的核心载体。这从汇改以来，在人民币大幅度升值的情况下，汇率对我国入境外国人旅游需求影响较小上就可以看出来。首先，从整体上看，国家可利用入境旅游外国人市场有较高的稳定性、汇率弹性小于1或不显著的优势，通过强化国家整体形象宣传，提升我国旅游业现代化水平，大力发展入境旅游，提高服务贸易在我国对外贸易中的比重，加快出口结构转型升级。其次，充分利用外国人市场对感知到的优质服务自发宣传与推介促销渠道，提升旅游接待设施管理水平和服务水准，做好售后服务，注重提高游客满意度，创新服务方式，形成旅游服务质量持续提升和旅游市场规范有序的长效机制，保持与提高市场稳定性。再次，考虑到人民币升值对入境休闲观光旅游外国人市场影响相对较大的特征，我国要深挖旅游产品文化内涵，提高旅游商品的文化创意水平，突出旅游餐饮的中国文化特色，推出具有地方特色和民族特色的演艺、节庆等文化旅游产品，进一步增强中国旅游产品与服务的独特性，以中华文化的影响力促进入境市场的持续增长。同时，建立完善配套服务，提升入境旅游便利化水平，如进一步推动交通设施建设、简化签证手续等。这样，在增强观光休闲旅游产品服务吸引力的同时，相对或绝对地减少旅华游客由于汇率变动所引起的对本国货币支付的增加。最后，通过实施以距离为基础的市场差异化战略，培育扩大远程外国人市场。

参考文献

［1］Anthony G. Webber. Exchange Rate Volatility and Cointegration in Tourism Demand ［J］. Journal of Travel Research，2001，39（4）：398~405.

［2］Yair Eilat，liran Einav.Determinants of international tourism：A three-dimensional panel data analysis ［J］. Applied Economics，2004（36）：1315~1327.

［3］Nikolaos Dritsakis. Cointegration Analysis of German and British Tourism Demand for Greece ［J］. Tourism Management，2004，25（1）：111~119.

［4］Chokri Ouerfelli. Cointegration Analysis of Quarterly European Tourism Demand in Tunisia ［J］. Tourism Management，2008，29（1）：127~137.

［5］Aaron Schiff，Susanne Becken. Demand Elasticity Estimates for New Zealand Tourism ［J］. Tourism Management，2011（32）：564~575.

［6］（英）约翰·斯沃布鲁克，苏珊·霍纳.旅游消费行为学 ［M］.俞慧君，张鸥，漆小燕译.北京：电子工业出版社，2004.

［7］厉以宁.论汇率调整时机选择［J］.经济学家，1991（1）：32.

［8］李凌鸥.试析汇率变化对我国旅游业的影响［J］.旅游学刊，2004（5）：61~65.

［9］罗富民.汇率变动对我国入境旅游需求的影响研究——来自日本对华旅游的实证［J］.工业技术经济，2007（8）：86~88.

［10］刘志勇，黄建山.美国旅华需求的影响因素：模型构建与检验 ［J］.数理统计与管理，2009，28（1）：135~142.

［11］赵东喜.汇率变化对中国入境旅游美国市场的影响研究 ［J］.福建师范大学福清分校学报，2010（4）：93~95.

［12］（英）辛克莱，斯特布勒.旅游经济学 ［M］.宋海岩，沈淑杰译.北京：高等教育出版社，2004.

［13］高铁梅.计量经济分析方法与建模——EViews 应用及实例 ［M］.北京：清华大学出版社，2006.

The Study on the Relation between RMB Exchange Rate and China's Inbound Tourism Demand

Zhao Dongxi

Abstract：Selecting the quarterly data of China's Inbound Tourism Demand of 13 major origins from 2006 to 2010，this paper analyzes econometrically the impact of RAM exchange rate fluctuations on China's inbound tourism demand by establishing panel econometric models. The results show：The exchange rate elasticity of China's inbound tourism foreign total demand and sightseeing/leisure tourism demand is positive and statistically significant，and the former is larger than the latter，but both less than 1. But it is not significant for inbound tourism foreign demand for the purpose of meeting/business and visiting friends and worker/crew. In addition, one term lag of inbound tourism foreign demand has significant impact on the current demand in the total inbound tourism demand and sightseeing/leisure tourism demand model. At the same time, a high "spontaneous" tourism demand of Korea and Japan and Indonesia for China is showed in the two models, and France and the UK is low. Finally, some suggestions are put forward.

Key Words: RMB Exchange Rate; Inbound Tourism Demand; Relation

灾后旅游市场赢回策略影响研究 *

——基于汶川地震后四川旅游的实证

刘世明　李　蔚

【摘　要】严重自然灾难发生后，灾难地景区虽然采取了诸多措施以重新赢回游客，但是这些策略是否有效，在现有的文献中尚缺乏实证研究。本文在灾后游客流失原因与旅游意愿关系研究的基础上，引入安全策略、价格策略、体验策略、情感策略，并实证检验了4种赢回策略对灾后流失原因和旅游意愿关系的影响。

【关键词】赢回策略；流失原因；旅游意愿；灾后旅游

一、文献回顾

严重自然灾难发生后，虽然灾难地景区采取了诸多的恢复措施，但当地旅游业灾后依然很难恢复。中国台湾"9·21"地震、印度洋海啸及汶川地震等严重自然灾难对当地旅游业的影响无不验证了这一点。1999 年，中国台湾"9·21"地震后，当地政府采取了一系列包括降价促销、安全风险消除等措施，但数据显示，台湾 1999 年 9~12 月的入境人数较 1998 年减少 15%，主要旅游景点观光人数下降 27%，客房入住率下降约 60%，在灾难发生近一年后才恢复到灾前水平。2004 年 12 月 26 日，印度洋海啸导致泰国在 2005 年 1 月入境游客环比下降 75%，酒店房间入住率在 2005 年上半年仅为 40%，比上年减少 30%，酒店收入减少 40%。由于旅游业在泰国国民经济中的重要地位，灾后泰国政府几乎是举全国之力进行各种促销活动，6 个月后泰国的入境人数恢复到灾前水平，但是一些受海啸直接冲击的沿海景区和海洋公园却用了一年半以上才恢复到灾前水平。灾后旅游恢复

* 本研究受国家自然科学基金（71072067）资助。

作者：刘世明（1971—），男，湖北兴山人，博士，讲师，主要从事旅游营销研究，E-mail：tslsmlawyer@tom.com；李蔚（1963—），男，重庆垫江人，教授，博士生导师，主要从事旅游营销研究，E-mail：cdliwei111@sina.com。

本文引自《旅游学刊》2011 年第 12 期。

缓慢的情况同样发生在 2008 年 "5·12" 汶川地震后。灾后中央政府相关部门和当地政府迅速采取了多种促销措施，但根据四川省旅游局统计数据分析，在灾难发生一年半后，四川旅游整体都没有恢复。

由于旅游业的发展，目前对旅游灾难管理的研究较多。在基础理论方面，主要以福克纳（Faulkner）为代表，他将旅游灾难管理分为事件前期、先兆期、紧急期、中间期、恢复期和回顾期，提出了灾难管理的基本理论观点，从而建立了旅游灾难管理理论的基本框架。在灾后游客流失原因的研究中，瑞提猜奴娃（Rittichainuwat）发现安全是影响游客流失的重要原因。黄仁宏等（Huang Jen-Hung et al.）认为目的地设施损坏、安全感知、鬼神信仰、交通障碍等都影响了游客的目的地选择。萨亚涅米（Sajaniemi）认为消极公共信息（negativepublicity）也使游客旅游之心挫败。西奥科西奥等（Cioccio et al.）研究了安全促销、价格促销、活动促进、增加投资、积极沟通、政府支持赢回策略对旅游恢复的影响。但是，现有的旅游恢复研究缺少灾后游客赢回策略的实证研究，很难回答严重自然灾难后这些游客赢回策略是否有效。因此，本文研究情感赢回策略、安全赢回策略、体验赢回策略、价格赢回策略对灾难背景下的游客流失原因和旅游意愿之间关系的影响，以验证这 4 种赢回策略在严重自然灾难背景下对游客的赢回是否有效，并试图审视流失原因与赢回策略之间是否存在简单的对应关系。

二、赢回策略的理论框架与假设

（一）理论框架与模型

查尔斯（Charles）认为，消费者购买是从产品或服务中所获得的利益和为获得该利益所付出的成本之比较。也就是说，对某产品的购买意愿是源自消费者对某产品的感知利得与感知代价的权衡。灾难发生前，消费环境处于稳定状态，消费者对一个景区的感知价值与感知代价是稳定的，其消费意愿处于一个稳定水平。灾难发生后，消费者产生相较于灾难前消费环境变化的感知，即灾难后产生的流失因素影响消费者的感知利得与感知代价，从而影响消费者的购买意愿。因此，灾后造成游客流失的原因和旅游意愿之间构成因变量和自变量关系，旅游意愿是流失原因的函数。这种流失原因与旅游意愿之间的关系在灾难发生时及发生后没有采取赢回策略前，是相对稳定的。灾后景区采取的赢回策略会使灾后游客流失原因与旅游意愿之间的固有关系产生改变。根据温忠麟等的观点，因变量与自变量的关系受到第三个变量影响，则第三个变量为调节变量。因此，在流失原因、旅游意愿和赢回策略之间，赢回策略是调节变量。

在前期研究中，笔者通过消费者深度访谈、问卷调查、因子分析，将汶川地震后四川游客流失的原因归结为 5 个因子：①安全疑虑，游客对灾后到灾难地景区旅游会产生安全担忧；②景观损坏，游客认为严重自然灾难将景区风景毁坏，失去了观赏价值；③心理忌讳，游客忌讳到发生死亡事故的景区去旅游；④伦理冲突，游客认为旅游是快乐的事情，而灾难地的居民刚刚失去亲人，因此灾后旅游不合适；⑤成本担忧，灾后到灾难地旅游可能存在其他的财务支出和时间支出。随后，笔者实证了流失原因与旅游意愿之间的关系。通过旅游灾难管理文献研究及实践观察，本文引入情感赢回策略、体验赢回策略、安全赢回策略和价格赢回策略作为赢回策略刺激物，并对设定的策略刺激物进行了前测验证。

由此，形成如图 1 所示的研究模型。

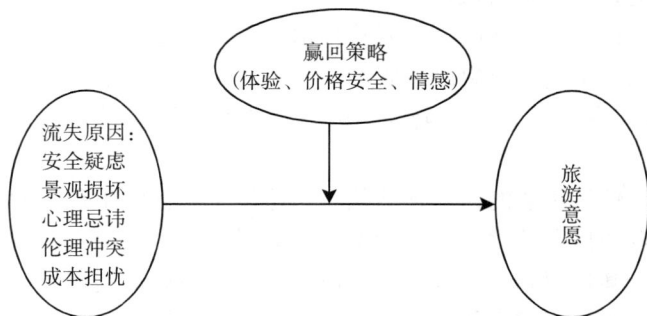

图 1　赢回策略影响研究模型

（二）赢回策略影响假设

布鲁斯汀（Boorstin）早在 20 世纪 60 年代就将旅游体验定义为一种流行的消费行为，认为旅游体验对社会个体和整个社会都具有重要意义。谢彦君认为，旅游者的体验构成旅游现象最基本的结构性要素，如果旅游世界当中抽掉旅游体验，就等于抽掉了旅游现象的基本矛盾，抽掉了旅游现象的内核。由此，可以看出体验是旅游的核心。施密特（Schmitt）认为，体验通常不是自发产生的，而是被诱发出来的。也就是说，外在环境的改变会诱发人们的体验需求。严重自然灾难后带来的必然是一系列地理改变、地质改变，特别是这种改变被新闻媒体的报道放大，增加了体验的魅力，同时灾难后短期内迅速形成的品牌资源也刺激了消费者的体验需求。因此，体验赢回策略对灾难后的游客恢复应该有效果，即赢回策略刺激越强，各种灾难后的游客流失原因对游客旅游意愿的影响越小，赢回策略的调节效用越大。故提出以下假设：

H1　严重自然灾难背景下，体验赢回策略对各种流失原因与旅游意愿之间的关系有负向调节作用。

内斯琳（Neslin）认为，对市场策划人员来说，没有什么工具比价格更有力，更能对消费者的购买行为和公司利润产生影响的。因此，在营销实践中，价格促销常常作为一种营销策略来使用。一般而言，价格下降，需求就会增加，这也是现代营销中价格促销的理论基础。众多学者研究证明，价格对消费者的购买决策有重大影响，这种影响不仅涉及购买时间，同时也影响到购买量。唐小飞认为，降价的实质就是降低消费者的购买成本，因此，把价格作为顾客赢回策略来研究也有其理论和实践的依据。基于此，提出以下假设：

H2 严重自然灾难背景下，价格赢回策略对各种流失原因与旅游意愿之间的关系有负向调节作用。

旅游的生命线是安全，这是旅游界公认的底线。对目的地而言，和平、安全、安定是一个旅游景区、一个地区或者一个国家发展旅游的首要条件，如果没有这些条件，目的地就失去了参与市场竞争的条件。因此，旅游者对自身安全的关注已经很明显地表现在游客对旅游目的地的选择上。席布勒等（Schiebler et al.）认为，旅游者的出行决策行为很大程度上取决于其对当地感知环境的认知，而这种感知安全因素起着决定性的作用。因此，安全是旅游者、旅游公司、旅游景区、旅游管理部门不可回避的话题，也是灾后旅游恢复中最受关注的一个话题。由此，提出以下假设：

H3 严重自然灾难背景下，安全赢回策略对各种流失原因与旅游意愿之间的关系有负向调节作用。

情感是一种对事件和想法的认知评估状态，这种状态伴随生理过程，并常常以行为表达。情感影响消费者的信息处理、调节消费者行为反应、测量市场刺激作用、制定目标导向的行为，是消费者衡量福利的尺度。大量研究证明，情感对消费者的市场行为具有极其重要的影响作用，因为情感能唤起对某一产品或服务在不同的消费情况下的消费。现有研究已经证明，情感是可以被精心设计，可以被有目的和有意识地影响的。在严重自然灾难背景下，社会具有普遍的同情和帮助灾区的特殊情感环境。曾凡伟认为，由于灾难具有对人类的巨大破坏作用，因而是一种十分敏感的社会心理事件。在未受灾地区，绝大部分人会对此表示关注，并对灾区的社会群体产生同情心理，如果可能，还会伸出援助之手。基于此，提出以下假设：

H4 严重自然灾难背景下，情感赢回策略对各种流失原因与旅游意愿之间的关系有负向调节作用。

三、研究方法

（一）量表选择及刺激物设计

1. 量表选择

本研究的量表包括三部分：严重自然灾难后游客流失原因、赢回策略、游客旅游意愿。流失原因主要采用索木如地等（Somrudee et al）的研究成果及自拟测项，在通过测项纯化后采用 17 个测项。购买意愿的测量已经比较成熟，主要是测量重购/重游意愿、推荐意愿、支付意愿、溢价意愿。本研究中，考虑到大多数观光性质景区的消费者在较长时间内是一次购买，而区分休闲景区和观光景区并非本文研究所涉及的内容，因此，不检测重游意愿。同时，考虑到在严重的自然灾难背景下，景区的首要目标是重新赢回游客，而不是谋求增加游客人数以增加效益，所以本研究侧重于测量行为意愿、推荐意愿。本文研究目的主要在于测试消费者对赢回策略的认可程度和情感倾向性，以及这种认知和情感对流失原因和旅游意愿之间关系的调节作用。因此，本文将消费者对赢回策略的认知和情感倾向作为调节变量赢回策略的测量工具。

2. 刺激物设计

（1）体验策略刺激物。严重自然灾难发生后产生的新景观、灾难时救援的热点地方、灾难中事故的发生地等由于现代传媒的发展而形成了较高的知名度，形成消费者对其的好奇和体验需求。基于此，笔者结合专家意见，将灾后到震中映秀去看震中情况和观看 8.0 级地震后的地质地貌改变设计为体验策略刺激物。

（2）价格策略刺激物。价格策略的实质是降低消费者购买产品的总成本，提高消费者对产品的感知价值，促进购买。因此，本文选择汶川地震后实际推出的免费派送"熊猫金卡"为刺激物。外地入川的游客使用"熊猫金卡"可以到成都市内主要景区免门票游览，相当于优惠 300 元。

（3）安全策略刺激物。风险消除措施是减少安全担忧的措施之一。结合汶川地震后四川当地采取的实际风险消除行动以及专家意见，将安全区与地震区剥离，对存在危险可能的区域一律禁止开放，可开放景区完成内部排险和旅游线路排险，对可能发生的余震做好防护措施，组织专家鉴定小组对景区安全进行鉴定，为每位游客提供 20 万元的免费人身保险，政府承诺对旅游安全事故承担无偿救助责任等，将这一系列综合措施作为安全赢回策略刺激物。

（4）情感策略刺激物。考虑到灾难过后灾难遗址地是灾难的见证地、承载地，同时也是人们对灾难的情感寄托地。灾后全社会对灾难地产生的共情就是对灾区的同情，以及因为同情而产生的帮助灾区的心理冲动，这就产生了情感实现需求。将四川省旅游局在 2008 年灾后号召人们到灾区旅游，同时访问受灾学校儿童、看望受灾家庭作为情感赢回策略刺激物。

赢回策略刺激物设计好后，笔者经过小组访谈和问卷调查，发现被试者都能比较准确地将刺激物归为不同的赢回策略，验证了 4 种策略和策略刺激物的一致性。

（二）数据收集

一般认为，多个紧邻的主要景点通过交通路线连接成景区，而严重自然灾难发生后会波及周边景区。卡夫勒（Cavlek）认为，人们通常不会考虑在有风险的地方的邻近地区旅行。由于汶川地震波及四川行政区域内的核心景点黄龙、九寨沟、都江堰等地，造成省外游客将到四川省旅游等同于到地震灾区旅游，因此本文将调研的"灾难地景区"区域确定为四川省内的旅游景区，调研对象确定为四川省行政区域外的游客。

本文以地震期间已经安排行程或计划到四川旅游但因为地震放弃旅游的游客作为研究对象，测试汶川地震后一年内被测者对到四川的旅游感知。考虑到海口机场是游客集散地，候机者多是旅游主力人群，且来自全国各地，具有抽样代表性，本调查部分样本来源于从海口机场候机的非四川籍游客中筛选出的地震期间原计划去四川旅游，却因为地震放弃行程的游客。另外一部分样本从四川青旅、四川国旅等在川旅行社提供的地震期间已经安排行程但因地震放弃行程的游客中筛选出来。问卷通过"地震前你是否计划一年内到四川旅游"和"2008 年 5 月 12 日至 2009 年 5 月 12 日你是否因为地震放弃到四川旅游"甄别出流失客户。调查共计获得灾前计划到四川旅游，但因为灾难在一年内放弃到四川旅游的流失客户样本 378 人。数据样本结构如表 1 所示。

表 1　样本结构

基本情况	项目	人数（人）	百分比（%）
性别	男	212	56.1
	女	166	43.9
	合计	378	100
年龄	18~25 岁	26	6.9
	26~35 岁	144	38.1
	36~50 岁	155	41.0
	51~60 岁	34	9.0
	61 岁以上	19	5.0
	合计	378	100
学历	高中及以下	23	6.1
	大专	107	28.3
	本科	158	41.8
	研究生及以上	90	23.8
	合计	378	100

通过统计软件 SPSS16.0 检验了量表的信度，所有因子的 Cronbach's α 值大多大于 0.7 或接近 0.7，表明量表具有较高的信度（见表 2）。本量表在设计中经由四川大学 6 位博士讨论，就相关测项的具体表述进行讨论审核后最终确定，该量表应具备较高的内容效度。从测试人群的分类来看，收入高的一类人对成本担忧的分数普遍偏低，女性对安全的感知分数更高一些，证明量表具有较高的效标关联度。综上所述，测项具有较高的信度和效度，可用作进一步分析。

表 2　量表的信度检验

潜在变量	测项数量	Cronbach's α
安全疑虑	3	0.773
景观损害	4	0.762
心理忌讳	3	0.775
伦理冲突	3	0.829

潜在变量	测项数量	Cronbach's α
成本担忧	4	0.773
情感赢回策略	2	0.754
情感策略后旅游意愿	2	0.789
安全赢回策略	2	0.774
安全策略后旅游意愿	2	0.848
价格赢回策略	2	0.814
价格策略后旅游意愿	2	0.806
体验赢回策略	2	0.680
体验策略后旅游意愿	2	0.725

（三）验证方法

根据学者的观点，为了验证调节效应是否存在，通常情况下需要引入一个交叉项，即：

$$Y = \beta_0 + \beta_1 X + \beta_2 M + \beta_3(X^* M) + e \tag{1}$$

对上式稍加变形有：

$$Y = \beta_0 + (\beta_1 + \beta_3 M)X + \beta_2 M + e \tag{2}$$

其中，式（1）或式（2）中的 β_3 刻画了调节效应的大小。在实际使用过程中，只需验证 β_3 是否显著，如果显著则表明调节效应存在，通过 β_3 的正负还可以观察出调节效应是正向的还是负向的。

参照相关学者的观点和做法，本文的调节作用验证思路为：第一步，先做自变量（流失原因）、调节变量（赢回策略）与因变量（旅游意愿）之间的回归，看赢回策略与旅游意愿之间的关系是否显著。第二步，做流失原因、赢回策略，以及流失原因×赢回策略之间的回归，重点观察流失原因×赢回策略的系数，只要在给定显著水平下该系数显著不为零，就认为赢回策略对该条路径具有调节作用。在显著的前提下，系数为正，则表明存在正向调节作用，系数为负，则表明存在负向调节作用。

由于调研数据属于在一个时间点上获取的截面数据，采用截面数据进行回归分析时很容易出现异方差，并可能产生参数估计量无效、变量显著性检验失去意义、模型预测失效等情况。为克服截面数据模型可能出现的异方差，通常采用加权最小二乘法对回归模型进行估计。在验证调节效应的时候需要引入交叉项，由于模型中包含了 5 种流失原因，就要产生 5 个交叉项，若将所有的交叉项都同时放入模型，则很可能出现多重共线性，使得参数含义明显不合理，变量显著性检验和预测失效。为了避免可能出现的多重共线性，以及尽可能保证模型的简洁，本研究在验证调节效应时，将交叉项逐个引入。

四、实证结果

为了验证假设，分别构造多元回归模型：

$$Y_i = \beta_0 + \beta_1 X_{1i} + \beta_2 X_{2i} + \cdots + \beta_6 X_{ji} + \mu_i \qquad (3)$$

其中，Y 表示旅游意愿，X_1 表示安全疑虑，X_2 表示景观损坏，X_3 表示心理忌讳，X_4 表示伦理冲突，X_5 表示成本担忧，$X_{ji}(j=1，2，3，4)$ 表示赢回策略（$j=1$ 时为体验赢回策略，$j=2$ 时为价格赢回策略，$j=3$ 时为安全赢回策略，$j=4$ 时为情感赢回策略），μ_i 表示随机干扰项。其中，安全疑虑、景观损坏、心理忌讳、伦理冲突、成本担忧、赢回策略和旅游意愿这些潜在变量都是采用因子得分来刻画的，回归分析过程中为了避免可能出现的异方差现象，采用加权最小二乘法计算，采用的分析软件是 SPSS16.0。式（3）实际上包含了 4 个方程，分别估计这 4 个方程就可以得出旅游意愿与赢回策略之间的关系，如表 3 所示。

表 3　赢回策略对旅游意愿的回归分析

赢回策略	非标准化系数		标准化系数	t	Sig.
	β_6	Std. Error	Beta		
体验赢回策略	0.689567	0.002028	0.689567	340.0044	0.0000
价格赢回策略	0.622064	0.004001	0.622064	155.4586	0.0000
安全赢回策略	0.615475	0.001578	0.615475	389.9600	0.0000
情感赢回策略	0.679960	0.001767	0.679960	384.7741	0.0000

由表 3 可知，4 种赢回策略对应的显著水平为 0.000，远小于 0.1，说明具备下一步调节效应演算条件，可以进行下一步演算。同时说明 4 种赢回策略本身与旅游意愿之间存在显著的正相关关系。

为进一步验证假设，构造多元回归模型：

$$Y_i = \beta_0 + \beta_1 X_{1i} + \beta_2 X_{2i} + \cdots + \beta_5 X_{5i} + \beta_6 X_{ji} + \beta_7 X_{ki} X_{ji} + \mu_i \qquad (4)$$

其中，X_1 表示安全疑虑，X_2 表示景观损坏，X_3 表示心理忌讳，X_4 表示伦理冲突，X_5 表示成本担忧，$X_j(j=1，2，3，4)$ 表示赢回策略（$j=1$ 时为体验赢回策略，$j=2$ 时为价格赢回策略，$j=3$ 时为安全赢回策略，$j=4$ 时为情感赢回策略），X_k 表示各种流失原因（$k=1，2，3，4，5$），μ_i 表示随机干扰项。因此，式（4）包含了 20 个回归方程，采用与估计式（3）相同的方法进行估计后，得出回归参数的估计值，其中交叉项的参数估计值刻画了调节效应。交叉项的估计结果如表 4 所示。

表 4　各种赢回策略的调节作用比较

流失原因	体验策略	价格策略	安全策略	情感策略
安全疑虑	0.019287**	0.093466**	0.088989**	0.031866**
景观损坏	0.107151**	0.082621**	0.110310**	0.037401**
心理忌讳	0.088791**	0.114744**	0.040838**	0.070499**
伦理冲突	0.031600**	0.000168**	−0.012641**	−0.009979**
成本担忧	0.071104**	0.041733**	0.078629**	−0.016565**

注：** 表示在 5% 的水平上显著，且由于篇幅原因只报告了交叉项系数。

从表 4 可以看出，各种赢回策略对每种流失原因与旅游意愿之间的调节作用都是显著的，但是，安全赢回策略对伦理冲突与旅游意愿之间的关系、情感赢回策略对伦理冲突和成本担忧与旅游意愿之间的关系调节是负向的，说明在灾难后安全赢回策略对因伦理冲突原因引起的游客流失的调节作用是负效果，情感赢回策略对因伦理冲突和成本担忧引起的游客流失的调节作用是负效果，即安全赢回策略和情感赢回策略对各种流失原因与旅游意愿之间的关系调节并不都是负向的。H1、H2 得到完全验证，H3、H4 得到不完全验证。

五、研究结论

（一）严重自然灾难背景下 4 种赢回策略对游客赢回的作用整体有效

从表 3 可以看出，在赢回策略对旅游意愿的回归中，4 种赢回策略与旅游意愿之间的显著水平为 0.000，远小于 0.1，证明本文所检验的 4 种赢回策略对流失原因与游客旅游意愿关系之间都有负向调节作用，都能有效改善灾难后的游客旅游意愿。也即在灾难发生后如果灾难地景区采取以上策略都能取得较好的效果。这个结论可以从购买意愿理论得到解释。查尔斯认为，消费者购买是从产品或服务中所获得的利益和为获得该利益所付出的成本之比较。也就是说，对某产品的感知价值是源自该产品被消费者感知到的可能带给消费者个人的利得与消费者为了得到该产品所需付出的感知代价。当感知利得远远大于感知代价时，对于消费者而言，其感知价值越大，购买意愿越强烈。就本研究中的 4 种赢回策略而言，在严重自然灾难发生后，游客的购买意愿受灾难影响降低到一定水平，这时候施加的 4 种赢回策略的实质都是增加消费者的感知价值，增加消费者感知利得，从而刺激消费者的购买意愿。因此，4 种赢回策略在严重自然灾难背景下对游客总体上都有赢回作用。

（二）严重自然灾难背景下赢回策略不是对所有原因造成的游客流失都有效

从表 4 可以看出，4 种赢回策略对大多数灾后游客流失原因与旅游意愿之间的关系都是负向调节作用，但是安全策略对伦理冲突和游客旅游意愿之间关系、情感策略对伦理冲突和成本担忧与旅游意愿之间的关系不是负向调节。也就是说，就本研究来看，在严重自然灾难背景下安全赢回策略对伦理冲突引起的游客流失不仅没有效果，并且还可能起到相反的作用而加重游客流失。同样，情感赢回策略对因伦理冲突和成本担忧引起的游客流失的作用也是负向的。结合前文所论述的赢回策略对游客的总体有效来看，可以发现，4种赢回策略的总体有效并不能简单地说明其对所有的游客流失原因引起的游客流失都有效。灾难后游客流失原因是游客对灾难后景区的心理感知，赢回策略对游客流失原因与旅游意愿关系调节的差异，反映了游客心理感知的复杂性。

（三）赢回策略与流失原因之间没有简单的对应关系

就一般而言，导致游客流失的原因和策略应该有简单的对应关系，如成本担忧和价格赢回策略之间应有简单的对应关系。但是，就本研究而言，在严重自然灾难背景下这种简单对应并不存在：安全赢回策略与安全疑虑、价格赢回策略与成本担忧、体验赢回策略与景观损坏之间并不存在简单的对应关系。这可能是两个方面原因造成的：其一，感知风险唤起。例如，在严重自然灾难背景下，灾难地景区的安全宣传很容易被消费者理解为一种单纯为赢回游客的功利宣传，使消费者认为安全风险消除不一定是事实。结果，安全赢回策略非但不能起到应有的作用，在整个社会存在安全风险认知的情况下，反而唤起了消费者对安全的担忧，即某种貌似针对性的策略可能实质上唤起了某种风险，从而不一定起到削弱相应风险的作用。当然，由于研究的局限，本文对此没有做更为深入的研究，造成这种现象的具体原因有待进一步探讨。其二，游客风险感知的复杂性。严重自然灾难发生后，游客的风险感知具有多重性，往往不是因为某一种风险感知的存在而降低旅游意愿，而是感知到多个风险并存，且各感知之间也相互影响。由此，造成了任何一种赢回策略对游客风险感知的影响都是复杂的，从而赢回策略与流失原因之间不构成对应关系。

六、启示与对策

严重的自然灾难总是伴随着人类的历史，书写着人类的历史。自然灾难的发生就整个人类而言尚无法避免，人们所能做的就是在灾难发生后能迅速走出灾难的阴影，重建社会，这就是本研究的意义所在。研究得出如下实践启示：

（一）严重自然灾难后应该采取多样的游客赢回策略

现实中，各个景区似乎都注意到安全疑虑会造成游客流失，因此除了价格吸引外，更多的是采取安全策略，但是往往效果并不是很好。本研究除了证明4种赢回策略的总体有效之外，也发现赢回策略对流失原因与旅游意愿关系的调节作用不存在简单对应关系，灾难后游客的心理感知复杂，赢回策略的影响也不是单一的。因此，在基于灾难发生后游客的多重感知风险下，单独使用某一种赢回策略效果可能受到限制，建议采取多样的赢回策略，消除消费者的总体感知风险水平，增加消费者感知利得，以此来重新赢回游客。

（二）开发灾难地旅游体验产品应该是重要的灾后旅游恢复措施

灾难发生时，社会共同关注客观上造就了灾难地的品牌资源。如唐家山堰塞湖，灾难前大多数游客不知道这个地方，救灾期间这个地方成了人们的关注点，这种关注无形中树立了唐家山的旅游品牌。灾难结束后，部分游客就有可能出现了去四川旅游时到唐家山看看，感受当时灾难地的想法和需求。由此可见，灾难地品牌资源可诱发消费者的体验需求。灵活有效地利用这些资源和需求，服务于灾难地的重建和恢复，是对逝者的尊重，也是生者的责任。因此，在灾难结束后，及时设计旅游体验产品，去承载因为灾难而形成的品牌和体验需求，不仅有利于灾后的旅游恢复，也是灾区长远发展的利益所在。

（三）可以将社会对灾难地的情感转化为旅游恢复的动能

现代传媒业的发展、科技的进步、人类对生命的珍重使社会每一个人都不再置身灾难之外，他们有可能是灾难救援者、灾难救助者，抑或是灾难关注者、灾难影响者……所有的人，因为灾难而维系在一起，承受着整个人类的苦难悲剧。共同的关注、共同的情感、共同的面对形成了社会对灾难地的特殊情感资源。严重自然灾难发生后，由于不可直接归咎为人为的原因，社会对灾区和灾难地会予以更多的同情，这种同情表现为积极地帮助灾区恢复重建。建立一个社会情感实现的渠道，通过旅游让游客在享受旅游的同时实现帮助灾区的愿望，将社会关心灾区、关注灾区、帮助灾区的愿望转化为一种旅游恢复的动能，应该是现实可行的。但是在应用情感策略的时候，应注意到社会大众对灾难感知的复杂性而谨慎行事，以免降低某一类人群的旅游意愿。

致谢：感谢海口美兰国际机场物业部对本课题调研的大力支持。

参考文献

［1］Huang J. H., Min J. Earthquake Devastation and Recovery Intourism：The Taiwan Case ［J］. Tourism Management，2002，23（2）：145-154.

［2］Somrudee Meprasert. The 2004 Indian Ocean Tsunami：Tourism Impacts and Recovery Progress in Thailand's Marine National Parks ［D］. Corvallis：Oregon State University，2006.

［3］刘世明，南剑飞，李蔚. 严重自然灾难地景区游客流失原因因子分析——以汶川地震后四川旅游为例［J］. 海南大学学报（人文社会科学版），2010，28（2）：89-94.

［4］Faulkner B. Towards a Framework for Tourism Disaster Management ［J］. Tourism Management，2001（22）：135-147.

［5］Rittichainuwat B. N.，Chakraborty G. Perceived Travel Risks Regarding Terrorism and Disease：The Case of Thailand ［J］. Tourism Management，2009，30（3）：410-418.

［6］Huang J. H.，Chuang S.，Lin Y. R. Folk Religion and Tourist Intention：Avoiding Tsunami-Affected

Destinations [J]. Annals of Tourism Research, 2008 (4): 1074–1078.

[7] Sajaniemi P. Impacts of Natural Disaster on Tourism: The case of 26th December 2004 Tsunami [J]. Annals of Tourism Research, 2008 (4): 1078–1082.

[8] Cioccio L., Michael J. E. Hazard or Disaster: Tourism Management for the Inevitable in Northeast Victoria [J]. Tourism Management, 2007, 28 (1): 1–11.

[9] Wood M. C., Scheer K. L. Incorporating Perceived Risk into Model of Consumer Deal Assessment and Purchase Intent [J]. Advances in consumer Research, 1996 (23): 399–404.

[10] 温忠麟, 侯杰泰, 张雷. 调节效应与中介效应的比较和应用 [J]. 心理学报, 2005, 37 (2): 268–274.

[11] 花海燕, 刘世明, 李蔚. 严重自然灾难地景区游客流失原因和旅游意愿关系研究——以汶川地震后四川旅游为例 [J]. 海南大学学报 (人文社会科学版), 2010, 28 (4): 75–81.

[12] 谢彦君. 旅游体验——旅游世界的硬核 [J]. 桂林旅游高等专科学校学报, 2005, 16 (6): 5–9.

[13] 谢彦君. 旅游体验研究 [D]. 东北财经大学博士学位论文, 2005.

[14] Schmitt B. Experiential Marketing [J]. Journal of Marketing Management, 1999, 15 (1): 53–67.

[15] Neslin S. A., Shoemaker R. W. An Alternative Explanation for Lower Repeat Rates after Promotion Purchases [J]. Journal of Marketing Research, 1989, 26 (2): 205–213.

[16] Blattberg R. C., Hoch S. J. Database Models and Managerial Intuition [J]. Management Science, 1990, 36 (8): 887–896.

[17] Gupta S. Impact of Sales Promotions on When, what, and How Much to Buy[J]. Journal of Marketing Research, 1988, 25 (4): 342–355.

[18] 唐小飞, 贾建民, 周庭锐. 关系投资和价格促销的价值比较研究 [J]. 管理世界, 2007 (5): 73–82.

[19] Cavlek N. Tour Operators and Destination Safety [J]. Annals of Tourism Research, 2002, 29 (2): 478–496.

[20] Schiebler S. A., Crotts J. C. Hollinger R C. Florida Tourists' Vulnerability to crime [A]//Pizam A., Mansfeld Y. Tourism, Crime and International Security Issues [C]. West Sussex: John Wiley & Son Ltd., 1996.

[21] Bagozzi R. P., Gopinath M., Nyer P. U. The Role of Emotions in Marketing [J]. Journal of the Academy of Marketing Science, 1999, 27 (2): 184–206.

[22] Oliver R. L., Rust R. T., Varki S. Customer Delight: Foundations, Findings and Managerial Insight [J]. Journal of Retailing, 1997, 73 (3): 311–336.

[23] 曾凡伟, 李青, 徐刚. SARS 与灾变心理初探 [J]. 灾害学, 2004, 19 (2): 83–86.

[24] Mazzocchi M., Montini A. Earthquake Effects on Tourism in Central Italy [J]. Annals of Tourism Research, 2001, 28 (4): 1031–1046.

[25] 黄静, 熊巍. 再给我一次机会: 犯错品牌的投入对消费者再续关系意愿的影响研究 [A]//JMS 第六次学术年会论文集 [C]. 2006.

[26] 吴家喜, 吴贵生. 内部组织整合与新产品开发绩效关系的实证研究: 以产品创新程度为调节变量 [J]. 软科学, 2009, 23 (3): 45–49.

[27] 李子奈, 潘文卿. 计量经济学 [M]. 北京: 高等教育出版社, 2005.

[28] 戴维·迈尔斯. 社会心理学 [M]. 侯玉波译. 北京: 人民邮电出版社, 2006.

Study on the Impact of Tourists' Winning-back Tactics after Disasters

——Based on the Empirical Study of Tourism in Sichuan Province after Wenchuan Earthquake

Liu Shiming   Li Wei

Abstract：After severe natural disasters，though many measures were taken in disaster-stricken scenic areas to try winning back tourists，we still lack empirical studies in existing literature to prove whether these tactics are efficient or not. The paper，based on the study of the cause of the loss of tourists after disasters and tour intention relationship，tries to introduce four winning-back tactics including safety，price，experience and emotion and testify the impact of these tactics on the cause of losing factors after disasters and their relationship with tour intention.

Key Words：Winning-back Tactics；Cause of Losing Factors；Tour Intention；Travel after Disasters

中国奖励旅游经营的特征、问题与思考*
——基于旅行社的访谈分析

李晓莉

【摘　要】 文章在对广州市 10 家代表性旅行社的会奖负责人进行半结构性深度访谈的基础上，运用内容分析的方法，提炼出现阶段中国奖励旅游经营的特征与面临的共性问题，主要有：对奖励旅游的内涵认知国内更关注旅游成本的来源而不是活动的激励效果；购买方消费习惯不成熟、目的性不强、交易中平等沟通意识不够；奖励旅游中间商提供的产品创意性不强、组织结构不适应，管理科技含量低且与买方关系结合方式不稳定；供应商与中间商合作不稳定、服务灵活性不强且对目的地支持的依赖程度高。文章进一步指出，在中国传统文化背景下，重集体主义的奖励理念影响了消费意识；旅游业自身的结构性障碍及多重委托代理下的旅行社供应链地位不稳定造成行业的无序竞争与产品质量的难以控制；政府促进下的行业管理组织的成立是规范经营的重要途径。

【关键词】 中国；奖励旅游；访谈；特征；问题

一、引言

　　20 世纪初，北美和欧洲是世界经济最发达的地方，相对发达的商品经济和激烈的市场竞争成了奖励旅游萌生的沃土。1906 年，美国国家现金出纳公司组织了 100 多名达到销售额度的员工赴公司总部旅游，这在"一战"后商务旅游还不普遍的情况下是一种不平常的举动，开了奖励旅游商业化的先河。历经一个世纪的发展，奖励旅游已成为全球旅游产业中增长最快的细分市场之一，目前美国有 50% 的企业采用这种方式激励员工，在欧

---

* 本研究受广州市哲学社会科学"十一五"规划课题（10B78）资助。
　　作者：李晓莉（1970—），女，河北冀州人，中山大学旅游发展与规划研究中心博士生，广州大学旅游学院副教授，研究方向为会奖旅游与节事管理，E-mail：marjane69@163.
　　本文引自《旅游学刊》2011 年第 11 期。

洲也得到了广泛使用。

中国奖励旅游的发端可追溯到 20 世纪五六十年代，在政府及国有大中型企业兴办的疗养院中所进行的休假疗养活动已基本具备了奖励旅游的局部特征。来休假疗养的人绝大多数来自政府机关和国有大中型企业，费用由政府和企业承担，是单位的一种福利形式。20 世纪 90 年代初期，亚洲经济迅速发展，泰国、新加坡及中国香港陆续成为欧美新兴的奖励旅游目的地，同时中国的改革开放吸引了大量外资企业涌入，在这样的区域环境下，欧美盛行的奖励旅游理念也开始在中国传播。1993 年，奖励旅游引起了国家旅游局的重视，其组织了实力强大的促销队伍参加了在芝加哥举办的会议及奖励旅游博览会，奖励旅游的概念开始出现于媒体报道，并受到了部分企业的关注。因此，严格意义上讲，我国的奖励旅游发展还不足 20 年。在不到 20 年的发展历程中，我国的经济持续增长，旅游业对外开放程度不断加深，企业的国际化程度不断加速，国民休假体系等都发生了深刻变化。奖励旅游的经营现状如何？发生了哪些变化？有何特征？又面临哪些问题？如何发挥其作为一种现代化的企业管理工具在促进企业长远利益及作为一种特殊旅游业态在提升旅游业的经营水平方面的重要作用？这些问题均值得探究。

二、相关研究进展

奖励旅游自产生时起就是极易受环境影响且变化复杂的行业，宏观经济环境的波动、企业预算的增减、目的地交易成本的变化、管理技术的提升及新客源涌现等都直接迅速地影响到奖励旅游的需求与供给。在企业需求方面，其受企业全球分布的广泛程度、内部是否有独立旅游部门、企业文化强弱的正向影响，而与企业的类型、行业竞争力等并没有很大关系；同时，企业分布的国际化程度越高，越易促进处于不同国家或地区之间的公司的交流与奖励旅游活动的进行。在奖励旅游效能方面，金姆·希纽（Kimberly Shinew）指出，尽管终端使用者认为旅游是较现金、商品更具激励性质的奖励方式，但在参加奖励旅游与事后工作积极性的提高上并没有必然的联系。同时，激励效果好坏因参与个体的不同利益寻求、目的地喜好程度、沟通好坏、职位层次及配偶等因素的影响而不同。在奖励旅游中间商采购方面，史蒂芬·怀特（Stephen Witt）指出，目的地吸引物、设施、可达性及便利性是影响中间商选择目的地的主要因素，并且休闲度假形象越鲜明的目的地越易成为奖励旅游的目的地。罗伯特·路易斯（Robert Lewis）指出，中间商在选择酒店时个人的经验与感知起重要的作用，酒店方行为的灵活性与适应性、信息的时效性成为影响的主要因素。

国内学者对奖励旅游的关注集中在近几年，孙中伟、索扬、高静、刘春济指出，旅行社经营奖励旅游应全方位介入，从奖励方案的策划、内部营销到后期评估，应由单纯的中介向战略合作伙伴关系转变。刘少湃、蓝星指出，奖励旅游产品作为激励因素在重复使用过程中，边际效用不可避免地呈现递减趋势，为了激励的再生，奖励旅游产品须适时更新，维持高端性，呈现波浪式上升。杨佩群、周文丽等认为，奖励旅游发展需要有效供给引导需求，因为潜在需求已具备，有效供给不良会制约有效需求的实现，使供需在较低层次上平衡。张文建指出，奖励旅游属于生产性服务或生产者服务范畴，是现代旅游业介入发展生产力和促进经济增长而拓展的新业务，有不可估量的经济效益和社会效益，应给予政策的支持，将其作为公共产品进行开发等。王国钦等，董媛、魏薇等的实证研究发现，奖励旅游的效果并不令人满意，在企业购买方与终端消费者之间均存在负面感知。张婧提出奖励旅游在国内发展与中国长期的"重集体、轻个人、重资历、轻业绩"之间存在着文化障碍。

总体讲，国外更多的是对奖励旅游的需求与效能，供应链中的中间商、目的地、酒店之间的选择与适应性方面进行了具体的研究。国内由于奖励旅游的发展阶段、背景、经营环境的不同，面临不同的问题与研究价值，现有研究更多体现在旅行社的开发策略及奖励旅游性质特征的描述上，对实际案例的研究还不多，本文将在一手访谈资料的基础上，客观了解我国奖励旅游发展的现状及主要参与主体的购买方、中间商及供应商的行为特征，细致的描述性研究将丰富我们对此领域本质和形态的认识，在此基础上分析发展的有利与不利因素，并尝试进行解释。

三、研究过程与方法

目前情况下，在中国奖励旅游的经营主体仍为旅行社，本文以奖励旅游相对发达的广州市的旅行社为调研对象，在 2010 年新审批的 37 家出境游组团社中选出 10 家，分别是广之旅、广东国旅、广东中旅、广东康辉国旅、广东青旅、广东羊城之旅、广东铁青、广州交易会国际旅行社、广东和平国际旅行社公司、中青旅广州国际旅行社有限公司。前 4 家近 3 年都是中国旅行社综合实力百强企业，后几家则在商旅业务方面经营业绩突出。2010 年 1~6 月，通过半结构化深度访谈的方法对每个旅行社负责此方面业务的直接负责人（副总经理或部门经理）进行了访谈，访谈围绕以下 3 个问题进行：①奖励旅游的经营现状与特征；②奖励旅游发展面临哪些问题；③如何看待奖励旅游的未来发展。在明确目的的基础上，鼓励受访者尽可能多发言，各抒己见，每次访谈为 1~1.5 小时；所有访谈全部录音且事后誊写，不明确的信息进一步电话确认，对誊写后的文本资料反复阅读、编码、归类、分析，在此基础上提炼出现阶段中国经营奖励旅游的特征，重点在于突出面临的共性问题。2011 年 2~4 月，笔者利用在广之旅挂职锻炼的机会，通过介入具体案例，用参与式观察的方式了解奖励旅游经营过程中出现的问题，并记录总结。

四、研究结果与分析

（一）对奖励旅游内涵的理解

在所调查的旅行社中，奖励旅游的概念并不陌生，但认知却有差异，多数旅行社认为非个人付款的旅游实际上即为奖励旅游，并非 SITE（国际奖励旅游经理人协会）所定义的完全意义上的奖励旅游，即"奖励旅游是一种用来实现非凡商业目标的现代化管理工具，为参与者提供一个异乎寻常的旅行体验作为对他们完成其非凡目标业绩的奖励"。因此就形成了不同的奖励旅游表现形式，如旅游消费卡、团体福利性包价旅游、面向经销商的新产品发布会、饮料等消费品中奖客户的旅游等，形式上有单纯的观光、度假，也有与会议、培训、拓展等活动的结合。由此可见，对奖励旅游的本质认识，多数旅行社更多的是关注旅游成本的来源是消费者个人还是单位，不关注旅游活动最终的效果是否能体现出异乎寻常的旅行体验和激励效果，这就从本质上决定了旅行社在经营奖励旅游时的出发点与创意和真正意义上的奖励旅游存在差距。

（二）奖励旅游买方特征与问题

1. 消费习惯不成熟

旅游这种带有炫耀性色彩的奖励方式，在中国消费习惯还不成熟，目前的市场需求中以外资或带有外资背景的企业为主。在国企中因极易与"公费旅游"混为一谈，受到先天性制约，买方对此保持低调，就是旅行社也刻意为企业保守"商业机密"，其效果与价值没有得到广泛的宣传。多数民企和事业单位则存在着由于预算不连贯带来的今年有明年无的现象，难以制度化。现阶段外企成为奖励旅游市场"皇冠中的宝石"，在消费水平、个性服务及需求规模上都独树一帜。

2. 目的性不明确

多数买方使用奖励旅游的目的性不明确，只当作一种福利形式，忽视奖励旅游在企业文化与团队建设中的重要作用，认为就是让大家出去玩一趟而已，同时也有"轮着来"或"全体参与"的倾向。对旅游之后的奖励效果没有衡量和反馈，即使外企也很少进行详细的跟踪与调查，项目执行具有盲目性。

3. 旅行过程中的过度介入

奖励旅游的一个重要特点是"事件旅游"，需要特殊的策划与包装，面向团体购买者与面向个体消费者不同的是买方的参与性强，个性化要求多。旅游中间商希望在策划环节多听买方的意见，但在实际执行中，买方过于强势的地位导致了其在签证办理、旅游风险防范、目的地接待设施选择、行程管理等本是旅行社强项领域的过度参与，影响了双方的合作效率。同时，在终端消费者提出不合理要求时，如上千人的团同时到国外海岛度假地的要求会因目的地接待设施不足、航空运力无法满足等而受阻，但买方在不了解旅游业运作特征的情况下，常常一味地要求旅行社，平等沟通意识不够，影响了双方的合作基础。

（三）奖励旅游中间商特征与问题

1. 产品创意不强

旅行社长期形成的以资源为主导的习惯性竞争思维，使其在产品策划上局限于简单的资源整合与包装，产品创意性不强，资源禀赋成为价格差异的首要原因，难以形成具有垄断性的产品或价格。奖励旅游分为传统型和参与型两种，传统的奖励旅游包括会议、旅游、主题晚宴等，行程上相对平缓。而参与型奖励旅游的行程安排多是一些剧烈性活动，如徒步、登山、划艇、漂流等，并伴有体现企业社会责任感的一些与目的地社区的互动活动，能带给游客一种亢奋和刺激的精神状态。目前我国旅行社的产品多是传统型产品，主题晚宴成为最主要的策划卖点，参与性环节多体现在一些简单的集体项目上，如划船、拔河等。因此，会有一些大型外企将行程策划交给专业的策划公司来做，而将行程中的旅游与接待环节交由旅行社完成，旅行社资源整合能力差。

2. 组织结构不适应

我国传统的旅行社是按职能或地区进行的部门设置，如出境部、采购部、计调等，而奖励旅游面向的买方需要"一站式服务"，需要部门之间进行及时准确的信息沟通与交流，设立专人或独立设置部门是有效的组织结构。但独立设置的奖励旅游部门既要依托采购部的采购优势，从航空公司和酒店等供应商处获得规模采购效益，又要依赖出境部长期形成的境外目的地资源，这种业务上的交叉使部门业绩考核有难度；同时，奖励旅游由于团队的规模大、规格高、要求细，也需要人员的密切配合与协作，这对于习惯于以销售为目标的人员来说分工较难，团队合作精神需要磨炼。可以看出，旅行社经营奖励旅游面临着组织结构调整的"阵痛期"。

3. 管理中科技含量低

旅行社在目的地信息搜集、项目管理、与客户沟通渠道方面科技含量低，过分依赖人力的简单操作模式，降低了服务效率；关于奖励旅游目的地资讯、旅游行程风险防范、创意活动的新奇性等信息没有及时传递给终端消费者，这取决于与电信、金融等部门的融合程度，但目前旅行社尚未能提供此类服务，为消费者提供超越时间与空间的增值服务能力有限。

4. 与买方合作伙伴关系未建立

在目前双方的营销关系中，多数还局限在价格营销的初级阶段，即依靠价格的折扣来吸引买方，一些大型旅行社已向社会营销阶段迈进，即依靠品牌形象、沟通等维护双方的合作。旅行社若能在方案系统化、在线服务技术提供、管家服务特色等方面给买方提供具有一定垄断性的产品，形成结构性营销，获得长期稳定的合作关系，也可能走出为了本已很少的服务费而与买方斗智斗勇的困境，成为买方管理链条中不可缺少的一部分，从而体面地收取管理费。

（四）奖励旅游供应商特征与问题

1. 与中间商的多重竞争

酒店、航空公司成为奖励旅游供应商中的重要板块，是实现奖励旅游终端消费者体验的主要承担者之一。由于销售渠道的多元化和信息技术的应用，供应商与旅行社之间存在着既是委托代理又是独立竞争对手的关系。例如，酒店抛开旅行社直接与购买方协议或给予旅行社的协议价等于甚至高于网络价，航空公司根据自己的经营周期改变事先已承诺的旅行社的机票预订价，增加了旅行社成本及与买方沟通的难度，甚至于使计划以失败告终。

2. 服务的灵活性不强

目前，我国奖励旅游的出境规模常在 100 人以上，旅行者的名单经常变化，需要航空公司以较短的时间变更名单，并在飞机上策划一些意外惊喜服务，交通工具已不是简单的到达目的地的工具，而应成为独特的奖励旅游经历的一部分。酒店作为消费者体验的重要场所，服务的个性化与灵活性要求高，需要有长远合作意识，不是仅局限在与旅行社双方的合作协议内。

3. 对目的地官方的支持度依赖性强

与常规旅游团不同的是，奖励旅游不仅是在目的地景区的游览观光，往往需要超常规的创意服务。一方面，依赖于成熟的目的地管理公司（DMC）将景区、娱乐、商业等服务设施整合营销的资源优势；另一方面，目的地官方的支持程度将起着关键作用。首先，签证的便利程度直接影响购买方能否在既定的时间内成行，中间商作为具体经办方在签证成功率的保证上具有很大的不确定性。目前，在我国开放的近 140 个旅游目的地国家中，东南亚、日韩、澳洲等地在奖励旅游目的地选择、成团规模上都成为主要力量，这与东南亚一些国家实行落地签证有一定的关系。其次，官方提供的赞助酒会、专场演出、当地官员接见及赠送礼品等成为吸引我国奖励旅游团的重要因素，追求尊贵是奖励旅游消费者显著的心理特征之一。

五、结论与思考

综上所述，购买方、中间商与供应商构成了奖励旅游的主要参与主体，相互合作下的服务传递形成了消费者的最终旅游体验。每一主体的特征及与上下游之间的相互关系的变化都影响着奖励旅游的整体经营效果，而这些都与我国对奖励旅游的认知程度、旅游业自身结构特征及行业管理缺失具有密不可分的关系（见图 1）。

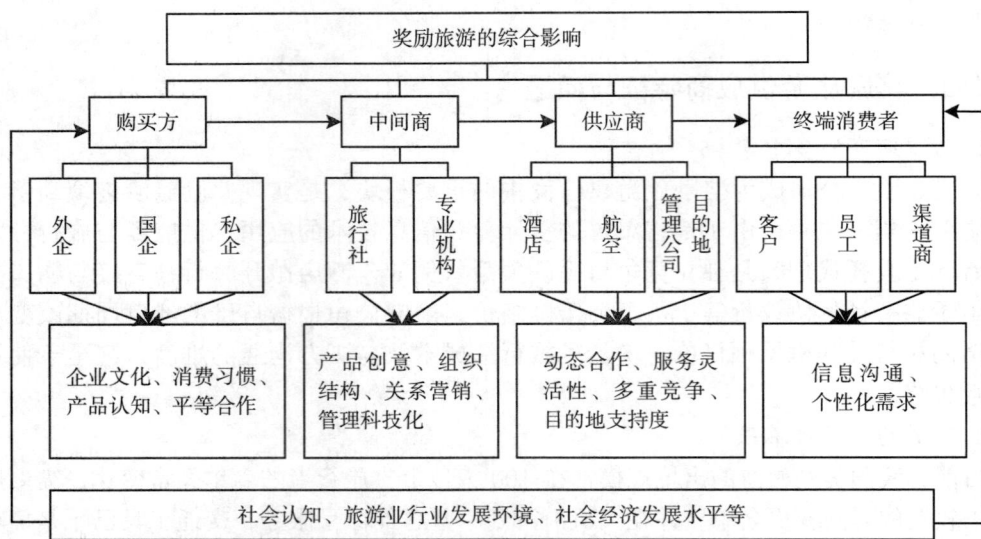

图 1 奖励旅游的综合影响因素

1. 社会认知影响买方需求

奖励旅游的概念与实践均起源于美国。这与其强调竞争的工作价值观及个人主义的消费观有直接的关系，美国式的奖励旅游通常意味着只能是少数优秀员工享有的排他性特权，不太注重成本，强调舒适与奢华，其他人则不能分享这种奖励。但奖励旅游在我国则是脱胎于政府、事业机关的疗养活动，发展理念更多的是作为一种福利与"论资排辈"的产物。这与我国长期以来强调集体主义有关，在奖励过程中更多的是寻求对双方都有益的结果，考虑未被奖励对象的感受以及结果的和谐，在一定程度上解释了为何在国企中奖励旅游的发展受到先天性制约。另外，长期以来，我国对休闲、旅游的社会价值认识与西方有较大差异，西方国家认为其是人类生存的基本权利，是人的灵魂和理智的一种"静观的、内在安详的和敏锐的沉思状态"，而在我国，旅游是特权或富裕阶层的符号概念依然存在。不成熟的消费意识一方面抑制了潜在需求，另一方面对使用奖励旅游的目的性不强。

2. 旅游业自身结构制约供给

从奖励旅游购买方、中间商及供应商的经营特征可以看出，奖励旅游很多是我国旅行社业长期形成的自身结构性障碍，如水平分工体系导致的竞争无序与多重委托代理关系下的旅行社在供应链条中的地位不稳定的产物。在购买方与中间商（旅行社）之间，奖励旅游中间商专业化水平参差不齐会导致购买方在选择中间商时的逆向选择风险加大，同时旅行社在经营奖励旅游时，买方需求意识不成熟加之信息不对称现象的存在增加了其经营的道德风险。在中间商与供应商的供应链伙伴关系中，旅行社则因不掌握资源而增加了对产品质量控制的难度。

3. 行业管理缺失难以规范经营环境

中国经济快速增长，大批外企使用奖励旅游的示范效应及本土企业对先进管理方式的渴求会极大地促进奖励旅游消费意识的成熟,中国奖励旅游的需求潜力巨大。中国权威商务会奖展（CIBTM2010）的会奖业调查报告显示,60%的受调查企业买家组织了奖励旅游活动,40%的买家组织了员工培训与激励活动,活动的持续时间也由2009年的4.4天增加到5.5天。

奖励旅游作为一种需求弹性大的高端旅游产品,当潜在需求已具备时,供给无效会抑制需求的实现或使其转向其他的消费方式。作为供给方的中间商与供应商,只有加强行业自律、规范经营、积极创造和引导消费,才能推动奖励旅游市场的繁荣与发展。从理论上讲,行业管理是企业自然选择的结果,但鉴于中国旅行社制度变迁中的路径依赖现象,政府应在行业管理组织形式与发育初期起一定的作用,成立相应的协会,制定行业规范,促进培训交流,进行营销推广等。美国之所以一直高居全球奖励旅游需求与供应的首位,与其独立成熟的行业组织有很大的关系,如1973年成立的SITE（国际奖励旅游经理人协会）目前已是全球性的组织,2100名成员中来自美国的占多数,在发布行业信息交流等方面起到了重要作用。另有奖励行为协会（Incentive Federation）和奖励行为研究基金会（Incentive Research Foundation）,前者主要游说美国相关政府部门,为奖励行为争取更多的政策和政府支持;后者主要赞助和支持有关企业对奖励手段的应用、投资回报率等的专项调研。独立的行业组织在促进交流与培训、反映前瞻信息与引导行业健康良性发展方面起到了重要作用。

奖励旅游作为一种现代化的企业管理工具,是一项能带来长远利益的战略性投资,西方近一个世纪的发展已充分证明奖励旅游的价值所在。在我国飞速发展的工业化进程中大量员工需要人文关怀的背景下,奖励旅游对企业的发展具有重要的现实意义;同时,旅游作为一种积极健康的消费形式,对实现人的全面发展和社会进步有着不可低估的促进作用。

致谢:对所有参加访谈的各位业界人士表示诚挚的感谢! 导师保继刚教授对文章结构、学术规范等提出了重要的修改意见,在此表示衷心的感谢。

参考文献

[1] Ricci P. R., Holland S. M. Incentive Travel Recreation as a Motivational Medium[J]. Tourism Management, 1992（9）.

[2] 邵莉莉. 国内外奖励旅行研究综述 [J]. 旅游研究, 2010（5）: 49-52.

[3] 高静. 国内外奖励旅行发展比较研究 [D]. 上海师范大学硕士学位论文, 2004.

[4] Xiang Z., Formica S. Mapping Environmental Change in Tourism: A Study of the Incentive Travel Industry[J]. Tourism Management, 2007, 28（5）: 1193-1202.

[5] Sheldon P. J. The Demand for Incentive Travel: An Empirical Study [J]. Journal of Travel Research, 1995, 33（23）: 23-28.

[6] Shinew K. J, Backman S. J. Incentive Travel: An Attractive Option [J]. Tourism Management, 1995, 16（4）: 285-293.

[7] Bricker K., Cottrell S., Verhoven P. An Empirical Investigation of Adventure-based Incentive Travel

programs: Exploring the Relationship between Benefits Sought, Demographic and Travel Behavior Variables, and Expected Activity Level [EB/OL]. http://www.treesearch.fs.fed.us/pubs/17093, 2011-06-09.

[8] Hampton A. The UK Incentive Travel Market: Auser's View[J]. European Journal of Marketing, 1990 (21): 10-20.

[9] Witt S. F., Gammon S., White J. Incentive Travel Overview and Case Study of Canada as a Destination for the UK Market [J]. Tourism Management, 1992 (9): 275-287.

[10] Lewis Robert C. The Incentive-travel Market: How to reap your Share [J]. Cornell Hotel and Restaurant Administration Quarterly, 1983 (5): 19-27.

[11] 孙中伟, 索扬. 旅行社成功策划奖励旅游业务流程之研究 [J]. 石家庄师范专科学校学报, 2004, 6 (6): 62-66.

[12] 高静, 刘春济. 试论我国奖励旅游市场开发——从奖励旅游的内部特征出发 [J]. 桂林旅游高等专科学校学报, 2006, 17 (1): 68-71.

[13] 刘少湃, 蓝星. 奖励旅游生命周期模型的构建 [J]. 商业研究, 2007 (11): 155-158.

[14] 杨佩群. 奖励旅游纳税对旅游市场短期影响的经济学分析 [J]. 合作经济与科技, 2005 (2): 39-41.

[15] 周文丽. 我国奖励旅游发展途径——供给引导需求 [J]. 发展, 2006 (12): 144-145.

[16] 张文建. 试论奖励旅游与生产者服务 [J]. 旅游科学, 2005, 19 (1): 58-62.

[17] 王国钦, 郭英之, 闵辰华等. 公司团体套装旅游的影响因素研究——以中国台湾为例 [J]. 旅游学刊, 2007, 22 (1): 35-41.

[18] 董媛. 奖励旅游产品实施效应研究——以重庆奖励旅游市场为例 [J]. 旅游学刊, 2006, 21 (5): 33-36.

[19] 魏薇, 王金叶. 青岛市奖励旅游发展现状调查与对策探讨 [J]. 现代商贸工业, 2008 (9): 104-105.

[20] 张婧. 我国奖励旅游发展的文化障碍 [J]. 商业文化, 2010 (5): 307-309.

[21] 罗伯·戴维森, 比优拉·库佩. 商务旅行 [M].吕宛青等译.昆明: 云南大学出版社, 2006.

[22] 陈伟. 科技是未来会展旅游业的主要趋势 [J]. 中国会议奖励旅游策划者指南, 2010, 20 (10): 12.

[23] 蔡红. 中国高端旅游市场开发 [M].北京: 中国经济出版社, 2009.

[24] 励展旅游展览集团. 2010 中国及亚洲会奖行业调查报告 [R].北京, 2010.

Features, Problems and Rethinking about China's Operation of Incentive Travel
——Based on the Analysis of Interviews with Travel Services

Li Xiaoli

Abstract: The paper, based on semi-structural and in-depth interviews with responsible persons in charge of incentive travel from ten representative travel services in Guangzhou, refines the features of the operation of China's incentive travel and problems at the present stage by applying content analysis. The results mainly include: as for the connotation identities of incentive travel, we pay more attention to the source of cost rather than the incentive effect of activities; consumptive habits on the part of buyers are not mature; with random aims, equal communicative awareness is not enough during transactions; products provided by middlemen are not strong in terms of creativity; organizational structure is not adaptable; low in managerial science and technology; unstable in the combining ways with buyers; unstable cooperation between suppliers and middlemen; service is not flexible and highly relies on the support of destinations. The paper further points out that under our traditional culture, our collective incentive concept affects consumptive awareness. And self-structural barrier of tourism industry and unstable position of supply chains resulting from multi-agencies by mandate have led to disorderly competitions of the trade and hard control of the product quality. The establishment of trade associations promoted by the government may be the important way for standardized operation.

Key Words: China; Incentive Travel; Interview; Feature; Problem

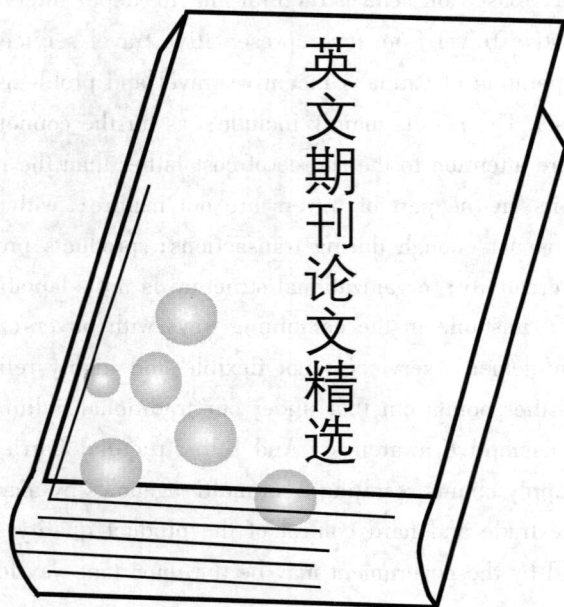

第二节

英文期刊论文精选

文章名称：对时间序列和横截面旅游需求模型的估计：以美国内陆和夏威夷的数据为基础

期刊名称：旅游管理，2011 年第 32 卷

作　　者：拉瑞·尼尔森，大卫·帝基，佐伊·史密斯

内容提要：据观察，1993~2007 年，美国内陆和夏威夷的游客数量不断缩减，本研究对导致上述现象的影响因素进行了分析。时间序列和横截面分析均显示，州内生产总值的对数、调整后的机票价格的对数、到奥兰多和佛罗里达的距离的对数是最重要的预测变量。

该研究采用混合模型对调整后的州内生产总值的对数，调整后的机票价格对数，以及除了其他的固定效应和随机效应外，2001 年 9 月 11 日后所产生的两次经济衰退的效应进行了模拟。以年度数据为基础，采用截面（空间）分析方法所得出的机票价格弹性都很高，并随着时间的推移不断提高，但那些采用时间序列（时间）分析方法进行的估计显示的结果则相对较低。来自州内生产总值的弹性值稍高，且非常稳定。为了抵消距离所产生的不利影响，文章建议在去往夏威夷途中，旅游者可在内陆的旅游胜地稍作停留，并采取一些促销活动来强化夏威夷的旅游目的地形象。

关键词：时间序列混合模型；夏威夷国内旅游市场；截面模型；重复测量

Name of Article：Estimating Time Series and Eross Section Tourism Demand Models: Mainland United States to Hawaii Cata

Name of Journal：Tourism Management，2011，32

Author：Larry A. Nelson，David A. Dickey，Joy M. Smith

Abstract：A study of factors affecting the number of visitors to Hawaii during the period 1993–2007 prompted by an observed waning of the U. S. mainland to Hawaii visitor market was conducted. Both time series and cross section analyses revealed that Log Gross State Product, Log Chained Airfare and Log Distance to Orlando, Florida were the most important predictor variables. A mixed model which modeled Log Chained Gross State Product, Log Chained Airfare, two recessions plus the September 11, 2001 effect in addition to other fixed effects and random state effects was used. Cross section (spatial) airfare elasticities on an annual basis were high and growing over time, but those estimated from the time series analysis (temporal) were much lower. Elasticities derived from Gross State Product were moderately high and very stable over time. To counteract the distance effect, stopovers in existing mainland resort cities when enroute to Hawaii and other promotions to develop a stronger presence of a Hawaii image were recommended.

Key Words：Time Series Mixed Model；Hawaii Domestic Tourist Market；Cross Section Model；Repeated Measures

文章名称：国内旅游支出：停留时长和出游团队规模的非线性效应

期刊名称：旅游管理，2011 年第 32 卷

作　　者：克里斯特·特拉尼，埃文·法斯塔

内容提要：在微观层面的旅游研究中，停留时间和旅游团队规模都是影响旅游支出的多发性因素。大多数的研究都默认这些变量对旅游消费的线性效应。这项研究以挪威为研究对象，通过假设旅游消费与停留时间和旅游团队规模之间存在的非线性关系，对大多数研究所默认的结论进行检验。实证结果表明，停留时间与旅游消费之间存在着积极的关系，但关系强度不断减弱；旅游团队规模与旅游消费之间存在着凸性（U 形）关系。文章还分析了其他一些关键的独立变量对旅游消费的影响。最后，文章讨论了该研究对管理实践的影响，及其所带来的学术启示。

关键词：旅游消费；国内旅游；非线性效应；停留时间；旅游团队规模

Name of Article：Domestic Tourism Expenditures：The Non-linear Effects of Length of Stay and Travel Party Size

Name of Journal：Tourism Management，2011，32

Author：Christer Thrane，Eivind Farstad

Abstract：The independent variables length of stay and travel party size are recurrent determinants of expenditures in micro level tourism studies. In most of this research it has been tacitly assumed that these variables have linear effects on tourism spending. This study，situated in a Norwegian setting，questions this approach by explicitly scrutinizing the possible non-linearities in the relationships between tourism expenditures on the one hand and length of stay and travel party size on the other. The empirical results suggest a positive but diminishing relationship between length of stay and tourism expenditures and a convex（i.e. U）relationship between travel party size and tourism expenditures. The study also considers how a number of other key independent variables affect tourism expenditures. Finally，some managerial and scholarly implications are discussed.

Key Words：Tourism Expenditures；Domestic Tourism；Non-linear Effects；Length of Stay；Travel Party Size

文章名称：战略定位和旅游企业绩效：来自发展中国家的证据

期刊名称：旅游管理，2011 年第 32 卷

作　　者：乌穆特·阿夫希，梅里哈·马丹奥格鲁，费夫齐·奥克慕斯

内容提要：本研究探讨了一个发展中国家，即土耳其的旅游企业采用四种不同的战略定位，其财务和非财务绩效是否有所不同。研究结果表明，采用不同战略定位的企业，无论是在财务还是非财务绩效上的表现均存在差异。一般来说，探索者的绩效要高于防御者，而分析者的绩效与防御者旗鼓相当。这项研究的结果表明，在发展中国家，旅游企业在面临这两种战略定位的选择时，大可不必紧张，因为两者的财务绩效是不相上下的。特定的因素、宏观环境的变化和公司的特定因素似乎对旅游企业战略定位和它们的绩效均能产生影响。对这些因素更好的理解和细致的分析可以帮助发展中国家的旅游企业提高绩效。今后的研究应当同时采用定性和定量研究方法来验证现有结论，进而更好地评估其他一些发展中国家的旅游企业采用不同的战略定位所产生的绩效差异。

关键词：战略定位；企业绩效；酒店业；旅游业；发展中国家；土耳其

Name of Article：Strategic Orientation and Performance of Tourism Firms：Evidence from a Developing Country

Name of Journal：Tourism Management，2011，32

Author：Umut Avci，Melih Madanoglu，Fevzi Okumus

Abstract：This study investigates whether tourism firms in a developing country，namely Turkey，which adopt one of the four strategic orientations of，differ based on their financial and non-financial performance. The study results show that there is a difference in both financial and non-financial performance based on the strategic orientations followed by tourism enterprises. Generally，prospectors were found to outperform defenders，whereas analyzers showed a comparable performance to prospectors. The findings of this study imply that in developing countries，tourism businesses may be indifferent when choosing between these two strategies based on their internal characteristics since they yield similar financial results. Specific factors and developments in the macro environment and company-specific factors seem to affect tourism firms' strategic orientation as well as their performance. Better understanding and closer analysis of such factors can help improve the performance of tourism businesses in developing countries. Further research using both perceptual and objective measures is needed to confirm the present results to better assess possible differences in performance among strategic orientations in some other developing countries.

Key Words：Strategic Orientation；Firm Performance；Hospitality；Tourism；Developing Countries；Turkey

文章名称：财务/金融危机对香港酒店客房需求的影响

期刊名称：旅游管理，2011 年第 32 卷

作　　者：宋海岩，林姗姗，史蒂芬·威特，张新艳

内容提要：本研究的主要目标包括以下两个方面：①验证影响中国香港酒店客房需求量的因素；②对需求量进行季度性的预测，来评估当前财务/金融危机对其产生的影响。本研究分析了 9 个主要客源国的居民对 4 种不同类型的酒店客房的需求，并对 2009 年第一季度到 2015 年第四季度的数据进行了预测。文章采用计量经济学方法对需求弹性和它们各自的置信区间进行了测算，从而可以得到需求的预测值。实证研究结论显示，影响中国香港酒店需求最重要的因素包括旅游客源市场的经济发展水平（用收入水平来衡量）、客房价格和口碑效应。根据测算，由于财务/经济危机的影响，甲级高端酒店和中等酒店客房的需求量在 2009 年是负增长，而乙级高端酒店客房的需求量在经历了 2008 年的下降后，2009 年有了增长。财务/金融危机对宾馆客房需求量的影响是最小的。从 2010 年开始，总体需求量开始逐年上升。

关键词：酒店需求量预测；ADLM-ECM 模型；季度预测；长期弹性；置信区间

Name of Article: Impact of Financial/Economic Crisis on Demand for Hotel Rooms in Hong Kong

Name of Journal: Tourism Management, 2011, 32

Author: Haiyan Song, Shanshan Lin, Stephen F. Witt, Xinyan Zhang

Abstract: The main objectives of this study are (1) to identify the factors that influence the demand for hotel rooms in Hong Kong and (2) to generate quarterly forecasts of that demand to assess the impact of the ongoing financial/economic crisis. The demand for four types of hotel room from the residents of nine major origin countries is considered, and forecasts are generated from the first quarter of 2009 to the fourth quarter of 2015. Econometric approaches are employed to calculate the demand elasticities and their corresponding confidence intervals, which are then used to generate interval demand predictions. The empirical results reveal that the most important factors in determining the demand for hotel rooms in Hong Kong are the economic conditions (measured by income level) in the origin markets, the price of the hotel rooms and the "word of mouth" effect. Demand for High Tariff A and Medium Tariff hotel rooms is estimated to have experienced negative annual growth in 2009 due to the influence of the financial/economic crisis, whereas that for High Tariff B hotel rooms is thought to have grown in 2009 after having decreased in 2008. The demand for tourist guesthouse rooms is expected to be the least affected by the crisis. Overall demand is predicted to recover gradually from 2010 onwards.

Key Words: Hotel Demand Forecasting; ADLM-ECM Models; Quarterly Forecasts; Long-run Elasticity; Confidence Interval

文章名称： 感知信任对电子商务的影响：韩国在线购买旅游产品和服务

期刊名称： 旅游管理，2011 年第 32 卷

作 者： 金明佳，常南河，李崇基

内容提要： 根据经合组织 2008 年的数据，韩国家庭互联网普及率以占人口总数的 80.6%高居世界第一。调查结果还显示，家中有互联网的韩国人约 2/3 都是网购者。目前，许多旅游企业都将网站当作其产品和服务的营销和销售平台。为了获得成功，旅游电子商务服务必须具有诚信。

本研究旨在分析哪些因素影响着旅游电子商务的可信度、满意度和忠诚度。采用结构方程模型来研究不同外生变量（导航功能、感知安全和交易成本）和中间变量（信任和满意）之间的关系，并以忠诚度为独立变量。研究委托一个互联网调查公司通过在线平台共发放了 340 份问卷来搜集相关数据。

研究结果显示，导航功能和感知安全对信任具有显著的积极影响，但交易成本对信任没有任何影响。满意度对信任具有积极影响，进而影响着顾客忠诚。研究认为，顾客满意影响着顾客信任，而信任是顾客对在线旅游产品和服务忠诚的重要影响因素。

关键词： 信任；电子商务；导航功能；安全感；交易成本；满意度；忠诚度；旅游电子商务

Name of Article： The Effect of Perceived Trust on Electronic Commerce：Shopping Online for Tourism Products and Services in South Korea

Name of Journal： Tourism Management，2011，32

Author： Myung-Ja Kim，Namho Chung，Choong-Ki Lee

Abstract： According to the OECD's 2008 statistics，Korea was ranked number one in terms of the percentage of homes with Internet access，at 80.6% of the total population. The survey also reported that two-thirds of Koreans with access to the Internet at home are online shoppers. Many tourism companies now actively use Internet sites as a key marketing and sales vehicle for their products and services. To be successful，tourism e-commerce services must be trustworthy.

This study aims to examine which factors influence trust，satisfaction，and loyalty. We employed a structural equation modeling approach to investigate the relationships among exogenous variables（navigation functionality，perceived security，and transaction cost）and mediating variables（trust and satisfaction），with loyalty as a dependent variable. To this end，a total of 340 questionnaires were collected from online panel respondents by an Internet research firm.

The results of our study indicate that navigation functionality and perceived security had a significantly positive effect on trust. However，we found that transaction cost had no effect on trust. Satisfaction was found to positively impact trust–which，in turn，influenced customer loyalty. Our findings imply that customer satisfaction influences trust, which plays a key role as an antecedent of customer loyalty in online shopping for tourism products and services.

Key Words: Trust; E-commerce; Navigation Functionality; Security; Transaction Cost; Satisfaction; Loyalty; Tourism E-commerce

文章名称：国际旅游需求对旅游依赖型小经济体经济增长的影响

期刊名称：旅游管理，2011 年第 32 卷

作　　者：史蒂芬·弗朗兹，加布里尔·布利达，维斯顿·利索

内容提要：文章研究了国际旅游需求的增长对旅游驱动经济增长型的小经济体经济增长的影响。研究设计了一个模型并进行了实证检验。动态模型包括大量跨期优化中间变量和用 AK 模型来表示的旅游生产力。模型显示，旅游需求量的增加给经济体带来了转型动力，使得经济持续增长、贸易量不断增加。在实证检验中，研究采用计量经济学方法对安提瓜和巴布达 1970~2008 年的数据进行了检验。通过协整分析来验证经济增长变量、国际旅游收入和实际汇率之间的长期关系。实证结果验证了理论发现。

关键词：旅游需求量；经济增长；经济活力；VEC 模型；安提瓜和巴布达

Name of Article：The Impacts of International Tourism Demand on Economic Growth of Small Economies Dependent on Tourism

Name of Journal：Tourism Management，2011，32

Author：Stefan Franz Schubert，Juan Gabriel Brida，Wiston Adrián Risso

Abstract：This paper studies the impacts on economic growth of a small tourism-driven economy caused by an increase in the growth rate of international tourism demand. We present a formal model and empirical evidence. The ingredients of the dynamic model are a large population of intertemporally optimizing agents and an AK technology representing tourism production. The model shows that an increase in the growth of tourism demand leads to transitional dynamics with gradually increasing economic growth and increasing terms of trade. In our empirical application，an econometric methodology is applied to annual data of Antigua and Barbuda from 1970 to 2008. We perform a cointegration analysis to look for the existence of a long-run relationship among variables of economic growth，international tourism earnings and the real exchange rate. The exercise confirms the theoretical findings.

Key Words：Tourism Demand；Economic Growth；Economic Dynamics；VEC Model；Antigua and Barbuda

文章名称：年龄和家庭生命体验对墨西哥旅游者购物支出的影响

期刊名称：旅游管理，2011 年第 32 卷

作　　者：大卫·博贾尼科

内容提要：墨西哥人经常到离其居住地比较近的美国边境城镇和其他城市的商场和购物中心去购物。然而相对来说，要提升必要的信赖度来锁定目标顾客并制定相应的市场细分策略并不那么容易。本文旨在以墨西哥旅游者的年龄和家庭生活体验（即结婚并有了孩子）为基础，来帮助美国的商场确定其目标市场。首先，研究采用一个包含三因素的 ANOVA 模型来检验这些因素对购物支出的影响，包括相互作用的影响。其次，采用聚类分析方法，根据年龄和家庭生活经验两个变量来进行市场细分。最后，针对不同的家庭生命周期阶段的消费和出行行为，给出相应的建议。

关键词：购物支出；墨西哥旅游者；家庭生活体验；家庭生命周期

Name of Article：The Impact of Age and Family Life Experiences on Mexican Visitor Shopping Expenditures

Name of Journal：Tourism Management，2011，32

Author：David C. Bojanic

Abstract：Mexican Nationals frequently visit border towns and other cities in the United States that are in close proximity to their areas of residence for the main purpose of shopping at popular malls and outlet centers. However，it is somewhat difficult to gather the necessary information in order to profile the visitors and develop marketing strategies for targeting the appropriate market segments. The purpose of this paper is to identify the key target markets for U.S. shopping malls based on the age and family life experiences（i.e.，marriage and having children）of the Mexican visitors. First，a three-factor ANOVA analysis is used to examine the impact of these characteristics on shopping expenditures，including the interaction effects. Then，a cluster analysis is performed in order to segment the market using age and the family life experience variables. Finally，recommendations are provided based on the expenditures and trip behavior by family life cycle stage.

Key Words：Shopping Expenditures；Mexican Visitors；Family Life Experiences；Family Life Cycle

文章名称：香港本地居民和游客的购物差异评估

期刊名称：旅游管理，2011 年第 32 卷

作　　者：Alison E. Lloyd，Leslie S.C. Yip，Sherriff T.K. Luk

内容提要：近年来，顾客感知价值的概念吸引了越来越多从业者和学者的关注。尽管该主题的相关研究文献越来越多，但人们仍然不断呼吁要对顾客感知价值进行更为精确的测量。本文研究了两个顾客群体的顾客感知价值及其对零售绩效的影响。结果显示，中国香港的本地顾客和外来旅游购物者的顾客感知价值的驱动因素存在着显著差异。该结果为零售商和今后该领域的研究都带来较大的启示。

关键词：旅游购物行为；顾客感知价值；顾客满意；行为意向

Name of Article：An Examination of the Differences in Retail Service Evaluation between Domestic and Tourist Shoppers in Hong Kong

Name of Journal：Tourism Management，2011，32

Author：Alison E. Lloyd，Leslie S.C. Yip，Sherriff T.K. Luk

Abstract：In recent years，the concept of customer perceived value has attracted increasing attention among practitioners and academics. Despite a growing body of literature，calls remain for more sophisticated measures of the construct. This paper investigates an expanded scale of customer perceived value among two shopper groups and its resulting impact on retail performance. Findings reveal distinct differences in the drivers of customer perceived value between local and tourist shoppers in Hong Kong. Results offer significant implications for retailers and future research in this strategically important area.

Key Words：Tourist Shopping Behavior；Customer Perceived Value；Customer Satisfaction；Behavioral Intentions

文章名称：新西兰旅游需求弹性估计

期刊名称：旅游管理，2011 年第 32 卷

作　　者：阿伦·史基夫，苏珊娜·贝肯

内容提要：本文估算了 16 组不同的国际旅游者的新西兰旅游需求弹性。分组是根据游客来源国、访问目的和旅行方式来进行的。采用时间序列方法对每一个分组的国际旅游需求人次和停留期间的旅游消费弹性进行分析。总的来说，到达目的地后的消费价格弹性相对较高。与其他客源国相比，亚洲市场无论是在到访人次，还是在到达目的地后的消费上，都具有较高的价格弹性。研究还分析了汇率变化对新西兰国际旅游消费的影响，并讨论了本研究对管理实践的启示。

关键词：价格敏感度；弹性；机票价格；旅游需求；油价

Name of Article：Demand Elasticity Estimates for New Zealand Tourism

Name of Journal：Tourism Management，2011，32

Author：Aaron Schiff，Susanne Becken

Abstract：Demand elasticities for New Zealand tourism are estimated for 16 different international visitor segments. Segments are differentiated by origin，purpose of visit，and travel style. Elasticities for both international visitor arrivals and on-the-ground expenditure per arrival are estimated for each segment using time-series data. In general，on-the-ground consumption per arrival is more price sensitive than number of arrivals，and Asian market segments are found to be more price sensitive，both in terms of arrivals and on-the-ground expenditure，compared to international visitors from other regions. An application of the results is presented giving the total effect of exchange rate changes on expenditure by international visitors in New Zealand，and management implications are discussed.

Key Words：Price Sensitivity；Elasticity；Airfare；Tourism Demand；Oil Price

文章名称：旅游业与经济发展：荷兰病？

期刊名称：旅游管理，2011 年第 32 卷

作　　者：马里奥·霍茨纳

内容提要：文章对荷兰病对于旅游依赖型国家的威胁进行了实证研究，研究搜集了 134 个国家 1970~2007 年的数据，分析了在一个跨国环境下，旅游业与经济增长之间的长期关系，并通过人均 GDP 面板数据模型来对研究结果进行检验，该模型允许对反向因果关系、非线性关系和交互作用的影响进行控制。结果显示荷兰病的威胁并不存在。相反，旅游依赖型国家并不面临着真实汇率扭曲和逆工业化的问题，其经济增长率要比一般经济体的增长率要高。物质资本投资，如交通基础设施投资与旅游投资互补。

关键词：旅游业；荷兰病；经济发展

Name of Article：Tourism and Economic Development：The Beach Disease？

Name of Journal：Tourism Management，2011，32

Author：Mario Holzner

Abstract：This paper analyses empirically the danger of a Dutch Disease Effect in tourism dependent countries in the long run. Data on 134 countries of the world over the period 1970–2007 is used. In a first step the long-run relationship between tourism and economic growth is analysed in a cross-country setting. The results are then checked in a panel data framework on GDP per capita levels that allows to control for reverse causality，non-linearity and interactive effects. It is found that there is no danger of a Beach Disease Effect. On the contrary，tourism dependent countries do not face real exchange rate distortion and deindustrialisation but higher than average economic growth rates. Investment in physical capital，such as for instance transport infrastructure，is complementary to investment in tourism.

Key Words：Tourism；Dutch Disease；Economic Development

第三章 旅游经济学学科 2011 年出版图书精选

第一节

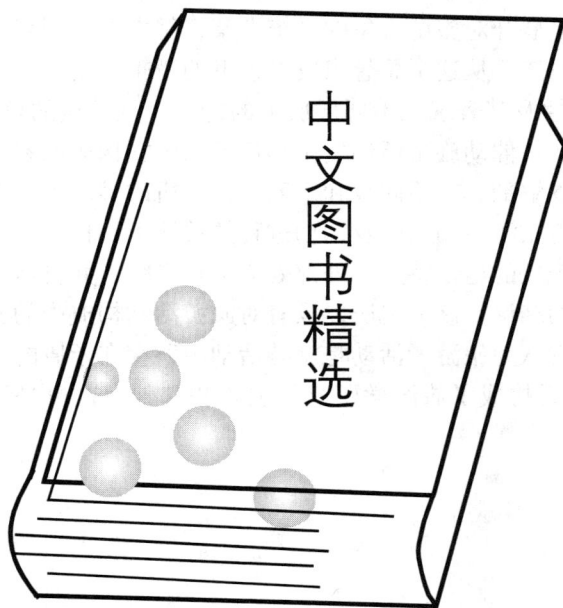

中文图书精选

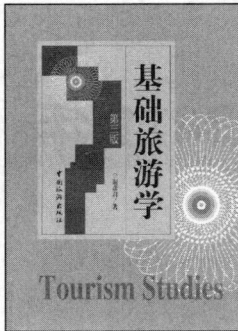

书名： 基础旅游学（第三版）
作者： 谢彦君
出版时间： 2011 年 1 月
出版社： 中国旅游出版社

　　内容摘要： 旅游学至今仍是一门尚未定型的新兴学科。对这门学科的性质、研究对象、研究内容以及研究方法的争论持续至今，而结论却很不统一。《基础旅游学》（第三版）试图在比较基本的层次上展开对旅游现象的系统考察，努力在一个明晰的框架里建立起旅游学研究的概念和理论系统。从这个思想出发，该书的逻辑思路是，首先用分析的方法探讨旅游现象的本质规定性及其表现在不同层次上的特征，从内核的角度对旅游加以界定。然后，继续用这种方法认识催动旅游活动发生和运动的内在构成因素，从静止的角度对这些因素的内涵和特征予以解剖。在第四章和第五章，分析的维度中加入了时间因素，但仍然仅保持在对个体旅游者旅游活动发生及运动过程的关注上。在此后的章节中，试图通过综合的方法对大众旅游现象的运动特点、外部效应进行考察，并自然地引申出对旅游现象加以规范、引导和管理的结论。该书之所以没有对旅游活动构成中的旅游产业活动展开更全面的讨论，是因为作者认为旅游者活动是旅游活动中所存在矛盾的主导方面，因此对旅游者活动规律的研究也就构成了旅游学研究的主体和基础，这也是该书名为《基础旅游学》的原因之一。

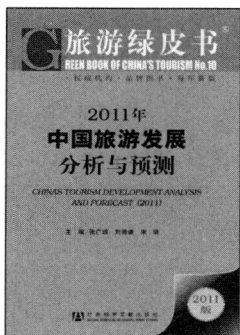

书名： 2011 年中国旅游发展分析与预测

作者： 张广瑞、刘德谦、宋瑞

出版时间： 2011 年 4 月

出版社： 社会科学文献出版社

　　内容摘要：《2011 年中国旅游发展分析与预测》全面分析了 2010 年中国旅游发展的总体形势以及国内外各种因素对旅游业的影响，并对 2011 年及"十二五"发展进行了展望。2010 年全球旅游发展全面回升，增速不仅好于 2009 年，甚至超过金融危机之前 2008 年的水平。在一系列利好因素的带动下，中国入境旅游出现大幅增长，国际旅游接待人次数在世界上的排位升至第三，超过西班牙，仅次于法国和美国；国内旅游人次数也大幅度增长。在年度专题"目的地营销"专栏中，各方面专家从不同层面剖析了我国的旅游营销情况，并对国外个别案例予以介绍。其他专题报告分别就"十二五"时期中国旅游发展、2010 年上海世博会、中国"旅游日"、高铁与旅游、影视旅游、海南国际旅游岛建设等热点问题做了深度分析。

书名：与中国旅游同行：旅游研究与工作方法新论
作者：魏小安
出版时间：2011 年 1 月
出版社：旅游教育出版社

　　内容摘要：《与中国旅游同行：旅游研究与工作方法新论》是在《中国旅游发展 30 年研究报告》和《新时期中国旅游发展战略研究》两个研究中国旅游战略的课题的研制工作中归纳总结出来的旅游研究的方法论研究。该书认为，中国旅游业处于发展中，但处于不成熟的阶段，"精神较为亢奋，心态较为躁动"，表现为只想做加法，不想做减法。此外，中国的传统文化不鼓励标新立异，体现在实际中，表现为模仿易、创新难，而旅游恰恰是最要求创新的领域，旅游者是求新、求异、求真、求美、求知的人群，旅游经营者必须敢为天下先，从创意出发，经过创异，达到创新。

　　该书从梳理中国旅游的理论与实践入手，提出发展的产业需要发展的理论支撑，而目前中国旅游发展中的问题包括：第一，教育培训质量有待提高；第二，科研较为薄弱；第三，实践性不足；第四，研究发展方向有待转换；第五，合作有待深化。在此基础上，旅游科学的发展要加强现实性、前瞻性和技术性。

书名： 中国旅游产业发展模式及运行方式研究
作者： 张辉等
出版时间： 2011 年 2 月
出版社： 中国旅游出版社

内容摘要： 进入新时期，我国旅游产业发展模式正在进行历史性的转型。张辉编著的《中国旅游产业发展模式及运行方式研究》以中国旅游产业转型的历史背景作为分析基础，对旅游产业发展模式及运行方式的诸多方面进行了较为全面的论述，既探讨了旅游产业定位、旅游调控机制、旅游产品创新、旅游市场秩序等旅游业实践中的重要问题，又结合区域旅游合作、旅游企业"走出去"战略、散客化等新的发展趋势进行了分析，为我国旅游产业的研究构建了一个较为完整的体系和框架。研究中较多地引入制度经济学理论对旅游产业发展进行分析，既丰富了旅游产业经济学的理论，同时对我国旅游产业实践也具有一定的借鉴价值。

书名：旅游休闲带产业集群发展机制研究

作者：刘春玲

出版时间：2011 年 3 月

出版社：中国旅游出版社

内容摘要：《旅游休闲带产业集群发展机制研究》共分为十一章。第一章为休闲旅游发展概述。通过对国内外休闲旅游发展进行回顾和综述，对中外休闲旅游模式进行了比较研究，并对金融危机背景下的中国休闲旅游业进行了客观分析。目的在于对前期研究有一个清楚的认知，以求在前人研究的基础上，寻找研究的缺失和薄弱环节，并加以充实。

第二章、第三章为区域旅游合作一体化发展启示和两环区域休闲旅游产品分析及一体化构想。在总结典型区域旅游合作成功经验的基础上，客观分析了环京津、环渤海区域旅游资源的互补和差异。目的在于使大家更清楚地意识到区域合作是资源共享、互惠互利的良好合作方式，让优质旅游资源合理搭配，并互享无障碍的旅游对促进区域旅游发展的益处。

第四章为京津冀区域旅游联动可行性研究，区域间旅游合作与联动发展已成为当今旅游业发展的趋势与共识，对于资源互补开发、共享客源市场、节约成本大有裨益。因此，京津冀间区域旅游合作必要性和重要性是非常明显的，其关键在于要彻底破除政策壁垒和体制机制障碍，在合作模式、合作水平和合作规模上取得更大的、实质性的突破。

第五章、第六章首先采用了目前较为流行的 SWOT 分析法对两环旅游休闲带建设的优势、劣势、机遇与挑战进行了全方位、较为深入系统的剖析，其目的是为休闲带建设做整体定位。在此基础上，从经济空间、社会空间、生态空间三个层面对休闲带形成的空间机制进行了阐述。

第七章、第八章主要针对休闲带建设的核心问题和关键环节进行了定量分析研究，构建指标体系与评价模型，对休闲带可持续发展和旅游城市综合竞争力这两个较为核心，同时又是旅游产业转变发展方式、提高市场竞争力的关键所在进行了尝试性的量化评价，提出发展策略和措施。其数理模型的选取与构建也借鉴了部分类似评价的研究方法与技术路线。

第九章为两环旅游休闲带市场营销模式构建，对两环地区目标市场进行了全面分析，确定了市场定位和推动模式，对营销模式构建和营销策略提出了建议。

第十章为两环区域旅游消费休闲产业个案研究，特别选取了两环地区开发较为成熟且已具备一定产业规模的滑雪旅游、温泉旅游、滨海旅游、商务旅游作为研究案例，并且指向性明确地把个案研究对象确定到了具体的旅游目的地上，从其旅游资源优势、产业发展的成功经验与做法方面进行了对比研究，以此为其他类似景区建设、产业集聚发展提供可借鉴的经验。

　　第十一章则着眼于研究和确定河北省两环旅游休闲带建设的措施和建议，其研究的切入点是对河北省休闲带产业集群发展的思考。在系统阐述旅游产业集群的内涵、特征及两环旅游休闲带产业集群发展必要性的基础上，分别阐释了两环旅游休闲带产业集群培育模式选择、空间布局模式、产业链培育模式，并有针对性地提出了两环旅游休闲带产业集群培育的战略措施。

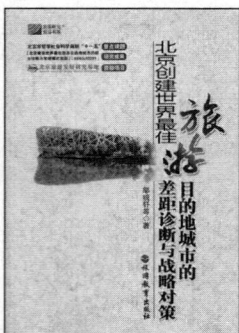

书名：北京创建世界最佳旅游目的地城市的差距诊断
与战略对策

作者：邹统钎

出版时间：2011 年 6 月

出版社：旅游教育出版社

内容摘要：《北京创建世界最佳旅游目的地城市的差距诊断与战略对策》为北京市哲学社会科学规划"十一五"重点课题"北京创建世界最佳旅游目的地城市的差距诊断与战略对策"（09AbJG291）的最终研究成果。该书共分十章，内容主要包括旅游目的地相关研究、国外理论研究、国内理论研究、旅游目的地竞争力评价、国外理论及模型研究、国内理论及模型研究、研究现状评述。

书名： 民族地区文化旅游产业可持续发展理论与案例

作者： 孙丽坤

出版时间： 2011 年 7 月

出版社： 中国环境科学出版社

内容摘要：《民族地区文化旅游产业可持续发展理论与案例》立足时代大背景，以可持续发展理论为指导，理论与案例相结合，从文化与旅游融合入手，研究民族地区文化旅游产业发展问题。全书除绪论外共八章，分别论述了发展文化旅游产业的基础理论、民族地区丰富的文化旅游资源、基于创意理念的民族文化旅游产品策划、民族文化旅游形象创意、民族地区非物质文化遗产的持续开发、生态博物馆与新农村建设中的民族村寨发展、民族地区文化生态旅游的开发与保护、延边朝鲜族自治州文化旅游可持续发展等。

书名： 民族地区旅游扶贫研究
作者： 王兆峰
出版时间： 2011 年 12 月
出版社： 中国环境科学出版社

　　内容摘要： 该书分析了民族地区旅游扶贫的作用、意义，以及民族地区旅游扶贫存在的问题以及旅游市场潜力，对民族地区旅游扶贫的动力机制，旅游利益相关者的利益保障机制、合作机制、协调机制等进行分析，总结了民族地区旅游扶贫的十大模式，进而对民族地区旅游扶贫效益进行分析，提出了民族地区旅游扶贫开发的八大战略。

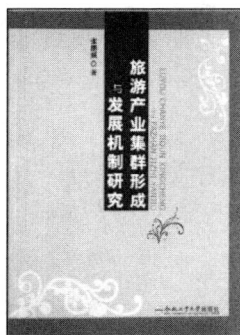

书名：旅游产业集群形成与发展机制研究

作者：张鹏顺

出版时间：2011 年 3 月

出版社：合肥工业大学出版社

　　内容摘要：《旅游产业集群形成与发展机制研究》一书的主要内容包括旅游产业集群理论的演进、旅游产业集群的内涵与分类、旅游产业集群形成机制与优势、旅游产业集群的组织治理等。

书名：城市化进程中的城郊乡村旅游发展研究
作者：李开宇、张传时
出版时间：2011 年 9 月
出版社：北京理工大学出版社

内容摘要：中国城市化进程飞速发展已经对社会经济各领域产生了深刻影响。城市化进程既促进了乡村旅游发展，也对基于"乡村性"的乡村旅游发展提出了难题，"乡村性"的缺失导致乡村旅游景区和产品呈现出不断异化的特征。"十二五"期间，城市化将成为带动经济增长的重要动力，因此旅游业要配合国家区域发展总体战略，推动旅游产品多样化发展，推进城市周边休闲度假带建设，完善乡村度假休闲产品。这些现实问题和实践需要对研究城市化进程中的乡村旅游发展问题，提出了新的理论和实践要求。

《城市化进程中的城郊乡村旅游发展研究》以保持乡村性特色为根本出发点，研究城市化进程中乡村旅游发展面临的用地竞争、社区发展、产品异化等问题，探讨城乡休闲产品体系下的乡村旅游产品开发与空间组织、城乡空间一体化下的乡村旅游地域功能重构、地域文化传承下的乡村旅游产品开发、乡村旅游社区发展与治理等问题。研究结论对我国乡村旅游发展具有一定的理论与实践借鉴价值。

书名： 资源型区域旅游产品开发路径研究

作者： 凌常荣

出版时间： 2011 年 8 月

出版社： 中国社会科学出版社

内容摘要： 该书研究的核心是资源型区域旅游产品的典型汇集，在资源向产品转换的路径上做了有益的探索。国内出版物鲜有对从旅游资源直接转换成旅游产品的探索，甚至研究旅游产品的书籍都少见。《资源型区域旅游产品开发路径研究》没有囿于国内的同类型书籍仅从旅游资源的开发及其规划的角度进行研究（虽然这种研究是必需的，但毕竟缺乏产品的支撑而失去魂灵），其突破在于在挖掘区域资源特色背景之下跳过诸如规划等中间环节而直接面对产品的要素与设计、产品的组合与创新、发展的轨迹与路径，在实践的层面上针对具体的资源及区域"操刀解剖"。这是需要一定勇气和智慧的，它对资源的熟悉与思考、对区域的调研与谋划、对产品的设计与包装，也都具有一定的探索意义。

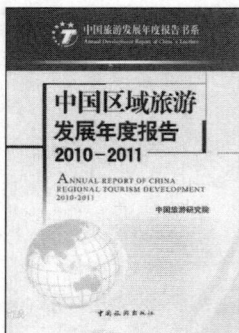

书名： 中国区域旅游发展年度报告（2010~2011）

作者： 中国旅游研究院

出版时间： 2011 年 2 月

出版社： 中国旅游出版社

　　内容摘要：《中国区域旅游发展年度报告 2010-2011》在厘清区域旅游概念的基础上，梳理了我国区域旅游的研究背景和指导思想。该书指出，区域是指跨行政管辖权的空间，在现实中，既有跨国境的东北亚区域、大湄公河次区域，也有跨省市的环渤海经济区、长江三角洲经济区、珠江三角洲经济区，还有依托相邻城市形成的长株潭经济区等。从旅游经济运行的角度来看，区域可以划分为旅游目的地、旅游客源地和旅游中转地，其中有的已经或者正在获得市场上的成功，如香格里拉旅游区、环京津休闲度假带。随着大众旅游时代的到来，旅游经济运行的散客化趋势越来越明显，最大限度地消除不同行政区域之间的制度与市场壁垒是市场发展的必然要求，也是政府公共服务提升和制度创新的努力方向。在上述背景下，界定区域旅游的内涵、要素和类型，阐释区域旅游的内在驱动力和演化机制，总结不同区域的旅游发展模式，引导其可持续发展，既是学术界对中国旅游产业发展现实需求的回应，也是本土旅游学术积淀、演化和创新的内在要求。在此基础上，该书构筑了指标体系对客源地潜在出游力进行了研究，并发现：第一，产业结构调整将促使客源地整体格局西移；第二，区域国家战略及城市群发育将促使新客源地形成；第三，高铁等交通方式的冲击将分散现有客源地格局。

书名： 建立旅游卫星账户的意义、方法与难点

作者： 康蓉

出版时间： 2011 年 7 月

出版社： 中国经济出版社

内容摘要： 旅游卫星账户是联合国世界旅游组织开发出来的旅游统计标准，为评价和研究旅游业提供了协调统一的方法。世界旅游组织在世界各国大力推广其应用，分别于 2000 年和 2008 年颁布了《旅游卫星账户：推荐方法框架》（*Tourism Satellite Account：Recommended Methodological Framework*，*TSA：RMF*），指导各国开发旅游卫星账户，更好地认识旅游业对国民经济的贡献，进而促进旅游业的发展。《建立旅游卫星账户的意义、方法与难点》以建立旅游卫星账户的意义入手，研究了建立旅游卫星账户的方法、中国建立旅游卫星账户的难点及对策。

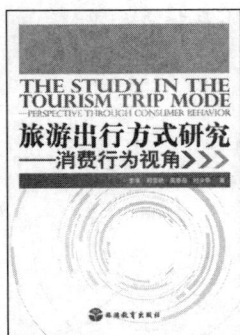

书名：旅游出行方式研究：消费行为视角

作者：李享等

出版时间：2011 年 11 月

出版社：旅游教育出版社

内容摘要：旅游出行，既是旅游的开始，也是旅游活动的过程。伴随自主化、个性化、多元化旅游出行方式的不断丰富，作为旅游六大要素之一，"行"的需求越来越大，"行"的体验对旅游者来讲变得越来越重要，对"行"的服务要求则越来越高，因而凸显出这一主题研究的必要性和重要性。该书以消费行为视角，通过定性、定量研究的各种相关方法，着重于旅游者的出行行为研究，描述旅游者在各种旅游出行方式中的出行状态、习惯、偏好、需求等行为特征，进而探究其影响因素。在行为科学、统计学、经济学、管理学的理论基础上，建构旅游出行方式研究的基本框架，具体包括以消费行为视角研究旅游出行方式、国外旅游出行方式研究、短途旅游出行方式研究、自主旅游出行方式研究、公共交通旅游出行方式研究、不同群体旅游出行方式行为特征研究。

书名：乡村旅游开发与管理
作者：唐德荣
出版时间：2011 年 10 月
出版社：中国农业出版社

内容摘要："三农"问题是党和国家工作的重中之重，在不同时期表现出不同的热点和难点。该书从旅游切入研究"三农"问题，对乡村旅游的概念、内涵、特征、发源地、类型、模式、环境容量和国外借鉴案例等方面进行了研究。该书认为，乡村旅游活动与其所依存的自然、社会、经济环境之间存在相互作用的关系，围绕乡村旅游能够形成自然社会—经济复合体系。乡村自然环境系统是由大气、水文、地貌、土壤、生物、景观等组成的自然综合体，是维持和发展乡村旅游的物质基础和根本保障；乡村社会环境系统是由乡村的人口状况、居住条件、市政设施、生活服务设施、文化娱乐设施等组成的人文综合体。乡村性的特色是乡村旅游发展的无穷动力和源泉，乡村经济环境是以人为资源核心，由乡村农业、工业、商业、建筑、交通、信息、金融等产业子系统组成的经济结构体系，是乡村旅游生存、发展的基础条件。在此基础上，该书落脚到开发与管理的实务，对乡村旅游的效应、阶段、问题、对策、政府职能、管理机制、旅游规划等提出了相应的建议。

书名： 旅游业促进经济增长机理、创新模式与整合战略研究
作者： 翁钢民
出版时间： 2011 年 11 月
出版社： 四川大学出版社

内容摘要：《旅游业促进经济增长机理、创新模式与整合战略研究》共分八章。第一章为绪论，主要阐述项目研究背景、意义和国内外研究现状，介绍本书研究方法和研究内容。第二章为相关概念及理论基础，重点对书中所涉及的概念及理论进行界定和分析论述。第三章为旅游业发展与经济增长的关系，运用协整检验、Granger 因果检验、脉冲响应函数分析和方差分解分析等方法，研究我国旅游业发展与经济增长之间的关系。第四章为旅游业促进经济增长的效应和贡献，主要从旅游业的乘数效应、产业关联和波及效应、经济贡献程度等方面，分析探讨旅游业对国民经济增长的促进作用。第五章为旅游业促进经济增长的动力机制，重点分析旅游业促进经济增长的动力系统和动力效果，构建旅游业促进经济增长的动力机制模型。第六章为旅游创新模式及其对经济增长的影响，主要归纳总结旅游发展模式的基本类型，分析旅游业主要创新发展模式，用定性和定量相结合的方法研究旅游业主要创新模式对经济增长的影响。第七章为旅游整合战略，主要阐述旅游整合的战略原则，提出旅游整合的战略目标，分析旅游整合的条件、影响因素和主要内容。第八章为旅游业促进经济增长的对策建议，主要从进一步改善旅游业发展的宏观环境、加大旅游基础设施建设力度、制定和完善旅游发展政策、科学制定旅游业发展规划、合理进行旅游开发、加快转变旅游业发展方式、促进旅游产业结构优化升级、推动旅游产业集群化发展、建立区域旅游协作机制、构建创新驱动型经济增长动力机制等方面，提出使旅游业更好地促进经济增长的政策和措施。

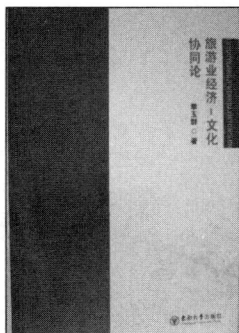

书名：旅游业经济：文化协同论
作者：季玉群
出版时间：2011 年 1 月
出版社：东南大学出版社

内容摘要：《旅游业经济：文化协同论》主要从经济文化协同动作的视角，将旅游管理研究建立在一种对旅游活动的广义认识上，尤其是对人的全面发展意义的理解之上。基于人类文明一体化的视野探讨旅游业的管理模式，既有一定的理论创新，也有较强的实际应用价值。随着世界旅游业的迅猛发展，旅游的经济意义和文化意义得以充分展现，并最终与人的全面发展，与人类文明的健全和提升相联系。该书对旅游及旅游管理的研究建立在符合其经济—文化一体化特性的学科框架下，以经济—文化的协同互动为目标，由此既能实现一种学科视野和研究方法的超越，又能促进有利于旅游业持续成长的管理品质和管理模式的构建。

书名： 旅游产业生态管理系统构建研究
作者： 安应民等
出版时间： 2011 年 4 月
出版社： 人民出版社

　　内容摘要：《旅游产业生态管理系统构建研究》是作者在承担教育部人文社会科学研究规划基金项目"旅游产业生态管理系统模型构建及运行机制研究"的基础上，就旅游产业生态管理系统的概念与内涵、系统模型、支撑体系、市场与预警体系、运行机制、协调机制及其与自然生态系统、经济生态系统、社会生态系统的协同问题进行比较全面的论述，由此形成在理论与实践方面具有创新性的研究成果。旅游产业是一个关联度很强的经济产业，其发展不仅与众多国民经济相关产业关系密切，而且旅游产业的发展也对其他相关产业具有明显的关联带动作用。因此，"旅游产业生态管理系统"的构建是一个与旅游产业关联度直接相关的创新性命题。

书名： 城市旅游影响研究：基于居民感知视角

作者： 王丽华等

出版时间： 2011 年 4 月

出版社： 旅游教育出版社

内容摘要：《城市旅游影响研究：基于居民感知视角》系统总结了居民旅游影响感知的研究进展及相关研究理论，对本研究进行理论假设，并做了城市居民感知现状及影响因素的定性及定量分析。基于社会抽样调查，对居民感知逐层深入分析，确定居民感知及差异的影响因素，进而对其形成机理进行探讨。

书名： 旅游企业跨国经营程度测量实证研究

作者： 朱易兰

出版时间： 2011 年 4 月

出版社： 旅游教育出版社

内容摘要： 随着世界范围内旅游业的蓬勃发展、产业规模的扩大和管理水平的提高，以及中国国际旅游的发展和外资旅游企业的进入，中国旅游企业跨国经营的条件日趋成熟，与之相关的研究也开始受到学者们的关注。

该书主要通过运用层次分析法（AHP），分析和评价当前 6 种具有代表性的企业跨国经营程度测量模型的研究内容和完备程度。研究发现，旅游企业跨国经营程度测量方面的研究，目前尚处于起步和探索阶段，研究内容和研究方法有待进一步的分析与探讨，且结合典型旅游企业进行的实证研究较少；对于旅游企业跨国经营程度的比较，尤其是不同地区、不同业务类别和不同年份的比较则尚未开展。

第二节

英文图书精选

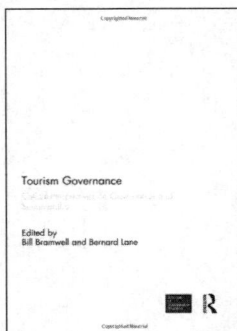

书名：旅游管治：治理和可持续发展的批判性视角
作者：比尔·布莱姆威尔，贝纳德·雷恩
出版社：Routledge
出版时间：2011 年 12 月

Tourism Governance

Edited by
Bill Bramwell and Bernard Lane

内容简介：治理的作用只是在最近才开始被人们所研究和探讨，而且是出于更好地了解旅游政策制定、规划与开发等相关问题的目的。治理包含很多方式，如社会和产业治理、给予许可和协助，或由政府和众多其他部门，包括私营部门、民间组织和社区等引导和控制。作者在旅游和可持续发展的背景下，解释和评价了旅游治理的批判性观点。治理过程从根本上影响着是否以及如何确保可持续发展的经济、社会文化和环境目标的实现。此处所研究的旅游治理批判性观点，挑战并重新构建了旅游政策和规划制定的思路，并对社会科学其他领域理论框架的构建具有重要意义。作者对治理的理论框架进行评估，有助于解释旅游和可持续发展的治理过程。他们还探讨了国家、区域和地方层面的旅游治理，以及它们之间的关系。该书分析了政策制定和规划过程中的权力和政治问题，并考虑了随着时间推移治理关系的改变，以及社会学习的有关潜能。该书搜集了顶尖学者的相关见解，并探讨了旅游研究新的重要理论框架。

该书的结构和内容安排如下：①简介：对旅游可持续发展主要研究的梳理；②探索旅游规划的社会化表征：治理的问题；③治理的象征论及其对旅游政策研究的启示；④治理、国家与可持续发展旅游业：一个政治经济学观点；⑤事件旅游管理与公共领域；⑥旅游治理与中国的可持续发展：来自宏观层面的视角；⑦对区域旅游自治的再思考：辅助性的原则；⑧死于千刀万剐：治理与南澳袋鼠岛生态旅游发展环境的博弈；⑨气候变化教育学与表演动作：基于社区目的地的治理；⑩全球法规与地方实践：大象旅游中的政治与动物保护治理问题；⑪可持续旅游规划交互方法的应用与实施：由理论到实践；⑫对度假村增长的反思：不列颠哥伦比亚惠斯勒治理战略的演变；⑬旅游可持续发展治理过程中的政策学习与政策失败：从第一阶段、第二阶段到第三阶段的变化。

Title：Tourism Governance：Critical Perspectives on Governance and Sustainability

Authors：Bill Bramwell，Bernard Lane

Press：Routledge

Summary：The role of governance has only recently begun to be researched and discussed in order to better understand tourism policy making and planning，and tourism development. Governance encompasses the many ways in which societies and industries are governed，given permission or assistance，or steered by government and numerous other actors，including the private sector, NGOs and communities. This book explains and evaluates critical perspectives on the governance of tourism, examining these in the context of tourism and sustainable development. Governance processes fundamentally affect whether – and how – progress is made toward securing the economic, socio-cultural and environmental goals of sustainable development. The critical perspectives on tourism governance, examined here, challenge and re-conceptualise established ideas in tourism policy and planning, as well as engage with theoretical frameworks from other social science fields. The contributors assess theoretical frameworks that help explain the governance of tourism and sustainability. They also explore tourism governance at national, regional and local scales, and the relations between them. They assess issues of power and politics in policy making and planning, and they consider changing governance relationships over time and the associated potential for social learning. The collection brings insights from leading researchers, and examines important new theoretical frameworks for tourism research. This book was originally published as a special issue of Journal of Sustainable Tourism.

Catalogue: (1)Introduction: Critical Research on the Governance of Tourism and Sustainability. (2)Exploring Social Representations of Tourism Planning: Issues for Governance. (3)A typology of Governance and Its Implications for Tourism Policy Analysis. (4)Governance, the state and Sustainable Tourism: A Political Economy Approach. (5)Event Tourism Governance and The Public Sphere. (6)Tourism Governance and Sustainable National Development in China: A Macro-level Synthesis. (7)Rethinking Regional Tourism Governance: The Principle of Subsidiarity. (8)Death by A Thousand Cuts: Governance and Environmental Trade-offs in Ecotourism Development at Kangaroo Island, South Australia. (9)Climate Change Pedagogy and Performative Action: Toward Community-based Destination Governance. (10) Global Regulations and Local Practices: The Politics and Governance of Animal Welfare in Elephant Tourism. (11) Adopting and Implementing a Transactive Approach to Sustainable Tourism Planning: Translating Theory Into Practice. (12)Rethinking Resort Growth: Understanding Evolving Governance Strategies in Whistler, British Columbia. (13) Policy Learning and Policy Failure in Sustainable Tourism Governance: From First- and Second-order to Third-order Change.

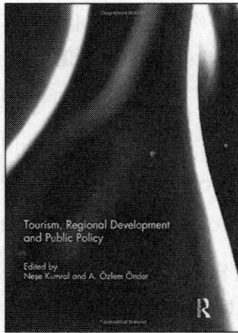

书名： 旅游业、地区发展与公共政策

作者： 尼斯·康姆若，A.奥兹勒姆·昂达

出版社： Routledge

出版时间： 2011 年 12 月

内容简介： 旅游业作为创意经济的主要驱动力之一，无论对国家层面还是区域层面的增长政策的制定都日趋重要。然而，由于当前越来越多的新兴旅游目的地的出现，传统的旅游目的地面临着激烈的竞争环境；而由于满足旅游者需求的产品和服务的大量出现，上述竞争也越发激烈。因此，与传统的旅游发展策略不同，新的旅游政策必须旨在通过提供高质量的体验，并增加旅游服务的创新性来提高旅游业的竞争力。该书以土耳其伊兹密尔的区域旅游研究协会研究网络组织的"旅游业、区域发展与公共政策"的研究团队为依托，从区域发展的视角介绍并研究了旅游业的多样性。书中的文章来自不同国家的案例和经验，这些文章中所表达的观点可以帮助读者以一个超越了以往大众旅游的研究思路来更好地理解旅游业。该书最初作为一个专题研究发表在《欧洲规划研究》上。

该书的主要内容包括：①旅游业、区域发展与公共政策：导言；②从地区宣传到区域旅游政策：丹麦日德兰半岛北部的知识积累过程与参与者网络；③烹饪旅游作为区域再平衡的手段；④合作的旅游组织者和不合作的酒店从业者：以希腊塞浦路斯旅游业为例；⑤公共政策与爱琴海地区旅游业的发展；⑥国际旅游需求的影响因素的实证分析：以伊兹密尔为例。

Title: Tourism, Regional Development and Public Policy

Authors: Nese Kumral, A. Ozlem Onder

Press: Routledge

Summary: The tourism industry, as one of the main drivers of creative economy, gains more importance in growth policies both at national and regional levels. However traditional tourism destinations now face a more competitive environment, for an increased number of possible destinations have emerged. This environment is further deepened by an increase in the number of products and services available to the preferences of visitors. Therefore new tourism policies, unlike traditional strategies, should aim to increase the competitiveness of the local through supporting increased quality of experience and promoting innovation in tourism services. Based on the workshop organized by Regional Studies Association Research Network on "Tourism, Regional Development and Public Policy" in Izmir, Turkey, this book introduces, motivates and examines diversities in the tourism industry from a regional development perspective. The papers in this book cover various case studies from different country experiences. The views expressed in these articles promise to improve our understanding of tourism in a new aspect that goes beyond the mass tourism mentality. This book was originally published as a special issue of European Planning Studies.

Catalogue: (1)Tourism, Regional Development and Public Policy: Introduction to the Special Issue. (2)From Local Promotion Towards Regional Tourism Policies: Knowledge Process and Actor Networks in North Jutland, Denmark. (3)Culinary Tourism as a tool for Regional Re-equilibrium. (4)Working on the other side, Cooperative Tour Organizers and Uncooperative Hoteliers: Evidence from Greek Cypriot Tourism Professionals. (5)Public Policies and Development of the Tourism Industry in the Aegean Region. (6)An Empirical Analysis of the Determinants of International Tourism Demand: the Case of Izmir.

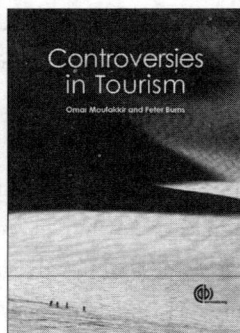

书名：旅游业的争论
作者：奥玛·穆法吉尔，彼得·伯恩斯
出版社：CABI 出版社
出版时间：2011 年 12 月

　　内容简介：旅游业在许多方面影响着地方的发展：社会，文化、经济和环境。该书探讨了旅游业中已经存在的一些争论，以及旅游业作为一种活动或一个产业一些新兴的争议。争议涉及旅游者与当地社区的碰撞、发展生态旅游的是非曲直、大型事件的影响、黑色旅游的合法性，以及医疗和野生动物旅游的成本与收益评估。该书有趣而发人深省，适合旅游专业的学生、研究者和学者阅读。

　　该书的主要内容包括：①伦理、休闲和旅游：旅游业所蕴含的"严肃的乐趣"；②基于历史视角的不同群体对欧盟共同旅游政策的看法；③原真性和商品性：墨西哥玛雅里维埃拉所出售的玛雅文化；④原真性与发展之间的博弈：泰国山地部落旅游业的发展；⑤医疗旅游上所存在的争议；⑥狩猎的伦理问题；⑦生态旅游：一个成熟的主题与既定的争议；⑧民族监狱：存在于原住民旅游业中的争议；⑨美国的博彩业：历史发展、争议与现实状况；⑩高尔夫旅游业：以塞浦路斯为例；⑪住宅旅游或生活方式的迁移：与非定义状态相连的社会问题；⑫超现实主义者，大理石大厅中融化的时钟：后现代世界的黑色旅游；⑬加纳独立和 Panafest（Pan African Historical Theatre Project，泛非洲历史戏剧项目）："闪光的不一定都是金子"；⑭政府间国际组织对国际旅游业的促进作用；⑮冈比亚大众旅游发展空间所面临的矛盾；⑯旅游或保护：在尼泊尔奇特旺国家公园项目上所存在的争议；⑰志愿者旅游：商品化趋势还是新现象。

Title：Controversies in Tourism

Authors：Omar Moufakkir, Peter Burns

Press：CABI Publishing

Summary：Tourism impacts on locations in many ways—socially, environmentally, culturally, and economically. This book examines some well established controversies in tourism and some newly emerging controversial aspects associated with tourism as an activity and a business. Controversies involving clashes between visitors and host communities, the rights and wrongs of eco-tourism, the impacts of mega-events, the legitimacy of dark tourism, and the costs and benefits of medical and wildlife tourism are assessed. This book is an interesting and thought provoking work ideal for tourism students, researchers and academics.

Catalogue：(1) Ethics, Leisure and Tourism: the "Serious Fun of Doing Tourism". (2)

Approaches of Various Groups to a Common Tourism Policy of the European Union from a Historical Perspective; (3) Authenticity and Commodification: the Selling of Mayan Culture in Mexico's Mayan Riviera; (4) Authenticity versus Development: Tourism to the Hill Tribes of Thailand; (5) Controversies in Medical Tourism; (6) Ethical Issues in Trophy Hunting; (7) Ecotourism: a Maturing Discourse with Established Controversy; (8) Ethnic Panopticon: A Controversy in Aboriginal Tourism; (9) Gaming in the USA: Historical Development, Controversies and Current Status; (10) Golf Tourism: the Case of Cyprus; (11) Residential Tourism or Lifestyle Migration: Social Problems Linked to the non-Definition of the Situation; (12) Surrealist Pilgrims, Melting Clocks in Marble Halls: Dark Tourism for a Post-Modern World; (13) The Golden Jubilee of Independence and Panafest in Ghana: "All that Glitters is Not Gold"; (14) The Ideological Role of Intergovernmental Organizations on the Promotion of International Tourism; (15) The Paradoxes of Tourism Encounters in the Mass Tourism Spaces of The Gambia; (16) Tourism or Conservation: a Controversy in Chitwan National Park, Nepal; (17) Volunteer Tourism: Commodified Trend or New Phenomena.

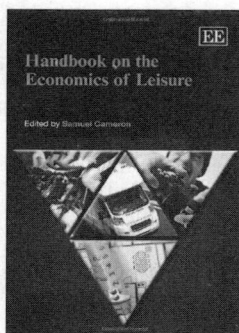

书名：休闲经济学手册

作者：萨缪尔·卡梅伦

出版社：爱德华埃尔加出版公司

出版时间：2011 年 11 月

　　内容简介：该书是一个将主流经济学与非主流经济学理论相结合的跨学科产物，它探讨了休闲活动的性质、范围和重要性。令人惊讶的是，到目前为止，休闲经济领域尚缺乏这种交叉学科的综合性研究。在该书中，不同领域的许多国际学者在此主题上展开探讨，既有微观经济学教科书中的传统的收入/休闲选择模型，又有加里·贝克尔的时间分配模型。他们巧妙地将经济理论应用到解释一些在日常生活中被人们所忽略的主题，如无聊、睡眠和社交网络，从而使休闲经济学的讨论走向了一个更加多元和综合化的方向。其他一些更加不沾边的领域包括凡勃伦、史基沃夫斯基和布迪厄等的理论也对该书有着突出的贡献。该书作为理论与实践的结合，对于运动/休闲经济学和运动/休闲管理专业的学生十分有益。

　　该书的主要内容包括：①休闲经济学概论；②关于经济学、休闲与其他；③休闲的 Bourdieusian 经济学；④休闲与主观幸福感；⑤无聊和睡觉的经济学；⑥一半空的还是一半满的？——工作与休闲的平衡经济学；⑦在家工作：休闲的得与失；⑧健康与健美休闲的资本主义矛盾；⑨约会作为一种休闲方式；⑩家庭改善；⑪丝绸之路的反思：地区主义和贸易模式下的旅游业；⑫休闲部落；⑬商业音乐节的重要性；⑭汽车电影院的兴衰；⑮印度电影业的娱乐和经济贡献；⑯休闲时间、电影与家庭娱乐消费支出结构：1890~1940年；⑰体育考勤模式的长期趋势与影响因素：以 1945~2009 年澳大利亚足球队为例；⑱对休闲时间不断变化的需求：板球的出现；⑲电玩游戏休闲市场的经济学；⑳美国休闲汽车市场的竞争力；㉑杂志业；㉒新技术对休闲网络的影响；㉓女孩子只是想找乐子吗：网络休闲与女性权利；㉔性休闲市场。

Title: Handbook on the Economics of Leisure

Authors: Samuel Cameron

Press: Edward Elgar Publishing Ltd.

Summary: This interdisciplinary Handbook combines both mainstream and heterodox economics to assess the nature, scope and importance of leisure activity. Surprisingly, the field of leisure economics is not, thus far, a particularly integrated or coherent one. In this Handbook a wide ranging body of international scholars get to grips with this issue, taking in the traditional income/leisure choice model of textbook microeconomics and Becker's allocation of time model along the way. They expertly apply economics to some usually neglected topics，such as bore-dom，sleeping and social networking which encourages a move towards an integrate field of eco-nomics of leisure. Contributions from further afield by Veblen，Sctivosky and Bourdieu also fea-ture prominently. Applying a mix of theoretical and empirical work，undergraduate students in modules on sport/leisure economics as well as sport/leisure management will find this important resource invaluable.

Catalogue：（1）Overview of the Economics of Leisure.（2）On Economics，Leisure and Much More.（3）Towards a Bourdieusian Economics of Leisure.（4）Leisure and Subjective Well Being.（5）The Economics of Boredom and Sleeping.（6）Half Full or Half Empty？—The Economics of Work–Life Balance.（7）Working from Home：Leisure Gained or Leisure Lost.（8）Contradic-tions of Capitalism in Health and Fitness Leisure.（9）Dating as Leisure.（10）Home Improve-ments.（11）Reconsidering the Silk Road：Tourism in the Context of Regionalism and Trade Pat-terns.（12）Leisure Tribe–onomics.（13）The Significance of Commercial Music Festivals.（14）The Rise and Decline of Drive–in Cinemas.（15）Entertainment and Economic Contributions of Indian Hindi Movie Industry.（16）Leisure Time，Cinema and the Structure of Household En-tertainment Expenditure，1890–1940.（17）Long–run Trends and Factors in Attendance Patterns in Sport：Australian Football League，1945–2009.（18）The Changing Demands of Leisure Time：The Emergence of Twenty20 Cricket.（19）The Economics of the Videogaming Leisure Market.（20）Competitive Forces in the United States Recreational Vehicle Industry.（21）Magazines.（22）The Impact of New Technology on Leisure Networks.（23）Girls Just Want to Have Fun：In-ternet Leisure and Women's Empowerment.（24）Sexual Leisure Markets.

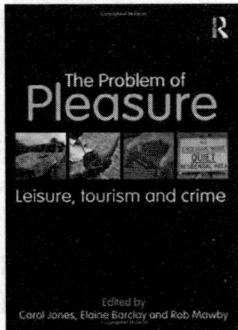

书名：娱乐带来的问题：休闲、旅游与犯罪
作者：卡罗尔·琼斯，艾琳·巴克莱，罗博·莫比
出版社：Routledge
出版时间：2011 年 11 月

内容简介：旅游与休闲产业是最大的产业。近年来，随着可支配收入、科技、旅行与教育变得越来越普及，休闲与旅游业的发展前景大好。然而与上述趋势同步的是犯罪率的上升，特别是 20 世纪 50 年代以来，这一问题更加突出。犯罪的滋生与更多的可携带的珍贵商品的产生密切相关。一些行为，如酒后驾车和酒后骚乱，也被广泛地定义为犯罪，而随着闭路电视系统使用的不断增多，这样的行为也更容易被追踪和认定。娱乐所带来的问题涵盖了以上所有的问题。该书旨在为那些可能对犯罪事件和犯罪手段等感兴趣的学界和商界人士提供启示和咨询。该书以国际性的视角，涵盖了英国、美国、西非、澳大利亚和新西兰等国家或地区顶尖的学术成果，这些成果集中在那些容易导致犯罪的休闲领域，从非法狩猎到公路自行车，以及犯罪对游客和旅游产业的影响。该书适用于旅游和休闲专业、犯罪学和社会学专业的学生，旅游和休闲产业的从业人员，以及政策和法律的制定者。

该书的主要内容包括：①导言：娱乐的问题——理论基础；②电影中的性暴力作为娱乐内容的悖论；③犯罪时间：法治电视节目的增加；④公共场所的创造、整顿和占用；⑤没有边界的游戏场所：Movin'，Moddin，推动娱乐的边界；⑥英国休闲中不被允许的娱乐：探索有关酒精和毒品的发展进展；⑦进入性的问题：户外休闲互动与私人乡村用地的进入；⑧公共骚乱，反社会行为和酗酒导致的犯罪：从都市到旅游地；⑨罪恶城市和仙境之城：两个不同的旅游环境的犯罪、法治与政策；⑩"新西兰可能没有半兽人"：媒体的不实报道会对旅游造成恶劣影响吗；⑪游客对犯罪、安全和危险的看法和态度：以开普敦国家公园的桌子山为例；⑫大篷车群体行为的犯罪与安全问题：来自澳大利亚的调研；⑬游客受骗：来自加纳的调研；⑭游客受害者：失乐园还是复乐园？

Title：The Problem of Pleasure：Leisure，Tourism and Crime

Authors：Carol Jones，Elaine Barclay，Rob Mawby

Press：Routledge

Summary：The tourism and leisure industries are big business. Opportunities for leisure and tourism have escalated as disposable income，technology，travel and education have become increasingly available in recent times. However，this trend has been juxtaposed with an increase in crime，particularly since the early the 1950s. Acquisitive crimes have been facilitated with the development of more portable and valuable commodities；some activities，such as drink driving and disorder, have now been socially defined as crimes and are more readily identified through new technology such as the increasing use of CCTV. The Problem of Pleasure covers them all. The purpose of this book is to inform and enlighten a range of readers, whose interests may be academic or commercial on possible crime events and modus operandi of criminals. The book has a global perspective, bringing together leading academics from the UK, the US, South Africa, Australia and New Zealand who examine several aspects of leisure that are vulnerable to crime, from illegal hunting to street racing, as well as the impact of crime upon tourists and the tourism industry. This book will be a key text for students of tourism and leisure as well as criminology and sociology; people working in the tourism and recreation industry; policy makers and the police.

Catalogue: (1)Introduction: The Problem of Pleasure—Theoretical Foundations. (2)The Paradox of Cinematic Sexual Violence as Entertainment. (3)Crime Time: The Rise of Police Programming on Television. (4)The Making, Shaking and Taking of Public Spaces. (5)Playgrounds Without Frontiers: Movin', Moddin', Pushing the Boundaries of Pleasure. (6)Imper missible Pleasures in UK Leisure: Exploring Policy Developments in Alcohol and Illicit Drugs. (7)The Problem of Access: Outdoor Leisure Activities and Access to Private Rural Land.(8)Public Disorder, Antisocial Behaviour and Alcohol-Related Crime: From the Metropilis to the Tourist Resort. (9)Sin City v. Fantasyland: Crime, Legislation and Policing in Two Different Tourism Environments. (10)"There Can Be No Orcs in New Zealand": Do Media Representations of Crime Tarnish Tourism? (11) Visitor Perceptions of Crime -Safety and Attituded Towards Risk: The Case of Table Mountain National Park, Cape Town. (12) Crime and Safety within Caravan Populations: An Australian Survey. (13)Tourist Victimisation-An Exploratory Survey from Ghana. (14)The Tourist Victim: Paradise Lost or Paradise Regained?

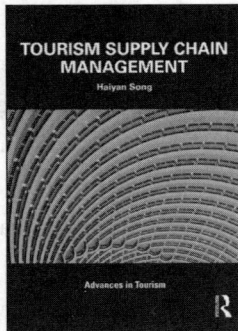

书名： 旅游供应链管理
作者： 宋海岩
出版社： Routledge
出版时间： 2011 年 11 月

内容简介： 当前旅游业的全球竞争异常激烈，其焦点主要集中在供应链的整合方面，而不是单个的企业。激烈的竞争环境迫使旅游企业寻求提高其竞争力的方式。旅游产品通常被顾客看作一个增值链，它将不同的服务组成部分组合在一起，可以有效地管理相关旅游企业的经营活动，并可以使旅游企业更好地满足顾客需求、完成企业目标，从而在同行中保持竞争优势。该书是旅游业研究中首部介绍供应链管理理论与实践的著作。该书为了解旅游企业之间的关系，如何有效地协调不同机构之间的关系，以及如何提高企业绩效都有所启示，它系统全面地介绍了旅游业和酒店业现代供应链管理的概念和方法。该书所涵盖的关键性问题包括：市场营销和产品开发、需求预测、供应商选择和管理、分销渠道、产能管理和旅游电子商务。该书将基本理论与国际比较案例相结合，分析了有效的旅游供应链管理所面临的机遇和挑战。该书适用于旅游管理、旅游规划和旅游经济学专业高年级的本科生和研究生。

该书的主要内容包括：①对旅游供应链管理的介绍；②需求管理和预测；③旅游供应链协调；④旅游供应链竞争；⑤链条和链条竞争；⑥旅游分销渠道；⑦旅游供应链管理的产能和存货问题；⑧旅游供应链管理中的顾客关系管理；⑨信息沟通技能与旅游供应链管理。

Title： Tourism Supply Chain Management

Authors： Haiyan Song

Press： Rowtledge

Summary： Fierce global competition in the tourism industry is now focused on integral parts of supply chains rather than on individual firms. The highly competitive environment has forced tourism firms to look for ways to enhance their competitive advantage. Tourism products are often viewed by consumers as a value-added chain of different service components and identifying ways to effectively manage the interrelated tourism business operations will enable tourism firms to better meet customer needs and accomplish business goals thus maintaining competitive advantage over their equally efficient rivals. This significant and timely volume is the first to apply supply chain management theories and practices in the context of tourism. By doing so the book offers insight into the relationships between tourism enterprises， how coordination across organizations can be effectively achieved and how business performance can be improved. It provides comprehensive and systematic coverage of modern supply chain management concepts and methodologies applied to the tourism and hospitality industries. The text covers key issues and principles including: marketing and product development, demand forecasting, supplier selection and management, distribution channels, capacity management, customer relationship management, tourism supply chain competition and coordination, and e-tourism. The book combines essential theory and comparative international examples based on primary research to show challenges and opportunities of effective tourism supply chain management. This text is essential for final year undergraduate and postgraduate students studying Tourism Management, Tourism Planning and Tourism Economics.

Catalogue: (1)Introduction to Tourism Supply Chain Management. (2)Demand Management and Forecasting. (3)Tourism Supply Chain Coordination. (4)Tourism Supply Chain Competition. (5)Chain versus Chain Competition. (6)Tourism Distribution Channels. (7)Capacity and Inventory Is sues in TSCM. (8)Customer Relationship Management in TSCs. (9)Information Communication Technologies and TSCM.

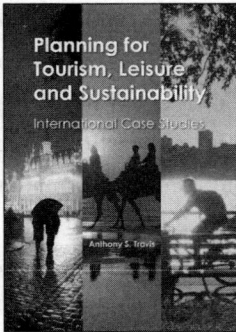

书名：旅游业、休闲业与可持续发展规划：国际案例的研究
作者：安索尼·S.特拉维斯
出版社：CABI 出版社
出版时间：2011 年 9 月

内容简介：该书提供了大量的可持续旅游业规划的案例，既包括国际和国家层面的，也包括区域、次级区域、城市、地方和景区等尺度的案例。得益于作者丰富的国际性体验和在本领域的专业积累，该书采用比较研究方法从经济学、政治学和时空视角，对现有的观点进行研究。该书适用于旅游规划人员、学者和学生。

该书的主要内容包括：第一部分，国际和国家尺度；第二部分，区域和自然资源；第三部分，沿海和海洋；第四部分，历史城市；第五部分，地方和景区尺度；第六部分，用不同的方式来"切割蛋糕"：度假村、温泉、朝圣旅游与城市旅游。

Title：Planning for Tourism, Leisure and Sustainability: International Case Studies

Authors：Anthony S. Travis

Press：CABI Publishing

Summary：Providing a wide range of case studies in sustainable tourism planning, this authoritative work presents cases at both international and national levels as well as on a regional, sub-regional, urban, local and site scale. Drawing on the author's world-wide experience and with contributions from professionals in the field, this book takes a comparative approach relating to different economic, political and temporal dimensions, examining established initiatives both in the context of the standards of the time and from a modern perspective looking back. With an emphasis on sustainability, this unique collection is an essential resource for tourism planners, researchers and students.

Catalogue：Part Ⅰ: International and National Scales; Part Ⅱ: Regional and Natural Resources; Part Ⅲ: Coastal and Maritime; Part Ⅳ: Historic Cities; Part Ⅴ: Local and Site Scales; Part Ⅵ: Slicing the Cake Differently: Resorts, Spas, Pilgrimages, and City Tourism.

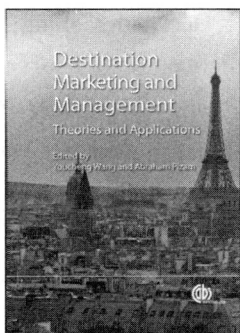

书名：目的地市场影响与管理：理论与实践

作者：汪洋，亚伯拉罕·皮扎姆

出版社：CABI 出版社

出版时间：2011 年 8 月

内容简介：许多的旅游活动都发生在某个旅游目的地，目的地就成为了旅游系统模型的基本组成单元。然而，目的地市场营销和管理是一个复杂的主题，它需要运用综合、整体、系统的方法予以解答。从需求的角度来看，旅游者可选的目的地很多；而从供给的角度看，目的地市场营销组织面临着一个异常激烈的市场竞争环境。该书采用综合视角，涉及目的地市场营销管理宏观和微观层面。一些关键的领域包括顾客决策制定过程、产品开发和销售，以及现代技术在目的地市场营销中的应用。该书适用于旅游管理和相关领域的研究人员、政策制定人员、本科生和研究生。

该书的主要内容包括：第一部分，目的地市场影响和管理：概念、结构和政策；第二部分，目的地市场影响：了解顾客决策制定过程；第三部分，目的地市场营销：研究、品牌化和形象顾问；第四部分，目的地产品开发和销售；第五部分，目的地利益相关者管理；第六部分，目的地安全和危机管理；第七部分，面对挑战与机遇，管理竞争与可持续发展。

Title： Destination Marketing and Management：Theories and Applications

Authors： Y. Wang，Abraham Pizam

Press： CABI Publishing

Summary： Most tourism activities take place at a destination，and destination serves as a fundamental unit of analysis in any modelling of the tourism system. However，destination marketing and management is a complex subject that requires a comprehensive，holistic and systematic approach. From the demand side，travellers have a choice of available destinations；from the supply side，destination marketing organizations are vying for attention from a highly competitive marketplace. Taking an integrated and comprehensive approach，this book focuses on both the macro and micro aspects of destination marketing and management. Some key areas covered include the consumer decision making process，product development and distribution and the use of emerging technologies in destination marketing. It is suitable for researchers，policymakers and advanced undergraduate –level and postgraduate –level students in tourism management and related subjects.

Catalogue： Part Ⅰ： Destination Marketing and Management： Concepts， Structures and

Policies; Part Two: Destination Marketing: Understanding Consumer Decision Making; Part Three: Destination Marketing: Research, Branding and Image Consultation; Part Four: Destination Product Development and Distribution; Part Five: Managing Stakeholders at Destination; Part Six: Safety and Crisis Management at Destination; Part Seven: Managing Competitiveness and Sustainability and Embracing Challenges and Opportunities.

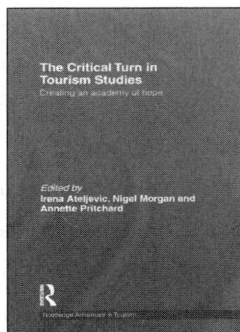

书名：旅游研究的关键性转折：创造一个学术希望
作者：易瑞娜，倪格尔·摩根，安妮特·普里查德
出版社：Routledge
出版时间：2011 年 8 月

内容简介：在当今日益复杂化的旅游业发展环境中，决策制定需要对全局有一个全面而清醒的认识。临界距离应当予以鼓励，精确严格的咨询和思维方式应当成为管理者的行为标准，而未来的旅游和酒店教育方式应当有一个根本性的转变。该书的第二版深入探讨了旅游研究对世界的影响，将由权利、合作和伦理驱动的旅游教育与政策和实践相结合。这个版本将使读者通过思考与旅游和酒店管理相联系的重要概念和理论，刺激他们用批判性思维和交叉学科视角来分析问题。该书围绕着旅游业自身，以及通过发展旅游业所产生的社会变革的三个关键方式展开：批判性思维、批判性教育和批判性行为。第一部分阐述旅游研究的批判性思维的重要性，并探讨学术研究中的两个关键主题：①旅游认识论，以及理论与概念的发展；②研究的复杂性、知识生产与反身性。第二部分通过勾画教育者在培养有道德、有责任感的毕业生方面所扮演的道德、学术和实践角色，并探索学生的体验来分析"大学是行动主义的胜地"这一说法的正确性。第三部分尝试提供新的理解方式，即通过发展旅游业来实现社会正义和社会变迁。该书涉及旅游业在社会发展中当前和未来的角色，适合对旅游和酒店研究感兴趣的学生、学者和研究人员阅读。

Title：The Critical Turn in Tourism Studies：Creating an Academy of Hope

Authors：Irena Ateljevic，Nigel Morgan，Annette Pritchard

Press：Routledge

Summary：In today's increasingly complex tourism environment，decision-making requires a rounded，well-informed view of the whole. Critical distance should be encouraged, consultation and intellectual rigour should be the norm amongst managers and there needs to be a radical shift in our approach to educating future tourism and hospitality managers and researchers. This second edition intends to move the debate forward by exploring how critical tourism inquiry can make a difference in the world，linking tourism education driven by the values of empowerment，partnership and ethics to policy and practice. This volume is designed to enable its reader to think through vital concepts and theories relating to tourism and hospitality management，stimulate critical thinking and use multidisciplinary perspectives. The book is organized around three key ways of producing social change in and through tourism：critical thinking，critical education and critical action. Part one focuses on the importance of critical thinking in tourism research and deals with two key topics of our academic endeavours （i） Tourism epistemology and theoretical and conceptual developments；（ii） Research entanglements，knowledge production and reflexivity. Part two considers "the university as a site for activism" by mapping out the moral，academic and practical role of educators in developing ethical and responsible graduates and explores the student experience. The final part attempts to provide new understandings of the ways in which social justice and social transformation can be achieved in and through tourism. This timely and thought provoking book which collectively questions tourism's current and future role in societal development is essential reading for students，researchers and academics interested in Tourism & Hospitality.

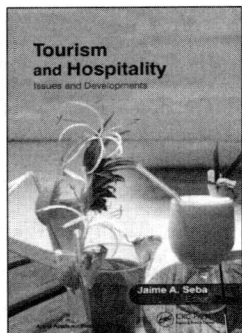

书名：旅游和酒店业：问题和发展

作者：杰米·A.赛巴

出版社：苹果学术出版社

出版时间：2011 年 8 月

内容简介：随着我们对闲暇时间利用预期的变化，旅游业已经成为了全球关键的经济活动，并对我们闲暇时间的意义更加重大。旅游业是世界上最大的产业，在许多地区，它是投资和就业唯一的，也是最大的来源。该书为旅游领域的许多重要问题提供了新的视角，包括如何理解旅游偏好、满意度和动机、旅游和酒店教育、乡村旅游对当地居民的影响、文化遗产旅游的日益普及，以及旅游可持续发展战略。

该书的主要内容包括：①旅游国家公园服务；②当地社区旅游业的发展；③当地社区和旅游业的发展；④灾后重建；⑤使用联合分析法分析旅游者偏好；⑥游客满意度和忠诚度意向；⑦娱乐、旅游和农村福祉；⑧乡村旅游；⑨乡村旅游的发展与研究；⑩文化旅游：金矿还是地雷；⑪遗产旅游学；⑫美国商业部文化和遗产旅游业的意见书；⑬遗产旅游业发展的历史真实性；⑭天津旅游形象定位研究；⑮中国酒店集团；⑯中国旅游教育市场；⑰马来西亚酒店阿拉伯旅游者的旅行方式；⑱中国香港发展节事旅游的问题；⑲尼日利亚高原地区旅游业的发展；⑳天然森林公园的游憩价值估算；㉑非正式休闲人次的估算；㉒当地居民对发展旅游业的态度。

Title：Tourism and Hospitality：Issues and Developments

Authors：Jaime A. Seba

Press：Apple Academic Press

Summary：Tourism has become a key global economic activity as expectations with regard to our use of leisure time have evolved，attributing greater meaning to our free time. Tourism is one of the world s largest industries，and in many regions it is the single largest source of investment and employment. This new book provides a look at many important issues in the field of tourism and hospitality，including understanding tourist preference，satisfaction，and motivation；tourism and hospitality education；rural tourism and its impact on local residents；the increasing popularity of cultural and heritage tourism；strategies for sustainable tourism；and more.

Catalogue：（1）Tourism National Park Service. （2）Tourism Development in Local Communities. （3）Local Communities and Tourism Development. （4）Rebuilding after Catastrophe. （5）Tourist Preferences Study Using Conjoint Analysis. （6）Tourist Satisfaction and Destination

Loyalty Intention. (7) Recreation, Tourism, and Rural Well-being. (8) Rural Tourism. (9) Development and Research of Rural Tourism. (10) Cultural Tourism: Gold Mine or Land Mine. (11) Heritage Tourism. (12) A Position Paper on Cultural and Heritage Tourism US Department of Commerce. (13) Historical Authenticity in Heritage Tourism Development. (14) Tourism Image Orientation Study of Tianjin. (15) Management Strategy for China Group Hotel. (16) Education Tourism Market in China. (17) Traveling Patterns of Arab Tourists in Malaysian Hotels. (18) Problems in Developing Bun Festival Tourism in Hong Kong. (19) Tourism Development in Plateau State, Nigeria. (20) Recreational Valuation of a Natural Forest Park. (21) Estimating Arrival Numbers for Informal Recreation. (22) Local Residents' Attitudes Toward Tourism.

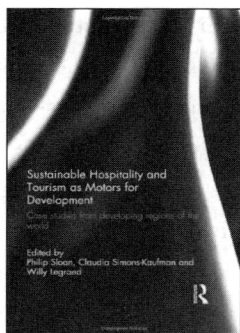

书名： 以旅游业与酒店业的可持续发展作为发展的动力：
以发展中地区为研究对象

作者： 威力·罗格朗，克劳迪娅·席梦思–库夫曼，
飞利普·斯隆

出版社： 爱思唯尔出版有限公司

出版时间： 2011 年 8 月

内容简介： 当前，人们普遍认为气候发生着变化，全球资源缩减，生物多样化受损。许多发展中国家被世界旅游组织认为是"最好的新兴旅游目的地"（联合国世界旅游组织，2009 年），然而它们正遭遇着环境恶化的全面侵袭。发展中国家所面临的挑战是一个"三刃剑"，如何在保持经济繁荣发展的同时避免对自然资源造成永久性的伤害、农村栖息地的摧毁，以及传统社会的分解？越来越多的国家都将旅游业，尤其是酒店业视作经济发展的驱动力。该书用了 25 个案例来阐述如何通过酒店业和旅游业的可持续发展，来获得经济收入、刺激地方经济社会的发展。这些案例所涉及的问题包括：对地方文化的保护，并将其作为旅游吸引物的来源；环境和濒危物种的保护，如在发展旅游业的过程中，斯里兰卡的海龟与哥斯达黎加的蝴蝶所面临的生存危机。一些案例还包括政府支持项目，如菲律宾的绿色公园和区域旅游业发展项目、洪都拉斯的考古公园项目、圣文森特岛自然旅游的多元化项目。该书旨在为学生、学者和从业者的发展中国家可持续酒店业发展实践提供指导，为实现可持续发展的目标提供丰富的可供借鉴的例证。该书不仅契合当前的产业发展实践，同时也可以帮助读者更好地将可持续发展理论应用到发展中国家酒店业和旅游业的实践。

Title: Sustainable Hospitality and Tourism as Motors for Development: Case Studies from Developing Regions of the World

Authors: Willy Legrand, Claudia Simons-Kaufman, Philip Sloan

Press: Elsevier Science Publishing Co Inc.

Summary: It is now widely agreed that the climate is changing, global resources are diminishing and biodiversity is suffering. Developing countries–many of them considered by the World Tourism Organization to be "Top Emerging Tourism Destinations" (UNWTO, 2009) –are already suffering the full frontal effect of environmental degradation. The challenge for developing countries is a triple-edged sword, how can economic prosperity be achieved without the perpetual depletion of nature's reserves, the destruction of rural habitat and the dislocation of traditional societies? Many emerging nations are looking increasingly to the tourism industry as the motor for economic development, with hospitality businesses at the forefront. This book uses twenty-five case studies to demonstrate how it is possible to create income and stimulate regional socio—economic development by using sustainable hospitality and tourism attractions. These case studies focus on issues such as the protection of indigenous cultures as a source of touristic curiosity; the preservation of the environment and the protection of endangered species—such as the plight of turtles in Sri Lanka or butterflies in Costa Rica to encourage tourism. Some cases cover government supported projects, for example, the green parks venture and regional tourism development in the Philippines, an archaeological park initiative in Honduras and the diversity of nature tourism in St. Vincent. Sustainable Hospitality and Tourism as Motors for Development is designed to give students, academics and practitioners a guide for best practices of sustainable hospitality operations in developing countries. Based on case studies, it provides a road map of how to achieve the goals of sustainability giving benchmark examples. The book not only taps into a contemporary business subject, but aims to provide readers with a better understanding of how sustainable theories can be put into practice in hospitality and tourism industries in developing countries.

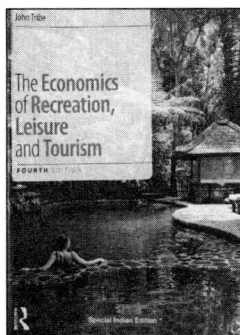

书名：娱乐、休闲和旅游经济学
作者：乔·特赖布
出版社：巴特沃斯—海涅曼有限责任公司
出版时间：2011 年 5 月

内容简介：该书阐述了经济学与旅游和休闲产业的关联。它将经济学理论应用在包括顾客、企业、国家和国际层面的一系列旅游业问题上。作者解释了全球经济危机的影响，以及理解过去一个经济周期所发生的事件对未来准备工作的重要作用。本书的主要内容包括：①导言；②组织机构；③市场；④需求：时间偏好；⑤弹性和预测；⑥供给与成本；⑦市场结构与定价；⑧市场干预；⑨竞争、技术、政策与社会文化环境；⑩宏观经济环境政策与社会文化；⑪私人部门的投资；⑫公共部门的投资；⑬收入、就业与价格；⑭经济发展与重建；⑮收支平衡与汇率；⑯全球化；⑰环境影响；⑱可持续性；⑲评论；⑳评论、替代性观点与变化；㉑政治与社会经济学。

Title：The Economics of Recreation，Leisure and Tourism

Authors：John Tribe

Press：Butterworth-Heinemann Ltd.

Summary：This textbook describes the relevance of economics to the tourism and leisure industries，helping you to pass an economics module as part of a tourism，recreation or sport management degree. It applies economic theory to a range of tourism industry issues at the consumer，business，national and international level by using topical examples to give the theory real-world context. The author explains the impact of the global economic crisis and the importance of understanding what has happened over the course of previous economic business cycles to prepare for what may happen in the future. Contrasting evidence is put forward to provide a sense of the dynamics of world economies.

Catalogue：（1）Introduction.（2）Organisations.（3）Markets.（4）Demand：Time Preference.（5）Elasticity and Forecasting.（6）Supply and Costs.（7）Market Structure and Pricing.（8）Market Intervention.（9）The Competitive，Technological，Political and Sociocultural Environment.（10）The Macro-Economic Environment Politics and Socio-culture.（11）Investment in the Private Sector.（12）Investment in the Public Sector.（13）Income，Employment and Prices.（14）Economic Development and Regeneration.（15）The Balance of Payments and Exchange Rates.（16）Globalisation.（17）Environmental Impacts.（18）Sustainability.（19）Critique.（20）Critique，Alternative Perspectives and Change.（21）Political，and Social Economy.

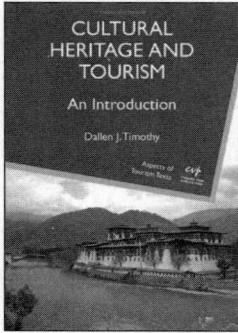

书名：文化遗产与旅游业：导论
作者：阿伦·J. 提摩西
出版社：Channel View 出版社有限责任公司
出版时间：2011 年 8 月

内容简介：现代社会最重要的旅游形式之一就是文化遗产旅游。全球绝大多数的旅游活动都蕴含着文化遗产的成分，每年都有数以万计的人访问文化景区、参与传统节日和到历史性场所旅游。该书深入地分析了这种旅游形式所面临的问题、争议、概念和实践。该书对文化遗产旅游的社会、环境和经济影响进行分析，引导目的地和景区的管理者不仅思考如何开发和管理资源，而且思考如何以一种可以接受的、准确的、可行的方式来重现历史。然而，在这个过程中，遗产政治的深度、场所和体验的真实性和非真实性，保护生计的迫切需要，以及文明建设的问题不断碰撞。该书对上述这些问题进行探索，并分析了与旅游文化资源管理相关的其他问题。为了帮助学生将概念与现实世界的情况联系起来，该书将理论与实践相结合，以学生的学习为导向，同时也适用于所有的读者。

Title：Cultural Heritage and Tourism：An Introduction

Authors：Dallen J. Timothy

Press：Channel View Publications Ltd.

Summary：One of the most salient forms of modern-day tourism is based on the heritage of humankind. The majority of all global travel entails some element of the cultural past, as hundreds of millions of people visit cultural attractions, heritage festivals, and historic places each year. The book delves into this vast form of tourism by providing a comprehensive examination of its issues, current debates, concepts and practices. It looks at the social, physical and economic impacts, which cause destinations, site managers and interpreters to consider not only how to plan and manage resources but also how to portray the past in ways that are acceptable, accurate, accessible and politically relevant. In the process, however, the depth of heritage politics, the authenticity and inauthenticity of place and experience, and the urgent need to protect living and built cultures are exposed. The book explores these and many other current issues surrounding the management of cultural resources for tourism. In order to help students relate concepts to real-world situations it combines theory and practice, is student learning oriented, is written accessibly for all readers and is empirically rich.

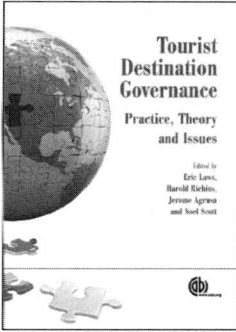

书名：旅游目的地管理：实践、理论与问题

作者：E.劳斯，H.里奇斯，J.F.安格鲁撒，N.斯科特

出版社：CABI 出版社

出版时间：2011 年 5 月

内容简介：目的地旅游业管理与协调需要大量部门、企业、地方政府和个人的参与和合作。对于许多经济体来说，旅游业是经济发展的重要驱动力，目的地管理就成为保证经济目标和基础设施持续建设的重要任务。该书为理解如何最好地进行目的地管理提供理论和方法指导，辅之以案例研究来说明问题，适合旅游和休闲领域的研究人员和学生。

Title：Tourist Destination Governance：Practice，Theory and Issues

Authors：E. Laws，H. Richins，J. F. Agrusa，N. Scott

Press：CABI Publishing

Summary：Managing and co-ordinating tourism in a destination requires the organisation and co-operation of a large number of sectors，businesses，local authorities and individuals. Since tourism is an important driver in many economies，destination governance in tourist destinations needs to be done well，to achieve economic aims and maintain sufficient infrastructure. This book provides a guide to the theoretical and methodological understanding of how to implement best practice governance procedures，with case studies illustrating good performance. It is suitable for researchers and students in tourism and leisure studies.

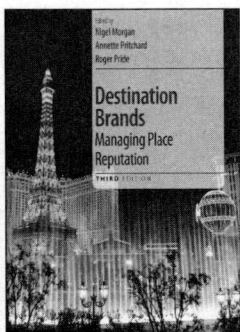

书名：目的地品牌：目的地声誉管理（第三版）
作者：奈杰尔·摩根，安妮特·普里查德，罗杰·普莱德
出版社：巴特沃斯—海涅曼有限责任公司
出版时间：2011 年 4 月

内容简介：该书阐述了城市、地区和国家如何运用品牌战略来区分它们与竞争对手，并与旅游者建立情感联系。探寻旅游目的地是否获得了它们应得的声誉，并运用专题案例研究来分析品牌概念和挑战。该书主要探讨目的地认知是如何建立的，城市、区域和国家如何建立具有创造性和竞争力的目的地声誉，以及竞争力与旅游政策制定之间的关系。

本书共有 25 章，分别由目的地品牌咨询顾问、目的地市场营销人员、外交官、设计者和学者执笔，包括安霍尔特、科特勒、厄林斯和其他知名学者。该书的案例分别来自欧洲、美国、非洲、中东和亚太地区。该书还探讨了与目的地声誉管理相关的一些话题，如电子信息平台的重要性、社交网络，以及媒体和公共关系等。

Title：Destination Brands: Managing Place Reputation（Third Edition）

Authors：Nigel Morgan, Annette Pritchard, Roger Pride

Press：Butterworth-Heinemann Ltd.

Summary：This textbook shows how cities, regions and countries adopt branding strategies similar to those of leading household brand names in an effort to differentiate themselves and emotionally connect with potential tourists. It asks whether tourist destinations get the reputations they deserve and uses topical case studies to discuss brand concepts and challenges. It tackles how place perceptions are formed, how cities, regions and countries can enhance their reputations as creative, competitive destinations, and the link between competitive identity and strategic tourism policy making.

25 completely new chapters authored by place brand consultants, destination marketers, diplomats, designers and academics, including Anholt, Kotler, Olins and other leading authorities. Truly global coverage, with new case studies and examples from Europe, the Americas, Africa, the Middle East and Asia-Pacific. Consideration of contemporary issues surrounding place reputation management, such as the importance of digital platforms, social networking, and media and public relations.

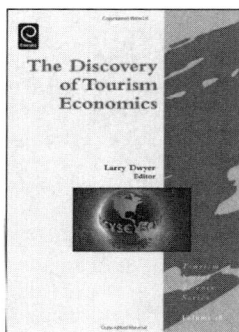

书名：旅游经济学的发现

作者：拉里·德怀尔，贾法尔·贾法里

出版社：Emerald 集团出版社有限公司

出版时间：2011 年 4 月

内容简介：该书描述了世界知名旅游经济学家的个人史，他们当中的许多人在旅游研究领域都颇有建树。该书是个人经历的一个集合，也是全球当前和未来致力于旅游研究的经济学者们的一个文学庆典。旅游经济研究是一个全球性现象，该书提供了一个文化和地理学角度的多元化的自传。书中的故事揭示了旅游学者的个性和嗜好，并回答了诸如此类的问题：你对旅游研究的兴趣是如何培养起来的？有没有某个人影响着你的专业选择？你认为你所取得的最重要的成就是什么？这些成功的知名学者的故事帮助学生理解旅游经济学专业职业的出现和演变，展现了该专业不可预见的机遇、挑战和成就，以及在本领域中取得突出成就的学者的个人风貌。

Title：The Discovery of Tourism Economics

Authors：Larry Dwyer，Jafar Jafari

Press：Emerald Group Publishing Limited

Summary："The Discovery of Tourism Economics"，presents the personal histories of some of the world's leading tourism economists，many of whom pioneered the field. This book is a unique collection of personal experiences and is a literary celebration of the global community of economic scholars—current and future—working in tourism. The study of tourism economics is a global phenomenon and this book provides a culturally and geographically diverse set of autobiographies. These stories reveal the wide range of personalities，passions，and peculiarities behind the authors' choice of tourism as a specialization and answer questions like：How did your interest in tourism develop？Was there a particular person who influenced your career choices？What are the joys and frustrations of working as a tourism economist？What do you consider to be some of your most significant accomplishments？The tales of these successful and respected scholars provide students with insights into how careers in tourism economics emerge and evolve，revealing the unexpected opportunities，challenges，rewards，and idiosyncrasies of the careers of scholars who have become recognized leaders in their field.

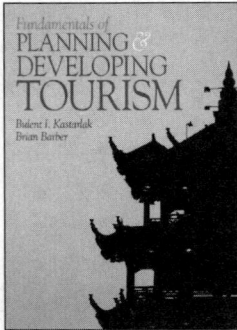

书名： 旅游规划与发展的基本原理
作者： 巴伦特·I.卡斯特拉科，布莱恩·巴伯
出版社： 普伦蒂斯·霍尔出版社
出版时间： 2011 年 8 月

内容简介： 该书关注旅游业对发展中国家社会变迁、减轻贫困，以及保持可持续发展的重要作用。该书运用系统的、有条理的定量化方法来论述旅游业发展和规划的经济、市场营销，以及保护、承载力约束与社会接受度等问题。该书涵盖了计划经济体制、市场经济体制和混合经济体制下旅游发展和规划所涉及的全步骤。该书包含历史分析与案例，其中既有旅游规划与开发的成功案例，也有失败的案例。

该书的主要内容包括：第一部分为旅游业规划和发展的基本原理：了解旅游业发展，旅游业规划和发展的一般理论，可持续发展旅游业的先决条件，一般与特殊兴趣旅游业案例。第二部分为旅游业发展的规划问题：市场经济体制与计划经济体制，可持续旅游业发展实践。第三部分为旅游业发展的规划过程：旅游业发展的政府规划周期，市场经济体制下的旅游业发展，旅游业发展的政府政策与法治，私人部门旅游业项目的财务管理。第四部分为旅游业规划与发展的技术：旅游产品分析，分析旅游经济和旅游产品，国家、区域和地方目的地层面的旅游规划，项目设计、许可与立项，项目融资、协议与所有权，计算机仿真、计算机辅助设计（CAD）和地理信息系统（GIS），旅游业管理、规划与市场营销。第五部分为旅游业规划的历史和案例研究：海滨旅游目的地及其再开发——美国佛罗里达博因顿海滩的案例，套房酒店与度假村（公寓酒店）。

Title： Fundamentals of Planning and Developing Tourism

Authors： Bulent I. Kastarlak，Brian Barber

Press： Prentice Hall

Summary： Fundamentals of Planning and Developing Tourism brings into focus the grow-ing importance of tourism in developing economies of the world, for social change, alleviating poverty, and achieving sustained growth. It offers a complete, organized, and quantifiable methodology for tourism development planning that reflects economics, marketing, and crucial issues such as conservation, capacity constraints, and social acceptability. It covers all steps used for analyzing and planning tourism development in free market, mixed, and centrally-planned economies. The text is replete with historical explorations and examples, including sev-eral real life case studies illuminating both successes and failures in tourism planning and devel-opment.

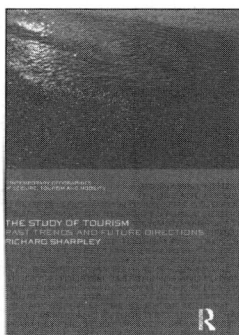

书名：旅游研究：发展趋势与未来展望
作者：理查德·沙普利
出版社：Routledge
出版时间：2011 年 3 月

内容简介：在过去的几十年里，旅游研究已经成为一个公认的，并引起大量关注的研究领域。该领域的本科生和研究生招生规模不断扩大，研究文献大量增长，大量学者不断涌现。尽管旅游研究的发展呈一片繁荣之势，但它仍然面临着获得更广泛的学术承认的发展困境，理论研究与实践仍有脱节，其未来的角色和发展方向仍然存在不确定性。

该书旨在批判性地探讨上述矛盾状态，并明确旅游研究的未来发展方向。它回顾了旅游研究发展历史，分析了国际背景下的研究方法；探讨了在社会科学与管理两分法研究框架下的旅游业的现代认识论问题，并提出了旅游研究的替代方法。该书直接探讨的重要学术话题包括：学术语境下的旅游业是什么、旅游研究的目的是什么，以及未来旅游研究应当如何进行。该书适用于旅游业与相关领域的高年级学生、学者和研究人员。

Title：The Study of Tourism：Past Trends and Future Directions

Authors：Richard Sharpley

Press：Routledge

Summary：Over the last two decades, tourism has become firmly established as a recognized field of study and the focus of extensive academic research. There has been continual expansion in the provision of taught programmes at undergraduate and postgraduate level, dramatic developments in the tourism literature and a growing community of tourism academics. Despite this explosion in the study of tourism, however, it is still struggling to achieve wider academic legitimacy, it remains to some extent divorced from the industry upon which it is focuses and, even within its academic ranks, there remains uncertainty over its role and future direction.

This volume aims to critically explore this paradoxical situation and to consider the future direction of the study of tourism. It charts the development of tourism as an area of study, analyzing approaches taken from an international context; it critiques contemporary epistemologies of tourism framed around the social science vs. management dichotomy and offers alternative approaches to the study of tourism. In doing so, it engages directly with a range of important academic debates: what tourism 'is' in an academic context, the purpose of studying tourism and how it should be studied in the future.This important and stimulating volume will have global appeal to higher level students, academics and researchers within tourism and related disciplines.

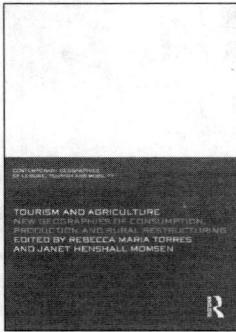

书名： 旅游业与农业：消费、生产和农村改造的新地理学
作者： 丽贝卡·玛利亚·桃乐丝，简妮特·莫姆森
出版社： Routledge
出版时间： 2011 年 3 月

内容简介： 全球消费模式的转变，以及对食物、休闲、旅行和旅游目的地的品位和态度的变化为农村生产者提供了新的机遇，主要表现在农业旅游、生态旅游、葡萄酒旅游、美食旅游和乡村旅游的兴起，以及旅游农业生产专业利基市场的出现。旅游者的到来使得农民运输食品的距离和销售成本有所缩减。对许多农村的生产者来说，通过为旅游消费提供食物和新的休闲场所带来了农场的多元化经营，这也是农场得以维持生存活力的唯一可行方式。因此，作为提振不景气的农村和农业经济的一种策略性手段，旅游业与农业的融合近来吸引了大量的关注。该书研究旅游业与农业跨界合作融合的特殊案例，审视农村结构调整、消费和生产的新地理学影响。为了更深入、更全面地了解旅游业与农业部门的互动关系，该书研究了不同背景下旅游业与农业之间的多元化联系，影响它们之间相互关系的因素，并探讨旅游与农业协作所带来的利益。考虑到旅游业与农业关系中特有的地域性质，该书的案例以广泛的地理环境为背景，同时以多样性、经济发展和新兴的生产和消费方式等主题为主线贯穿始终。该书是本领域原创性研究的合集，为了解旅游业与农业之间的关系以及未来农村地区经济发展提供了启示。该书由该领域优秀的学者和研究人员编著，对旅游业、农业和农村发展方面专业的学生、研究人员和学者都大有裨益。

Title: Tourism and Agriculture: New Geographies of Consumption, Production and Rural Restructuring

Authors: Rebecca Maria Torres, Janet Momsen

Press: Routledge

Summary: Shifting global consumption patterns, tastes and attitudes towards food, leisure, travel and place have opened new opportunities for rural producers in the form of agritourism, ecotourism, wine, food and rural tourism and specialized niche market agricultural production for tourism. Tourists allow farmers to reduce food miles by bringing the market to the farm and also reduce the costs of distributing farm products. For many rural producers farm diversification through the offer of both food and new leisure spaces for tourist consumption, provides the only potential way to remain viable. Therefore, fomenting the creation of linkages between tourism and agriculture has recently received considerable attention as a strategy for rural and agricultural development in stagnating rural areas. "Tourism and Agriculture" examines regional specific cases of the interface between tourism and agriculture, looking at the impacts of rural restructuring, and new geographies of consumption and production. To meet the need for a more comprehensive appreciation of the relationships and interactions between the tourism and agricultural economic sectors, this book: examines the multiple relationships that exist between tourism and agriculture in various contexts; considers the factors that influence the nature of these relationships; and, explores avenues for facilitating synergistic relationships between tourism and agriculture. Given the place-specific nature of tourism and agriculture relationships, these contributions offer case studies from a wide range of geographic contexts whilst themes of diversification, economic development, and emerging new forms of production and consumption, are threaded throughout the entire book. The book integrates original research conducted on this topic and in doing so generate new insights into the relationships between tourism and agriculture and future economic rural development. Edited by leading researchers & academics in the field, this book will be of value to students, researchers and academics interested in Tourism, Agriculture & Rural Development.

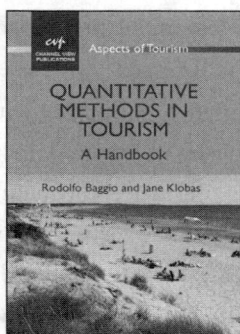

书名：旅游研究的计量方法手册

作者：罗多尔夫·巴吉欧，简·克罗巴斯

出版社：Channel View 出版公司

出版时间：2011 年 3 月

内容简介：旅游研究经常要处理复杂的内外部因素和旅游者的态度、感知和行为等因素。为了很好地理解这些单个因素，或它们之间相互作用的结果，旅游业管理者和学者常常需要搜集定量数据。然而到目前为止，有关定量数据的分析方法或者过于简单或者过于复杂。该书为分析定量数据提供指导，所涉及的研究分析方法远比一般介绍性的教科书所涵盖的方法多。该书的第一部分讨论运用一些众所周知的方法来就真实现象构建有效、可信的模型，主要集中在数据收集、聚类和因子分析方法，以及运用回归方法构建数学模型（包括 Logit 回归模型）和结构方程模型等问题。第二部分探讨建模的新方法：最大似然估计、仿真和代理模型。每个部分都包括大量的附加阅读材料，附件中还归纳总结了书中所介绍的软件。该书为旅游研究提供了大量的应用型案例，分析了与定量技术应用相关的实践问题，讨论了一些常见的障碍和陷阱，以及如何识别和补救这些陷阱。该书为旅游研究中定量方法的应用提供了一个指南，拨开了那些或看似简单或看似复杂的技术的神秘面纱，从而使这些技术更容易被旅游研究人员所掌握。

Title：Quantitative Methods in Tourism：A Handbook

Authors：Rodolfo Baggio，Jane Klobas

Press：Channel View Publications Ltd.

Summary：Tourism studies often deal with complex mixes of external and local factors and the attitudes, perceptions and actions of tourists themselves. In seeking to understand individual elements of this mix, or the results of interactions between them, tourism authorities, managers and researchers often collect quantitative data, but until now the few existing guides to understanding quantitative data have been either very simple or very complicated. This book provides a guide to dealing with real-world data and goes beyond the methods usually covered in introductory textbooks. The first part considers key issues associated with using well known methods to produce valid and reliable models of real-world phenomena, emphasizing issues in data selection, approaches to factor and cluster analysis, and mathematical modelling using regression methods (including logistic regression) and structural equation modelling. The second part covers new approaches to modelling: maximum likelihood estimation, simulation and agent-based modelling. Each chapter includes extensive references to additional reading, and an appendix summarises the software introduced in the book. The book provides many practical examples of applications to tourism research, considers practical issues associated with application of quantitative techniques, and discusses common pitfalls and how to identify and remedy them. The result is a guide to quantitative methods in tourism that de-mystifies both simple and apparently complex techniques and makes them more accessible to tourism researchers.

第四章　旅游经济学学科 2011 年大事记

第一节　国外大事记

1. 东盟旅游论坛于 2011 年 1 月 15~21 日在柬埔寨首都金边举行，论坛主题为"东盟——奇迹与多元的世界"。论坛期间举行了东盟国家旅游机构会议，东盟旅游部长会议，东盟与印度、澳大利亚和俄罗斯旅游部长会议，大湄公河次区域旅游部长会议以及大型旅游展。

2. 2011 年 1 月 19 日，首届印度国际酒店旅行与旅游研究国际会议在印度新德里举行。会议目的是使行业的管理人员、旅游和酒店的研究者一起探讨旅游业与住宿业中理论与实践中的差距，并就正在出现的趋势、目前面临的问题和挑战进行了交流。

3. 2011 年 2 月 2~3 日雅典旅游研讨会在雅典国际会议中心举行，会议目的是为研究人员、教育工作者、学生以及专业人士探讨现在以及未来旅游经济发展趋势提供一个平台。雅典旅游研讨会包括联合会议和圆桌讨论。

4. 2011 年 3 月 9~13 日，第 45 届柏林国际旅游交易会（ITB）在德国柏林举行。本次展览总面积 16 万平方米，共 26 个展区，有些展馆又分 A、B、C 三个分馆，展馆总数超过 40 个。来自 180 多个国家和地区的 1.1 万参展商参加本次展览，参展商包括旅游产业链的各相关部门，如旅游批发商、预订系统公司、旅游目的地、航空公司、饭店、汽车租赁公司等。展会共五天，前三天为专业展，后两天为公众展，累计参观人数 18 万人次。从展览门类看，除按照洲际地理位置分的大展览区域外，柏林展还按具体行业门类细分展览，主要有旅游产品供应商、文化旅游产品展区、邮轮旅游、旅游科技与信息化、旅游培训与就业等。柏林国际旅游展已发展成为世界旅游业的晴雨表，成为世界旅游业新产品、新走向、新趋势的重要发布平台和指示器。

5. 2011 年巴黎世界旅游博览会于 3 月 18 日在巴黎凡尔赛门展览中心拉开帷幕，向世界呈上不同国家和地区的 500 多条旅游热线。该届巴黎世界旅游博览会的主题为"节庆与狂欢节"，许多展台围绕这一主题特别推出文化旅游产品。

6. 2011 年 3 月 29~31 日，"国际旅游会议：全球化时代的主题旅游"在以色列耶路撒冷举行。与会者包括旅游部长、市长和官员、博物馆馆长、媒体、经济专家、旅游经营者、学者、地球观测卫星委员会、企业家和企业高管。会议内容涉及文化旅游、城市品牌、技术、媒体、经济稳定、会议旅游、酒店的设计和创新等。

7. 2011 年 4 月 13~15 日，在瑞士交通运输博物馆举办第二届卢塞恩世界旅游论坛。论坛主要为政府部门、商业决策者、投资及金融领域的领导者们创造了商业合作机会，并搭建了交流平台。

8. 2011 年 4 月 14~15 日，旅游经济学研究进展会议在葡萄牙里斯本举行。会议汇集著名经济学家和其他研究人员对于最近所感兴趣领域的旅游现象进行研究。

9. 2011 年 5 月 5 日，安德拉邦工商联合会（FAPCCI）及安德拉邦政府旅游部门主办以"国际医疗旅游中心——海德拉巴"① 为主题的研讨展览会。会上讨论了医疗旅游的全球视角、政府在医疗旅游中所扮演的角色、海德拉巴医疗旅游的发展潜力等。

10. 2011 年 5 月 15 日，"第五届 IIPT 非洲会议迎接气候改变对旅游业的挑战"在赞比亚卢萨卡举办。会上公布了世界和各国政府、目的地、行业部门、非政府组织、研究人员/学术界和媒体的案例研究进展。会议将汇集应对气候变化的旅游业专家、来自各不同部门高层管理人员、政府高级官员和代表、联合国各机构、捐助机构和非政府组织、研究人员、顾问、旅游从业人员和著名学者及学生，分享他们的知识、经验和有关气候变化的应对策略。

11. 第 11 届世界旅游旅行大会由世界旅游业理事会（WTTC）主办，2011 年 5 月 18 日在拉斯维加斯举行。该届大会主题为"助力全球增长"，主要关注新形势下全球旅游业的出路与发展战略。该届世界旅游旅行大会为期 3 天，围绕全球旅游新趋势、旅游生意经、数字时代的高速成长、旅游业可持续发展、促进日本灾后恢复等议题展开讨论。

12. 2011 年 5 月 23~24 日，第二届国际医疗旅游会议在内华达州拉斯维加斯举办。会上战略性地讨论了如何进一步发展全球医疗保健，以及如何高质量地照料和服务医疗旅行。讨论的话题包括：新医疗旅游市场营销战略、疗养、温泉旅游、保险、医院质量控制和认证、电子保健和远程医疗。论坛分析了健康旅游的新趋势，包括温泉旅游、医疗旅游、精神旅游和职业健康旅游。会议还推出了一个新的非营利性组织——国际医疗保健质量组织。

13. 2011 年 5 月 28 日，第六届中日韩旅游部长会议在韩国江原道平昌郡阿尔卑西亚度假村酒店会展中心拉开帷幕。中国国家旅游局局长邵琪伟、韩国文化体育观光部长官郑炳国、日本国土交通大臣大畠章宏、韩国江原道知事崔文洵出席开幕式及欢迎晚宴并致辞。此次会议中日韩三方签署了《第六届中日韩旅游部长会议联合声明》。

14. 2011 年 6 月 19~21 日，世界旅游组织第 90 次执委会会议在肯尼亚海滨城市蒙巴萨召开，执委会 31 个成员国中，共有 29 个国家派员与会。会议听取了世界旅游组织秘书长塔勒布·瑞法就该组织 2010~2011 年度工作执行情况、2012~2013 年工作总纲及预算等

---

① 海德拉巴为印度南部一城市。

情况的工作报告，重点就该组织近期开展的"全球领导人支持旅游"倡议活动、消费者权益保护立法工作、2030 年全球旅游展望研究报告、世界旅游组织机构改革等主要事项进行了探讨，并就上述议题审议通过了相关决议。

15. 第一届国际旅游技术会议于 2011 年 7 月 7 日在印度新德里举行。会议主要目标是在战略上对旅游、银行、保险等部门进行整合管理，并为银行和保险部门的全面审查提供技术平台支持，邀请银行和保险部门进一步加强旅游相关基础设施的建设，推进旅游产业技术部门技术创新的意识。

16. 2011 年 8 月 3 日，旅游业可持续发展暨旅游营销会议在尼泊尔加德满都举行。会议分为旅游业可持续发展、旅游市场营销和在全球旅游的机遇三个重要分主题，包括了经济可持续性、酒店设计、文化和媒体技术、品牌的概念和会议旅游等内容。会议汇集了来自各个学科和国家的学者、专业人士和从业人员，并分享了最新的理论和实践。

17. 2011 年 9 月 3 日，第二届国际旅游商务会议在保加利亚举行。会议汇集了旅游学界理论与实践的专业人士。会议的主题是如何加强旅游行业的管理和人员培训，以提高旅游服务质量。

18. 第 19 次联合国世界旅游组织全体大会于 2011 年 10 月 10 日在韩国古都庆州举行部长级圆桌会议，大会吸引了 150 多个国家和地区的近千名代表、60 余名各国旅游部长以及相关国际组织的代表参加。此次会议的主题是"通过文化、旅游和体育实现经济增长和新千年发展目标"。大会通过了世界旅游组织秘书长塔勒布·瑞法就全球旅游业发展现状、短期预测、2030 年全球旅游展望、2010~2011 年度工作执行及财务状况、2012~2013 年项目及预算等情况所做的报告。大会围绕报告涉及的内容，如近期开展的"全球领导人支持旅游"倡议活动、消费者权益保护立法工作、世界旅游组织机构改革等情况展开热烈讨论，并就上述议题审议通过了相关决议。

19. 第 4 届医疗旅游暨全球医疗保健大会于 2011 年 10 月 25~28 日在 Renaissance Marriot Schaumberg Hotel & Convention Center 举行，大会启动了多个成功的战略倡议，以促进全球医疗开发和医疗旅游行业的发展。战略倡议包括整合雇主医疗保健大会（Employer Healthcare Congress）、主持 VIP 政府圆桌会议、为预先安排的非公开网络会议部署技术先进的网络软件、颁发全球医疗保健领先奖和提供芝加哥医疗保健现场参观之旅。严谨的活动议程以明星主题演讲人和增强的教育研讨会为特色，研讨会涉及这些行业的要素与未来。

20. 2011 年 11 月 16~17 日，第一届世界葡萄酒旅游会议在北美纳帕谷召开，300 余名业内人士出席该次会议，就葡萄酒旅游业发展趋势和一些问题进行商讨。

21. 第二届琉森世界旅游论坛（World Tourism Forum Lucerne）在瑞士琉森（Lucerne）市隆重举行。此次世界旅游论坛的目的是展示旅游业如何应对持续性发展的挑战。此次会议吸引了来自世界各大洲的 160 名顶级旅游业经理、部长及专家。参会者一致认为未来旅游业要成功发展最重要的是合作、创新及培育新生力量，并对 IMI 学院的学生寄予厚望。

22. 第十届年度旅游人力资源论坛于 2011 年 11 月 14~16 日在罗德夏洛特敦举行，由加拿大旅游人力资源理事会承办。论坛深入讨论旅游部门的主管、经理人、企业培训师、教育工作者和协会代表的培训问题，并将重点放在征聘、保留和工作人员的发展这些具有挑战性的关键问题上。

23. 2011 年 11 月 26 日，第四届世界医疗旅游和全球保健旅游会议在美国伊利诺伊州芝加哥市举办。本次会议有众多的医疗旅游消费者、保险公司和医疗保险代理机构参加，会议意在讨论如何解决世界各地医疗保健旅游发展中遇到的问题。

24. 2011 年 11 月 26 日，旅游管理研究国际会议在阿尔加维（Algarve）举办。这次会议的目的是集中旅游研究和旅游酒店管理等种类繁多的问题，目标是促进来自世界各地的研究人员来研究相关的主题。

第二节　国内大事记

1. 2011 年 1 月 13 日，"国际旅游品牌营销年会暨年度旅游成果颁奖典礼"在北京开幕。大会聚集了国际旅游组织、旅游产业投资规划机构、旅游业专家、境内外旅行商以及来自广东省河源市、江苏省溧阳市、甘肃省敦煌市、河北省三河市等全国近百位知名市县及景区的代表到会。论坛上，大家就"旅游品牌推广及营销"进行了深入的交流与探讨，并对成功典型经验进行了交流分享。

2. 2011 年 1 月 18 日，国家旅游局局长邵琪伟在 2011 年全国旅游工作会议上做出讲话。这次全国旅游工作会议的主要任务是：贯彻落实中共十七届五中全会和中央经济工作会议精神，回顾总结"十一五"全国旅游业发展情况，分析研究"十二五"旅游业发展形势和任务，部署 2011 年重点工作。

3. 2011 年 2 月 19 日，中华文化游（安徽）启动仪式暨第八届环球旅游论坛在合肥开幕。本次活动吸引了来自中国大陆的数百家主要组团社及中国港澳台、韩国、日本、新加坡、泰国、美洲、非洲等国家和地区的旅行商、媒体代表逾千人参会。海内外旅游精英以 2011 年中华文化游为背景，围绕"徽文化让旅游更多彩"的主题，结合当前旅游业发展趋势，就如何提高旅行社管理中的执行力、如何破解产品创新和市场认知之间的矛盾以及景区营销多样化的利与弊，以及新形势下航空和旅游业对接商机等问题进行了深入探讨。

4. 2011 年 3 月 13 日，中国（贵阳）国际温泉旅游论坛在贵阳举行，来自国内及日本的温泉旅游专家学者、国内部分旅游企业负责人以及"中国十大温泉"的获奖温泉景区代表进行了广泛交流。

5. 2011 年 3 月 20 日，中国 5A 级旅游景区城市联盟会议在三亚亚龙湾维景国际度假酒店举行。会议就联盟成员加强交流与合作、探索联盟之间的协作机制、应对各类突发事件进行深入探讨。会上还策划组织了联盟整体的国内外推广和宣传活动。

6. 2011 年 3 月 24 日，"2011 酒店营销主题沙龙"在广州流花宾馆盛大举行。来自国际和国内著名连锁酒店集团、单体酒店、经济型酒店、精品酒店及其他相关行业的超过350位酒店业及相关产业的中高层管理人员出席了本次沙龙。沙龙围绕"后世博及亚运会之酒店营销新趋势"的主题，通过主题演讲和嘉宾座谈的形式，对酒店在线营销新趋势、社会媒体营销、后世博及亚运营销、酒店团购等热点议题进行了深入探讨。

7. 2011年3月25~27日，2011年浙江（江苏）旅游交易会在南京国际会展中心成功举办。本届旅交会由浙江省旅游局主办，浙江省各市旅游局（委）协办，并得到江苏省旅游局、上海市旅游局的支持。本次交易会大力推进了与南京及江苏省的区域旅游合作，全面展示了千岛湖休闲度假旅游新形象。

8. 2011年3月27日，中美商贸联委会旅游工作组第四次会议在北京召开。中国国家旅游局局长邵琪伟、副局长祝善忠，美国驻华大使骆家辉出席会议。来自中国国家旅游局，美国商务部、美国驻华使馆、中美两国旅行社、酒店、航空等业界代表就推动两国旅游务实合作进行了高级别会谈。中美双方签署了《中美商贸联委会旅游工作组2012~2013年工作计划》；与会业界代表就中美两国旅游发展战略、投资与发展机遇、游客互访情况、中国旅游团队赴美签证便利化等问题进行了交流和探讨。

9. 第三届中国国际会议产业周暨会议产业厦门高峰论坛于2012年3月29日至4月1日在厦门隆重举行。本届活动主题为"创新·创意·会议产业"，由厦门市人民政府和中国会展杂志社联合主办，界上传媒和厦门市商务局组织，《中国会议》杂志、北京界上文化发展有限公司、厦门市会议展览业协会承办。中央和地方城市有关部门领导、海内外专家学者、办会机构、服务企业在内的近400位会议专业人士再次聚首鹭岛，共同探讨会议产业的新发展。

10. 2011年4月3日，由国家旅游局和天津市人民政府共同主办、联合国世界旅游组织特别支持的"2011中国旅游产业博览会"在天津举办。来自北京、上海、重庆、山东、河北、河南、江苏、海南、云南、福建等国内26个省市区和港澳台地区以及哈尔滨、西安、成都、昆明、南京等9个省会城市的旅游代表团参加了博览会，国内外500多家旅游企业和协会参展参会。还有来自美国、德国、英国、法国、日本、韩国、加拿大等46个国家和地区的政府官员专程来津参会。旅游产业博览会期间，参观市民、游客突破25万人次；参展参会和采购人员达5万人次；签订采购房车、游艇、帆船、豪华轿车、游乐设备、户外旅游装备、旅游项目开发、节能环保设施等合同29项，交易额达25.6亿元；意向签约600多项，意向交易额达28亿元。

11. 亚太旅游协会（PATA）成立60周年庆典暨年会活动于2011年4月9~12日在北京举行。此次庆典暨年会的主题为"共筑旅游：过去、现在、未来"。会议主要围绕分销面临的挑战、游客结构的变化、民用航空等议题进行深入探讨。庆典活动还将回顾亚太旅游协会成立60年来的辉煌与荣耀，呈现当前的繁荣与活力，并展望创新的未来。

12. 2011年4月13日，中国出境旅游交易会（COTTM）在北京中国国际贸易会展中心开幕，为期3天。展会为全球国际旅游目的地与中国出境旅游运营商、出境旅行社和寻求购买海外商务及奖励旅游产品的专业人士建立直接商务联系，并打造了独特的年度性交流平台。来自 55 个国家和地区的 230 多家参展商参展，本届展会迎来 3500 名特邀买家和业内观众参观。

13. 2011 年 4 月 15 日，中国西部旅游发展论坛在西安举办，国家旅游局局长邵琪伟、陕西省副省长景俊海出席论坛并致辞。陕西、贵州、西藏、甘肃、青海、广西、宁夏、新疆、重庆、四川、云南、内蒙古 12 省区市领导出席论坛。来自中山大学、北京大学、北京交通大学、陕西师范大学、国务院发展研究中心的专家学者参加研讨。与会的 12 个省区市领导结合各地实际对西部旅游发展提出战略性思考。与会的专家学者对西部旅游发展中的开发与保护、打造民族文化特色产品、跨区域合作等问题进行了深入的研讨。论坛上西部 12 省区市联合发表了《西部旅游发展共同宣言》，就建立低碳、和谐发展理念，实施战略性差异化发展，建立资源共享机制和人才培养流动机制，共同实施客源市场开发战略，共同推动西部各省区市建立开放、有序的旅游大市场等问题达成共识。

14. 2011 年 4 月 15 日，由国家旅游局和陕西省人民政府共同主办的"2011 中国国内旅游交易会"在陕西西安曲江国际会展中心隆重开幕，来自全国的旅游局、旅行社、景点、酒店、公园、传媒、网络等旅游相关机构及企业共 1562 家单位参展。

15. 2011 年 4 月 19 日，全国工商联旅游业商会 2011 年春季会长（扩大）会议在张家界市召开，全国旅游业商会及部分省、市、自治区旅游商会的会长、秘书长参加会议。

16. "2011 中国四川国际文化旅游节"于 2011 年 4 月 18~21 日在成都举行。以"先导产业富民生，科学重建更美丽"为主题，邀请国内外嘉宾代表 600 人参会。其中境外已确定有 60 个国家和地区近 200 人参会，包括世界三大旅游组织 WTO（世界旅游组织）、WTTC（世界旅游业理事会）和 PATA（亚太旅游协会）负责人，以及日本、美国、韩国、马来西亚、印度尼西亚、德国、英国、法国、澳大利亚、泰国、越南和中国港澳台地区的旅行商和媒体代表。4 月 19 日，在阿坝汶川水磨镇举行开幕式及灾后文化旅游成果展示；19~20 日，与会嘉宾赴汶川、茂县、北川、绵竹等地开展灾后旅游恢复重建考察；4 月 21 日，举行灾后旅游恢复重建与发展振兴国际论坛。除主题活动外，全省各市州将同步举办近 70 项配套活动。

17. "2011 中国旅游科学年会"于 4 月 23~24 日在北京举行。本届年会是由中国旅游研究院主办、携程旅行网协办，以"本土意识与国际化成长"为主题。国家旅游局副局长杜江出席年会并致辞。国内外知名旅游专家、中国旅游研究院代表、业界代表等近 200 人参加年会。与会旅游专家和业界代表就"精益求精的理念与思想在现代旅游服务业中的具体应用"的问题，以及中国旅游与国际旅游接轨、如何更好地发展中国旅游产业等问题，进行了深入细致的探讨。

18. 第八届上海世界旅游资源博览会于 2011 年 5 月 12~15 日在上海展览中心举行。WTF 主办方在维持历届丰富展出内容的基础上，首推特色主题游标签化运作，重点推介各种主题旅游目的地及产品线路，并结合多种新型的展商增值服务回馈模式，为参展商提供更完整的结合品牌建设传播、媒体宣传曝光、业内买家会晤、公众直接销售等功能在内的整体解决方案。同时，联合互动新媒体，建立 WTF 业内权威网络交流平台，提供发布、交换业内资讯、查询、组织公众活动的信息渠道，以实现广大展商、观众与 WTF 的和谐共赢、与时俱进。

19. 我国将 2011 年 5 月 19 日这一天定为首个"中国旅游日"，5 月 19 日为《徐霞客游记》的开篇之日，同时也有"我要游"的谐音。首届中国旅游日的主题是"读万卷书，行万里路"，虽然不是法定节假日，但许多景区景点在节日期间都有半价甚至免费的优惠活动。

20. 2011 中国（常州）旅游电子商务大会暨旅游信息化"十二五"发展论坛于 2011 年 5 月 26~27 日在江苏常州召开。论坛专注探讨现代旅游服务业信息化和电子商务应用。

21. "2011 中国旅游项目投资大会"于 2011 年 6 月 11~12 日在北京举办。本次大会有超过 100 家金融机构、投资开发商、旅游资源方、规划策划机构的数百位负责人参会。大会将引进国际化的旅游项目投资交流和合作高端平台，以创造中国的国际精品旅游项目为目的，以国际领先的旅游项目设计规划理念为纽带，以实力强大的国际投资资本为后盾，为国内各投资企业、地方政府的旅游项目提供资本、智力的对接。大会包括"旅游投资 50 人论坛"、"旅游投资项目策划与规划论坛"、"旅游城市及旅游开发项目投资招商洽谈会"、"中国旅游投资之夜"等活动。

22. 第五届亚洲豪华旅游展（ILTM Aisa）于 2011 年 6 月 13 日在上海展览中心开幕。为期四天的展会包含了研讨会、论坛、展示以及社交晚宴等活动，为商务人士提供了一个极佳的交流平台。本届国际豪华旅游博览会为豪华旅游顾问呈现多个主题会议，并以澳大利亚与日本这两个亚太地区的成熟市场，以及中国与印度两个新兴市场为重心，对邮轮、酒店度假村等备受关注的行业问题进行探讨。

23. 2011 年 11 月 22 日，来自 350 个国际青年教育旅行旅游机构的超过 550 位首席执行官和领导人齐聚北京，参加这一年业内最重要的交流活动——世界青年学生旅游大会（WYSTC）。会上 80 位语言和教育专家参与其中，支持这个全球性的活动，认为它为建立更好的交易平台、得到地区认证、集体游说政府和给国际学生提高签证率做出了很大的贡献。

24. 2011 年 6 月 15~16 日，由宁波大学、法国昂热大学、宁波奉化市人民政府联合主办的第一届中欧国际旅游论坛在浙江奉化顺利召开。参加本次论坛的有来自法国、德国、瑞士、加拿大、美国以及中国等地的专家学者。

25. 2011 年 7 月 13~15 日第七届旅游前沿国际学术研讨会"旅游与人地环境"国际会议在湖南张家界举办。会议由中国地理学会旅游地理专业委员会和国际地理联合会旅游与休闲及全球变化专业委员会每两年在中国联合举办一次，本次会议主题为旅游与人地环境。

26. "2011 中国商务旅行高峰论坛"于 2011 年 7 月 14 日在北京歌华开元大酒店隆重举行。来自差旅买家、旅游供应商、差旅管理公司、技术服务公司以及相关产业的 430 名高层管理人员出席了本次盛会。本次论坛围绕商务旅行的各个参与方——旅游供应商、差旅管理公司和企业客户，如何利用技术创新，在控制差旅成本的同时，提升商务旅行者的旅行体验的主题，通过主题演讲、嘉宾座谈和专题讨论会等形式进行了深入的讨论和分析。

27. 2011 年 8 月 11~12 日，2011 年全国旅游市场工作会议在吉林省吉林市召开。会议的主要任务是，继续深入贯彻国务院 41 号文件，总结 2010 年及 2011 年上半年全国旅游市场工作，分析当前旅游市场的发展形势，研究部署下一阶段旅游市场工作，推动我国三大旅游市场协调发展，确保全年旅游市场目标的实现。

28. 由联合国世界旅游组织和亚太旅游协会共同举办的第五届联合国世界旅游组织/亚太旅游协会旅游趋势与展望国际论坛于 2011 年 10 月 26~27 日在桂林举行。此次论坛以"旅游创新与多样化"为主题，来自中国、西班牙、英国、法国、日本、澳大利亚等几十个国家和地区的国际知名旅游专家、业者就当前形势下全球旅游发展趋势、旅游产品的创新和多样化等问题进行了探讨。

29. 2011 年 9 月 1~3 日，第四届"9+10"区域旅游合作会议在天津梅江会展中心召开。本届会议由天津市人民政府和北京市人民政府共同主办，国家旅游局和联合国世界旅游组织特别支持，天津市旅游局和北京市旅游发展委员会联合承办。"9+10"区域旅游合作会议是本着"构建区域旅游一体化，促进环渤海及京津周边 9 省区市旅游业的共同繁荣"、"构建热点旅游城市旅游市场一体化，实现国内旅游热点城市共同发展与繁荣"的指导思想和"加强联合、资源共享、优势互补、互利共赢"的合作原则而举办的。

30. 2011 年 9 月 17~18 日，2011（第七届）欧亚企业社会责任和环境管理——旅游、会展和饭店餐饮业国际研讨会在哈尔滨商业大学商大酒店隆重召开。本次会议得到了国内外专家、学者和研究人员的积极响应，参加会议的国外专家代表中有 27 名来自亚洲、大洋洲、非洲等 12 个国家。会议旨在促进亚太地区、非洲和欧洲在旅游、会展和饭店餐饮企业的环境管理以及企业的社会责任和教育等方面的理论和实践经验的交流。

31. 2011 年 9 月 17 日至 11 月 18 日，历时两个月的第二届世界休闲博览会、第十三届中国杭州西湖国际博览会圆满落下帷幕。230 多个国家的城市和国际组织，共 3745 万人次中外嘉宾、游客和市民等同聚盛会，共同感受"休闲——提升生活品质"的办会主题，深入体验丰富多彩的办会内容，亲身领略"东方休闲之都"——杭州的风采，杭州再次成为全球休闲的汇聚地和世界目光的聚焦点。本届博览会设立三大主园区、十个分会场，共举办了 245 个会议、展览、活动项目；在各区县（市）、都市经济圈、分会场推出了 10 大类型的 10 条休闲体验线路和 200 个休闲体验点；实现贸易成交额 226 亿元；协议引进外资 11.36 亿美元、内资 133.48 亿元；国际性项目 72 个，占项目总数的 29.4%；国际展位比例达 25.3%；100 多家国内外媒体对博览会做了大量、深度的宣传报道。

32. "2011 中国（国际）休闲发展论坛"于 2011 年 11 月 11~12 日在南京举行，本届论坛由求是《小康》杂志、南京市人民政府与亚太休闲协会主办，南京市江宁区人民政府和中国休闲城市联谊会承办。论坛以"休闲消费与城市竞争力"为主题，从国家战略、休闲拉动消费、休闲产业转型及城市竞争力等视角进行深度探讨，搭建点对点的互动平台促进合作。

33. 2011 年 9 月 21~22 日，"2011 中国旅游分销高峰论坛"在广州翡翠皇冠假日酒店举行。600 多位来自航空公司、酒店、OTA、旅游分销商、旅游科技以及投资基金的中高层管理人员齐聚一堂，探讨和分析在中国市场全球化背景下中国旅游业面临的挑战、竞争以及未来发展机会。无论是出席的嘉宾层次之高、参会人数之多，还是涉及议题之广，此次论坛都堪称中国旅游分销业顶级的盛会。本次论坛的主题"创新思变灵感碰撞"契合了中国旅游业在发展探索中，新技术、新应用、新模式对行业造成的影响和带来的机遇。面对发展所带来的机遇与挑战，如何推陈出新而走出具有中国特色的道路？本次论坛重点关注了亚洲在线旅游市场、新兴分销渠道对中国旅游分销业的影响、旅游团购的未来、社会媒体新角色等 27 个热点议题，论坛通过嘉宾演讲和座谈等形式，从不同角度探索了移动技术为旅游业带来的革命性变化、团队旅游产品在线营销新方式、中国旅游业的投资机会、创业型企业创新商业模式、互联网巨头进军旅游业将如何改变旅游计划及竞争格局。

34. "第四届中国露营旅游论坛"于 2011 年 10 月 18 日在四川成都召开。本次论坛以"开拓视野、融合智慧、助推发展"为主题，旨在结合近年我国露营旅游行业的发展与实践成果，呼吁各相关机构的大力合作与努力参与，进一步推进我国露营休闲文化的发展，促进我国旅游露营产业的持续健康发展。

35. "2011 中国国际旅游交易会"于 2011 年 10 月 27 日在昆明启幕。此次参展的国家和地区达 95 个，创昆明国际旅交会历史之最，共设展位 2233 个，均创昆明国际旅交会历史新高。其中国内展位 1791 个，国际及海外展位 442 个，展馆总面积 5 万平方米。海外买家踊跃，来自日本、韩国、俄罗斯、美国等 46 个国家和地区的 900 多名买家参加交易会各项洽谈活动。参展商行业门类继续向多元化发展，行业覆盖范围进一步扩展，分别来自旅行社、酒店、政府旅游机构、旅游景区景点、航空公司、游船、旅游网站及预订系统等行业。

36. 2011 年 11 月 10~14 日，2011 中国体育旅游博览会暨第九届中国（海口）国际旅游商品交易会落下帷幕，据初步统计，本届博览会成交和意向成交金额超过 1.5 亿元，创下中国体育旅游博览会之最。本届博览会为期 4 天，展会分 4 个展厅和 1 个室外展区，展览总面积共约 6 万平方米，有国内外参展商 720 多个，是规模最大的一届体育旅游博览会。本届体博会整体布局涵盖了"吃住行游购娱"六大旅游要素，一应俱全。参观者在欣赏展会陈列的同时，能体验房车、购买体育旅游商品、品尝到海南和全国的各类特色小吃。

37. "2011 中国森林旅游博览会"于 2011 年 11 月 18 日在海南国际会议展览中心开幕。本次森博会的主题是"森林生态旅游，人类健康选择"，以"森林，让生活更多彩"为口号。本次森博会展览区域共 19771 平方米，展览以图片为主，辅以声、光、电技术，旨在展示我国森林旅游的整体资源优势、发展状况及特色产品。

38. 2011 年 11 月 20 日，第四届中俄旅游教育论坛在桂林漓江大瀑布饭店开幕。此次论坛由中国国家旅游局、俄罗斯联邦旅游署联合主办，桂林旅游高等专科学校、北京第二外国语学院承办。本届论坛旨在为中俄两国从事旅游教育培训的高等院校管理者、研究人员、教师、旅游企业、旅游从业人员等搭建一个互动平台，以"旅游教育：使命、责任和创新"为主题，共同讨论、分享旅游教育国际化合作、旅游行业培训、旅游职业教育和重大旅游活动服务等内容的实施途径和经验，增进中俄旅游教育界的交流和友谊。

39. 2011 年 11 月 26 日，由北京第二外国语学院主办的"旅游文化学术发布会"在京举行。此次发布会以旅游为主题，推介了包括旅游规划、旅游投融资、旅游管理、旅游贸易、旅游法五项研究成果，集中对旅游业发展中的热点问题和前沿问题进行了深入探讨。

40. 2011 年 12 月 1 日，由中国社会科学院主办的中国社会科学论坛——第十二届中国宏观经济运行与政策论坛在北京举行。本届论坛的主题是全球经济再平衡背景下的旅游经济。这是中国社科院的学术论坛首次将旅游经济作为主题。

41. 2011 年 12 月 2 日，"2011 中国旅游发展论坛"在广州举行。本次论坛由中国旅游协会、中国旅游研究院主办，岭南集团承办，广之旅和巅峰智业集团协办。国家旅游局党组成员、规划财务司司长、中国旅游协会副会长吴文学出席会议并讲话，百余位旅游集团、金融界代表及专家学者参会。本届论坛以"旅游集团的国际化道路"为主题，深入研究旅游集团走出去的发展战略，为推动旅游集团发展助力。论坛还设置了"智慧旅游及其商业实现"、"旅游创意综合体（CTC）发展及趋势"、"旅游投融资的趋势与空间"三个分论坛。本次论坛发布了《旅游创意综合体（CTC）发展报告》、《中国旅游集团发展年度报告（2011~2012）——旅游集团的国际化道路》，公布了"2011 年度中国旅游集团 20 强"榜单。

42. 2011 年 12 月 15~16 日，旅游电子商务大会在江苏南京举办，本届大会的主题为旅游电子商务运营实战，在线旅游创新和创业。重点探讨了旅游电子商务运营和从营销到预订的效果转化；关注在线旅游新技术和旅游手机应用开发，交流在线旅游创业和团队建设心得。

第五章 旅游经济学学科 2011 年 文献索引

1. Petrevska B. Tourism in the global development strategy of Macedonia: Economic perspectives [J]. UTMS Journal of Economics, 2011, 2 (1): 101–108.

2. Arslanturk Y., Balcilar M., Ozdemir Z. A. Time–varying linkages between tourism receipts and economic growth in a small open economy [J]. Economic Modelling, 2011, 28 (1): 664–671.

3. Fayissa B., Nsiah C., Tadesse B. Research note: Tourism and economic growth in Latin American countries–further empirical evidence [J]. Tourism Economics, 2011, 17 (6): 1365–1373.

4. Kasimati E. Economic impact of tourism on Greece's economy: Cointegration and causality analysis [J]. International Research Journal of Finance and Economics, 2011, 79: 79–85.

5. Mathfield D. Impacts of accommodation and craft–based tourism on local economic development: The case of the Midlands Meander [D]. 2011.

6. Ulusoy R, Inancli S. The effects of tourism sector on turkish economy [J]. International Research Journal of Finance and Economics, 2011, 77: 88–93.

7. Cortes–Jimenez I., Nowak J. J., Sahli M. Mass beach tourism and economic growth: Lessons from Tunisia [J]. Tourism Economics, 2011, 17 (3): 531–547.

8. Mishra P. K., Rout H. B., Mohapatra S. S. Causality between tourism and economic growth: Empirical evidence from India [J]. European Journal of Social Sciences, 2011, 18 (4): 518–827.

9. Lorde T., Francis B., Drakes L. Tourism services exports and economic growth in Barbados [J]. The International Trade Journal, 2011, 25 (2): 205–232.

10. Samimi A. J., Sadeghi S., Sadeghi S. Tourism and economic growth in developing countries: P–VAR approach [J]. Middle–East Journal of Scientific Research, 2011, 10 (1): 28–32.

11. Seetanah B. Assessing the dynamic economic impact of tourism for island economies [J]. Annals of Tourism Research, 2011, 38 (1): 291–308.

12. Mazanec J. A., Ring A. Tourism destination competitiveness: second thoughts on the

World Economic Forum reports [J]. Tourism Economics, 2011, 17 (4): 725–751.

13. Lew A. A. Tourism's role in the global economy [J]. Tourism Geographies, 2011, 13 (1): 148–151.

14. Rurangwa M. An analysis of tourism economic development in the Northern Province of Rwanda [D]. Cape Peninsula University of Technology, 2011.

15. Vellas F. The indirect impact of tourism: an economic analysis [C]. Third Meeting of T20 Tourism Ministers, 2011.

16. Herrero L. C., Sanz Á., Devesa M. Measuring the economic value and social viability of a cultural festival as a tourism prototype [J]. Tourism Economics, 2011, 17 (3): 639–653.

17. Pratt S. Economic linkages and impacts across the TALC [J]. Annals of Tourism Research, 2011, 38 (2): 630–650.

18. Briedenhann J. Economic and tourism expectations of the 2010 FIFA World Cup—A resident perspective [J]. Journal of Sport & Tourism, 2011, 16 (1): 5–32.

19. Rogerson C. M. Urban tourism and regional tourists: Shopping in Johannesburg, South Africa [J]. Tijdschrift voor Economische en Sociale Geografie, 2011, 102 (3): 316–330.

20. Dwyer L., Forsyth P., Dwyer W., et al. The travel and tourism competitiveness index as a tool for economic development and poverty reduction[J]. Strategic Management in Tourism, 2011: 33–52.

21. Christian M., Fernandez–Stark K., Ahmed G., et al. The tourism global value chain: Economic upgrading and workforce development [J]. Skills for Upgrading, 2011: 276.

22. Anderson W. Enclave tourism and its socio–economic impact in emerging destinations [J]. Anatolia, 2011, 22 (3): 361–377.

23. Borch T., Moilanen M., Olsen F. Marine fishing tourism in Norway: structure and economic effects [J]. Økonomisk Fiskeriforskning, 2011, 21: 1–17.

24. Schubert S. F., Brida J. G. Dynamic model of economic growth in a small tourism driven economy [M]. Tourism Economics, Physica–Verlag HD, 2011.

25. Tomas L. G., Osvaldo B., Jose M. C. Community–based tourism and local socio–economic development: A case study in Cape Verde [J]. African Journal of Business Management, 2011, 5 (5): 1608–1617.

26. Barbu I. Tourism in county Arad. Rural tourism–economic implications [J]. Annals-Economy Series, 2011, 4: 32–35.

27. Wang S., He Y., Wang X., et al. Regional disparity and convergence of China's inbound tourism economy [J]. Chinese Geographical Science, 2011, 21 (6): 715–722.

28. Ekanayake E. M., Long A. E. Tourism development and economic growth in developing countries [C]. Global Conference on Business and Finance Proceedings, 2011.

29. Tang C. F. Is the tourism led growth hypothesis valid for malaysia? a view from disag–

gregated tourism markets [J]. International Journal of Tourism Research, 2011, 13 (1): 97–101.

30. Jin. J C. The Effects of Tourism on Economic Growth in Hong Kong [J]. Cornell Hospitality Quarterly, 2011, 52 (3): 333–340.

31. Anderson R. C., Adam M. S., Kitchen-Wheeler A. M., et al. Extent and economic value of manta ray watching in Maldives [J]. Tourism in Marine Environments, 2011, 7 (1): 15–27.

32. Zampoukos K., Ioannides D. The tourism labour conundrum: agenda for new research in the geography of hospitality workers [J]. Hospitality & Society, 2011, 1 (1): 25–45.

33. Castillo-Manzano J. I., López-Valpuesta L, González-Laxe F. The effects of the LCC boom on the urban tourism fabric: The viewpoint of tourism managers [J]. Tourism Management, 2011, 32 (5): 1085–1095.

34. Bramwell B., Lane B. Critical research on the governance of tourism and sustainability [J]. Journal of Sustainable Tourism, 2011, 19 (4–5): 411–421.

35. Farsani N. T., Coelho C, Costa C. Geotourism and geoparks as novel strategies for socio economic development in rural areas [J]. International Journal of Tourism Research, 2011, 13(1): 68–81.

36. Alcover A., Alemany M., Jacob M., et al. The economic impact of yacht charter tourism on the Balearic economy [J]. Tourism Economics, 2011, 17 (3): 625–638.

37. Lew A. A. Tourism's role in the global economy [J]. Tourism Geographies, 2011, 13 (1): 148–151.

38. Nissan E., Galindo M. A., Méndez M. T. Relationship between tourism and economic growth [J]. The Service Industries Journal, 2011, 31 (10): 1567–1572.

39. He L., Zheng X. Empirical analysis on the relationship between tourism development and economic growth in Sichuan [J]. Journal of Agricultural Science, 2011, 3 (1): 212.

40. Ardahaey F. T. Economic impacts of tourism industry [J]. International Journal of Business and Management, 2011, 6 (8): 206.

41. Rogerson C. M., Rogerson J. M. Tourism research within the Southern African development community: Production and consumption in academic journals, 2000–2010[J]. Tourism Review International, 2011, 15 (1–2): 213–224.

42. Gallagher A. J., Hammerschlag N. Global shark currency: the distribution, frequency, and economic value of shark ecotourism [J]. Current Issues in Tourism, 2011, 14 (8): 797–812.

43. Ferreira S. South African tourism road to economic recovery: 2010 FIFA soccer world cup as vehicle [J]. Tourism Review International, 2011, 15 (1–2): 91–106.

44. Lin C. J., Chen H. F., Lee T. S. Forecasting tourism demand using time series, artifi-

cial neural networks and multivariate adaptive regression splines: Evidence from Taiwan [J]. International Journal of Business Administration, 2011, 2 (2): 14.

45. Tang Z., Shi C. B., Liu Z. Sustainable development of tourism industry in China under the low-carbon economy [J]. Energy Procedia, 2011 (5): 1303-1307.

46. Thomas R., Shaw G., Page S. J. Understanding small firms in tourism: A perspective on research trends and challenges [J]. Tourism Management, 2011, 32 (5): 963-976.

47. Williams A. M., Shaw G. Internationalization and innovation in tourism [J]. Annals of Tourism Research, 2011, 38 (1): 27-51.

48. Elena M. M., Andrei M., Dumitrescu D. Tourism revival Factor at Social, Cultural and Economic Levels [C]. Proceedings of the 4th ISI WSEAS International Conference on Cultural, Urban and Heritage Tourism, CUHT, 2011.

49. Bramwell B. Governance, the state and sustainable tourism: A political economy approach [J]. Journal of Sustainable Tourism, 2011, 19 (4-5): 459-477.

50. Bresson G., Logossah K. Crowding-out effects of cruise tourism on stay-over tourism in the Caribbean: Non-parametric panel data evidence [J]. Tourism Economics, 2011, 17 (1): 127-158.

51. Frechtling D. Exploring the full economic impact of tourism for policy making [C]. The T.20 Ministers' Meeting in Paris, 2011.

52. Aaron Schiff, Susanne Becken. Demand elasticity estimates for New Zealand tourism [J]. Tourism Management, 2011, 32 (3): 564-575.

53. Aaron Tkaczynski, Sharyn R. Rundle-Thiele. Event segmentation: A review and research agenda [J]. Tourism Management, 2011, 32 (2): 426-434.

54. Ada S. Lo, Candy Y.S. Lee. Motivations and perceived value of volunteer tourists from Hong Kong [J]. Tourism Management, 2011, 32 (2): 326-334.

55. Adrian Devine, Frances Devine. Planning and developing tourism within a public sector quagmire: Lessons from and for small countries [J]. Tourism Management, 2011, 32 (6): 1253-1261.

56. Ahmet Usakli, Seyhmus Baloglu. Brand personality of tourist destinations: An application of self-congruity theory [J]. Tourism Management, 2011, 32 (1): 114-127.

57. Alexis Papathanassis, Friederike Knolle. Exploring the adoption and processing of online holiday reviews: A grounded theory approach [J]. Tourism Management, 2011, 32 (2): 215-224.

58. Alison E. Lloyd, Leslie S.C. Yip, Sherriff T.K. Luk. An examination of the differences in retail service evaluation between domestic and tourist shoppers in Hong Kong [J]. Tourism Management, 2011, 32 (3): 520-533.

59. Aliza Fleischer, Gil Peleg, Judith Rivlin (Byk). The impact of changes in household

vacation expenditures on the travel and hospitality industries [J]. Tourism Management, 2011, 32 (4): 815–821.

60. Amitrajeet A. Batabyal, Hamid Beladi. An alternate approach to modeling the slack season provision of guided tours to tourists [J]. Tourism Management, 2011, 32 (5): 1047–1049.

61. Andrew Lepp, Heather Gibson, Charles Lane. Image and perceived risk: A study of Uganda and its official tourism website [J]. Tourism Management, 2011, 32 (3): 675–684.

62. Andy S. Choi. Implicit prices for longer temporary exhibitions in a heritage site and a test of preference heterogeneity: A segmentation−based approach [J]. Tourism Management, 2011, 32 (3): 511–519.

63. Angela M. Benson, Deborah Blackman. To distribute leadership or not? A lesson from the islands [J]. Tourism Management, 2011, 32 (5): 1141–1149.

64. Anita Zehrer, John C. Crotts, Vincent P. Magnini. The perceived usefulness of blog postings: An extension of the expectancy−disconfirmation paradigm [J]. Tourism Management, 2011, 32 (1): 106–113.

65. Anya Chapman, Janet Speake. Regeneration in a mass−tourism resort: The changing fortunes of Bugibba, Malta [J]. Tourism Management, 2011, 32 (3): 482–491.

66. Arturo Melián−González, Sergio Moreno−Gil, Jorge E. Araña. Gay tourism in a sun and beach destination [J]. Tourism Management, 2011, 32 (5): 1027–1037.

67. Athena H.N. Mak, Kevin K.F. Wong, Richard C.Y. Chang. Critical issues affecting the service quality and professionalism of the tour guides in Hong Kong and Macau [J]. Tourism Management, 2011, 32 (6): 1442–1452.

68. Baoren Su. Rural tourism in China [J]. Tourism Management, 2011, 32 (6): 1438–1441.

69. Beatriz Plaza. Google Analytics for measuring website performance [J]. Tourism Management, 2011, 32 (3): 477–481.

70. Ben Haobin Ye, Hanqin Zhang Qiu, Peter P. Yuen. Motivations and experiences of Mainland Chinese medical tourists in Hong Kong [J]. Tourism Management, 2011, 32 (5): 1125–1127.

71. Bénédicte Aldebert, Rani J. Dang, Christian Longhi. Innovation in the tourism industry: The case of Tourism [J]. Tourism Management, 2011, 32 (5): 1204–1213.

72. Beverley A. Sparks, Victoria Browning. The impact of online reviews on hotel booking intentions and perception of trust [J]. Tourism Management, 2011, 32 (6): 1310–1323.

73. Beverley Sparks, Graham Bradley, Gayle Jennings. Consumer value and self−image congruency at different stages of timeshare ownership [J]. Tourism Management, 2011, 32 (5): 1176–1185.

74. Bonwoo Koo, Benny Mantin, Peter O'Connor. Online distribution of airline tickets: Should airlines adopt a single or a multi-channel approach? [J]. Tourism Management, 2011, 32 (1): 69-74.

75. C. Michael Hall. Publish and perish? Bibliometric analysis, journal ranking and the assessment of research quality in tourism [J]. Tourism Management, 2011, 32 (1): 16-27.

76. Caiping Wang, Honggang Xu. Government intervention in investment by Chinese listed companies that have diversified into tourism [J]. Tourism Management, 2011, 32 (6): 1371-1380.

77. Carlos Pestana Barros, Laurent Botti, Nicolas Peypoch, Elisabeth Robinot, Bernardin Solonandrasana, George Assaf A. Performance of French destinations: Tourism attraction perspectives [J]. Tourism Management, 2011, 32 (1): 141-146.

78. Cedric Hsi-Jui Wu, Rong-Da Liang. The relationship between white-water rafting experience formation and customer reaction: A flow theory perspective [J]. Tourism Management, 2011, 32 (2): 317-325.

79. Chak Keung Simon Wong, Fung Ching Gladys Liu. A study of pre-trip use of travel guidebooks by leisure travelers [J]. Tourism Management, 2011, 32 (6): 616-628.

80. Chia-Kuen Cheng, Xiang (Robert) Li, James F. Petrick, Joseph T. O'Leary. An examination of tourism journal development [J]. Tourism Management, 2011, 32 (1): 53-61.

81. Christer Thrane, Eivind Farstad. Domestic tourism expenditures: The non-linear effects of length of stay and travel party size [J]. Tourism Management, 2011, 32 (1): 46-52.

82. Chung Hun Lee, David A. Cranage. Personalisation-privacy paradox: The effects of personalisation and privacy assurance on customer responses to travel Web sites [J]. Tourism Management, 2011, 32 (5): 987-994.

83. Chung-Chieh Lee, Chih-Jen Chen. The reaction of elderly Asian tourists to avian influenza and SARS [J]. Tourism Management, 2011, 32 (6): 1421-1422.

84. Chung-Hung Tsai, Cheng-Wu Chen. The establishment of a rapid natural disaster risk assessment model for the tourism industry [J]. Tourism Management, 2011, 32 (1): 158-171.

85. Dan Cormany, Seyhmus Baloglu. Medical travel facilitator websites: An exploratory study of web page contents and services offered to the prospective medical tourist [J]. Toursim Management, 2011, 32 (4): 709-716.

86. Daniela Liggett, Alison McIntosh, Anna Thompson, Neil Gilbert, Bryan Storey. From frozen continent to tourism hotspot? Five decades of Antarctic tourism development and management, and a glimpse into the future [J]. Toursim Management, 2011, 32 (2): 357-366.

87. David C. Bojanic. The impact of age and family life experiences on Mexican visitor shopping expenditures [J]. Toursim Management, 2011, 32 (2): 406-414.

88. Emanuela Marrocu, Raffaele Paci. They arrive with new information. Tourism flows

and production efficiency in the European regions [J]. Toursim Management, 2011, 32 (4): 750-758.

89. Emese Panyik, Carlos Costa, Tamara Rátz. Implementing integrated rural tourism: An event-based approach [J]. Toursim Management, 2011, 32 (6): 1532-1363.

90. Emma P.Y. Wong, Nina Mistilis, Larry Dwyer. A framework for analyzing intergovernmental collaboration—The case of ASEAN tourism [J]. Toursim Management, 2011, 32 (2): 367-376.

91. Eric Frauman, Sarah Banks. Gateway community resident perceptions of tourism development: Incorporating Importance-Performance Analysis into a Limits of Acceptable Change framework [J]. Tourism Management, 2011, 32 (1): 128-140.

92. Esmaeil Hadavandi, Arash Ghanbari, Kamran Shahanaghi, Salman Abbasian-Nagh neh. Tourist arrival forecasting by evolutionary fuzzy systems [J]. Tourism Management, 2011, 32 (5): 1196-1203.

93. Esteban Ruiz-Ballesteros. Social-ecological resilience and community-based tourism: An approach from Agua Blanca, Ecuador [J]. Tourism Management, 2011, 32 (3): 655-666.

94. Farhad Moghimehfar, Mohammad Hossein Nasr-Esfahani. Decisive factors in medical tourism destination choice: A case study of Isfahan, Iran and fertility treatments [J]. Tourism Management, 2011, 32 (6): 1431-1434.

95. Fong-Lin Chu. A piecewise linear approach to modeling and forecasting demand for Macau tourism [J]. Tourism Management, 2011, 32 (6): 1414-1420.

96. Galia Fuchs, Arie Reichel. An exploratory inquiry into destination risk perceptions and risk reduction strategies of first time vs. repeat visitors to a highly volatile destination [J]. Tourism Management, 2011, 32 (2): 266-276.

97. Gareth Shaw, Adrian Bailey, Allan Williams. Aspects of service-dominant logic and its implications for tourism management: Examples from the hotel industry [J]. Tourism Management, 2011, 32 (2): 207-214.

98. Gill Pomfret. Package mountaineer tourists holidaying in the French Alps: An evalua tion of key influences encouraging their participation [J]. Tourism Management, 2011, 32 (3): 501-510.

99. Grace Chang, Lowell Caneday. Web-based GIS in tourism information search: Perceptions, tasks, and trip attributes [J]. Tourism Management, 2011, 32 (6): 1435-1437.

100. Graziano Abrate, Antonella Capriello, Giovanni Fraquelli. When quality signals talk: Evidence from the Turin hotel industry [J]. Tourism Management, 2011, 32 (4): 912-921.

101. Gregory Ashworth, Stephen J. Page. Urban tourism research: Recent progress and current paradoxes [J]. Tourism Management, 2011, 32 (1): 1-15.

102. Guy Assaker, Vincenzo Esposito Vinzi, Peter O'Connor. Examining the effect of

novelty seeking, satisfaction, and destination image on tourists' return pattern: A two factor, non-linear latent growth model [J]. Tourism Management, 2011, 32 (4): 890-901.

103. Hailin Qu, Haeyoung Lee. Travelers' social identification and membership behaviors in online travel community [J]. Tourism Management, 2011, 32 (6): 1262-1270.

104. Hailin Qu, Lisa Hyunjung Kim, Holly Hyunjung Im. A model of destination branding: Integrating the concepts of the branding and destination image [J]. Tourism Management, 2011, 32 (3): 465-476.

105. Haiyan Song, Shanshan Lin, Stephen F. Witt, Xinyan Zhang. Impact of financial/economic crisis on demand for hotel rooms in Hong Kong [J]. Tourism Management, 2011, 32 (1): 172-186.

106. Hania Janta, Adele Ladkin, Lorraine Brown, Peter Lugosi. Employment experiences of Polish migrant workers in the UK hospitality sector [J]. Tourism Management, 2011, 32 (5): 1006-1019.

107. Henna Konu, Tommi Laukkanen, Raija Komppula. Using ski destination choice criteria to segment Finnish ski resort customers [J]. Tourism Management, 2011, 32 (5): 1096-1105.

108. Hong Zhang, Chao-lin Gu, Lu-wen Gu, Yan Zhang. The evaluation of tourism destination competitiveness by TOPSIS & information entropy—A case in the Yangtze River Delta of China [J]. Tourism Management, 2011, 32 (2): 443-451.

109. Hung Jen Su, Yu-An Huang, Glen Brodowsky, Hyun Jeong Kim. The impact of product placement on TV-induced tourism: Korean TV dramas and Taiwanese viewers [J]. Tourism Management, 2011, 32 (4): 805-814.

110. Iris Sheungting Lo, Bob McKercher, Ada Lo, Catherine Cheung, Rob Law. Tourism and online photography [J]. Tourism Management, 2011, 32 (4): 725-731.

111. Isabel Sánchez-García, Rafael Currás-Pérez. Effects of dissatisfaction in tourist services: The role of anger and regret [J]. Tourism Management, 2011, 32 (6): 1397-1406.

112. Isidoro Romero, Pilar Tejada. A multi-level approach to the study of production chains in the tourism sector [J]. Tourism Management, 2011, 32 (2): 297-306.

113. J.E.S. Higham, E.J. Shelton. Tourism and wildlife habituation: Reduced population fitness or cessation of impact? [J]. Tourism Management, 2011, 32 (6): 1290-1298.

114. James E.S. Higham, Scott A. Cohen. Canary in the coalmine: Norwegian attitudes towards climate change and extreme long-haul air travel to Aotearoa/New Zealand [J]. Tourism Management, 2011, 32 (1): 98-105.

115. James J.H. Liou, Chao-Che Hsu, Wen-Chien Yeh, Rong-Ho Lin. Using a modified grey relation method for improving airline service quality [J]. Tourism Management, 2011, 32 (6): 1381-1388.

116. Jeffrey S. Podoshen, James M. Hunt. Equity restoration, the Holocaust and tourism of sacred sites [J]. Tourism Management, 2011, 32 (6): 1332-1342.

117. Jianhong (Cecilia) Xia, Panlop Zeephongsekul, David Packer. Spatial and temporal modelling of tourist movements using Semi-Markov processes [J]. Tourism Management, 2011, 32 (4): 844-851.

118. Jin Young Chung, Gerard T. Kyle, James F. Petrick, James D. Absher. Fairness of prices, user fee policy and willingness to pay among visitors to a national forest [J]. Tourism Management, 2011, 32 (5): 1038-1046.

119. Joaquín Alegre, Sara Mateo, Llorenç Pou. A latent class approach to tourists' length of stay [J]. Tourism Management, 2011, 32 (3): 555-563.

120. Johan Fourie, María Santana-Gallego. The impact of mega-sport events on tourist arrivals [J]. Tourism Management, 2011, 32 (6): 1364-1370.

121. John McKenna, Allan T. Williams, J. Andrew G. Cooper. Blue Flag or Red Herring: Do beach awards encourage the public to visit beaches? [J]. Tourism Management, 2011, 32 (3): 576-588.

122. John T. Coshall, Richard Charlesworth. A management orientated approach to combination forecasting of tourism demand [J]. Tourism Management, 2011, 32 (4): 759-769.

123. Jon Martin Denstadli, Jens Kr. Steen Jacobsen. The long and winding roads: Perceived quality of scenic tourism routes [J]. Tourism Management, 2011, 32 (4): 780-789.

124. José I. Castillo-Manzano, Lourdes López-Valpuesta, Fernando González-Laxe. The effects of the LCC boom on the urban tourism fabric: The viewpoint of tourism managers [J]. Tourism Management, 2011, 32 (5): 1085-1095.

125. Josep Maria Bech Serrat. Quality of hotel service and consumer protection: A European contract law approach [J]. Tourism Management, 2011, 32 (2): 277-287.

126. Joseph E. Mbaiwa. Changes on traditional livelihood activities and lifestyles caused by tourism development in the Okavango Delta, Botswana [J]. Tourism Management, 2011, 32 (5): 1050-1060.

127. Josip Mikulić, Darko Prebežac. Evaluating hotel animation programs at Mediterranean sun-and-sea resorts: An impact-asymmetry analysis [J]. Tourism Management, 2011, 32 (3): 688-696.

128. Joy (Zhuowei) Huang, Liping A. Cai. Destination choice model for transitional travel: College students in China [J]. Tourism Management, 2011, 32 (3): 697-699.

129. Juan L. Nicolau. Differentiated price loss aversion in destination choice: The effect of tourists' cultural interest [J]. Tourism Management, 2011, 32 (5): 1186-1195.

130. Kam Hung, James F. Petrick. Why do you cruise? Exploring the motivations for taking cruise holidays, and the construction of a cruising motivation scale [J]. Tourism Manage-

ment, 2011, 32 (2): 386-393.

131. Kam Hung, Rob Law. An overview of Internet -based surveys in hospitality and tourism journals [J]. Tourism Management, 2011, 32 (4): 717-724.

132. Kelly Cassidy, Chris Guilding. Management models and differential agency challenges arising in Australian multi-titled tourism accommodation properties [J]. Tourism Management, 2011, 32 (6): 1271-1281.

133. Kenneth F. Hyde, Serhat Harman. Motives for a secular pilgrimage to the Gallipoli battlefields [J]. Tourism Management, 2011, 32 (6): 1343-1351.

134. Khaldoon "Khal" Nusair, H.G. Parsa, Cihan Cobanoglu. Building a model of commitment for Generation Y: An empirical study on e-travel retailers [J]. Tourism Management, 2011, 32 (4): 833-843.

135. Kimberly L. Morgan, Sherry L. Larkin, Charles M. Adams. Empirical analysis of media versus environmental impacts on park attendance [J]. Tourism Management, 2011, 32 (4): 852-859.

136. Larry A. Nelson, David A. Dickey, Joy M. Smith. Estimating time series and cross section tourism demand models: Mainland United States to Hawaii data [J]. Tourism Management, 2011, 32 (1): 28-38.

137. Li Sheng. Specialisation versus diversification: A simple model for tourist cities [J]. Tourism Management, 2011, 32 (5): 1229-1231.

138. Li Sheng. Taxing tourism and subsidizing non-tourism: A welfare-enhancing solution to "Dutch disease"? [J]. Tourism Management, 2011, 32 (5): 1223-1228.

139. Li-Ju Chen, Joseph S. Chen. The motivations and expectations of international volunteer tourists: A case study of "Chinese Village Traditions" [J]. Tourism Management, 2011, 32 (2): 435-442.

140. Lingling Wu, Junyi Zhang, Akimasa Fujiwara. Representing tourists' heterogeneous choices of destination and travel party with an integrated latent class and nested logit model [J]. Tourism Management, 2011, 32 (6): 1407-1413.

141. Lucio Lamberti, Giuliano Noci, Jurong Guo, Shichang Zhu. Mega-events as drivers of community participation in developing countries: The case of Shanghai World Expo [J]. Tourism Management, 2011, 32 (6): 1474-1483.

142. Marco Confalonieri. A typical Italian phenomenon: The "albergo diffuso" [J]. Tourism Management, 2011, 32 (3): 685-687.

143. Mario Holzner. Tourism and economic development: The beach disease? [J]. Tourism Management, 2011, 32 (6): 922-933.

144. Mark D. Needham, Brian W. Szuster. Situational influences on normative evaluations of coastal tourism and recreation management strategies in Hawai'i [J]. Tourism Management,

2011, 32 (4): 732-740.

145. Mary-Frances Lynch, Peter N. Duinker, Lorn R. Sheehan, Janet E. Chute. The demand for Mi'kmaw cultural tourism: Tourist perspectives [J]. Tourism Management, 2011, 32 (5): 977-986.

146. Matthias Bank, Robert Wiesner. Determinants of weather derivatives usage in the Austrian winter tourism industry [J]. Tourism Management, 2011, 32 (1): 62-68.

147. Matthias Fuchs, Alexander Eybl, Wolfram Höpken. Successfully selling accommoda tion packages at online auctions—The case of eBay Austria [J]. Tourism Management, 2011, 32(5): 1166-1175.

148. Michela Arnaboldi, Nicola Spiller. Actor-network theory and stakeholder collaboration: The case of Cultural Districts [J]. Tourism Management, 2011, 32 (3): 641-654.

149. Minfeng Deng, George Athanasopoulos. Modelling Australian domestic and international inbound travel: A spatial-temporal approach [J]. Tourism Management, 2011, 32 (5): 1075-1084.

150. Morten Hesse, Sébastien Tutenges. Young tourists visiting strip clubs and paying for sex [J]. Tourism Management, 2011, 32 (4): 869-874.

151. Myung-Ja Kim, Namho Chung, Choong-Ki Lee. The effect of perceived trust on electronic commerce: Shopping online for tourism products and services in South Korea [J]. Tourism Management, 2011, 32 (2): 256-265.

152. Natalia López-Mosquera, Mercedes Sánchez. The influence of personal values in the economic-use valuation of peri-urban green spaces: An application of the means-end chain theory [J]. Tourism Management, 2011, 32 (4): 875-889.

153. Nicola E. Stokburger-Sauer. The relevance of visitors' nation brand embeddedness and personality congruence for nation brand identification, visit intentions and advocacy [J]. Tourism Management, 2011, 32 (6): 1282-1289.

154. Nigel Hardiman, Shelley Burgin. Canyoning adventure recreation in the Blue Mountains World Heritage Area (Australia): The canyoners and canyoning trends over the last decade [J]. Tourism Management, 2011, 32 (6): 1324-1331.

155. Pascal Scherrer, Amanda J. Smith, Ross K. Dowling. Visitor management practices and operational sustainability: Expedition cruising in the Kimberley, Australia [J]. Tourism Management, 2011, 32 (5): 1218-1222.

156. Peter Varley, Dominic Medway. Ecosophy and tourism: Rethinking a mountain resort [J]. Tourism Management, 2011, 32 (4): 902-911.

157. Pieter A. Van Dijk, Liam D.G. Smith, Brian K. Cooper. Are you for real? An evaluation of the relationship between emotional labour and visitor outcomes [J]. Tourism Management, 2011, 32 (1): 39-45.

158. Pietro Beritelli, Christian Laesser. Power dimensions and influence reputation in tourist destinations: Empirical evidence from a network of actors and stakeholders [J]. Tourism Management, 2011, 32 (6): 1299-1309.

159. Ramón Fuentes. Efficiency of travel agencies: A case study of Alicante, Spain [J]. Tourism Management, 2011, 32 (1): 75-87.

160. Rebekka M. Dudensing, David W. Hughes, Martin Shields. Perceptions of tourism promotion and business challenges: A survey-based comparison of tourism businesses and promotion organizations [J]. Tourism Management, 2011, 32 (6): 1453-1462.

161. Rhodri Thomas, Gareth Shaw, Stephen J. Page. Understanding small firms in tourism: A perspective on research trends and challenges [J]. Tourism Management, 2011, 32 (5): 963-976.

162. Ria Dunkley, Nigel Morgan, Sheena Westwood. Visiting the trenches: Exploring meanings and motivations in battlefield tourism [J]. Tourism Management, 2011, 32 (4): 860-868.

163. Ricard Rigall-I-Torrent, Modest Fluvià, Ramon Ballester, Albert Saló, Eduard Ariza, Josep-Maria Espinet. The effects of beach characteristics and location with respect to hotel prices [J]. Tourism Management, 2011, 32 (5): 1150-1158.

164. Ricard Rigall-I-Torrent, Modest Fluvià. Managing tourism products and destinations embedding public good components: A hedonic approach [J]. Tourism Management, 2011, 32 (2): 244-255.

165. Richard C.Y. Chang, Jakša Kivela, Athena H.N. Mak. Attributes that influence the evaluation of travel dining experience: When East meets West [J]. Tourism Management, 2011, 32 (2): 307-316.

166. Rita Faullant, Kurt Matzler, Todd A. Mooradian. Personality, basic emotions, and satisfaction: Primary emotions in the mountaineering experience [J]. Tourism Management, 2011, 32 (6): 1423-1430.

167. Rob Law, Jia Rong, Huy Quan Vu, Gang Li, Hee Andy Lee. Identifying changes and trends in Hong Kong outbound tourism [J]. Tourism Management, 2011, 32 (5): 1106-1114.

168. Roy Ballantyne, Jan Packer, John Falk. Visitors' learning for environmental sustainability: Testing short-and long-term impacts of wildlife tourism experiences using structural equation modelling [J]. Tourism Management, 2011, 32 (6): 1243-1252.

169. Roy Ballantyne, Jan Packer, Lucy A. Sutherland. Visitors' memories of wildlife tourism: Implications for the design of powerful interpretive experiences [J]. Tourism Management, 2011, 32 (4): 770-779.

170. Samantha Rozier-Rich, Carla Almeida Santos. Processing promotional travel narra-

tives [J]. Tourism Management, 2011, 32 (2): 394–405.

171. Samuel Seongseop Kim, Dallen J. Timothy, Jinsoo Hwang. Understanding Japanese tourists' shopping preferences using the Decision Tree Analysis method [J]. Tourism Management, 2011, 32 (3): 544–554.

172. Sangjae Lee, Sungil Jeon, Doyoung Kim. The impact of tour quality and tourist satisfaction on tourist loyalty: The case of Chinese tourists in Korea [J]. Tourism Management, 2011, 32 (5): 1115–1124.

173. Sara Dolnicar, Klaus Grabler, Bettina Grün, Anna Kulnig. Key drivers of airline loyalty [J]. Tourism Management, 2011, 32 (5): 1020–1026.

174. Seul Ki Lee, SooCheong (Shawn) Jang. Foreign exchange exposure of US tourism-related firms [J]. Tourism Management, 2011, 32 (4): 934–948.

175. Shahida Zubair, David Bowen, James Elwin. Not quite paradise: Inadequacies of environmental impact assessment in the Maldives [J]. Tourism Management, 2011, 32 (2): 225–235.

176. Silvia Grappi, Fabrizio Montanari. The role of social identification and hedonism in affecting tourist re-patronizing behaviours: The case of an Italian festival [J]. Tourism Management, 2011, 32 (5): 1128–1140.

177. SooCheong (Shawn) Jang. Growth-focused or profit-focused firms: Transitions toward profitable growth [J]. Tourism Management, 2011, 32 (3): 667–674.

178. Stefan Franz Schubert, Juan Gabriel Brida, Wiston Adrián Risso. The impacts of international tourism demand on economic growth of small economies dependent on tourism [J]. Tourism Management, 2011, 32 (2): 377–385.

179. Stefan Gössling, Brian Garrod, Carlo Aall, John Hille, Paul Peeters. Food management in tourism: Reducing tourism's carbon "foodprint" [J]. Tourism Management, 2011, 32 (3): 534–543.

180. Steve Pan, Henry Tsai, Jinsoo Lee. Framing New Zealand: Understanding tourism TV commercials [J]. Tourism Management, 2011, 32 (3): 596–603.

181. Susanne Kytzia, Ariane Walz, Mattia Wegmann. How can tourism use land more efficiently? A model-based approach to land-use efficiency for tourist destinations [J]. Tourism Management, 2011, 32 (3): 629–640.

182. Takamitsu Jimura. The impact of world heritage site designation on local communities—A case study of Ogimachi, Shirakawa-mura, Japan [J]. Tourism Management, 2011, 32 (2): 288–296.

183. Taketo Naoi, Takanobu Yamada, Shoji Iijima, Takayuki Kumazawa. Applying the caption evaluation method to studies of visitors' evaluation of historical districts [J]. Tourism Management, 2011, 32 (5): 1061–1074.

184. Tiziana Cuccia, Ilde Rizzo. Tourism seasonality in cultural destinations: Empirical evidence from Sicily [J]. Tourism Management, 2011, 32 (3): 589-595.

185. Torvald Tangeland, Øystein Aas. Household composition and the importance of experience attributes of nature based tourism activity products—A Norwegian case study of outdoor recreationists [J]. Tourism Management, 2011, 32 (4): 822-832.

186. Troy Lorde, Dion Greenidge, Dwayne Devonish. Local residents' perceptions of the impacts of the ICC Cricket World Cup 2007 on Barbados: Comparisons of pre-and post-games [J]. Tourism Management, 2011, 32 (2): 349-356.

187. Tzu-Ping Lin, Andreas Matzarakis. Tourism climate information based on human thermal perception in Taiwan and Eastern China [J]. Tourism Management, 2011, 32 (3): 492-500.

188. Umut Avci, Melih Madanoglu, Fevzi Okumus. Strategic orientation and performance of tourism firms: Evidence from a developing country [J]. Tourism Management, 2011, 32 (1): 147-157.

189. Vincent C.S. Heung, Deniz Kucukusta, Haiyan Song. Medical tourism development in Hong Kong: An assessment of the barriers [J]. Tourism Management, 2011, 32 (5): 995-1005.

190. Weiqiong Yang, Daojie Wang, Guojie Chen. Reconstruction strategies after the Wenchuan Earthquake in Sichuan, China [J]. Tourism Management, 2011, 32 (4): 949-956.

191. Wen-Chih Chiou, Chin-Chao Lin, Chyuan Perng. A strategic website evaluation of online travel agencies [J]. Tourism Management, 2011, 32 (6): 1463-1473.

192. William Cannon Hunter. Rukai indigenous tourism: Representations, cultural identity and Q method [J]. Tourism Management, 2011, 32 (2): 335-348.

193. Xiang (Robert) Li, Chengting Lai, Rich Harrill, Sheryl Kline, Liangyan Wang. When east meets west: An exploratory study on Chinese outbound tourists' travel expectations [J]. Tourism Management, 2011, 32 (4): 741-749.

194. Xiaoming Cui, Chris Ryan. Perceptions of place, modernity and the impacts of tourism—Differences among rural and urban residents of Ankang, China: A likelihood ratio analysis [J]. Tourism Management, 2011, 32 (3): 604-615.

195. Yaniv Belhassen, Kellee Caton. On the need for critical pedagogy in tourism education [J]. Tourism Management, 2011, 32 (6): 1389-1396.

196. Yolanda Santana-Jiménez, Juan M. Hernández. Estimating the effect of overcrowding on tourist attraction: The case of Canary Islands [J]. Tourism Management, 2011, 32 (2): 415-425.

197. Young Hoon Kim, MinCheol Kim, Ben K. Goh. An examination of food tourist's behavior: Using the modified theory of reasoned action [J]. Tourism Management, 2011, 32 (5):

1159–1165.

198. Yu Kyoung Kim, Hyung Ryong Lee. Customer satisfaction using low cost carriers [J]. Tourism Management, 2011, 32 (2): 235–243.

199. Yu-Chun Chang, Ching-Fu Chen. Identifying mobility service needs for disabled air passengers [J]. Tourism Management, 2011, 32 (5): 1214–1217.

200. Yuhei Inoue, Seoki Lee. Effects of different dimensions of corporate social responsibility on corporate financial performance in tourism-related industries [J]. Tourism Management, 2011, 32 (4): 790–804.

201. Zheng Xiang, Bing Pan. Travel queries on cities in the United States: Implications for search engine marketing for tourist destinations [J]. Tourism Management, 2011, 32 (1): 88–97.

202. 卢璐, 宋保平, 张毓, 郭艳芳. 基于投入产出模型的旅游产业关联度分析研究 [J]. 北京第二外国语学院学报, 2011 (3): 43–48.

203. 袁亚忠, 李卫飞. 基于系统诊断模型的区际旅游产业链发展障碍解析——以韶山、花明楼、乌石为例 [J]. 北京第二外国语学院学报, 2011 (11): 29–34.

204. 徐虹, 吕兴洋, 秦达郅. 旅游业消费者增权及其对旅游供应链权力结构的影响研究 [J]. 北京第二外国语学院学报, 2011 (11): 1–5.

205. 张凌云, 谭剑. 美国出国旅游消费与人均 GDP 关系实证研究 [J]. 北京第二外国语学院学报, 2011 (5): 8–13.

206. 赵东喜. 人民币汇率与中国入境旅游需求关系研究 [J]. 北京第二外国语学院学报, 2011 (9): 48–53.

207. 胡海霞. 历史文化名城旅游产业转型路径研究——以绍兴古城为例 [J]. 城市经济, 2011, 18 (6): 84–88.

208. 马仪亮. 对旅游业几个重要问题的经济学分析 [J]. 经济地理, 2011, 31 (5): 853–856.

209. 赵磊, 夏鑫, 全华. 基于旅游产业链延伸视角的县域旅游地演化研究 [J]. 经济地理, 2011, 31 (5): 874–880.

210. 卞显红. 基于自组织理论的旅游产业集群演化阶段与机制研究——以杭州国际旅游综合体为例 [J]. 经济地理, 2011, 31 (2): 327–332.

211. 刘旺, 蒋敬. 旅游发展对民族社区社会文化影响的乡土视野研究框架 [J]. 经济地理, 2011, 31 (6): 1025–1030.

212. 刘玉萍, 郭郡郡. 入境旅游与对外贸易的关系——基于中国 2001~2008 年月度数据的实证分析 [J]. 经济地理, 2011, 31 (4): 696–700.

213. 赵多平, 孙根年, 马丽君, 王洁洁. 中国对俄口岸城市出入境旅游与进出口贸易互动关系的研究——1993~2009 年满洲里市的实证分析 [J]. 经济地理, 2011, 31 (10): 1733–1739.

214. 王京传，李天元. 包容性旅游增长的概念内涵、实现机制和政策建议 [J]. 旅游科学，2011，25 (5)：13-22.

215. 刘长生. 一般均衡视角的旅游产业福利效应研究——基于中国四个世界双遗产旅游地的面板数据分析 [J]. 旅游科学，2011，25 (4)：36-48.

216. 宋慧林，宋海岩. 中国旅游创新与旅游经济增长关系研究——基于空间面板数据模型 [J]. 旅游科学，2011，25 (2)：23-29.

217. 王朝辉. 产业融合拓展旅游发展空间的路径与策略 [J]. 旅游学刊，2011，26 (6)：6-7.

218. 马琳. 从出境旅游外汇漏损谈旅游贸易中的产业升级 [J]. 旅游学刊，2011，26 (8)：9-10.

219. 罗浩，杨旸. 基于产业空间组织理论和空间计量方法的城市酒店区位研究 [J]. 旅游学刊，2011，26 (11)：71-77.

220. 赵黎明. 经济学视角下的旅游产业融合 [J]. 旅游学刊，2011，26 (5)：7-8.

221. 陆林. 旅游产业发展的新模式——产业融合 [J]. 旅游学刊，2011，26 (5)：6-7.

222. 张凌云. 旅游产业融合的基础和前提 [J]. 旅游学刊，2011，26 (4)：6-7.

223. 赵磊. 旅游发展能否减小城乡收入差距？——来自中国的经验证据 [J]. 旅游学刊，2011，26 (12)：15-25.

224. 刘世明，李蔚. 灾后旅游市场赢回策略影响研究——基于汶川地震后四川旅游的实证 [J]. 旅游学刊，2011，26 (12)：41-48.

225. 刘晓欣，胡晓，周弘. 中国旅游产业关联度测算及宏观经济效应分析——基于2002年与2007年投入产出表视角 [J]. 旅游学刊，2011，26 (3)：31-37.

226. 黄常锋，孙慧，何伦志. 中国旅游产业链的识别研究 [J]. 旅游学刊，2011，26 (1)：18-24.

227. 马波. 中国旅游业"潮涌现象"的预警与预防 [J]. 旅游学刊，2011，26 (1)：12-17.

228. 陈刚强，李映辉. 中国区域旅游规模的空间结构与变化 [J]. 旅游学刊，2011，26 (11)：84-89.

229. 高乐华，张广海. 城市化与旅游产业集群耦合发展研究——以山东省为例 [J]. 旅游研究，2011，3 (4)：59-66.

230. 施紫姣. 试论我国旅游业态的创新与发展 [J]. 旅游研究，2011，3 (1)：20-23.

231. 朱沁夫，伏加丽，隆云滔. 中国国内旅游需求特征分析：1993~2009 [J]. 旅游研究，2011，3 (4)：9-13.

232. 赵磊. 城市化对典型省际区域旅游业产业效应的实证研究：1996~2008——以江苏、河南和陕西三省为例 [J]. 人文地理，2011 (5)：99-104.

233. 高红岩. 电影旅游集群的文化空间生产研究 [J]. 人文地理，2011 (6)：34-39.

234. 保继刚，梁增贤. 基于层次与等级的城市旅游供给分析框架 [J]. 人文地理，2011

（6）：1-9.

235. 杨欢，吴殿廷，王三三. 我国各地区旅游业产业地位与发展定位研究 [J]. 人文地理，2011（5）：76-81.

236. 江金波，高娟. 中国旅游创新的回顾与展望：基于文献的研究 [J]. 人文地理，2011（4）：29-34.

237. 苏建军，孙根年，王丽芳. 1982 年以来中国旅游业对第三产业的关联带动性分析 [J]. 地理科学进展，2011，30（8）：1047-1055.

238. 王建勋. 促进旅游业发展的财政政策选择 [J]. 中央财经大学学报，2011（6）：11-16.

239. 黄秀琳. 惠众与公平：未来旅游发展的终极诉求 [J]. 中国软科学，2011（3）：65-71.

240. 吴殿廷，吴颖，张艳，王三三. 基于反向旅游理论的营销策略研究 [J]. 旅游研究，（季刊），2011，3（1）：1-7.

241. 李军，保继刚. 旅游经济脆弱性特点与产业联系——基于张家界旅游经济的实证研究 [J]. 旅游学刊，2011，26（6）：36-41.

242. 王德刚，邢鹤龄. 旅游利益论 [J]. 旅游科学，2011，25（2）：8-15.

243. 张补宏，梁方方. 浅析旅游新经济——旅游信息产业的形成、发展与提升 [J]. 地理与地理信息科学，2011，27（1）：90-94.

244. 周霞. 我国旅游服务贸易影响因素的实证研究 [J]. 科技与产业，2011，11（5）：29-53.

245. 赵磊，全华. 中国国内旅游消费与经济增长关系的实证分析 [J]. 经济问题，2011（4）：32-38.

246. 杨勇. 专业化、多样化与旅游业发展——基于中国当前统计数据的实证分析 [J]. 经济评论，2011（2）：119-128.

247. 袁宇杰. 基于面板模型的城市居民国内旅游消费实证分析 [J]. 旅游科学，2011，25（4）：29-35.

248. 白凯. 出境旅游的消费异化：现象、原因与解决途径 [J]. 旅游学刊，2011，26（8）：5-6.

249. 戴学锋. 出境旅游应成为扩大中国国际影响力的重要手段 [J]. 旅游学刊，2011，26（8）：6-7.

250. 曾斌丹. 中国出境旅游市场发展与理论需求 [J]. 旅游学刊，2011，26（9）：7-8.

251. 李晓莉. 中国奖励旅游经营的特征、问题与思考——基于旅行社的访谈分析 [J]. 旅游学刊，2011，26（11）：46-51.

252. 冯凌，郑斌，龙江智. 基于民生视角的国民休闲战略本质与特征研究 [J]. 旅游研究，2011，3（1）：52-74.

253. 周文丽. 城乡居民国内旅游消费特征统计研究 [J]. 旅游论坛，2011，4（4）：

35–42.

254. 周文丽. 基于投入产出模型的旅游消费对经济增长的动态影响研究 [J]. 地域研究与开发, 2011, 30 (3): 79–88.

255. 朱易兰, 谢春山. 旅游企业跨国经营程度测量研究 [J]. 北京第二外国语学院学报, 2011 (1): 17–25.

256. 李东, 郑向敏. 在线旅行服务: 概念分析与模式分类 [J]. 北京第二外国语学院学报, 2011 (7): 7–14.

257. 张明, 陈谨. 旅游企业与旅游消费者心理契约的维度及其关系——基于 8 城市调查数据的实证研究 [J]. 旅游科学, 2011, 25 (3): 57–66.

258. 李建州, 张运来, 李惠璠. 移动互联网在旅游业中的应用研究 [J]. 旅游学刊, 2011, 26 (10): 89–94.

259. 张梦, 张广宇, 叶作亮. 在线信息对酒店网上预订的影响研究——基于携程网酒店在线预订数据的分析 [J]. 旅游学刊, 2011, 26 (7): 79–84.

260. 黄海玉, 黄文涛. 我国旅游上市公司多元化经营绩效分析 [J]. 江西财经大学学报, 2011 (3): 44–51.

261. 何军. 辽宁沿海经济带工业遗产保护与旅游利用模式 [J]. 城市经济, 2011, 18 (3): 99–104.

262. 李进兵. 旅游资源与环境的企业自愿保护机制研究 [J]. 管理世界, 2011 (10): 180–181.

263. 王明成. 我国旅游资源整合影响因素的理论分析 [J]. 旅游科学, 2011, 25 (4): 20–27.

264. 陈丽坤. 离析现代化与旅游对民族社区的文化影响——西双版纳三个傣寨的比较研究 [J]. 旅游学刊, 2011, 26 (11): 58–64.

265. 李永文, 康宏成. 旅游规划管治问题及其对策研究 [J]. 人文地理, 2011 (2): 122–127.

266. 王辉, 杨兆萍. 边境口岸跨国旅游合作机理研究——以新疆为例 [J]. 经济地理, 2011, 31 (8): 1387–1408.

267. 李金龙, 李朝辉. 我国区域旅游中地方政府间的竞合关系探析 [J]. 经济地理, 2011, 31 (6): 1031–1035.

268. 粟路军. 不同类型旅游地竞合关系研究——基于旅游者忠诚差异分析 [J]. 旅游科学, 2011, 25 (5): 41–56.

269. 程道品, 程瑾鹤, 肖婷婷. 旅游公共服务体系与旅游目的地满意度的结构关系研究——以桂林国家旅游综合改革试验区为例 [J]. 人文地理, 2011 (5): 111–116.

270. 黄爱莲. 跨界旅游合作的有效性研究——APEC、ASEAN 与 GMS 比较 [J]. 东南亚纵横, 2011 (3): 65–69.

271. 王永刚, 李萌. 旅游一体化进程中跨行政区利益博弈研究——以长江三角洲地区

为例 [J]. 旅游学刊, 2011, 26 (1): 24–30.

272. 鲁明勇, 尹贻梅. 区域旅游开发中的"同类质资源悲剧"博弈分析 [J]. 中国地质大学学报 (社会科学版), 2011, 11 (2): 108–113.

273. 金丽, 刘建东. 区域内旅游合作的动力机制及战略选择 [J]. 天津商业大学学报, 2011, 31 (2): 20–59.

274. 王家庭, 崔风玉. 我国区域旅游业的经营效率测度及提升的实证研究 [J]. 当代经济管理, 2011, 33 (6): 53–60.

275. 徐淑梅, 王烨, 崔磊. 中国"四极"区域旅游合作发展模式研究 [J]. 世界地理研究, 2011, 20 (2): 90–96.

276. 刘芳君, 徐有钢, 赵群毅. 海南国际旅游岛建设的国际经验借鉴——佛罗里达案例剖析 [J]. 城市经济, 2011, 18 (6): 77–83.

277. 吴承忠. 国外休闲和旅游规划理论及案例分析 [J]. 城市问题, 2011 (4): 84–90.

278. 张凌云, 房蕊. 日本出国旅游需求与人均 GDP 关系实证研究——兼议对我国出境旅游发展的启示 [J]. 旅游科学, 2011, 25 (3): 24–34.

279. 于海波, 吴必虎. 国外自驾游研究进展 [J]. 旅游学刊, 2011, 26 (3): 55–61.

280. 张凌云, 朱莉蓉. 中外旅游标准化发展现状和趋势比较研究 [J]. 旅游学刊, 2011, 26 (5): 12–21.

281. 高军, 马耀峰, 吴必虎, 亢雄. 国内外游客旅游动机及其差异研究——以西安市为例 [J]. 人文地理, 2011 (4): 132–139.

282. 崔国, 褚劲风, 王倩倩, 邹琳. 国外创意旅游内涵研究 [J]. 人文地理, 2011, (6): 24–33.

283. 高林安, 李蓓, 刘继生, 梅林. 欧美国家露营旅游发展及其对中国的启示 [J]. 人文地理, 2011 (5): 24–28.

后　记

　　一部著作的完成需要许多人的默默贡献，闪耀着的是集体的智慧，其中铭刻着许多艰辛的付出，凝结着许多辛勤的劳动和汗水。

　　本书在编写过程中，借鉴和参考了大量的文献和作品，从中得到了不少启悟，也汲取了其中的智慧菁华，谨向各位专家、学者表示崇高的敬意——因为有了大家的努力，才有了本书的诞生。凡被本书选用的材料，我们都将按相关规定向原作者支付稿费，但因为有的作者通信地址不详或者变更，尚未取得联系。敬请您见到本书后及时函告您的详细信息，我们会尽快办理相关事宜。

　　由于编写时间仓促以及编者水平有限，书中不足之处在所难免，诚请广大读者指正，特驰惠意。

图书在版编目（CIP）数据

旅游经济学学科前沿研究报告 2011/金准主编. —北京：经济管理出版社，2015.11
ISBN 978-7-5096-4107-1

Ⅰ.①旅…　Ⅱ.①金…　Ⅲ.①旅游经济学—研究报告—2011　Ⅳ.①F590

中国版本图书馆 CIP 数据核字（2015）第 284149 号

组稿编辑：张永美
责任编辑：胡　茜
责任印制：黄章平
责任校对：雨　千

出版发行：经济管理出版社
　　　　　（北京市海淀区北蜂窝 8 号中雅大厦 A 座 11 层　100038）
网　　址：www. E-mp. com. cn
电　　话：（010）51915602
印　　刷：北京易丰印装科技股份有限公司
经　　销：新华书店
开　　本：787mm×1092mm/16
印　　张：19.75
字　　数：443 千字
版　　次：2016 年 5 月第 1 版　　2016 年 5 月第 1 次印刷
书　　号：ISBN 978-7-5096-4107-1
定　　价：69.00 元